기출은 합격

환경직 공무원

환경공학(개론) 기출문제집

서울고시각

**Stand by
Strategy
Satisfaction**

새로운 출제경향에 맞춘 수험서의 완벽서

머리말
INTRO

　최근 들어 사람들의 주목을 받기 시작한 단어들이 있습니다. 바로 〈환경문제〉에 관한 것입니다. 앞으로도 이 문제와 관련된 것들은 전 세계적으로 관심의 대상이 될 것이고, 환경과 직접적 관련이 되는 사업은 물론, 다른 어떤 일들도 환경문제를 도외시하고서는 진행할 수 없는 시대가 된 것입니다. 이처럼 환경 분야는 이 시대는 물론이고 다가올 시대에도 가장 중요한 분야로서 주목받게 될 것입니다.

　따라서 환경직 공무원을 준비하는 수험생들이 증가하고 있으며, 경쟁률 또한 계속 증가하고 있습니다. 이런 시점에서 환경직 공무원을 준비하려는 수험생들에게 도움을 주고자 환경공학(개론) 기출문제집을 출간하게 되었습니다.

　본 교재는 그동안 출제되었던 환경공학(개론)의 모든 문제를 철저히 분석하여 한 권의 책으로 요약·정리함으로써 환경직 공무원 시험을 완벽히 준비할 수 있도록 기획하였습니다. 이 책의 특징은 다음과 같습니다.

> 1 새로운 출제경향에 맞춰 내용을 구성하였다.
> 2 단원별로 문제를 정리하여 최소한의 시간 투자로 최고의 효과를 볼 수 있게 정리하였다.
> 3 쉽고 자세한 해설로 비전공자일지라도 쉽게 접근할 수 있도록 하였다.

　16년 이상 학교, 산업체, 학원, 온라인 등에서 강의를 하면서 쌓아온 노하우와 자료를 최대한 살려 누구나 쉽게 접근할 수 있는 교재가 되도록 애쓴 결과물을 내놓으려는 지금, 부족하고 아쉬움이 없지 않으나 선배·제현들의 애정 어린 관심과 성원을 부탁드리며, 시험 준비를 위해 애쓰시는 모든 수험생들에게 이 책이 부디 좋은 길잡이가 되어주길 기원합니다.

　끝으로 이 책이 완성되기까지 물심양면으로 도와주신 서울고시각 김용관 회장님과 김용성 사장님 외 편집부 직원 여러분께 감사의 말씀을 드리며 항상 옆에서 집필에 도움을 주시는 장유화, 이준명, 이호정님께 깊은 감사의 마음을 전합니다.

편저자 씀

GUIDE 시험안내

영역별 출제경향

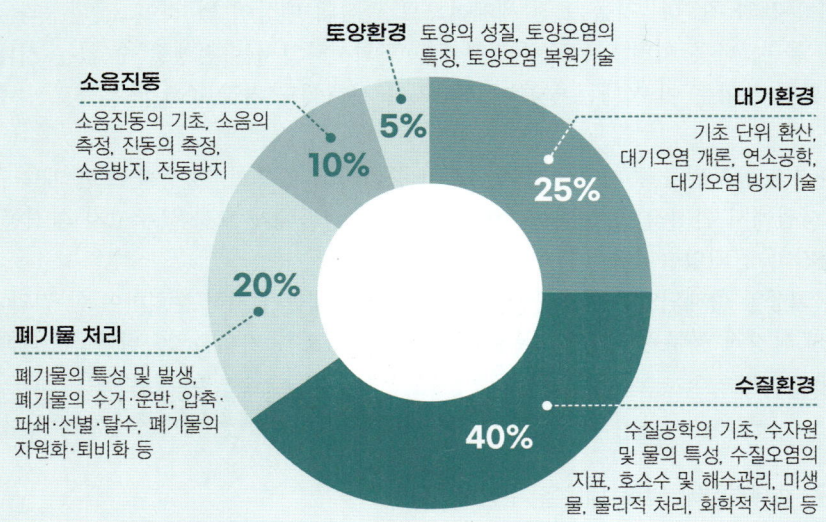

- **토양환경** 5% : 토양의 성질, 토양오염의 특징, 토양오염 복원기술
- **소음진동** 10% : 소음진동의 기초, 소음의 측정, 진동의 측정, 소음방지, 진동방지
- **폐기물 처리** 20% : 폐기물의 특성 및 발생, 폐기물의 수거·운반, 압축·파쇄·선별·탈수, 폐기물의 자원화·퇴비화 등
- **대기환경** 25% : 기초 단위 환산, 대기오염 개론, 연소공학, 대기오염 방지기술
- **수질환경** 40% : 수질공학의 기초, 수자원 및 물의 특성, 수질오염의 지표, 호소수 및 해수관리, 미생물, 물리적 처리, 화학적 처리 등

총평

대기환경 부분은 대기오염개론 부분과 대기오염방지기술에서 대부분이 출제되고 있다. 학습할 범위는 넓은 편이지만 개론 부분만 잘 학습되면 방지기술도 연관된 부분이 많아 쉽게 풀어나갈 수 있다. **수질환경** 부분은 수질환경의 개론에 해당하는 "수자원 및 물의 특성" 부분과 "수질오염의 지표"가 출제비중이 높으며, 전체적인 폐수처리 계통도를 이해하면 쉽게 접근할 수 있는 과목이다. **폐기물 처리** 부분은 폐기물의 발생부터 처리과정, 최종처분이 어떻게 진행되는지를 생각하며 공부를 하면 좀 더 효율적으로 학습을 할 수 있다. 계산문제도 단순환산문제들이 많아 점수를 취득하기에 좋은 분야이다. **소음진동** 부분은 진동 분야보다는 소음 분야가 출제비중이 높다. 특히 소음의 측정과 소음진동의 영향을 비중 높게 학습해야 한다. **토양환경** 부분은 토양오염의 특징과 성질 그리고 토양오염 복원기술을 정리해 두어야 한다.

환경직 공무원 시험과목 안내 (공무원임용시험령 제7조 제1항 관련 별표 1)

계급	시험과목		직렬	환경
			직류	일반환경
5급 이상	공채	제1차	필수	언어논리영역, 자료해석영역, 상황판단영역, 헌법, 영어, 한국사
		제2차	필수	환경화학, 환경계획, 상하수도공학
	경채·전직·승진	제1차	필수	**환경공학**, 행정법총론
		제2차	필수	환경화학
			선택	상하수도공학, 환경보건학, 소음진동학, 폐기물처리, 환경미생물학, 대기오염관리, 수질오염관리 중 1과목
	공승	제1차	필수	**환경공학**, 행정법, 영어
		제2차	필수	환경화학, 환경보건학, 환경계획
6급 및 7급	공채	제1차	필수	언어논리영역, 자료해석영역, 상황판단영역, 영어, 한국사
		제2차	필수	화학개론, **환경공학**, 환경계획, 생태학
	경채·전직·승진	제1차	필수	**환경공학**
		제2차	필수	환경화학
			선택	상하수도공학, 환경보건학, 소음진동학, 폐기물처리, 환경미생물학, 대기오염관리, 수질오염관리 중 1과목
8급 및 9급	공채	제1차	필수	국어, 영어, 한국사
		제2차	필수	화학, **환경공학개론**
	경채·전직·승진	제1차	필수	**환경공학개론**
		제2차	필수	화학, 환경보건

GUIDE 시험안내

아래에 제시된 시험안내는 응시하는 수험생들의 편의를 위하여 국가공무원 7·9급 채용공고문과 지방공무원 임용시험 시행계획 공고를 기준으로 삼아 중요 부분을 발췌하여 수록한 것입니다. 기타 자세한 세부사항은 해당 사이트를 방문하여 별도 모집요강 및 수험정보를 확인하시기 바랍니다.

1 응시자격

① 대한민국 국적 소지자

② 응시연령
  18세 이상(단, 7급 교정 및 보호직렬은 20세 이상으로 유지)

③ 거주지 제한
  - **국가직** : 거주지 제한 없음
  - **지방직** : 아래의 요건 중 어느 하나를 충족하여야 함
    - 해당 연도 1월 1일 이전부터 최종 시험 시행 예정일까지 계속하여 해당 지역에 주민등록상 주소지를 갖고 있는 자로서 동 기간 중 주민등록의 말소 및 거주 불명으로 등록된 사실이 없어야 함
    - 해당 연도 1월 1일 이전까지, 해당 지역에 주민등록상 주소지를 두고 있었던 기간을 모두 합산하여 총 3년 이상인 사람
    - 서울시는 거주지와 무관하게 누구나 응시 가능

④ 선발전형
  - **국가직** : 2025년부터 7·9급 일반환경 직류를 공개경쟁채용시험으로 선발
  - **지방직·서울시** : 공개경쟁, 경력경쟁채용시험으로 선발
  ※ 경력경쟁채용시험의 경우 관련 자격증을 소지해야 하는 등 별도의 자격 제한이 있음

2 시험과목 및 방법

구분		시험과목	시험방법
7급	국가직 (일반환경)	• 제1차 시험 : 공직적격성평가(PSAT), 영어, 한국사 • 제2차 시험 : 화학개론, **환경공학**, 환경계획, 생태학	• 제1차 시험 : 언어논리, 자료해석, 상황판단 등 영역별로 25문항, 영역별 60분 • 제2차 시험 : 4개 전문과목 시험으로 과목별로 25문항, 총 시험시간은 100분 • 제3차 시험 : 면접시험
	지방직·서울시 (일반환경)	국어(한문 포함), 영어, 한국사, 화학개론, **환경공학**, 환경계획, 생태학	
9급	국가직 (일반환경)	국어, 영어, 한국사, 화학, **환경공학개론**	• 제1·2차 시험(병합실시) : 4지선다 객관식 필기시험(각 과목별 20문항) • 제3차 시험 : 면접시험
	지방직·서울시 (일반환경)		
연구사	환경연구직	• 필수(2) : **환경공학**, 환경화학 • 선택(1) : 환경위생학, 수질오염관리, 대기오염관리	

※ 7급 공채시험의 영어와 한국사 과목은 공인시험성적으로 대체
  • 영어 : 토익(TOEIC), 토플(TOEFL), 텝스(TEPS), 지텔프(G-TELP), 플렉스(FLEX)
  • 한국사 : 한국사능력검정시험

※ 2025년 시행되는 9급 공채시험부터 국어·영어 과목의 출제기조가 지식암기 위주에서 현장직무와 밀접한 사고력 평가 중심으로 전환됨에 따라, 필기시험 시간이 기존 100분에서 110분으로 변경됨(국어, 영어 각 5분씩 연장)

GUIDE 시험안내

3 가산특전

① 가산점 적용대상자 및 가산비율표

구분	가산비율	비고
취업지원대상자	과목별 만점의 10% 또는 5%	• 취업지원대상자 가산점과 의사상자 등 가산점은 1개만 적용 • 취업지원대상자 또는 의사상자 등의 가산점과 자격증 가산점은 각각 적용
의사상자 등 (의사자 유족, 의상자 본인 및 가족)	과목별 만점의 5% 또는 3%	
직렬별 가산대상 자격증 소지자	과목별 만점의 5% 또는 3% (1개의 자격증만 인정)	

※ 취업지원대상자 가점을 받아 합격하는 사람은 선발예정인원의 30%(의사상자 등 가점의 경우 10%)를 초과할 수 없음
※ 취업지원대상자 여부와 가산비율은 본인이 사전에 직접 국가보훈부 및 지방보훈청에 확인, 의사상자 등 여부와 가산비율은 보건복지부 등에 확인하여야 함

② 환경직 자격증 가산비율

구분	자격증 등급별 가산비율	7급, 연구직	9급
기술사	화공, 수자원개발, 상하수도, 조경, 산림, 농화학, 해양, 화공안전, 산업위생관리, 대기관리, 수질관리, 소음진동, 지질 및 지반, 폐기물처리, 자연환경관리, 토양환경, 방사선관리, 기상예보, 광해방지	5%	5%
기사	화공, 조경, 산림, 식물보호, 해양환경, 산업위생관리, 대기환경, 수질환경, 소음진동, 응용지질, 폐기물처리, 자연생태복원, 생물분류, 토양환경, 기상, 광해방지, 의사, 약사, 수의사, 환경측정분석사		
산업기사	조경, 산림, 식물보호, 농림토양평가관리, 해양조사, 산업위생관리, 대기환경, 수질환경, 소음진동, 폐기물처리, 자연생태복원, 위생사	3%	
기능사	조경, 산림, 환경	–	3%

※ 폐지된 자격증으로서 국가기술자격법령 등에 따라 그 자격이 계속 인정되는 자격증은 가산대상 자격증으로 인정됨

CONTENTS

 문제편

PART 01 수질환경

CHAPTER 01	수질오염개론	5
CHAPTER 02	폐수처리	25
CHAPTER 03	상·하수도	45
CHAPTER 04	수질분석 및 수질관계 법규	49

PART 02 대기환경

CHAPTER 01	대기오염개론	55
CHAPTER 02	미기상학	73
CHAPTER 03	대기오염방지기술	81
CHAPTER 04	연소공학	91
CHAPTER 05	대기환경법규	95
CHAPTER 06	자동차의 연소	98

CONTENTS

PART 03 소음·진동

CHAPTER 01	소음개론	101
CHAPTER 02	소음방지기술	109
CHAPTER 03	진동개론·방지기술	110
CHAPTER 04	소음·진동공정시험기준	112

PART 04 폐기물처리

CHAPTER 01	폐기물개론	117
CHAPTER 02	폐기물처리기술	127

PART 05 토양환경/지하수환경/해양환경

CHAPTER 01	토양환경	141
CHAPTER 02	지하수·해양 환경	149

정답 및 해설

PART 01 수질환경

CHAPTER 01	수질오염개론	161
CHAPTER 02	폐수처리	176
CHAPTER 03	상·하수도	190
CHAPTER 04	수질분석 및 수질관계 법규	193

PART 02 대기환경

CHAPTER 01	대기오염개론	199
CHAPTER 02	미기상학	211
CHAPTER 03	대기오염방지기술	215
CHAPTER 04	연소공학	222
CHAPTER 05	대기환경법규	226
CHAPTER 06	자동차의 연소	229

CONTENTS

PART 03 소음·진동

CHAPTER 01	소음개론	233
CHAPTER 02	소음방지기술	238
CHAPTER 03	진동개론·방지기술	239
CHAPTER 04	소음·진동공정시험기준	241

PART 04 폐기물처리

CHAPTER 01	폐기물개론	245
CHAPTER 02	폐기물처리기술	252

PART 05 토양환경/지하수환경/해양환경

CHAPTER 01	토양환경	261
CHAPTER 02	지하수·해양 환경	266

부록

1. 환경공학 공식정리   273
2. 국제환경협약   286
3. 먹는물의 수질기준   295
4. 환경기준   299
5. 지정악취물질   307
6. 배출허용기준 및 엄격한 배출허용기준의 설정 범위   308
7. 오염물질   310
8. 실내공기질 유지기준   311
9. 실내공기질 권고기준   312
10. 신축 공동주택의 실내공기질 권고기준   313

문제편

PART 01

수질환경

- 01 수질오염개론
- 02 폐수처리
- 03 상·하수도
- 04 수질분석 및 수질관계 법규

CHAPTER 01 수질오염개론

정답 및 해설 : 161p

제1절 | 수질오염의 개념

01   14. 지방직 9급

수자원의 일반적인 수질특성에 대한 설명으로 옳지 않은 것은?

① 지하수는 지표수에 비하여 일반적으로 경도가 크다.
② 호소의 부영양화를 일으키는 주요 원인물질은 질소와 인 성분이다.
③ 하천 자정작용의 주요한 인자는 희석·확산작용과 미생물에 의한 분해작용이다.
④ 오염되지 않은 빗물은 대기 중의 이산화탄소로 인하여 약알칼리성이 된다.

02   09. 지방직 9급

다음 수질인자 중 연관성이 가장 적은 것은?

① 총용존고형물질(TDS)
② 탁도
③ 이온강도
④ 전기전도도

03   04. 서울시 9급

생활용수 중에 함유된 중금속의 설명으로 틀린 것은?

① 납은 골수에 축적되며 조혈기능장애를 일으킨다.
② 구리는 생체농축이 어렵지만, 만성중독 시에는 신경마비증상을 일으킨다.
③ 수은은 미생물의 이동으로 미나마타병을 유발한다.
④ 크롬은 폐암을 유발한다.
⑤ 카드뮴은 이타이이타이병을 유발한다.

04   10. 지방직 9급

하천의 용존산소에 대한 설명으로 옳지 않은 것은?

① 용존산소의 포화 농도는 총용존물질(TDS) 농도에 비례한다.
② 유기물의 호기성 분해에 의해 용존산소는 감소한다.
③ 재포기에 의해 용존산소는 증가한다.
④ Streeter-Phelps 식은 하천의 용존산소에 대한 모형 중의 하나이다.

05   17. 지방직 9급

하천에서 용존산소가 소모되는 과정으로 옳지 않은 것은?

① 유기물 분해
② 재포기
③ 조류의 호흡
④ 질산화

06 [12. 서울시 9급]

다음 설명 중 틀린 것은?

① 물의 용존산소 농도는 온도가 내려감에 따라 증가한다.
② 자연수 중에서 악취의 발생한계로 보는 BOD 농도는 10mg/L 이상이다.
③ 용존산소량이 적을수록 자정효과는 증가한다.
④ 지표수보다 지하수가 경도가 높다.
⑤ 알칼리성 폐수는 물의 자정작용을 저해한다.

07 [24. 지방직 9급]

「물환경보전법」상 점오염원과 비점오염원에 대한 설명으로 옳은 것은?

① 농지는 점오염원에 속한다.
② 도시, 도로, 산지는 점오염원에 속한다.
③ 폐수 배출시설의 관로는 비점오염원에 속한다.
④ 비점오염원은 불특정 장소에서 불특정하게 오염물질을 배출하는 오염원이다.

08 [14. 서울시 9급]

비점오염원의 특징에 대한 설명으로 옳지 않은 것은?

① 발생량의 예측과 정량화가 어렵다.
② 인위적인 활동과 자연적인 활동의 복합작용에 기인한다.
③ 지표수의 유출이 거의 없는 갈수기에 하천수의 수질악화에 큰 영향을 미친다.
④ 빗물, 지하수 등에 의하여 희석되거나 확산되면서 넓은 장소로부터 배출된다.
⑤ 강우 등 자연적 요인에 따른 배출량의 변화가 심하여 예측이 어렵다.

09 [17. 지방직 9급]

수질 오염원으로 알려진 비점오염원의 특징으로 옳지 않은 것은?

① 초기 강우에 영향을 받지 않아 시간에 따른 오염 물질 농도의 변화가 없다.
② 비점오염원은 점오염원과 비교하여 간헐적으로 유입되는 특성이 있다.
③ 비점오염원 저감 시설로는 인공 습지, 침투 시설, 식생형 시설 등이 있다.
④ 광산, 벌목장, 임야 등이 비점오염원에 속하며 오염 물질의 차집이 어렵다.

10 [24. 해양경찰 일반직 9급]

다음 중 유기물 과다유입에 따른 수질오염현상으로 가장 옳지 않은 것은?

① 투명도 감소
② BOD 농도의 증가
③ 호기상태로 변화
④ DO 농도의 감소

제2절 | 수질공학 기초 및 기초 환경화학

01 22. 해양경찰 일반직 7급
다음 중 물리량의 차원으로 가장 옳지 않은 것은?
① 확산계수 $[L^2T^{-1}]$
② 동점성계수 $[L^3T^{-1}]$
③ 압력 $[ML^{-1}T^{-2}]$
④ 밀도 $[ML^{-3}]$

02 18. 지방직 9급
점도(viscosity)에 대한 설명으로 옳지 않은 것은?
① 물의 점도는 온도가 상승하면 감소한다.
② 뉴턴 유체(Newtonian fluid)에서 전단응력은 속도 경사(velocity gradient)에 비례한다.
③ 공기의 점도는 온도가 상승하면 증가한다.
④ 동점도계수는 점도를 속도로 나눈 것이다.

03 19. 서울시 9급
1M 황산 100mL의 노르말 농도(normality, N)는 얼마인가? (단, 수소, 황, 산소 원자의 몰질량은 각각 순서대로 1g/mol, 32g/mol, 16g/mol이다)
① 0.1N
② 0.2N
③ 1N
④ 2N

04 18. 서울시 9급
농도가 가장 높은 용액은? (단, 용액의 비중은 1로 가정한다)
① 100ppb
② 10μg/L
③ 1ppm
④ 0.1mg/L

05 19. 서울시 9급
다음 표시된 압력 중 가장 낮은 것은?
① 1atm
② $8mH_2O$
③ 700mmHg
④ 100,000Pa

06 04. 경북 9급
상온에서 물 1L에 에탄올(C_2H_5OH) 230g이 녹아 있는 용액에서의 에탄올의 몰분율(%)은?
① 8.3%
② 9.3%
③ 10.3%
④ 15.3%

07 21. 지방직 9급
어떤 수용액의 pH가 1.0일 때, 수소이온농도[mol/L]는?
① 10
② 1.0
③ 0.1
④ 0.01

08 21. 지방직 9급
순도 90% $CaCO_3$ 0.4g을 산성용액에 용해시켜 최종부피를 360mL로 조제하였다. 용해 외에 다른 반응이 일어나지 않는다고 할 때, 이 용액의 노르말 농도[N]는? (Ca, C, O의 원자량은 각각 40, 12, 16이다)
① 0.018
② 0.020
③ 0.180
④ 0.200

09 03. 충남 9급
물 1L에 NaOH 0.4g을 용해시킨 액의 pH는?
① 8
② 10
③ 12
④ 14

10 〔04. 대구시 7급〕

0.02N 약산이 2% 해리되어 있다면 이 수용액의 pH는?

① 3.4
② 4.4
③ 5.4
④ 6.4

11 〔22. 해양경찰 일반직 7급〕

$Ca(OH)_2$의 148mg/L 용액의 pH는? (단, $Ca(OH)_2$는 완전해리, Ca 원자량 : 40)

① 11.6
② 11.7
③ 11.8
④ 11.9

12 〔23. 지방직 9급〕

레몬주스의 수소이온농도가 6.0×10^{-3} M일 때, pH와 pOH는? (단, 온도는 25℃, log6은 0.78이다)

	pH	pOH
①	2.22	10.78
②	6.00	14.00
③	2.22	11.78
④	7.80	10.78

13 〔04. 경기 9급〕

다음 중 화학식과 명칭의 연결이 틀린 것은?

① C_6H_5OH - 페놀
② $CaCO_3$ - 석고
③ C_2H_5OH - 에틸알코올
④ HCO_2H - 포름산

14 〔07. 광주시 9급〕

산과 염기에 대한 설명으로 바르지 못한 것은?

① 산은 pH가 7보다 작다.
② pH는 수용액에서 산성, 중성, 염기성을 나타내는 데 사용된다.
③ pH 한 단위가 변할 때 수소이온농도는 100으로 변한다.
④ 염기는 pH가 7보다 크다.

15 〔03. 대구시 9급〕

일정시간을 폐수에 노출시킨 후에 시험용 물고기의 50%가 생존할 수 있는 농도는?

① TLm
② LC_{50}
③ LD_{50}
④ Toxic unit

16 〔10. 지방직 9급〕

유해물질의 독성평가에서 일정시간 노출 시 대상 생물의 50%가 생존하는 독성물질의 농도를 지칭하는 것은?

① MOS
② TLm
③ ED_{50}
④ NOEL

17 〔19. 지방직 9급〕

환경위해성 평가와 위해도 결정에 대한 설명으로 옳지 않은 것은?

① 96 HLC_{50}은 96시간 반치사 농도를 의미한다.
② BF는 유해물질의 생물농축 계수를 의미한다.
③ 분배계수(K_{ow})는 유해물질의 전기전도도 값을 의미한다.
④ LD_{50}은 실험동물 중 50%가 치사하는 용량을 의미한다.

18 03. 부산시 9급

아세트산 150mg/L를 포함하고 있는 용액의 pH는? (단, 아세트산의 $K_a = 1.8 \times 10^{-5}$이다)

① 2.56
② 3.67
③ 4.25
④ 5.68

19 15. 지방직 9급

페놀(C_6H_5OH) 94g과 글루코스($C_6H_{12}O_6$) 90g을 1m³의 증류수에 녹여 실험용 시료를 만들었다. 이 시료의 이론적 산소요구량(ThOD : Theoretical Oxygen Demand)은? (단, 원자량은 C=12, H=1, O=16이다)

① 320mg/L
② 480mg/L
③ 640mg/L
④ 960mg/L

20 04. 서울시 9급

에틸알코올의 ThOD/TOC는?

① 4
② 6
③ 8
④ 10
⑤ 12

21 16. 지방직 9급

암모니아 1mg/L를 질산성 질소로 모두 산화하는 데 필요한 산소농도[mg/L]는?

① 3.76
② 3.56
③ 4.57
④ 4.27

22 09. 지방직 9급

수중 $Al_2(SO_4)_3$의 해리반응에서 용해도적상수(K_{sp})와 용해도와의 상관관계식을 도출했을 때 괄호 속에 들어갈 값은?

$$용해도 = \sqrt[5]{\frac{K_{sp}}{((\quad))}}$$

① 1
② 5
③ 27
④ 108

23 06. 환경부 7급

다음 수질을 가진 농업용수의 SAR값은?

단, $Na^+ = 230mg/L$, $PO_4^{3-} = 1500mg/L$, $Cl^- = 108mg/L$,
$Ca^{2+} = 600mg/L$, $Mg^{2+} = 240mg/L$,
$NH_3-N = 380mg/L$
Na 원자량 : 23, P 원자량 : 31, Cl 원자량 : 35.5,
Ca 원자량 : 40, Mg 원자량 : 24

① 2
② 4
③ 6
④ 8

24 14. 지방직 9급

관개용수의 수질을 분석하여 다음의 측정값을 얻었다. 이 물의 나트륨흡착비(SAR)는? (단, 원자량 : Ca=40, Mg=24, Na=23, S=32, O=16, N=14, Cl=35.5)

측정값 : $Ca^{2+} = 80mg/L$, $Mg^{2+} = 48mg/L$,
$Na^+ = 115mg/L$, $SO_4^{2-} = 150mg/L$,
$Cl^- = 110mg/L$, $NO_3^- = 28mg/L$

① 1.8
② 2.5
③ 2.9
④ 3.5

25

23. 지방직 9급

다음 분석 결과를 가진 시료의 SAR은?

성분	당량[g eq^{-1}]	농도[mg L^{-1}]
Ca^{2+}	20.0	100.0
Mg^{2+}	12.2	36.6
Na^+	23.0	92.0
Cl^-	35.5	158.2

① 0.5
② 1.2
③ 2.0
④ 3.6

26

04. 서울시 9급

수질척도인 SAR에 대한 설명 중 틀린 것은?

① 음용수 수질에 이용된다.
② SAR이 10 이하이면 흙에 미치는 영향은 적은 편이다.
③ 농업용수 내의 Na^+ 함유도가 높아지면 배수가 잘 안 되고 통기성도 나빠진다.
④ 토양의 허용치는 SAR 26 이하이다.
⑤ SAR은 농업용수의 수질척도이다.

27

19. 해양경찰 일반직 9급

농업용수 수질평가 시 SAR(Sodium Absorption Ratio)로 정의하는데 이에 대한 설명으로 가장 옳지 않은 것은?

① SAR의 값이 크면 용수의 염도가 높고, 식물의 삼투압을 증가시켜 영양분 흡수를 방해한다.
② SAR의 값 계산식에 사용되는 이온의 농도는 meq/L를 사용한다.
③ SAR의 값이 26이면 토양에 미치는 영향이 적다.
④ SAR의 값은 Na^+, Ca^{2+}, Mg^{2+} 농도와 관계가 있다.

28

19. 서울시 7급

계(system)를 구성하는 물리량 중 특성이 다른 하나는?

① 압력
② 부피
③ 온도
④ 밀도

제3절 | 수질오염의 지표 및 영향인자

01 [16. 서울시 9급]

수질오염의 지표로 널리 사용되고 있는 생물학적 산소요구량(BOD)의 한계성으로 옳지 않은 것은?

① 다른 수질오염 지표에 비해 측정에 긴 시간이 필요하다.
② 수중에 함유된 유기물 중 생분해성 유기물만 측정이 가능하다.
③ 미생물의 활성에 영향을 주는 독성물질의 방해가 예상된다.
④ BOD_5의 정확한 측정을 위해서는 질산화 미생물이 필요하다.

02 [24. 지방직 9급]

공장폐수의 BOD_5 측정에 대한 설명으로 옳지 않은 것은?

① 시료를 결정된 희석 배율로 희석한다.
② 측정을 위해 호기성 미생물을 식종한다.
③ 질소산화물의 산화로 소비된 DO를 측정한다.
④ 20℃에서 5일간 배양했을 때 소비된 DO를 측정한다.

03 [17. 환경부 경채 9급]

일반적인 가정하수의 BOD 측정 방법과 지표로서의 특성에 관한 설명으로 적절하지 않은 것은?

① BOD는 물속의 유기물량을 표시하기 위하여 사용되는 대표적인 지표 항목이다.
② 시료를 혐기성 조건에서 배양하여 유기물을 분해하는 과정에서 소모된 산소량을 측정하는 방법이다.
③ 시료 중의 유기물 분해가 거의 종료되면 질소화합물의 산화가 일어나 산소를 소모하므로 질소 성분을 다량 함유한 시료는 질산화 억제제를 별도로 첨가한다.
④ 가정하수의 경우 20℃에서 일반적으로 5일이 경과되면 60~70%, 20일이 경과되면 95~99%의 유기물이 분해된다.

04 [17. 서울시 7급]

수질오염 측정 시 BOD와 COD의 관계에 대한 설명으로 옳지 않은 것은?

① 생물학적으로 분해 불가능한 유기물이 있는 경우, COD값이 BOD값보다 크다.
② BOD 측정 실험 중 질산화가 발생한 경우, COD값이 BOD값보다 작은 경우가 있다.
③ 미생물에 독성을 끼치는 물질을 함유한 상태인 경우, COD값이 BOD값보다 작은 경우가 있다.
④ 일반적으로 COD값이 BOD값보다 크다.

05 [18. 서울시 9급]

수계의 유기물질 총량을 간접적으로 예측하기 위한 지표로서 생물화학적 산소요구량(Biochemical Oxygen Demand : BOD)과 화학적 산소요구량(Chemical Oxygen Demand : COD)에 대한 설명으로 가장 옳은 것은?

① BOD는 혐기성 미생물의 수계 유기물질 분해 활동과 연관된 산소요구량을 의미하며 BOD_5는 5일간 상온에서 시료를 배양했을 때 미생물에 의해 소모된 산소량을 의미한다.
② BOD값이 높을수록 수중 유기물질 함량이 높으며, 측정방법의 특성상 BOD는 언제나 COD보다 높게 측정된다.
③ BOD는 생물학적 분해가 가능한 유기물의 총량 예측에 적합하며, 미생물의 활성을 저해하는 독성물질 존재 시 분해의 방해효과가 나타날 수 있다.
④ COD는 시료 중 유기물질을 화학적 산화제를 사용하여 산화 분해시킨 후 소모된 산화제의 양을 대응산소의 양으로 환산하여 나타낸 값으로, 일반적인 활용 산화제는 염소나 과산화수소이다.

06 24. 지방직 9급

수질오염물질 지표인 COD와 TOC에 대한 내용으로 옳지 않은 것은?

① TOC는 유기물질 내의 탄소량을 CO_2로 전환하여 측정한다.
② COD값이 작을수록 오염물질이 많아 수질이 나쁨을 의미한다.
③ COD는 수중 유기물을 강한 산화제로 산화시킨 후 측정된 산소요구량이다.
④ 2024년 현재, TOC가 물환경보전법령상의 배출허용기준 항목으로 적용되고 있다.

07 23. 해양경찰 일반직 9급

다음 중 화학적 산소요구량을 측정할 때 사용되는 산화제로 가장 옳은 것은?

① DO
② HCl
③ HNO_3
④ $K_2Cr_2O_7$

08 11. 지방직 9급

최종 BOD가 300mg/L이고, BOD_5가 270mg/L일 때 반응속도상수 K값[day^{-1}]은? (단, K는 상용로그를 기준으로 하는 반응속도상수이다)

① 0.15
② 0.20
③ 0.30
④ 0.50

09 11. 지방직 9급

수질의 유기오염 평가지표인 BOD와 COD의 관계식으로 옳지 않은 것은?

① BOD = IBOD + SBOD
② BDCOD = BOD_5
③ COD = BDCOD + NBDCOD
④ NBDCOD = COD − BOD_u

10 17. 환경부 경채 9급

총고형물(Total Solid ; TS)이 70%, 총고정성 고형물(Total Fixed Solid ; TFS)이 49%, 총용존성 고형물(Total Dissolved Solid ; TDS)이 18%, 휘발성 부유고형물(Volatile Suspended Solid ; VSS)이 13%일 때 고정성 부유고형물(Fixed Suspended Solid ; FSS)의 비율[%]은?

① 39
② 45
③ 55
④ 62

11 23. 지방직 9급

폐수 내 고형물(solids)에 대한 명명으로 옳은 것은?

① TDS : 총 부유고형물
② FSS : 강열잔류 용존고형물
③ FDS : 강열잔류 부유고형물
④ VSS : 휘발성 부유고형물

12 16. 지방직 9급

다음 실험 결과에서 처리 전과 처리 후의 BOD 제거율[%]은? (단, 희석수의 BOD값은 0이다)

구분	초기DO (mg/L)	최종DO (mg/L)	하수 부피(mL)	희석수 부피(mL)
처리 전	6.0	2.0	5	295
처리 후	9.0	4.0	15	285

① 33.3
② 50.0
③ 58.3
④ 61.4

13
[17. 서울시 9급]

공장폐수에 대해 미생물 식종(seeding)법으로 생물화학적 산소요구량(BOD)을 측정하고자 한다. 식종희석수의 초기 용존산소(DO)는 9.2mg/L였으며, 식종희석수만을 300mL BOD병에 5일 간 배양한 후 DO는 8.6mg/L이었다. 실제 시료의 BOD 측정을 위해 공장폐수와 식종희석수를 혼합하여 다음 표와 같이 2가지 희석 배율로 테스트를 진행하였을 때, 해당 폐수의 BOD는? (단, 실험은 수질오염공정시험기준에 따르며, DO는 용존산소-전극법에 따라 측정하였다)

실험	폐수 시료량 (mL)	식종 희석수량 (mL)	초기 DO (mg/L)	5일 후 최종 DO (mg/L)
#1	50	250	9.2	3.7
#2	100	200	9.1	0.1

① 27.0mg/L ② 27.7mg/L
③ 30.0mg/L ④ 32.4mg/L

14
[19. 지방직 9급]

수중 용존산소(DO)에 대한 설명으로 옳지 않은 것은?

① 물에 용해되는 산소의 양은 접촉하는 산소의 부분압력에 비례한다.
② 수온이 높을수록 산소의 용해도는 감소한다.
③ 수중에 녹아 있는 염소이온, 아질산염의 농도가 높을수록 산소의 용해도는 감소한다.
④ 생분해성 유기물이 유입되면 혐기성 미생물에 의해서 수중의 산소가 소모된다.

15
[14. 서울시 9급]

물의 경도(hardness)가 높은 물은 음용수로 사용하면 위장장애, 설사, 복통을 유발할 수 있다. 다음 중 물의 경도를 유발하는 화합물이 아닌 것은?

① 칼륨(K)   ② 칼슘(Ca)
③ 망간(Mn)   ④ 마그네슘(Mg)
⑤ 철(Fe)

16
[03. 부산시 9급]

다음 중에서 경도물질을 제거할 수 있는 방법이 아닌 것은?

① 명반, 염소 주입법   ② 이온교환수지법
③ 석회-소다회법   ④ 자비법

17
[24. 지방직 9급]

물의 경도(hardness)에 대한 설명으로 옳지 않은 것은?

① 경도가 큰 물은 물때(scale)를 생성하여 온수 파이프를 막을 수 있다.
② 경도가 50mg/L as $CaCO_3$ 이하인 물을 경수라 한다.
③ Ca^{2+}와 Mg^{2+} 등의 농도 합으로 구한다.
④ 알칼리도가 총경도보다 작을 때 탄산경도는 알칼리도와 같다.

18
[15. 지방직 9급]

상수도 수원지용 저수지의 수질을 분석한 결과 Ca^{2+} 40mg/L, Mg^{2+} 12mg/L로 각각 나타났다. 이 두 가지 원소에 의한 저수지물의 경도[mg/L as $CaCO_3$]는? (단, 원자량은 Ca=40, Mg=24이다)

① 50   ② 100
③ 150   ④ 200

19
[17. 환경부 경채 9급]

수질 분석 결과, 칼슘(M.W = 40)과 마그네슘(M.W = 24) 이온이 동일한 농도[mg/L]로 나타났다. 이때, 총경도가 66mg/L as $CaCO_3$(M.W = 100)라면 칼슘의 농도[mg/L]는 약 얼마인가? (단, 시료 내 다른 경도 유발물질은 존재하지 않는다)

① 2   ② 5
③ 7   ④ 10

20 [17. 서울시 7급]

지하수를 채취하여 수질분석을 실시해보니, 칼슘 이온(Ca^{2+})의 농도는 120mg/L로 나타났다. 이 지하수에서 칼슘 이온만으로 유발되는 경도(hardness)는 얼마인가? (단, 원자량은 Ca=40, C=12, O=16이다)

① 100mg/L as $CaCO_3$
② 200mg/L as $CaCO_3$
③ 300mg/L as $CaCO_3$
④ 400mg/L as $CaCO_3$

21 [22. 해양경찰 일반직 9급]

지하수 수질 분석 결과 마그네슘(Mg^{2+})의 농도는 48mg/L, 칼슘(Ca^{2+})의 농도는 40mg/L로 나타났다. 다음 중 이 지하수에서 칼슘 이온만으로 유발되는 경도는 얼마인가?

① 80mg/L as $CaCO_3$
② 100mg/L as $CaCO_3$
③ 200mg/L as $CaCO_3$
④ 300mg/L as $CaCO_3$

22 [16. 서울시 9급]

지표수 분석 결과 물속의 양이온과 음이온의 농도가 다음과 같이 나타났다. 물속의 경도를 $CaCO_3$ mg/L로 올바르게 나타낸 값은 무엇인가? (단, $CaCO_3$를 구성하는 Ca, C, O의 원자량은 각각 40, 12, 16이다)

이온	농도(mg/L)
Ca^{2+}	60
Na^+	60
Cl^-	120
NO_3^-	5
SO_4^{2-}	24

① 75
② 150
③ 300
④ 450

23 [17. 일반직 9급]

하천수의 수질분석 결과가 아래와 같다면 이 물의 총경도(as $CaCO_3$)는 얼마인가?

- Ca^{2+} = 40mg/L
- Mg^{2+} = 36mg/L
- Na^+ = 9.2mg/L
- HCO_3^- = 305mg/L
- SO_4^{2-} = 134.4mg/L
- Cl^- = 7.1mg/L

① 350mg/L
② 250mg/L
③ 450mg/L
④ 400mg/L

24 [06. 환경부 7급]

pH 10인 물이 600mg/L CO_2와 61mg/L HCO_3^-일 때 알칼리도(mg/L as $CaCO_3$)는?

① 50
② 55
③ 60
④ 65
⑤ 70

25 [18. 지방직 9급]

총 경도가 250mg $CaCO_3$/L이며 알칼리도가 190mg $CaCO_3$/L인 경우, 주된 알칼리도 물질과 비탄산 경도[mg $CaCO_3$/L]는? (단, pH는 7.6이다)

	알칼리도 물질	비탄산 경도[mg $CaCO_3$/L]
①	CO_3^{2-}	60
②	CO_3^{2-}	190
③	HCO_3^-	60
④	HCO_3^-	190

26 [19. 지방직 9급]
콜로이드(colloids)에 대한 설명으로 옳지 않은 것은?

① 브라운 운동을 한다.
② 표면전하를 띠고 있다.
③ 입자 크기는 0.001~1μm이다.
④ 모래여과로 완전히 제거된다.

27 [22. 해양경찰 일반직 7급]
다음 중 콜로이드(Colloid)에 관한 설명으로 가장 옳지 않은 것은?

① 콜로이드 입자는 대단히 작아서 질량에 비해 표면적이 크다.
② 소수성 콜로이드 입자는 물에 반발하는 성질을 가지고 물속에서 suspension 상태로 존재한다.
③ 제타전위가 클수록 응집이 쉽게 일어난다.
④ 콜로이드 입자들이 전기장에 놓이게 되면 입자들은 그 전하의 반대쪽 극으로 이동하며 이러한 현상을 전기영동이라 한다.

28 [08. 경기 9급]
콜로이드가 고농도 현탁질일 때 응집 영향이 가장 큰 기전은?

① 이중층 압축 ② 입자간 가교작용
③ SWEEP 응집 ④ 전하중화

29 [10. 지방직 9급]
응집제 투여에 의한 콜로이드 입자의 응결 및 응집 형성 시 반응 기작에 해당하지 않는 것은?

① 이온 결합 ② 표면전하 감소
③ 입자간 가교 결합 ④ 흡착과 전기적 중화

30 [18. 서울시 9급]
폐수의 화학적 응집 침전을 촉진시키기 위한 방법으로 가장 옳지 않은 것은?

① 전위결정이온을 첨가하여 콜로이드 표면을 채우거나 반응을 하여 표면전하를 줄인다.
② 수산화금속이온을 형성하는 화학약품을 투입한다.
③ 고분자응집제를 첨가하여 흡착작용과 가교작용으로 입자를 제거한다.
④ 전해질을 제거하여 분산층의 두께를 높여 제타전위를 줄이는 것이 효과적이다.

31 [19. 서울시 7급]
화학적 침전에 관한 설명으로 가장 옳지 않은 것은?

① 수중에 분산된 화학적 불활성 물질들은 양이온의 선택적 흡착에 의해 양전하를 얻게 된다.
② 콜로이드나 입자의 표면이 전기를 띠게 되면 반대 전기를 가진 이온들이 표면에 붙게 된다.
③ 용매가 물인 액체 중에서 콜로이드상의 고체 입자들은 소수성과 친수성으로 나눌 수 있다.
④ 입자와 함께 따라 움직이는 이온의 표면(전단표면)에서의 전위를 제타전위라고 한다.

32 [22. 지방직 9급]
다음 설명에 해당하는 물리·화학적 개념은?

> 어떤 화학반응에서 정반응과 역반응이 같은 속도로 끊임없이 일어나지만 이들 상호 간에 반응속도가 균형을 이루어 반응물과 생성물의 농도에는 변화가 없다.

① 헨리법칙
② 질량보존
③ 물질수지
④ 화학평형

33 〔19. 서울시 7급〕

완전혼합반응기에서의 반응식은? (단, 1차 반응이며 정상상태이고, r_A : A물질의 반응속도, C_A : A물질의 유입수 농도, C_{A0} : A물질의 유출수 농도, θ : 반응시간 또는 체류시간이다)

① $r_A = \dfrac{C_{A0} - C_A}{\theta}$ ② $r_A = \dfrac{C_{A0} - C_A}{C_A}$

③ $r_A = \dfrac{C_A - \theta}{C_A}$ ④ $r_A = \dfrac{C_A - C_{A0}}{\theta}$

34 〔21. 지방직 9급〕

수중의 암모니아가 0차 반응을 할 때 반응속도 상수 k = 10 [mg/L][d⁻¹]이다. 암모니아가 90% 반응하는데 걸리는 시간[day]은? (단, 암모니아의 초기 농도는 100mg/L이다)

① 0.9   ② 4.4
③ 9.0   ④ 18.2

35 〔17. 서울시 7급〕

생분해성 유기물의 분해속도는 1차 반응($\dfrac{dL}{dt} = -kL$)을 따른다. 이때 유기물 농도가 초기 조건의 절반($L = \dfrac{1}{2}L_0$)이 되는 데 걸리는 시간, 즉 반감기는 얼마인가? (단, L : 유기물의 농도, L_0 : 유기물의 초기 농도, k : 반응속도 상수(t^{-1}), t : 시간이다)

① $e^{\frac{k}{2}}$ ② $\dfrac{e^k}{2}$
③ $\dfrac{\ln k}{2}$ ④ $\dfrac{\ln 2}{k}$

36 〔23. 지방직 9급〕

다음은 오염 물질의 시간에 따른 농도 변화를 나타낸 표와 그래프이다. 이에 대한 설명으로 옳지 않은 것은? (단, k는 속도 상수, t는 시간, C_0는 초기 농도이다)

t[min]	C[mg L⁻¹]
0	14.0
20	8.0
60	4.0
100	2.5
120	2.0

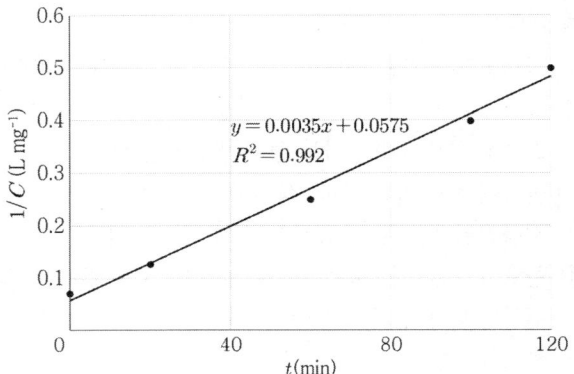

① 반응 속도를 구하기 위한 일반식은 $\dfrac{dC}{dt} = -kC$이다.

② 반응을 나타내는 결과식은 $C = \dfrac{C_0}{1 + kC_0 t}$이다.

③ 2차 분해 반응이다.

④ 속도 상수는 $0.0035 \text{ L mg}^{-1} \text{ min}^{-1}$이다.

37 〔19. 서울시 9급〕

수용액과 평형상태를 유지하고 있는 공기의 전압이 0.8atm일 때 수중의 산소 농도[mg/L]는? (단, 산소의 헨리상수는 40mg/L · atm로 한다)

① 약 3.2   ② 약 6.7
③ 약 8.4   ④ 약 32

38
물에서 기체의 용해도는 Henry 법칙($C = kP$)을 따른다. 대기 중 산소 부피가 20%일 때, 수중 포화 용존 산소 농도 [mg L^{-1}]는? (단, 25°C, 1기압이고 k는 1.3×10^{-3} mol L^{-1} atm^{-1}, C는 용존 기체 농도, P는 기체 부분 압력, O의 원자량은 16이다)

① 4.16
② 8.32
③ 13.00
④ 33.28

39
다음 중 유기염소계 농약은?

① DDT
② Phosphate
③ NAC
④ BHC

40
〈보기〉의 특성을 가지고 있는 수질오염물질은?

보기
- 살충제, 유기, 도자기, 염료, 의약품, 합금, 반도체 등의 제조에 사용됨.
- 원소 상태보다는 화합물의 독성이 훨씬 큰 편임.
- 만성 중독 시에는 피부가 검게 변하고 손과 발바닥이 딱딱해지며 모발과 손톱이 변질되고 신경염과 다리의 마비 증상이 생김.

① 비소
② 카드뮴
③ 구리
④ 아연

41
수용액에서 수소 이온과 음이온으로 거의 완전히 해리되는 산은 강산(强酸)에 속한다. 표준상태에서 강산에 해당하지 않는 것은?

① HF
② HI
③ HNO$_3$
④ HBr

42
수처리 반응조 형태의 하나인 완전혼합형 반응조에 관한 설명으로 가장 옳은 것은?

① 분산수는 0에 가깝다.
② Morrill 지수의 값은 1이다.
③ 완전혼합 흐름으로 dead space가 형성되지 않는다.
④ 부하변동에 강하다.

43
다음 중 분뇨에 대한 설명으로 가장 옳지 않은 것은?

① 분과 뇨의 구성비는 약 1 : 8~10이다.
② 뇨의 경우 질소화합물을 전체 VS의 40~50% 정도 포함하고 있다.
③ 분의 경우 질소화합물을 전체 VS의 12~20% 정도 포함하고 있다.
④ 분뇨의 pH 범위는 약 7~8이다.

제4절 | 수질환경생물

01 [22. 해양경찰 일반직 9급]

다음 중 미생물의 발육과정의 순서로 가장 옳은 것은?

① 대수증식기 → 정지기 → 유도기 → 사멸기
② 유도기 → 대수증식기 → 정지기 → 사멸기
③ 사멸기 → 유도기 → 대수증식기 → 정지기
④ 정지기 → 유도기 → 대수증식기 → 사멸기

02 [04. 경북 9급]

Rotifer는 어디에 속하는 생물인가?

① 균류 ② 조류
③ 원생동물 ④ 후생동물

03 [04. 대전시 9급]

환경에 관련된 미생물에 관한 설명 중 틀린 것은?

① 미생물은 산소와 관련하여 호기성·혐기성·임의성으로 구분한다.
② 친온성 미생물은 35℃ 부근에서 잘 자란다.
③ 종속영양 미생물은 무기물을 주로 섭취해서 성장하는 생물이다.
④ 유기물이 호기성 세균에 의해 분해되면 CO_2와 H_2O가 생긴다.

04 [04. 서울시 9급]

질소순환 미생물과 관계없는 것은?

① Gallionella ② Nitrosomonas
③ Nitrobacter ④ Pseudomonas
⑤ Azotobacter

05 [03. 부산시 9급]

총 킬달질소(TKN)란 무엇인가?

① 유기성 질소
② 유기성 질소 + 암모니아성 질소
③ 유기성 질소 + NH_3 + NO_2 + NO_3
④ 유기성 질소 + NH_3 + NO_2

06 [10. 지방직 9급]

활성슬러지 공법에서 주로 사용되는 화학유기영양계(Chemoorganotroph)의 탄소원과 에너지원이 바르게 연결된 것은?

	탄소원	에너지원
①	CO_2	유기물
②	CO_2	무기물
③	유기물	무기물
④	유기물	유기물

07 [19. 서울시 9급]

동화작용과 이화작용에 대한 설명으로 가장 옳은 것은?

① 동화작용은 세포 내 미토콘드리아에서 일어난다.
② 이화작용은 흡열반응으로 ATP(Adenosine Tri-phosphate)에서 인산기 하나가 떨어질 때, 약 7.3kcal의 에너지를 흡수한다.
③ 이화작용은 CO_2를 흡수하고 O_2를 방출한다.
④ 호흡은 대표적인 이화작용으로 유기물과 산소를 필요로 한다.

08
05. 경기 9급

다음 조건하에서 모노드(Monod)식을 이용한 세포의 비증식 속도를 산출하시오.

- 제한기질의 농도 : 900mg/L
- 1/2 포화농도 : 500mg/L
- 세포의 비증식 속도 최대치 : 0.45/hr

① 약 0.1/hr ② 약 0.2/hr
③ 약 0.3/hr ④ 약 0.5/hr
⑤ 약 0.6/hr

09
09. 지방직 9급

다음 조건에서 Monod식을 사용한 세포의 비증식속도 (specific growth rate)는? (단, 제한기질농도 S=300 mg/L, 1/2 포화농도 Ks=60mg/L, 세포의 비증식속도 최대치 μ_{max}=0.3hr^{-1}이다)

① 0.20hr^{-1} ② 0.25hr^{-1}
③ 0.30hr^{-1} ④ 0.35hr^{-1}

10
19. 서울시 7급

미생물의 성장과 수중의 기질 소비에 대한 관계를 모노드 (Monod) 식으로 표현할 때, 기질 농도 150mg/L, 반속도 상수 50mg/L, 미생물 최대비증식속도 0.2hr^{-1}인 경우 미생물의 비증식속도값[day^{-1}]은?

① 3.2day^{-1} ② 3.4day^{-1}
③ 3.6day^{-1} ④ 3.8day^{-1}

11
16. 지방직 9급

다음 미생물 비증식 속도식에 대한 설명으로 옳지 않은 것은? (단, μ는 비증식 속도, μ_{max}는 최대 비증식 속도, K_S는 미카엘리스 상수, S는 기질 농도이다)

$$\mu = \frac{\mu_{max} \times S}{K_S + S}$$

① $1/\mu$과 $1/S$의 그래프에서 기울기 값이 μ_{max}이다.
② μ는 S가 증가함에 따라 기질 흡수 기작이 포화될 때까지 증가한다.
③ K_S는 그래프상에서 μ가 μ_{max}의 1/2일 때의 S값이다.
④ $S \gg K_S$일 때 $\mu \simeq \mu_{max}$이다.

12
03. 부산시 9급

생물학적 오탁지표로서 BIP와 BI에 대한 기술이 아닌 것은?

① BIP는 맑은물 중에는 조류가 많으나 오염되면 조류가 감소하는 대신으로 원생동물이 많아진 것에 근거를 둔다.
② BIP는 수치가 크면 클수록 오염이 심함을 나타낸다.
③ BI는 청수성과 광범출현종 및 오수성에 대한 정수성과 광범출현종의 백분율을 나타낸다.
④ BI는 수치가 크면 클수록 오염이 심각함을 나타낸다.

13
17. 환경부 경채 9급

생물들 간의 상호 작용에 대한 설명으로 옳지 않은 것은?

① 생물들이 서로 협력하여 서로 이익이 되는 것을 상리공생이라고 한다.
② 한쪽 생물만 이익을 얻고, 다른 생물은 피해를 입는 것을 기생이라고 한다.
③ 콩과식물과 뿌리혹박테리아는 대표적인 편리공생의 예이다.
④ 식물은 빛을 서로 빼앗고, 동물은 먹이나 생식지를 서로 빼앗는 현상을 경쟁이라고 한다.

14

지표 미생물에 대한 설명으로 옳지 않은 것은?

① 총 대장균군(total coliforms)은 락토스(lactose)를 발효시켜 35°C에서 48시간 내에 기체를 생성하는 모든 세균을 포함한다.
② 총 대장균군은 호기성, 통성 혐기성, 그람 양성 세균들이다.
③ E. coli는 총 대장균군에도 속하고 분변성 대장균군에도 속한다.
④ 분변성 대장균군은 온혈 동물의 배설물 존재를 가리킨다.

15

조류(Algae)의 성장에 관한 설명으로 옳지 않은 것은?

① 조류 성장은 수온의 영향을 받지 않는다.
② 조류 성장은 수중의 용존산소농도에 영향을 미친다.
③ 조류 성장의 주요 제한 원소에는 인과 질소 등이 있다.
④ 태양광은 조류 성장에 있어 제한 인자이다.

16

물속 조류의 생장과 관련된 설명으로 가장 옳은 것은?

① 조류가 이산화탄소를 섭취함에 따라 물속의 알칼리도가 중탄산으로부터 탄산으로, 그리고 탄산으로부터 수산화물로 변화하는데, 이때의 총알칼리도는 일정하게 된다.
② 조류는 세포를 만들기 위해 수중의 중탄산이온을 이용하는 종속영양생물이다.
③ 조류가 번성하는 얕은 물에서는 물의 pH가 약산을 나타낸다.
④ 야간에는 조류의 호흡작용으로 인해 산소가 생성되고 이산화탄소가 소모되기에 pH가 높아지게 된다.

17

독성을 나타내는 지표에 대한 설명으로 가장 옳지 않은 것은?

① LOEL(lowest-observed-effect level) : 반응을 일으킬 수 있는 최하 선량을 나타낸다.
② NOEL(no-observed-effect level) : 어떤 반응도 일어나지 않을 최고 선량을 나타낸다.
③ RfD(reference dose) : NOEL을 적절한 불확실성 인자로 나눈 값으로 나타낸다.
④ ADI(acceptable daily intake) : 뚜렷한 위해도가 없을 듯한 인체 노출 준위로 RfD와 같은 의미를 나타낸다.

제5절 | 공공수역의 수자원관리

01 17. 서울시 9급

물의 산소전달률을 나타내는 다음 식에서 보정계수 β가 나타내는 것으로 옳은 것은?

$$\frac{dO}{dt} = \alpha K_{La}(\beta C_S - C_t) \times 1.024^{T-20}$$

① 총괄산소전달계수
② 수중의 용존산소농도
③ 어느 물과 증류수의 C_S 비율(표준상태에서 시험)
④ 어느 물과 증류수의 K_{La} 비율(표준상태에서 시험)

02 16. 서울시 9급

청계천의 상류와 하류에서 하천수의 BOD를 측정한 결과 상류 하천수의 BOD는 25mg/L, 하류 하천수의 BOD는 19mg/L이었다. 상류 하천수의 DO가 9mg/L이었고, 하천수가 상류에서 하류로 흐르는 동안 4mg/L의 재포기가 있었다고 할 때, 하류 하천수의 DO는 얼마인가? (단, 지류에서 유입·유출되는 오염수 또는 하천수는 없다)

① 4mg/L
② 5mg/L
③ 6mg/L
④ 7mg/L

03 21. 지방직 9급

염소의 농도가 25mg/L이고, 유량속도가 12m³/sec인 하천에 염소의 농도가 40mg/L이고, 유량속도가 3m³/sec인 지류가 혼합된다. 혼합된 하천 하류의 염소 농도[mg/L]는? (단, 염소가 보존성이고, 두 흐름은 완전히 혼합된다)

① 28
② 30
③ 32
④ 34

04 17. 지방직 9급

하천의 BOD 기준이 2mg/L이고, 현재 하천의 BOD는 1mg/L이며, 하천의 유량은 1,500,000m³/day이다. 하천 주변에 돼지 축사를 건설하고자 할 때, 축사에서 배출되는 폐수로 인해 BOD기준을 초과하지 않도록 하면서 사육 가능한 돼지 수[마리]는? (단, 돼지 축사 건설로 인한 유량 증가는 없으며, 돼지 1마리당 배출되는 BOD 부하는 2kg/day라고 가정한다)

① 500
② 750
③ 1,000
④ 1,500

05 17. 지방직 9급

두 개의 저수지에서 한 농지에 동시에 용수를 공급하고자 한다. 이 농업용수는 염분농도 0.1g/L, 유량 8.0m³/sec의 조건을 맞추어야 한다. 이때 1, 2번 저수지에서 취수해야 하는 유량 Q_1, Q_2[m³/sec]는 각각 얼마인가?

- 1번 저수지 : 염분농도 C_1=500ppm
- 2번 저수지 : 염분농도 C_2=50ppm

	Q_1	Q_2		Q_1	Q_2
①	3.5	4.5	②	2.8	5.2
③	1.4	6.6	④	0.9	7.1

06 23. 지방직 9급

유량 2m³ s⁻¹, 온도 15°C인 하천이 용존 산소로 포화되어 있다. 이 하천에 유량 0.5m³ s⁻¹, 온도 25°C, 용존 산소 농도 1.5mg L⁻¹인 지천이 유입될 때, 합류지점에서의 용존 산소 부족량[mg L⁻¹]은? (단, 포화 용존 산소 농도는 15°C에서 10.2mg L⁻¹, 17°C에서 9.7mg L⁻¹, 20°C에서 9.2 mg L⁻¹이다)

① 1.24
② 3.54
③ 6.26
④ 8.46

07

청계천 하천수의 BOD가 상류 25mg/L, 하류 20mg/L로 측정되었다. 상류의 DO가 10mg/L이었고, 하천수가 상류에서 하류로 흐르는 동안 4mg/L의 재포기가 있었다고 할 때, 하류 하천수의 DO는 얼마인가? (단, 지류에서 유입·유출되는 오염수 또는 하천수는 없음)

① 5mg/L ② 9mg/L
③ 10mg/L ④ 20mg/L

08

다음 중 부영양화 원인이 되는 물질이 아닌 것은?

① 농약성분의 비료
② 합성세제
③ 지하수의 경도물질
④ 처리되지 않은 하수와 고농도 폐수

09

호수에서 부영양화가 증가하는 원인이 아닌 것은?

① 호수에 담긴 물의 체류 시간 감소
② 강우로 인한 영양염류의 유입 증가
③ 호수 주변에서 질소, 인의 유입 증가
④ 인간 활동에 의한 영양물질의 유입 증가

10

어떤 폐수처리장에서 BOD 400mg/L의 폐수가 1,000m³/day로 유입되고, BOD 1,000mg/L의 슬러지 탈수액이 200m³/day로 유입될 때, 최종 방류수의 BOD가 50mg/L였다면 BOD 제거율[%]은?

① 80 ② 85
③ 90 ④ 95

11

호소의 부영양화 현상에 관한 기술로서 틀린 것은?

① COD가 낮고, 투명도도 저하된다.
② 독성에 의해 어패류가 폐사하며, 악취를 발생시킨다.
③ 한 번 부영양화된 호수는 회복이 어려우며 상수원으로는 부적당하다.
④ 질소, 인을 포함한 합성세제 사용을 금지하며 조류번식을 방지하기 위하여 황산 제2구리($CuSO_4$), 석회석을 혼합한 황토 또는 활성탄을 뿌려 제거한다.
⑤ 호소 내에서의 처리방안으로는 차광막을 설치해 조류 증식에 필요한 광을 차단, 수계로부터의 수초 및 부착 조류의 제거, 생물학적 제어, 화학적 처리가 있다.

12

부영양화를 나타내는 지수인 TSI(Trophic State Index)에 관한 설명으로 가장 옳지 않은 것은?

① Carlson에 의해 제안되었다.
② 투명도, 엽록소 a 농도, 총 인 농도를 이용한 산정방법이 가장 일반적이다.
③ 한국형 부영양화 지수가 개발되어 사용되고 있다.
④ 0부터 1,000까지의 수치로 나타내며 TSI가 100 증가할 때 투명도는 1/2로 감소된다.

13

호소의 부영양화로 인해 수생태계가 받는 영향에 대한 설명으로 옳지 않은 것은?

① 조류가 사멸하면 다른 조류의 번식에 필요한 영양소가 될 수 있다.
② 생물종의 다양성이 증가한다.
③ 조류에 의해 생성된 용해성 유기물들은 불쾌한 맛과 냄새를 유발한다.
④ 유기물의 분해로 수중의 용존산소가 감소한다.

14 〔17. 지방직 9급〕

강에서 부영양화에 의한 조류 번성 시 하천수에 대한 설명으로 옳지 않은 것은?

① 낮에는 빛을 이용해 물속의 용존산소가 소모되고 CO_2는 생성된다.
② 하천 수질의 투명도가 낮아진다.
③ 조류번식으로 pH 값이 증가한다.
④ 강물에 이취미 물질(Geosmin, 2-MIB)이 증가한다.

15 〔19. 지방직 9급〕

호소에서의 조류 증식을 억제하기 위한 방안으로 옳지 않은 것은?

① 호소의 수심을 깊게 해 물의 체류시간을 증가시킴
② 차광막을 설치하여 조류 증식에 필요한 빛을 차단
③ 질소와 인의 유입을 감소시킴
④ 하수의 고도처리

16 〔20. 해양경찰 일반직 9급〕

다음 중 Whipple의 4지대에 대한 설명으로 가장 옳지 않은 것은?

① 활발한 분해지대에서는 H_2S, CH_4 등에 의한 기포 및 악취가 발생한다.
② 정수지대에서는 DO량이 풍부하고 많은 종류의 생물들이 번식하기 시작한다.
③ 분해지대에서는 DO량이 줄어들고 CO_2량이 증대되며 세균수가 증가한다.
④ 하천이 회복되고 있는 지대는 혐기성균이 증가한다.

17 〔17. 일반직 9급〕

다음은 하천의 생태변화과정 중 β-중부수성 수역에 대한 설명이다. 가장 적합하지 않은 것은?

① 규조, 녹조 등 많은 종류의 조류가 출현한다.
② 수질은 초록색으로 표시한다.
③ 수중의 유기물은 지방산의 암모니아 화합물이 많다.
④ 편모충류, 섬모충류가 발생한다.

18 〔12. 서울시 9급〕

호소의 성층현상에 관한 설명 중 틀린 것은?

① 성층현상은 온도차에 의한 밀도차로 일어난다.
② 표면층은 호기성, 바닥은 혐기성 상태이다.
③ 봄, 가을의 전도현상으로 자정작용에 도움을 준다.
④ 봄, 가을에 부영양화가 자주 일어난다.
⑤ 여름철에 수직혼합이 활발하다.

19 〔06. 환경부 7급〕

호소의 성층현상에 대한 설명 중 틀린 것은?

① 성층현상은 표층수, 수온약층, 심수층 등으로 구분된다.
② 계절적으로 완전한 혼합이 이루어지도록 한다.
③ 수온약층은 수심에 따라 온도변화가 뚜렷한 층이다.
④ 여름과 겨울에는 깊이가 깊어질수록 용존산소와 수온이 낮아진다.

20 〔14. 지방직 9급〕

호소에서 발생하는 성층현상의 설명으로 옳지 않은 것은?

① 호소가 성층화되면 물의 대류작용이 억제된다.
② 성층화된 호소는 수심에 따라 밀도가 변화한다.
③ 수심에 따른 물의 온도차로 인하여 성층현상이 발생한다.
④ 영양염의 농도차로 인하여 봄과 가을에 성층이 심화된다.

21 `[17. 일반직 9급]`

다음은 하천이나 호수의 심층에서 미생물의 작용 및 성층현상에 관한 설명이다. 가장 거리가 먼 것은?

① 수중의 유기물은 분해되어 일부가 세포합성이나 대사를 위한 에너지원으로 사용된다.
② 호수 심층에 산소가 없을 때 유기화합물을 주 탄소원으로 이용하는 종속영양세균인 탈질화세균이 많아진다.
③ 유기물이 다량 유입되면 혐기성 상태가 되어 황화수소와 같은 가스를 유발하지만, 호기성 상태가 되면 암모니아성 질소가 증가한다.
④ 호수의 경우 여름과 겨울에 물의 수직운동이 거의 없는 정체현상이 생기며, 수심에 따라 온도와 용존산소의 농도 차이가 크고, 겨울보다 여름에 정체현상이 더 뚜렷하다.

22 `[18. 서울시 9급]`

호수 및 저수지에서 일어날 수 있는 자연현상에 대한 설명으로 가장 옳지 않은 것은?

① 호수의 성층현상은 수심에 따라 변화되는 온도로 인해 수직방향으로 밀도차가 발생하게 되고 이로 인해 층상으로 구분되는 현상을 의미한다.
② 표수층은 호수 혹은 저수지의 최상부층을 말하며 대기와 직접 접촉하고 있으므로 산소 공급이 원활하고 태양광 직접 조사를 통해 조류의 광합성 작용이 활발히 일어난다.
③ 여름 이후 가을이 되면서 높아졌던 표수층의 온도가 4℃까지 저하되면 물의 밀도가 최대가 되므로 연직방향의 밀도차에 의한 자연스러운 수직혼합현상이 발생하며, 이로 인해 표수층의 풍부한 산소와 영양성분이 하층부로 전달된다.
④ 겨울이 되어 호수 및 저수지 수면층이 얼게 되면 물과 얼음의 밀도차에 의해 수면의 얼음은 침강하게 된다.

23 `[17. 일반직 9급]`

하천에서 용존산소 감소량을 구할 수 있는 Streeter-Phelps식의 유도는 많은 가정 하에서 이루어졌다. 다음 중 그 가정에 포함되지 않는 것은?

① 수생식물의 광합성은 고려하지 않는다.
② 유속에 의한 이동이 크기 때문에 흐름 방향의 확산은 무시한다.
③ 하상퇴적층의 유기물 분해는 1차 반응을 따른다.
④ 오염원은 점배출원으로 가정하고, 하천에 유입된 오염물질은 하천의 단면 전체에 분산된다.

24 `[03. 대구시 9급]`

하천 모델링이 아닌 것은?

① SNSIM ② QUAL-Ⅱ
③ WQRRS ④ 경도모델

25 `[22. 해양경찰 일반직 9급]`

다음 중 하천의 수질관리를 위하여 개발된 Streeter-Phelps Model의 가정조건으로 가장 옳지 않은 것은?

① 하상퇴적물의 유기물 분해는 1차 반응을 따른다.
② 유속에 의한 이동이 크기 때문에 흐름 방향의 확산은 무시한다.
③ 오염원은 점배출원으로 가정한다.
④ 수생식물의 광합성은 고려하지 않는다.

26 `[19. 서울시 9급]`

환경위해성평가의 오차발생요인과 한계점으로 가장 옳지 않은 것은?

① 유해작용에 대한 관찰 조건의 차이에 따른 어려움
② 실험모델의 부적절성
③ 불확실성 인자들 측정의 어려움
④ 너무 많은 유해물질에 관한 정보

CHAPTER 02 폐수처리

정답 및 해설 : 176p

제1절 | 폐수처리개론

01   04. 대전시 9급

생물학적 폐수처리 공정이 아닌 것은?

① 활성슬러지법
② 살수여상법
③ 회전원판법
④ 소다석회법

02   04. 경기 9급

생물학적 폐수처리방법이 아닌 것은?

① 응집법
② 활성오니법
③ 살수여상법
④ 산화지법

03   20. 해양경찰 일반직 9급

다음 중 하·폐수 처리시설의 일반적 처리과정으로 가장 옳은 것은?

① 침사지 → 1차 침전지 → 포기조 → 소독조
② 침사지 → 1차 침전지 → 소독조 → 포기조
③ 1차 침전지 → 침사지 → 소독조 → 포기조
④ 1차 침전지 → 침사지 → 포기조 → 소독조

04   17. 서울시 9급

화학적 처리 중 하나인 응집에 대한 설명으로 가장 옳지 않은 것은?

① 침전이 어려운 미립자를 화학약품을 사용하여 전기적으로 중화시켜 입자의 상호 부착을 일으킨다.
② 콜로이드 입자는 중력과 제타전위(zeta potential)에 영향을 받고, Van der Waals힘에는 영향을 받지 않는다.
③ 상수처리 공정에서 일반적으로 여과 공정 이전에 적용된다.
④ 산업폐수 처리에서 중금속이나 부유물질(SS) 성분을 제거하기 위해 이용된다.

05   20. 해양경찰 일반직 9급

다음 중 속도경사를 구할 때 직접적으로 고려하는 것과 가장 거리가 먼 것은?

① 체류시간
② 점성계수
③ 응결지의 부피
④ 소요동력

06 22. 해양경찰 일반직 7급

활성탄을 이용한 고도정수처리 공정에서 맛과 냄새를 유발하는 물질의 흡착이 Freundlich 등온흡착식을 따른다고 한다. 다음 중 Freundlich 등온흡착식에 대한 설명으로 가장 옳지 않은 것은?

① $\frac{X}{M} = K \times C^{\frac{1}{n}}$ 로 나타낼 수 있다. 여기서 $\frac{X}{M}$는 흡착제의 단위질량당 흡착되는 물질의 양, K와 n은 실험으로 얻어지는 상수, C는 흡착되는 물질의 용액 중 평형농도를 나타낸다.
② 어떤 물질을 흡착공정에 의해 제거하려 할 때 필요한 흡착제의 양을 산정하는데 도움이 된다.
③ 흡착제 표면에 흡착되는 물질이 다분자층으로 부착된다고 가정한다.
④ y축을 $\log \frac{X}{M}$으로 하고 x축을 logK로 할 경우 기울기는 $\frac{1}{n}$, y절편은 logC이다.

07 15. 지방직 9급

폐수처리 방법 중 생물학적 처리방법이 아닌 것은?

① 산화지법
② 회전원판법
③ 활성탄 흡착법
④ 살수여상법

08 17. 서울시 7급

활성탄을 이용한 고도정수처리 공정에서 맛과 냄새를 유발하는 물질의 흡착이 Freundlich 등온흡착식을 따른다고 한다. 다음 중 Freundlich 등온흡착식에 대한 설명으로 옳지 않은 것은?

① 흡착제의 단위질량당 흡착되는 물질의 질량을 정의하는 데 사용된다.
② $x/m = k \cdot C^{1/n}$로 나타낼 수 있다. 여기서 x/m는 흡착제의 단위질량당 흡착되는 물질의 양, k와 n은 실험으로 얻어지는 상수, C는 흡착되는 물질의 용액 중 평형농도를 나타낸다.
③ 흡착제 표면에 흡착되는 물질이 단분자층으로 부착된다고 가정한다.
④ 어떤 물질을 흡착공정에 의해 제거하려 할 때 필요한 흡착제의 양을 산정하는 데 도움이 된다.

09 22. 지방직 9급

수중의 오염물질을 흡착 제거할 때 Freundlich 등온흡착식을 따르는 장치에서 농도 6.0 mg/L인 오염물질을 1.0 mg/L로 처리하기 위하여 폐수 1L당 필요한 흡착제의 양[mg]은? (단, Freundlich 상수 k = 0.5, 실험상수 n = 1이다)

① 6.0
② 10.0
③ 12.0
④ 15.0

10 14. 서울시 9급

용수 및 폐수처리공정에서 물리·화학적 처리로 옳지 않은 것은?

① 이온교환
② 산화·환원
③ 산화지
④ 막분리법
⑤ 전기투석

11 [08. 경기 9급]

폐수처리 방법과 그 기초가 되는 물질의 이동현상을 짝지은 것이다. 틀린 것은?

① 활성탄 흡착법 – 흡착
② 이온교환막법 – 투석
③ 역삼투압법 – 삼투
④ 포말분리법 – 흡수

제2절 | 물리적 처리

01 [17. 서울시 9급]

유량이 $1,000m^3/d$이고, SS농도가 200mg/L인 하수가 1차 침전지로 유입된다. 1차 슬러지 발생량이 $5m^3/d$, 1차 슬러지 SS농도가 20,000mg/L라면 1차 침전지의 SS제거효율은 얼마인가? (단, SS는 1차 침전지에서 분해되지 않는다고 가정한다)

① 40%
② 50%
③ 60%
④ 70%

02 [09. 지방직 9급]

독립입자의 침강(제Ⅰ형 침전)에서 입자의 침강속도에 영향을 주는 인자가 아닌 것은?

① 입자의 밀도
② 입자의 직경
③ 입자의 농도
④ 입자 주위 유체의 흐름 특성

03 [03. 대구시 9급]

보통 침강할 때, 속도에 영향을 미치는 설명으로 옳지 않은 것은?

① 밀도차가 크면 침강속도가 커진다.
② 입자직경이 클수록 침강속도가 커진다.
③ 수온이 높으면 침강속도가 작아진다.
④ 점성도가 크면 침강속도가 작아진다.

04 [03. 부산시 9급]

스토크스식의 침강속도에 대한 설명으로 옳지 않은 것은?

① 입경의 제곱에 비례
② 중력가속도에 비례
③ 밀도 차에 비례
④ 가스의 점도에 비례

05 [09. 지방직 9급]

대기 중 구형입자의 종말하강속도에 대한 설명으로 옳은 것은?

① 밀도가 동일할 때 입경의 제곱에 정비례한다.
② 질량이 동일할 때 입경의 제곱에 반비례한다.
③ 질량이 동일할 때 입경에 정비례한다.
④ 공기역학적 형상계수에 정비례한다.

06 [10. 지방직 9급]

고요한 침전지에서 수중에 존재하는 독립 입자상 물질의 침전속도 증가 요인으로 옳지 않은 것은?

① 입자의 크기를 증가시킨다.
② 입자의 밀도를 증가시킨다.
③ 수온을 감소시킨다.
④ 물의 점성계수를 감소시킨다.

07 [14. 서울시 9급]

침전조에서 입자의 침전 속도는 Stoke's 법칙을 통해 결정된다. 다음 중 Stoke's 법칙에 따라 침전하는 원형 입자의 침전 속도에 영향을 미치는 인자가 아닌 것은?

① 입자의 밀도 ② 물의 밀도
③ 입자의 지름 ④ 물의 점도
⑤ 입자의 성분

08 [21. 해양경찰 일반직 9급]

스토크스(Stokes')의 법칙에 따라 물속에서 침전하는 원형 입자의 침전속도에 관한 설명으로 가장 옳지 않은 것은?

① 침전속도는 중력가속도에 비례한다.
② 침전속도는 입자 지름에 비례한다.
③ 침전속도는 물의 점도에 반비례한다.
④ 침전속도는 입자와 물의 밀도차에 비례한다.

09 [20. 해양경찰 일반직 9급]

다음 중 수중에서 침강이 스토크스 법칙을 따를 경우에 대한 설명으로 가장 옳지 않은 것은?

① 유체의 유속이 빠를수록 침전속도가 증가한다.
② 유체의 밀도가 클수록 침전속도가 감소한다.
③ 침강입자의 직경이 클수록 침전속도가 증가한다.
④ 유체의 점성계수가 작을수록 침전속도가 증가한다.

10 [18. 지방직 9급]

독립 침강하는 구형(spherical) 입자 A와 B가 있다. 입자 A의 지름은 0.10mm이고 비중은 2.0, 입자 B의 지름은 0.20mm이고 비중은 3.0이다. 입자 A의 침강 속도가 0.0050m/s일 때, 동일한 유체에서 입자 B의 침강 속도 [m/s]는? (단, 두 입자의 침강 속도는 스토크스(Stokes) 법칙을 따른다고 가정하며, 유체의 밀도는 1,000kg/m³이다)

① 0.015 ② 0.020
③ 0.030 ④ 0.040

11 [06. 환경부 7급]

부상에서 비중이 0.1인 입자는 비중이 0.4인 입자와 비교 시 부상속도는 몇 배인가?

① 0.5배 ② 1.5배
③ 2.5배 ④ 4.5배

12 [19. 서울시 7급]

1차 침전지의 깊이가 3m, 표면적이 3m², 유량이 36m³/day일 때, 체류시간은?

① 4시간 ② 5시간
③ 6시간 ④ 9시간

13
21. 해양경찰 일반직 9급

길이가 30m, 폭이 20m인 침전지의 유량이 6,000m³/d이다. 유입 BOD농도가 500mg/L, 총고형물 농도가 1,300 mg/L일 때, 수리학적 표면부하율은?

① $10m^3/m^2 \cdot d$
② $12m^3/m^2 \cdot d$
③ $15m^3/m^2 \cdot d$
④ $20m^3/m^2 \cdot d$

14
24. 해양경찰 일반직 9급

다음 중 길이 30m, 폭 10m, 깊이 3m인 침전지의 유량이 3,000m³/d, 유입 BOD 농도가 600mg/L, 총고형물질농도가 1,200mg/L일 때 수리학적 표면 부하율로 가장 옳은 것은?

① $10m^3/m^2 \cdot d$
② $20m^3/m^2 \cdot d$
③ $30m^3/m^2 \cdot d$
④ $40m^3/m^2 \cdot d$

15
23. 지방직 9급

유량 120,000m³ d⁻¹, 체류시간 4hr, 표면부하율 $30m^3 m^{-2} d^{-1}$인 하수가 8개의 침전조로 유입될 때, 침전조 1개의 유효 표면적[m²]은?

① 125
② 250
③ 500
④ 1,000

16
11. 지방직 9급

입자상 물질을 제거하기 위한 침전지 이론에 대한 설명으로 옳지 않은 것은?

① 제거효율은 표면월류율(surface overflow rate)에 좌우된다.
② 표면월류율은 100% 제거되는 최소입자의 침강속도와 같다.
③ 체류시간은 침전지 깊이를 표면월류율로 나눈 값과 같다.
④ 침전지의 표면적과 유량이 동일하면 제거효율은 수심에 반비례한다.

17
18. 지방직 9급

수처리 공정에서 침전 현상에 대한 설명으로 옳지 않은 것은?

① 제1형 침전 - 입자들은 다른 입자들의 영향을 받지 않고 독립적으로 침전한다.
② 제2형 침전 - 입자들끼리 응집하여 플록(floc) 형태로 침전한다.
③ 제3형 침전 - 입자들이 서로 간의 상대적인 위치(깊이에 따른 입자들의 위 아래 배치 순서)를 크게 바꾸면서 침전한다.
④ 제4형 침전 - 고농도의 슬러지 혼합액에서 압밀에 의해 일어나는 침전이다.

18
22. 지방직 9급

폐수처리 과정에 대한 설명으로 옳지 않은 것은?

① 천, 막대 등의 제거는 전처리에 해당한다.
② 폐수 내 부유물질 제거는 1차 처리에 해당한다.
③ 생물학적 처리는 2차 처리에 해당한다.
④ 생분해성 유기물 제거는 3차 처리에 해당한다.

19
09. 지방직 9급

하수처리장 방류수 중 질산성 질소(NO_3-N)를 제거하는 방법으로 처리효율이 가장 낮은 것은?

① 탈질산화
② 이온교환
③ 활성탄 흡착
④ 역삼투법(RO)

20
완속모래 여과조에 대한 설명으로 옳지 않은 것은?

① 휴믹산 등에 의한 천연발생 색도는 거의 제거되지 않는다.
② 역세척 과정이 없다.
③ 여과조 표면에 적정량의 조류 생성은 여과효율에 도움이 된다.
④ 용존성 유기물은 제거되지 않는다.

21
급속여과의 특징이 아닌 것은 다음 중 어느 것인가?

① 여과재의 입자경이 작을수록 수두손실이 작다.
② 모래여과는 흡착, 이온교환 등의 전처리로 이용하는 경우가 많다.
③ 여과재의 입자경이 클수록, 여과층은 폐쇄되기 어렵다.
④ 여과속도 150m/day란 하루에 여과면적 $1m^2$에서 $150m^3$의 물을 여과하는 것을 말한다.
⑤ 급속여과의 유효사경은 0.45~1mm이다.

22
정수처리 과정에서 이용되는 여과에 대한 설명으로 옳지 않은 것은?

① 완속여과는 부유물질 외에 세균도 제거가 가능하다.
② 급속여과는 저탁도 원수, 완속여과는 고탁도 원수의 처리에 적합하다.
③ 급속여과의 속도는 약 120~150m/d이며, 완속여과의 속도는 약 4~5m/d이다.
④ 여과지의 운전에 따라 발생하는 공극률의 감소는 여과저항 증가의 원인이 된다.

23
폐수의 물리적 처리에 대한 설명으로 가장 옳지 않은 것은?

① 스크린의 폐수 통과유속은 1m/s 이하가 적당하다.
② 침전의 형태에서 I형 침전은 일반적으로 Stokes의 법칙이 적용된다.
③ 여과지의 급속여과속도는 70~110m/day를 표준으로 한다.
④ 급속여과는 완속여과보다 처리용량이 면적에 비해 크고 대규모 처리에 적합하다.

24
다음 〈보기〉는 무엇에 대한 설명인가?

보기

㉠ 직(정)사각형의 형상
㉡ 침전방지를 위한 교반장치 설치
㉢ 계획 1일 최대 오수량을 넘지 않는 조의 용량

---

① 유량조정조 ② 중화조
③ 침전조   ④ 응집조

제3절 | 화학적 처리

01
03. 부산시 9급

염소소독에 대한 설명으로 틀린 것은?

① 가격이 저렴하고 잔류성이 크다.
② 반응시간이 짧을수록 살균력이 증가한다.
③ 온도가 높을수록 살균력이 증가한다.
④ 염소농도가 증가할수록 살균력이 증가한다.

02
04. 경북 9급

다음 중 염소소독의 특징에 대한 설명이 아닌 것은?

① pH가 높을수록 반응성이 높다.
② 염소가 수중의 암모니아와 반응 시 결합 잔류염소인 클로라민이 생성된다.
③ 살균강도는 HOCl > OCl⁻ > chloramines 순이다.
④ 클로라민은 살균력은 약하나, 소독 후 물에 이취미를 주지 않고 살균작용이 오래 지속된다.

03
20. 지방직 9급

염소의 주입으로 발생되는 결합잔류염소와 유리염소의 살균력 크기를 순서대로 바르게 나열한 것은?

① $HOCl > OCl^- > NH_2Cl$
② $NH_2Cl > HOCl > OCl^-$
③ $OCl^- > NH_2Cl > HOCl$
④ $HOCl > NH_2Cl > OCl^-$

04
14. 지방직 9급

하수의 염소소독에 대한 설명으로 옳지 않은 것은?

① 염소소독 시설은 독성 때문에 사고에 대비한 안전 및 재해설비가 필요하다.
② 염소소독은 발암성 물질인 THM을 생성시킬 수 있다.
③ 염소의 살균 효율은 잔류염소의 농도와 형태, pH와 온도, 불순물 농도, 접촉시간 등에 따라 달라진다.
④ 염소를 하수에 주입하면 HOCl, OCl⁻, 결합잔류염소 등의 형태가 되며, 살균력은 결합잔류염소가 가장 강하다.

05
17. 환경부 경채 9급

염소소독 공정에서 염소에 관한 설명으로 옳지 않은 것은?

① 차아염소산(HOCl) 및 차아염소산이온(OCl⁻)으로 존재하는 염소를 유리염소라고 한다.
② pH가 낮을수록 차아염소산이온(OCl⁻) 형태로 존재하는 비율이 높아지고, pH가 높을수록 차아염소산(HOCl) 형태로 존재하는 비율이 높아진다.
③ 차아염소산(HOCl)이 차아염소산이온(OCl⁻)에 비하여 살균효율이 높다.
④ 차아염소산(HOCl)이 수중의 암모니아와 결합하면 클로라민이 생성된다.

06
16. 지방직 9급

다음은 용해된 염소가스가 수중에서 해리되었을 때 차아염소산과 염소산이온 간의 상대적인 분포를 pH에 따라 나타낸 그래프이다. 이에 대한 설명으로 옳지 않은 것은?

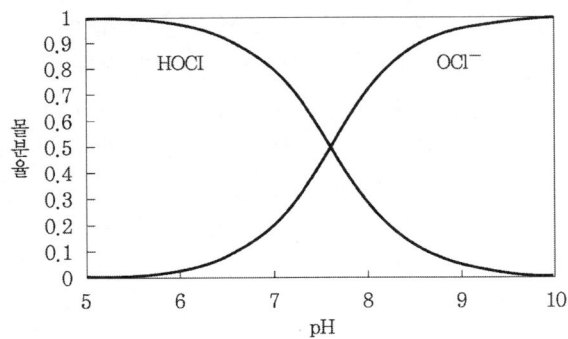

① pH가 6일 때 HOCl 농도는 0.99mg/L이고 OCl⁻보다 소독력이 크다.
② pH가 7.6일 때 HOCl 농도와 OCl⁻ 농도는 같다.
③ 염기성일 때, 산성에서보다 소독력이 떨어진다.
④ 온도에 따라 일정 pH에서 두 화학종의 몰분율이 달라진다.

07
18. 지방직 9급

염소소독법에 대한 설명으로 옳지 않은 것은?

① 염소소독은 THM(trihalomethane)과 같은 발암성 물질을 생성시킬 수 있다.
② 하수처리 시 수중에서 염소는 암모니아와 반응하여 모노클로로아민(NH_2Cl)과 다이클로로아민($NHCl_2$) 등과 같은 결합잔류염소를 형성한다.
③ 유리잔류염소인 HOCl과 OCl⁻의 비율 $\left(\dfrac{HOCl}{OCl^-}\right)$은 pH가 높아지면 커진다.
④ 정수장에서 암모니아를 포함한 물을 염소소독할 때 유리잔류염소를 적정한 농도로 유지하기 위해서는 불연속점(breakpoint)보다 더 많은 염소를 주입하여야 한다.

08
11. 지방직 9급

파과점 염소처리(breakpoint chlorination)법으로 수중의 암모니아를 제거할 때 반응산물이 아닌 것은?

① NH_4Cl
② NH_2Cl
③ NCl_3
④ N_2

09
20. 지방직 9급

25°C에서 하천수의 pH가 9.0일 때, 이 시료에서 $[HCO_3^-]/[H_2CO_3]$의 값은? (단, $H_2CO_3 \rightleftharpoons H^+ + HCO_3^-$이고, 해리상수 $K = 10^{-6.7}$이다)

① $10^{1.7}$
② $10^{-1.7}$
③ $10^{2.3}$
④ $10^{-2.3}$

10
06. 환경부 7급

염소소독 시 나타날 수 있는 반응이 아닌 것은?

① 염소가스 주입 초기 물과 반응하여 소량의 HCl을 생성한다.
② 주입된 염소는 Fe^{2+}, Mn^{2+}, NO_2 등 무기환원제를 산화하면서 유효염소가 소모된다.
③ 존재하는 결합잔류염소의 형태는 pH에 의해 결정된다.
④ 파과점을 지나 계속 염소를 주입하면 결합잔류염소의 양이 서서히 감소한다.

11 [17. 서울시 7급]

소독제를 주입하는 정수처리 과정에서 의도하지 않게 인체에 해로운 소독부산물이 생성될 수도 있다. 소독부산물에 관한 설명 중 옳지 않은 것은?

① 소독제가 주입된 이후 배수 과정에서는 소독부산물이 생성되지 않는다.
② 염소와 같이 산화력이 강한 소독제를 사용할 때 발생할 가능성이 높다.
③ 소독제가 휴믹산 등과 같은 용존성 자연유기물과 반응하여 생성되기도 한다.
④ 요오드 및 브롬 이온이 소독제와 반응하여 생성되기도 한다.

12 [09. 지방직 9급]

하수처리장에서 평균유출수량이 28,400m³/day이며, 방류 전 8mg/L의 농도로 염소소독을 실시하고 있다. 염소는 10%의 NaOCl(차아염소산나트륨) 용액으로 주입한다고 할 때, 이 하수처리장에서 하루에 필요한 염소의 양(kg/day) 및 NaOCl의 양(m³/day)은 각각 얼마인가? (단, NaOCl 분자량=74.4g이다)

	염소의 양(kg/day)	NaOCl의 양(m³/day)
①	22.7	0.23
②	227.2	2.27
③	30.5	0.35
④	305.3	3.53

13 [04. 경기 9급]

염소소독에 관한 사항 중 틀린 것은?

① 염소가스는 물과 즉시 반응한다.
② 암모니아와 반응하여 클로라민을 형성한다.
③ 염소소독 시에 발생하는 THM은 인체에 유해하지 않다.
④ 가격이 저렴하며, 소독력이 높다.

14 [21. 해양경찰 일반직 7급]

폐수의 효과적인 응집을 위한 약품교반 실험(Jar test)의 순서가 가장 옳은 것은?

① 정치침전 → 응집제 투입 → 급속교반 → 완속교반 → 상징수 분석
② 응집제 투입 → 정치침전 → 급속교반 → 완속교반 → 상징수 분석
③ 응집제 투입 → 급속교반 → 완속교반 → 정치침전 → 상징수 분석
④ 응집제 투입 → 정치침전 → 완속교반 → 급속교반 → 상징수 분석

15 [19. 서울시 9급]

수산화칼슘과 탄산수소칼슘은 〈보기〉와 같은 화학반응을 통하여 탄산칼슘의 침전물을 형성한다고 할 때, 37g의 수산화칼슘을 사용할 경우 생성되는 탄산칼슘의 침전물의 양[g]은? (단, Ca의 분자량은 40이다)

보기
$$Ca(OH)_2 + Ca(HCO_3)_2 \rightarrow 2CaCO_3(s) + 2H_2O$$

① 50
② 100
③ 150
④ 200

16 [19. 서울시 9급]

활성탄 흡착법을 이용한 오염물질 처리에 대한 설명으로 가장 옳지 않은 것은?

① 분자량이 큰 물질일수록 흡착이 잘 된다.
② 불포화유기물이 포화유기물보다 흡착이 잘 된다.
③ 방향족의 고리수가 많을수록 흡착이 잘 된다.
④ 용해도가 높은 물질일수록 흡착이 잘 된다.

제4절 | 생물학적 처리

01 ` ` ` ` `18. 서울시 9급`

폐수처리에 사용되는 주요 생물학적 처리공정 중 부착성장 미생물을 활용하는 공정으로 가장 옳은 것은?

① 살수여상
② 활성슬러지 공정
③ 호기성 라군
④ 호기성 소화

02 ` ` ` ` `07. 광주시 9급`

BOD 600mg/L, 폐수량 3,000m³/day의 폐수를 활성슬러지법으로 처리하고자 할 때 필요한 유효폭기조의 용적(m³)을 구하라. (단, BOD 용적부하는 0.5kg/m³·day이고, MLSS 농도는 2,500mg/L이다)

① 3,600m³
② 4,800m³
③ 6,600m³
④ 8,800m³

03 ` ` ` ` `15. 지방직 9급`

BOD 용적부하가 2kg/m³·day이고, 유입수 BOD가 500mg/L인 폐수를 하루에 10,000m³ 처리하기 위해서 요구되는 포기조의 부피는?

① 1,000m³
② 2,000m³
③ 2,500m³
④ 5,000m³

04 ` ` ` ` `21. 해양경찰 일반직 7급`

용량 300m³의 폭기조에 폐수가 BOD 320mg/L, 유량 1,500m³/d로 유입되고 있다. 이 폭기조의 BOD 용적부하는?

① $1.20kg/m^3·d$
② $1.45kg/m^3·d$
③ $1.60kg/m^3·d$
④ $2.10kg/m^3·d$

05 ` ` ` ` `03. 대구시 9급`

유입유량이 1,000m³/day이고, 부피 1,000m³이며 BOD는 500g/m³이다. 이때의 용적부하는?

① $0.5kg/m^3day$
② $1kg/m^3day$
③ $1.5kg/m^3day$
④ $2.2kg/m^3day$

06 ` ` ` ` `07. 광주시 9급`

수심이 2m, 체류시간이 48sec일 때, 수리학적 표면부하율 m³/m²·day은?

① $1,000m^3/m^2·day$
② $2,500m^3/m^2·day$
③ $3,600m^3/m^2·day$
④ $4,200m^3/m^2·day$

07 ` ` ` ` `12. 서울시 9급`

수심 2m, 체류시간 1hr일 때 표면적 부하는?

① $12m^3/m^2day$
② $24m^3/m^2day$
③ $36m^3/m^2day$
④ $48m^3/m^2day$
⑤ $56m^3/m^2day$

08 ` ` ` ` `16. 지방직 9급`

길이가 30m, 폭이 15m, 깊이가 3m인 침전지의 유량이 4,500m³/day이다. 유입 BOD 농도가 600mg/L이고 총 고형물질농도가 1,200mg/L일 때, 수리학적 표면 부하율 $[m^3·m^{-2}·day^{-1}]$은?

① 10
② 30
③ 50
④ 90

09 [14. 지방직 9급]

하수처리장에서 설계부하(표면부하율)가 $20m^3/m^2 \cdot day$이고, 처리할 하수유량이 $6,280m^3/day$인 경우 원형 침전조의 직경[m]은?

① 14.1 ② 17.3
③ 20.0 ④ 24.5

10 [17. 일반직 9급]

BOD가 150mg/L이고, 폐수량이 $1500m^3/day$인 폐수를 활성슬러지 공법으로 처리하고자 한다. F/M비가 $0.5kg/kg \cdot day$라면 MLSS 1500mg/L로 운전하기 위해서 요구되는 포기조 용량은?

① $600m^3$ ② $300m^3$
③ $150m^3$ ④ $75m^3$

11 [14. 지방직 9급]

F/M비는 유입 유기물량과 활성슬러지 미생물량의 비를 말한다. 유입수의 BOD 농도가 200mg/L, 유량 $10,000m^3/day$이고, 폭기조의 용량은 $2500m^3$이며 MLSS 농도가 2,000mg/L일 때 F/M비$[kg \cdot BOD/kg \cdot MLSS \cdot day]$는?

① 0.2 ② 0.3
③ 0.4 ④ 0.5

12 [15. 지방직 9급]

포기조 용량 $3,000m^3$, 유입수 BOD 0.27g/L, 유량 $10,000 m^3/day$일 때, F/M비를 $0.3[kg \cdot BOD/kg \cdot MLVSS \cdot day]$으로 유지하기 위하여 필요한 MLVSS(Mixed Liquor Volatile Suspended Solid)의 농도는?

① 1,500mg/L ② 2,000mg/L
③ 2,500mg/L ④ 3,000mg/L

13 [17. 지방직 9급]

활성슬러지 공정을 다음 조건에서 운전할 때 F/M$[kgBOD/kgMLVSS \cdot day]$비는?

- 유입수 BOD : 200mg/L
- 포기조 내 MLSS : 2,500mg/L
- MLVSS/MLSS비 : 0.8
- 반응(포기) 시간 : 24hr

① 1.00 ② 0.10
③ 0.08 ④ 0.01

14 [17. 지방직 9급]

유량이 $10,000m^3/day$이고 BOD 200mg/L인 도시 하수를 처리하기 위해서 필요한 포기조의 용량은 $10,000m^3$이고 MLSS 농도는 2,000mg/L이다. 이때 BOD 용적부하와 F/M비(BOD 슬러지 부하로 지칭하기도 함)는 각각 얼마인가?

① BOD 용적부하 : $0.20kg/m^3 \cdot day$,
   F/M비 : $0.10kg-BOD/kg-SS \cdot day$
② BOD 용적부하 : $0.10kg/m^3 \cdot day$,
   F/M비 : $0.20kg-BOD/kg-SS \cdot day$
③ BOD 용적부하 : $0.10kg-BOD/kg-SS \cdot day$,
   F/M비 : $0.20kg/m^3 \cdot day$
④ BOD 용적부하 : $0.20kg-BOD/kg-SS \cdot day$,
   F/M비 : $0.10kg/m^3 \cdot day$

15 [04. 경북 9급]

Jar test를 하기 위해 500mL 증류수에 0.1% 황산 알루미늄을 15mL 주입하였다. 이때 농도는 몇 ppm인가?

① 10ppm ② 20ppm
③ 30ppm ④ 40ppm

16
활성슬러지법의 처리조건에 대한 연결이 잘못된 것은?

① pH : 8~10
② 온도 : 25~30℃
③ 용존산소 : 0.5~2.0mg/L
④ BOD : N : P = 100 : 5 : 1

17
SRT 계산 시 필요한 요소로 맞는 것은?

┌─────────────────────────────┐
│ ㉠ 폐수량   │
│ ㉡ 잉여 폐슬러지 유량   │
│ ㉢ 반송슬러지의 SS 농도   │
│ ㉣ MLSS 농도   │
│ ㉤ SV   │
└─────────────────────────────┘

① ㉠, ㉢, ㉤   ② ㉠, ㉡, ㉢
③ ㉡, ㉢, ㉣   ④ ㉠, ㉡, ㉢, ㉣
⑤ ㉡, ㉢, ㉣, ㉤

18
다음 조건하에서 고형물의 체류시간(SRT)을 산출하시오.

- 폐수량 : 2000m³/d
- MLSS 농도 : 3000mg/L
- 수리학적 체류시간(HRT) : 6시간
- 반송슬러지 농도 : 10,000mg/L
- 잉여슬러지량 : 500kg/day

① 1day   ② 2day
③ 3day   ④ 5day
⑤ 7day

19
유입수의 BOD_5가 80mg/L, 유출수의 BOD_5가 10mg/L인 하수가 활성슬러지 공정으로 처리된다. 폭기조 용적이 1,000m³이고 MLSS 2,000mg/L, 반송슬러지 SS 농도는 8,000mg/L, 고형물 체류시간은 10일로 운전하고 있다. 방류수의 SS 농도는 무시하고 고형물체류시간을 10일로 유지하기 위해 폐기하여야 하는 슬러지의 양(m³/d)은?

① 12.5   ② 25
③ 50   ④ 75

20
활성슬러지 공법에서 슬러지를 포기조에 반송시키는 주된 목적으로 가장 옳은 것은?

① 영양염류의 공급을 위해서
② 용존산소의 공급을 위해서
③ 유기물질의 공급을 위해서
④ MLSS(Mixed Liquor Suspended Solids)의 조절을 위해서

21
SVI에 대한 기술 중 맞지 않는 것은?

① SVI는 유입 BOD 부하와 수온에 영향을 받는다.
② 침강농축성을 나타내는 지표이다.
③ SVI가 클수록 슬러지가 농축되기 쉽다.
④ SVI가 낮게 되면 MLSS는 높아진다.

22
MLSS 농도가 5,000ppm의 혼합액을 1L 메스실린더에 취한 다음, 30분 동안 정치하였을 경우, 침강 슬러지가 차지하는 용적이 250mg/L였다. SVI는 얼마인가?

① 50   ② 70
③ 90   ④ 100

23 [09. 지방직 9급]

활성슬러지 혼합용액(Mixed Liquor Suspended Solids, MLSS)의 침강성은 SVI(Sludge Volume Index)로 나타낸다. MLSS가 2,500mg/L인 활성슬러지 포기조 용액 1L를 30분 침강시킨 부피가 100mL이면 SVI는 얼마인가?

① 40　　② 80
③ 100　　④ 120

24 [21. 해양경찰 일반직 9급]

MLSS 농도 2,000mg/L로 운전되는 활성슬러지 공정에서 폭기조 혼합액 1L를 메스실린더에 옮겨서 30분 침강시켰을 때 슬러지의 계면이 178mL에서 형성되었고, 1시간 침강시켰을 때 계면이 136mL에서 형성되었다. 이 혼합액의 슬러지용량지표(SVI)는?

① 89.0　　② 78.5
③ 68.0　　④ 58.0

25 [20. 해양경찰 일반직 9급]

MLSS 농도가 3,000mg/L인 혼합액을 1L 메스실린더에 취하여 30분 후 슬러지 부피를 측정한 결과 360mL였다. SVI(슬러지지표)는 얼마인가?

① 90　　② 100
③ 110　　④ 120

26 [23. 해양경찰 일반직 9급]

포기조 혼합액 1L를 메스 실린더를 이용하여 30분간 침전시킨 결과 250mL에서 계면이 형성되었다면 다음 중 침강성으로 가장 옳은 것은? (단, MLSS 농도는 2,000mg/L임)

① 침전상태는 양호하다.
② 침전상태가 불량하다.
③ 침전상태가 불량하다 점차 양호해진다.
④ 침전상태를 판단할 수 없다.

27 [08. 경기 9급]

다음 중 슬러지 팽화가 일어나는 조건이라고 볼 수 없는 것은?

① 인 성분의 부족
② 용존산소의 부족
③ 높은 SRT
④ 영양물질 불균형

28 [22. 해양경찰 일반직 7급, 9급]

다음 중 활성슬러지법에 대한 설명으로 가장 옳지 않은 것은?

① 슬러지 팽화는 유기물의 과도한 부하, 높은 용존산소, 사상균의 증식 등이 원인이다.
② 폭기조 내 갈색거품은 고형물 체류시간이 길어 미생물이 내생성장 단계일 때 발생한다.
③ F/M비가 낮을수록 잉여슬러지 생산량은 적어진다.
④ 긴 고형물 체류시간은 반응조 혼합액의 평균부유물의 농도를 증가시킨다.

29 [17. 서울시 9급]

침전지 내에서 용존산소가 부족하거나 BOD부하가 과대한 폐수처리 시 사상균의 지나친 번식으로 나타나는 활성슬러지 처리의 운영상 문제점으로 가장 옳은 것은?

① Pin-floc 현상
② 과도한 흰 거품 발생
③ 슬러지 부상(Sludge rising)
④ 슬러지 팽화(Sludge bulking)

30 [20. 지방직 9급]

활성슬러지 공정에서 발생할 수 있는 운전상의 문제점과 그 원인으로 옳지 않은 것은?

① 슬러지 부상 – 탈질화로 생성된 가스의 슬러지 부착
② 슬러지 팽윤(팽화) – 포기조 내의 낮은 DO
③ 슬러지 팽윤(팽화) – 유기물의 과도한 부하
④ 포기조 내 갈색 거품 – 높은 F/M(먹이/미생물) 비

31 [17. 서울시 9급]

생물막을 이용한 처리법 중 접촉산화법에 대한 설명으로 옳지 않은 것은?

① 비교적 소규모 시설에 적합하다.
② 미생물량과 영향인자를 정상상태로 유지하기 위한 조작이 쉽다.
③ 슬러지 반송이 필요하지 않아 운전이 용이하다.
④ 고부하에서 운전 시 생물막이 비대화되어 접촉재가 막히는 경우가 발생할 수 있다.

32 [23. 해양경찰 일반직 9급]

다음 활성슬러지 공법 중 포기조에서 유기물이 Biofloc에 흡수되는 과정과 산화되는 과정을 별도의 반응조에서 처리하는 공법으로 가장 옳은 것은?

① 표준 활성슬러지법
② 점감식 활성슬러지법
③ 접촉안정법
④ 계단식 활성슬러지법

33 [16. 서울시 9급]

하수에 공기를 불어넣고 교반시키면 각종 미생물이 하수 중의 유기물을 이용하여 증식하며 플록을 형성하는데 이것을 활성슬러지라고 한다. 다음 중 활성슬러지법 처리 방식으로 옳지 않은 것은?

① 순산소활성슬러지법
② 심층포기법
③ 크라우스(Kraus)공법
④ 살수여상법

34 [20. 해양경찰 일반직 9급]

다음 중 활성슬러지법과 비교했을 때 살수여상법의 단점으로 가장 옳지 않은 것은?

① 연못화(Ponding) 현상이 발생한다.
② 겨울철 동결현상이 발생한다.
③ 효율이 낮으며, 수두 손실이 크다.
④ 유지비가 많이 들며 운전이 복잡하다.

35 [06. 환경부 7급]

살수여상에 대한 설명이다. 틀린 것은?

① 여재표면에 미생물이 존재하는 점약층을 형성한다.
② 여름철에는 Psychoda라는 파리가 번식한다.
③ 고율살수여상에서 질산화 반응이 잘 발생한다.
④ 저율살수여상에서 악취가 잘 발생한다.
⑤ 살수여상 설계에는 동력학 방정식과 NRC공식이 이용된다.

36 [17. 서울시 7급]

하수처리 과정에서 인을 추가로 제거하기 위해 인 응집 반응조를 운영하고 있다. 인 응집 반응조로 유입되는 처리수의 유량이 4,000m³/시이고 수리학적 체류시간이 30분이라면, 인 응집 반응조의 유효부피는?

① 1,000m³
② 2,000m³
③ 3,000m³
④ 4,000m³

37 [07. 광주시 9급]

NH_4^+가 박테리아에 의해 NO_3^-로 산화되는 경우 폐수의 pH 변화는?

① 감소한다.
② 증가한다.
③ 증가하다가 감소한다.
④ 변화가 없다.

38
16. 지방직 9급

질소 순환에 대한 설명으로 옳지 않은 것은?

① 질산화 과정 중 나이트로박터는 아질산성 질소를 질산성 질소로 산화시킨다.
② 아질산염은 NADH의 촉매작용으로 질산염이 된다.
③ 탈질화 과정에서 N_2가 생성된다.
④ N_2가 질소 고정반응을 통해 암모니아를 생성한다.

39
22. 지방직 9급

미생물에 의한 질산화(nitrification)에 대한 설명으로 옳은 것은?

① 질산화는 종속영양 미생물에 의해 일어난다.
② Nitrobacter 세균은 암모늄을 아질산염으로 산화시킨다.
③ 암모늄 산화 과정이 아질산염 산화 과정보다 산소가 더 소비된다.
④ 질산화는 혐기성 조건에서 일어난다.

40
17. 서울시 7급

활성슬러지의 질산화 과정 중 암모늄 이온(NH_4^+)을 아질산염이온(NO_2^-)으로 산화시키는 Nitrosomonas의 ㉠ 전자공여체, ㉡ 전자수용체, ㉢ 탄소원이 옳게 나열된 것은?

	㉠	㉡	㉢
①	NH_4^+	O_2	HCO_3^-
②	NO_2^-	유기물	HCO_3^-
③	NH_4^+	유기물	CO_2
④	NO_2^-	O_2	유기물

41
19. 서울시 7급

〈보기〉는 호기성 조건하에서 폐수 내 질소 형태의 변화를 나타내고 있다. ㉠, ㉡, ㉢, ㉣에 들어갈 내용을 가장 옳게 짝지은 것은?

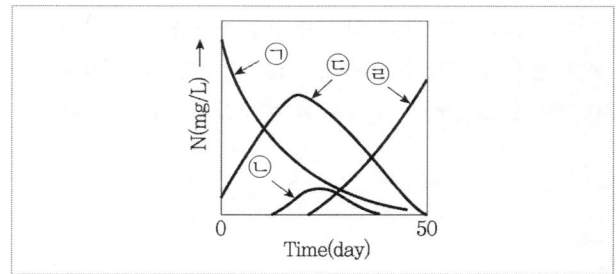

① ㉠ Ammonia-N ㉡ Nitrite-N
  ㉢ Organic-N ㉣ Nitrate-N
② ㉠ Ammonia-N ㉡ Organic-N
  ㉢ Nitrate-N ㉣ Nitrite-N
③ ㉠ Organic-N ㉡ Ammonia-N
  ㉢ Nitrate-N ㉣ Nitrite-N
④ ㉠ Organic-N ㉡ Nitrite-N
  ㉢ Ammonia-N ㉣ Nitrate-N

42
16. 서울시 9급

하수의 고도처리과정 중 생물학적 탈질과정에 대한 설명으로 옳지 않은 것은?

① 탈질반응은 무산소 조건에서 탈질미생물에 의해 생물학적으로 진행된다.
② 탈질미생물은 혐기성 미생물로서 질산성 질소의 산소를 이용하며 유기탄소원이 필요 없는 독립영양 미생물이다.
③ 질산성 질소의 탈질과정에서 알칼리도는 증가한다.
④ 탈질반응조의 온도는 생물학적 반응이 원활하게 이루어질 수 있는 온도를 유지하여야 한다.

43

고도 하수 처리 공정에서 질산화 및 탈질산화 과정에 대한 설명으로 옳은 것은?

① 질산화 과정에서 질산염이 질소(N_2)로 전환된다.
② 탈질산화 과정에서 아질산염이 질산염으로 전환된다.
③ 탈질산화 과정에 Nitrobacter 속 세균이 관여한다.
④ 질산화 과정에서 암모늄이 아질산염으로 전환된다.

44

부영양화를 제어하기 위하여 생물학적으로 질소를 제거하고자 하는 탈질(Denitrification) 공정에 대한 설명으로 옳지 않은 것은?

① 알칼리도가 소모된다.
② 유기물이 필요하다.
③ 무산소(anoxic) 환경이 조성되어야 한다.
④ 질산이온이나 아질산이온을 질소 가스로 변화시켜 제거하는 공정이다.

45

부영양화를 제어하기 위한 고도처리공법 중 생물학적 인 제거 공정의 운전조건에 대한 설명으로 옳지 않은 것은?

① 인제거 미생물에 의한 인의 과잉섭취를 도모하기 위해서는 혐기와 호기 조건이 반복되어야 한다.
② 침전조에서 반송된 슬러지는 혐기조 유입부로 투입된다.
③ 질산염은 인방출을 촉진한다.
④ 유출수 내 인농도를 감소시키기 위해 금속염을 공정 내 주입할 수 있다.

46

다음은 생물학적 영양염류 제거공법이다. 이 가운데 생물학적 인(P) 제거 공정의 기본형은 무엇인가?

① A/O(혐기/호기) 공법
② UCT(University of Cape Town) 공법
③ VIP(Virginia Initiative Plant) 공법
④ Bardenpho 5단계 공법

47

폐수의 생물학적 질소·인 제거공법 중 회분식 연속활성슬러지법(SBR)에 대한 설명으로 가장 옳지 않은 것은?

① 혐기조 – 무산소조 – 호기조의 순서로 반응조가 구성된다.
② 충격부하에 유연하고 슬러지 벌킹이 발생하기 어렵다.
③ 하나의 반응조 안에서 시간차를 두고 유입·반송·침전·유출 등의 과정을 반복한다.
④ 예비반응조가 필요하고 스컴의 잔류가능성이 높다.

48

폐수의 고도처리에 관한 기술 중 가장 적절하지 않은 것은?

① 고도처리법은 재래식(생물학적) 2차 처리에서 완전히 제거되기 어려운 성분을 다시 제거하는 방법이다.
② A^2/O공정은 질소와 인 성분을 함께 제거할 수 있다.
③ 생물학적 탈인 방법에서 혐기조건에서 인 섭취, 호기조건에서 인 용출 현상을 이용하여 인을 효과적으로 제거한다.
④ 생물학적 인 제거와 관련이 있는 미생물은 Acinetobacter이다.

49 [17. 환경부 경채 9급]

수중의 암모니아성 질소를 탈기하기 위하여 pH를 10.25로 높였을 때 암모니아 가스의 비율 $\{NH_3(\%) = \frac{[NH_3]}{[NH_4^+]+[NH_3]} \times 100\}$은 약 얼마인가? (단, $NH_4^+ \rightleftarrows NH_3 + H^+$ 반응의 평형상수는 $K_a = \frac{[NH_3][H^+]}{[NH_4^+]} = 10^{-9.25}$이며, [ ]는 몰 농도를 나타낸다)

① 81　　　　　② 86
③ 91　　　　　④ 96

50 [17. 서울시 7급]

생물학적 원리를 이용하여 유입 하수 내 유기물질과 영양물질을 제거하는 A^2/O 공법에 대한 설명 중 옳지 않은 것은?

① 반송슬러지 내 질산성 질소로 인해 인 방출이 촉진되어 인 제거 효율이 증가한다.
② 혐기조(Anaerobic)에서 인의 방출이 일어난다.
③ 호기조(Oxic)에서 질산화와 인의 과잉흡수가 일어난다.
④ 질소와 인의 동시 제거가 가능하다.

51 [18. 지방직 9급]

하수처리에서 기존의 활성 슬러지 공정과 비교할 때 막분리 생물반응조(membrane bioreactor, MBR) 공정의 특징으로 옳지 않은 것은?

① 일반적인 처리장 운전에서 슬러지 체류시간을 짧게 하여 잉여 슬러지 발생량을 줄일 수 있다.
② 하수처리를 위한 부지 공간을 절약할 수 있다.
③ 수리학적 체류시간을 짧게 유지할 수 있다.
④ 주기적인 막교체에 소요되는 비용이 발생한다.

52 [18. 서울시 9급]

하·폐수 처리 공정의 3차 처리에서 수중의 질소를 제거하기 위한 방법으로 가장 옳지 않은 것은?

① 응집침전법　　　② 이온교환법
③ 생물학적 처리법　④ 탈기법

제5절 | 기타 처리

01 ☐☐☐ 　　　　　　　　　　03. 부산시 9급

중금속류인 6가크롬의 처리 순서는?

① 중화 ⇨ 환원 ⇨ 침전
② 환원 ⇨ 중화 ⇨ 침전
③ 산화 ⇨ 중화 ⇨ 침전
④ 중화 ⇨ 침전 ⇨ 환원

02 ☐☐☐ 　　　　　　　　　　12. 서울시 9급

3가, 6가로 존재하며, 독성이 낮은 물질로 환원되는 물질은?

① 카드뮴　　　② 니켈
③ 납　　　　　④ 크롬
⑤ 수은

03 ☐☐☐ 　　　　　　　　　　18. 지방직 9급

오염 물질로서의 중금속에 대한 설명으로 옳지 않은 것은?

① 크로뮴은 +3가인 화학종이 +6가인 화학종에 비하여 독성이 강하다.
② 구리는 황산 구리의 형태로 부영양화된 호수의 조류 제어에 사용되기도 한다.
③ 납은 과거에 휘발유의 노킹(knocking) 방지제로 사용되었으므로 고속도로변 토양에서 검출되기도 한다.
④ 수은은 상온에서 액체인 물질이다.

04 ☐☐☐ 　　　　　　　　　　08. 경기 9급

호기성 소화와 비교하여 혐기성 소화의 장점이 아닌 것은?

① 슬러지의 탈수성이 좋다.
② 소화 슬러지 발생량이 적다.
③ 유기물 농도가 높은 폐수처리가 가능하다.
④ 호기성 소화에 비해 처리속도가 빠르다.

05 ☐☐☐ 　　　　　　　　　　16. 지방직 9급

슬러지 처리 공정에서 호기성 소화에 비해 혐기성 소화의 장점이 아닌 것은?

① 운영비가 저렴하다.
② 슬러지가 적게 생산된다.
③ 체류시간이 짧다.
④ 메탄을 에너지화 할 수 있다.

06 ☐☐☐ 　　　　　　　　　　07. 광주시 9급

다음 중 혐기성 분해와 관계없는 것은?

① 메탄가스 발생
② 유기산 생성
③ 황화수소 발생
④ 산소 생성

07
17. 서울시 7급

유기물 분해 시 혐기성 소화 공정에 대한 설명으로 옳지 않은 것은?

① 산생성균은 혐기상태에서 아세트산(acetic acid) 등의 발효산물을 생성한다.
② 메탄생성 반응이 저해를 받게 되면 pH가 상승한다.
③ 혐기성 소화 공정의 효율은 온도, 암모니아(NH_3) 등의 환경인자 변화에 민감하다.
④ 발생하는 바이오가스를 신재생에너지로 활용할 수 있다.

08
24. 지방직 9급

유기성 폐기물을 혐기성 소화 시 나오는 가스의 성분 중 에너지로 사용되는 것은?

① NO_2
② CH_4
③ HCHO
④ PAN

09
18. 서울시 9급

혐기성 소화과정은 가수분해, 산 생성, 메탄 생성의 단계로 구분된다. 가수분해 단계에서 주로 생성되는 물질로 가장 옳지 않은 것은?

① 아미노산
② 글루코스
③ 글리세린
④ 알데하이드

10
14. 지방직 9급

하수슬러지 혐기성 소화조의 설계와 운전에 대한 설명으로 옳은 것은?

① 소화가스 내 메탄가스의 함량은 30~45% 정도이다.
② 고율소화조의 고형물체류시간(SRT)은 30~60일의 범위이다.
③ 소화조의 온도가 중요한 인자이며, 일반적으로 고온소화는 55~60℃를 사용한다.
④ pH 감소에 따른 소화율 저하를 방지하기 위해 소화조의 총알칼리도는 100~500mg/L를 유지한다.

11
16. 서울시 9급

슬러지 처리공정 시 안정화 방법으로서 호기적 소화가 갖는 장점으로 옳지 않은 것은?

① 상등액의 BOD 농도가 낮다.
② 슬러지 생성량이 적다.
③ 악취 발생이 적다.
④ 시설비가 적게 든다.

12
23. 해양경찰 일반직 9급

슬러지의 처리 과정 중 슬러지의 탈수성을 개선하기 위하여 수세, 약품처리, 열처리 등을 실시하는 과정으로 가장 옳은 것은?

① 개량
② 농축
③ 소화
④ 탈수

13 [24. 해양경찰 일반직 9급]

다음 중 SS 농도 340mg/L인 폐수 2,000m³를 70% 효율로 처리할 때, 발생하는 슬러지의 양으로 가장 옳은 것은? (단, 슬러지의 비중은 1, 기타 조건은 고려하지 않는다)

① 0.476m³ ② 0.626m³
③ 0.712m³ ④ 1.244m³

14 [18. 서울시 7급]

글루코스(glucose) 1,800mg/L를 혐기성 분해시킬 때 생산되는 이론적 메탄량(mg/L)은?

① 267 ② 480
③ 30   ④ 160

15 [20. 해양경찰 일반직 9급]

슬러지의 건조 후 고형물 비중이 2이고 건조 전 고형물 함량이 40%일 때 슬러지 비중은 얼마인가? (단, 물의 비중은 1.0)

① 0.75 ② 1.00
③ 1.25 ④ 1.50

16 [20. 해양경찰 일반직 9급]

수분함량이 20%인 쓰레기를 건조시켜 수분함량이 5%가 되도록 하려면 쓰레기 1톤당 증발시켜야 할 수분의 양은? (단, 쓰레기 비중은 1.0으로 하고, 소수점 둘째자리에서 반올림)

① 126.1kg ② 132.3kg
③ 157.9kg ④ 184.7kg

17 [22. 해양경찰 일반직 9급]

함수율 80%인 슬러지 1kg을 농축하여 함수율이 50%로 되었다. 이때 제거된 수분양은 얼마(kg)인가?

① 0.4 ② 0.5
③ 0.6 ④ 0.7

18 [17. 일반직 9급]

슬러지의 소화율이란 생슬러지 중의 유기물이 가스화 및 액화되는 비율을 말한다. 생슬러지와 소화슬러지에서 수분을 제외한 고형물 중 유기물의 비율이 각각 80%와 50%일 경우 슬러지의 소화율은?

① 38% ② 46%
③ 63% ④ 75%

19 [23. 해양경찰 일반직 9급]

다음 중 생태 네트워크에 대한 설명으로 가장 옳지 않은 것은?

① 생태 네트워크의 공간구성은 크게 핵심지역(Core), 완충지역(Buffer), 코리더(Corridor)로 구분한다.
② 핵심지역은 중요 생물종의 이동 및 번식과 관련된 지역 등 생태적으로 중요한 서식처로 구성된다.
③ 완충지역은 핵심지역을 보호하기 위해 외부 위협요인으로부터의 충격을 어느 정도 감소시켜 줄 수 있는 지역이다.
④ 코리더는 핵심지역과 완충지역 사이를 연결시켜 주는 통로를 의미한다.

CHAPTER 03 상·하수도

정답 및 해설 : 190p

제1절 | 상수도

01 [18. 서울시 7급]

하수관로 계획에 대한 설명으로 가장 옳지 않은 것은?

① 경사는 하류로 갈수록 급하게 하는 것이 좋다.
② 유속은 하류로 갈수록 점차 증가시키는 것이 좋다.
③ 관거 부설비 측면에서 합류식이 분류식보다 유리하다.
④ 하수관거의 단면형상은 수리학적으로 유리하며, 경제적인 것이 바람직하다.

02 [18. 서울시 7급]

하수도의 계획오수량에 대한 설명으로 가장 옳지 않은 것은?

① 계획 1일 평균오수량 : 계획 1일 최대오수량의 50%
② 지하수량 : 1인 1일 최대오수량의 10~20%로 가정(평균 15%)
③ 계획 시간 최대오수량 : 계획 1일 최대오수량의 1시간당 수량의 1.3~1.8배
④ 계획 1일 최대오수량 : 1인 1일 최대오수량에 계획인구를 곱한 후 여기에 공장폐수량, 지하수량 및 기타 배수량을 더한 것

03 [23. 해양경찰 일반직 9급]

호소, 댐을 수원으로 하는 경우의 취수시설인 취수틀에 관한 설명으로 다음 중 가장 옳지 않은 것은?

① 수위변화에 대한 영향이 비교적 작다.
② 호소 등의 대소에는 영향을 받지 않는다.
③ 호소의 표면수를 안정적으로 취수할 수 있다.
④ 구조가 간단하고 시공도 비교적 용이하다.

04 [17. 일반직 9급]

계획 급수량 및 계획 오수량에 대한 설명으로 옳지 않은 것을 모두 고른 것은?

ⓐ 계획 1일 최대급수량은 계획 1일 평균급수량의 150%를 표준으로 한다.
ⓑ 계획시간 최대급수량은 계획 1일 평균급수량의 225%를 표준으로 한다.
ⓒ 합류식에서 우천 시 계획 오수량은 원칙적으로 계획시간 최대오수량의 2배 이상으로 한다.
ⓓ 계획 1일 평균오수량은 계획 1일 최대오수량의 50~60%를 표준으로 한다.
ⓔ 지하수량은 1인 1일 최대급수량의 10~20%로 한다.

① ⓐ, ⓑ, ⓔ ② ⓐ, ⓒ, ⓔ
③ ⓑ, ⓒ, ⓓ ④ ⓒ, ⓓ, ⓔ

05 〔15. 지방직 9급〕

최근 수자원 확보를 위하여 적용되는 해수의 담수화 방법이 아닌 것은?

① 증기압축법 ② 역삼투법
③ 오존산화법 ④ 전기투석법

제2절 | 하수도

01 〔16. 서울시 9급〕

강우의 유달시간과 강우지속시간의 관계에 대한 설명으로 가장 옳지 않은 것은?

① 유달시간은 강우의 유입시간과 유하시간의 합이고 유입시간은 강우가 배수구역의 최원격지점에서 하수관거 입구까지 유입되는데 걸리는 시간이다.
② 유달시간이 강우지속시간보다 긴 경우 지체현상이 발생한다.
③ 강우지속시간이 유달시간보다 긴 경우 전배수구역의 강우가 동시에 하수관 시작점에 모일 수 있다.
④ 최근 도시화로 인해 강우의 유출계수와 유달시간이 증가하여 침수피해 발생 빈도가 증가하고 있다.

02 〔24. 해양경찰 일반직 9급〕

다음 〈보기〉는 하수관거의 접합방법을 정할 때의 고려사항으로 괄호 안에 들어갈 내용으로 가장 옳은 것은?

> 보기
> 2개의 관거가 합류하는 경우 중심각은 되도록 60° 이하로 하고, 곡선을 가지고 합류하는 경우의 곡률 반경은 내경의 ( ) 이상으로 한다.

① 2배 ② 3배
③ 4배 ④ 5배

03 〔06. 환경부 7급〕

유역면적 9km², 유입시간 5분, 유출계수 0.8, 유속 50m/min일 때 합리식을 이용하여 1km 하수관에서 흘러나오는 우수량(m³/sec)은? (단, I=3000/(t+25)mm/hr)

① 60 ② 80
③ 100 ④ 120
⑤ 150

04 ` ` 18. 서울시 7급

강우강도 $I=\dfrac{3{,}000}{t+30}$ (mm/hr)이고, 유역면적 $6km^2$, 유입시간 10분, 유출계수 C=0.5, 관내유속 1m/sec일 때 600m의 하수관에서 흘러 나오는 우수유출량(m^3/sec)은?

① 0.5
② 5
③ 50
④ 500

05 ` ` 10. 지방직 9급

관거의 평균유속을 나타내는 Manning 공식에 대한 설명으로 옳지 않은 것은?

① 조도계수가 커지면 유속은 느려진다.
② 윤변이 커지면 유속은 빨라진다.
③ 동수반경이 커지면 유속은 빨라진다.
④ 동수구배가 커지면 유속은 빨라진다.

06 ` ` 17. 일반직 9급

직경 800mm(외경)인 하수관을 매설하려고 한다. 매설지점의 표토는 젖은 진흙으로 흙의 밀도는 $2.0ton/m^3$이고, 흙의 종류와 관의 깊이에 따라 결정되는 C_1은 1.0이다. 이때 매설관이 받는 하중은? (단, 하중계산은 Marston 공식을 사용하고, 도랑 폭은 $B=\dfrac{3}{2}d+0.3m$ 이다)

① 3ton/m
② 2.25ton/m
③ 4.5ton/m
④ 6ton/m

07 ` ` 22. 해양경찰 일반직 9급

다음 중 상하수도용 펌프의 성능을 저하시키는 공동현상(cavitation)에 대한 설명으로 가장 옳지 않은 것은?

① 펌프의 흡입부에 설치된 수압조절밸브의 개도를 조절하여 밸브 내의 유속을 빠르게 하면 공동현상 방지에 도움이 된다.
② 펌프의 설치위치를 가능한 낮게 하고 흡입관의 길이를 가능한 짧게 하여 가용유효흡입수두를 크게 하면 공동현상 방지에 도움이 된다.
③ 펌프의 회전차 입구에서 물의 압력이 그때의 수온에 대한 포화수증기압 이하가 되는 경우 물이 기화하여 발생하는 기포가 공동현상의 직접적인 원인 중 하나이다.
④ 펌프 선정시 전양정에 과대한 여유를 피하여 적정 토출량의 범위에서 운전되도록 하면 공동현상 방지에 도움이 된다.

08 ` ` 18. 지방직 9급

펌프의 공동현상(Cavitation)에 대한 설명으로 옳지 않은 것은?

① 펌프의 내부에서 급격한 유속의 변화, 와류 발생, 유로 장애 등으로 인하여 물속에 기포가 형성되는 현상이다.
② 펌프의 흡입손실수두가 작을 경우 발생하기 쉽다.
③ 공동현상이 발생하면 펌프의 양수 기능이 저하된다.
④ 공동현상의 방지 대책 중의 하나로서 펌프의 회전수를 작게 한다.

09

펌프에서는 임펠러 입구에서 압력이 저하하며, 이 압력이 포화증기압 이하로 하강하면 양수되는 액체가 기화하여 생기는 것으로, 이로 인해 충격이 발생하여 임펠러가 파손되거나 소음·진동이 생기는 현상은?

① Cavitation
② Surge tank
③ Water hammer
④ Shock theory

10

다음에서 설명하는 펌프유형과 비교회전도(N_s)를 알맞게 연결한 것은?

- 전양정이 3~12m일 때 적용한다.
- 펌프구경은 400mm 이상을 표준으로 한다.
- 양정변화에 대하여 수량의 변동이 적고, 수량변동에 대해 동력의 변화가 적어 우수용 펌프 등 수위변동이 큰 곳에 적합하다.

① 원심펌프 - 100~250
② 사류펌프 - 700~1,200
③ 원심펌프 - 250~750
④ 사류펌프 - 1,100~2,000

11

펌프의 비교 회전도(N_s)에 대한 설명으로 가장 옳지 않은 것은?

① 비교 회전도(N_s)가 같으면 펌프의 크기에 관계 없이 모두 같은 형식이 되며, 특성도 대체로 같다.
② 양수량과 전양정이 동일하면 비교 회전도(N_s)가 커짐에 따라 펌프는 대형이 된다.
③ 비교 회전도(N_s)가 작으면 토출량이 적은 고양정 펌프, 비교 회전도(N_s)가 크면 토출량이 많은 저양정 펌프이다.
④ 비교 회전도(N_s)는 펌프의 최고 성능을 나타내는 지표로서 임펠러가 $1m^3/min$의 유량을 1m 양수하는 데 필요한 회전수를 의미한다.

12

80% 효율의 펌프로 $1m^3/sec$의 물을 5m의 총수두로 양수 시 필요한 동력[kW]은? (단, 소수점 첫째 자리에서 반올림한다)

① 34
② 40
③ 61
④ 70

CHAPTER 04 수질분석 및 수질관계 법규

정답 및 해설 : 193p

01
17. 서울시 9급

유기물을 다량 함유하고 있으면서 산분해가 어려운 시료에 적용하기 위한 전처리법으로 옳은 것은?

① 질산법
② 질산-염산법
③ 질산-과염소산법
④ 질산-과염소산-불화수소산법

02
20. 해양경찰 일반직 9급

다음 중 굴뚝에서 배출되는 카드뮴과 같은 중금속을 측정하기 위하여 채취한 시료 중 다량의 유기물 유리탄소를 함유하거나 셀룰로스 섬유제 여과지를 사용하는 경우 시료의 전처리 방법으로 가장 옳은 것은?

① 질산법
② 질산-염산법
③ 저온회화법
④ 질산-과산화수소법

03
19. 서울시 7급

채취한 시료수의 전처리 방법 중 '질산-황산에 의한 유기물 분해' 방법에 대한 설명으로 가장 옳은 것은?

① 유기물 함량이 낮은 깨끗한 하천수나 호소수 등의 시료에 적절한 방법이다.
② 유기물 함량이 비교적 높지 않고, 금속의 수산화물, 산화물, 인산염 및 황화물을 함유하고 있는 시료에 적용된다.
③ 유기물 등을 많이 함유하고 있는 대부분의 시료에 적용할 수 있으나, 칼슘, 바륨, 납 등을 다량 함유한 시료에 대해서는 주의해야 한다.
④ 유기물을 다량 함유하고 있으면서 산화분해가 어려운 시료로, 칼슘, 바륨, 납 등이 많이 함유된 시료에 적용할 수 있다.

04
04. 대전시 9급

BOD를 측정할 때, 전처리가 필요하지 않은 시료는?

① 잔류염소가 함유된 시료
② 용존산소가 과포화된 시료
③ pH가 7인 시료
④ 온도가 18℃인 시료

05

19. 지방직 9급

BOD_5 실험식에 대한 설명으로 옳은 것은?

(단, $BOD_5 = \dfrac{(DO_i - DO_f) - (B_i - B_f)(1-P)}{P}$)

① P는 희석배율이다.
② DO_i는 5일 배양 후 용존산소 농도이다.
③ DO_f는 초기 용존산소 농도이다.
④ B_i는 식종희석수의 5일 배양 후 용존산소 농도이다.

06

22. 지방직 9급

BOD 측정을 위해 시료를 5배 희석 후 5일간 배양하여 다음과 같은 측정 결과를 얻었다. 이 시료의 BOD 결과치 [mg/L]는? (단, 식종희석시료와 희석식종액 중 식종액 함유율의 비 f = 1이다)

시간 [일]	희석시료 DO [mg/L]	식종 공시료 DO [mg/L]
0	9.00	9.32
5	4.30	9.12

① 5.5
② 10.5
③ 22.5
④ 30.5

07

20. 해양경찰 일반직 9급

다음 중 수로의 유속·유량 계산에 관한 공식으로 옳지 않은 것은?

① Ganguillet-Kutter 공식
② Manning 공식
③ Hazen-William 공식
④ Deutsch-Anderson 공식

08

22. 지방직 9급

분광광도계로 측정한 시료의 투과율이 10%일 때 흡광도는?

① 0.1
② 0.2
③ 1.0
④ 2.0

09

21. 지방직 9급

수중 유기물 함량을 측정하는 화학적 산소요구량(COD) 분석에서 사용하는 약품에 해당하지 않는 것은?

① $K_2Cr_2O_7$
② $KMnO_4$
③ H_2SO_4
④ C_6H_5OH

10

22. 지방직 9급

「수질오염공정시험기준」에 따른 중크롬산칼륨에 의한 COD 분석 방법으로 옳지 않은 것은?

① 시료가 현탁 물질을 포함하는 경우 잘 흔들어 분취한다.
② 시료를 알칼리성으로 하기 위해 10% 수산화나트륨 1mL를 첨가한다.
③ 황산은과 중크롬산칼륨 용액을 넣은 후 2시간 동안 가열한다.
④ 냉각 후 황산제일철암모늄으로 종말점까지 적정한 후 최종 산소의 양으로 표현한다.

11
다이크롬산칼륨법으로 COD를 측정할 때 적정에 소요된 0.01M-$K_2Cr_2O_7$ 1mL는 산소 몇 mg에 해당하는가?

① 0.08 ② 0.24
③ 0.48 ④ 0.64

12
환경오염도 조사에 적용되는 방법 중 산화-환원 반응을 이용하지 않은 것은?

① 유리막 전극전위에 의한 pH 측정
② 중화 적정법에 의한 알칼리도 측정
③ 과망간산칼륨법에 의한 화학적 산소요구량 측정
④ Winkler 아지드화나트륨변법에 의한 용존산소 측정

13
총유기탄소(TOC)에 대한 설명으로 옳은 것은?

① 공공폐수처리시설의 방류수 수질기준 항목이다.
② 「수질오염공정시험기준」에 따라 적정법으로 측정한다.
③ 시료를 고온 연소 시킨 후 ECD 검출기로 측정한다.
④ 수중에 존재하는 모든 탄소의 합을 말한다.

14
환경부장관이 비점오염원관리지역을 지정, 고시한 때에 수립하는 비점오염관리대책에 포함되어야 하는 사항과 가장 거리가 먼 것은?

① 관리목표
② 관리대상 수질오염물질의 종류 및 발생량
③ 관리대상 수질오염물질이 수질오염에 미치는 영향
④ 관리대상 수질오염물질의 발생 예방 및 저감 방안

15
「먹는물 수질기준 및 검사 등에 관한 규칙」상의 건강상 유해영향 무기물질로 가장 옳지 않은 것은?

① 아연(Zn) ② 셀레늄(Se)
③ 암모니아성 질소(NH_3) ④ 비소(As)

16
우리나라 먹는물 수질기준 관련 건강상 유해 무·유기물질 항목별 내용으로 가장 옳지 않은 것은?

① 납 : 0.01mg/L를 넘지 아니할 것
② 암모니아성 질소 : 0.5mg/L를 넘지 아니할 것
③ 벤젠 : 0.01mg/L를 넘지 아니할 것
④ 크롬 : 0.01mg/L를 넘지 아니할 것

17
다음 중 「먹는물 수질기준 및 검사 등에 관한 규칙」상 먹는물 수질기준을 초과하는 항목으로 가장 옳은 것은?

① 카드뮴 0.01mg/L
② 암모니아성 질소 0.1mg/L
③ 벤젠 0.005mg/L
④ 동 0.7mg/L

18 [20. 지방직 9급]

'먹는물 수질기준'에 대한 설명으로 옳지 않은 것은?

① '먹는물'이란 먹는 데에 일반적으로 사용하는 자연 상태의 물, 자연 상태의 물을 먹기에 적합하도록 처리한 수돗물, 먹는샘물, 먹는염지하수, 먹는해양심층수 등을 말한다.
② 먹는샘물 및 먹는염지하수에서 중온일반세균은 100 CFU mL^{-1}을 넘지 않아야 한다.
③ 대장균·분원성 대장균군에 관한 기준은 먹는샘물, 먹는염지하수에는 적용하지 아니한다.
④ 소독제 및 소독부산물질에 관한 기준은 먹는샘물, 먹는염지하수, 먹는해양심층수 및 먹는물공동시설의 물의 경우에는 적용하지 아니한다.

19 [20. 지방직 9급]

수도법령상 일반수도사업자가 준수해야 할 정수처리기준에 따라, 제거하거나 불활성화하도록 요구되는 병원성 미생물에 포함되지 않는 것은?

① 바이러스
② 크립토스포리디움 난포낭
③ 살모넬라
④ 지아디아 포낭

20 [19. 해양경찰 일반직 9급]

「환경정책기본법 시행령」상의 수질 및 수생태계 환경기준 중 하천에서 사람의 건강보호 기준으로 옳은 것은?

① 비소 : 0.08mg/L 이하
② 안티몬 : 0.05mg/L 이하
③ 디클로로메탄 : 0.05mg/L 이하
④ 벤젠 : 0.01mg/L 이하

21 [24. 지방직 9급]

「환경정책기본법 시행령」상 '수질 및 수생태계'에 대한 하천의 생활환경 기준에서 '좋음' 등급의 기준으로 옳지 않은 것은?

① 총유기탄소량(TOC) : 3mg/L 이하
② 용존산소(DO) : 5.0mg/L 이하
③ 총인(total phosphorus) : 0.04mg/L 이하
④ 총대장균군 : 500군수/100mL 이하

PART 02

대기환경

- 01 대기오염개론
- 02 미기상학
- 03 대기오염방지기술
- 04 연소공학
- 05 대기환경법규
- 06 자동차의 연소

CHAPTER 01 대기오염개론

정답 및 해설 : 199p

제1절 | 대기오염의 개념

01 04. 대전시 9급

CO(일산화탄소) 1ppm의 농도는 몇 $\mu g/m^3$인가?

① $840\mu g/m^3$
② $1{,}250\mu g/m^3$
③ $1{,}800\mu g/m^3$
④ $2{,}250\mu g/m^3$

02 23. 해양경찰 일반직 9급

자동차 배기가스 중에 CO가 1.5%(V/V) 함유되어 있다면 이는 몇 mg/m^3인가? (단, CO의 분자량은 28이고, 표준상태 0℃, 1기압 기준으로 함)

① $16{,}472mg/m^3$
② $17{,}339mg/m^3$
③ $15{,}476mg/m^3$
④ $18{,}750mg/m^3$

03 14. 지방직 9급

25℃, 1atm에서 대기 중 SO_2의 농도가 0.049ppm일 경우, SO_2의 질량농도[$\mu g/m^3$]는? (단, 원자량은 S=32, O=16이고 25℃, 1atm에서 이상기체 1몰의 부피는 24.5L이다)

① 64
② 128
③ 142
④ 284

04 22. 지방직 9급

대기 중의 아황산가스(SO_2) 농도가 0.112ppmv로 측정되었다. 이 농도를 0℃, 1기압 조건에서 $\mu g/m^3$의 단위로 환산하면? (단, 황 원자량 = 32, 산소 원자량 = 16이다)

① 160
② 320
③ 640
④ 1,280

05 21. 지방직 9급

5L의 프로판가스(C_3H_8)를 완전 연소하고자 할 때, 필요한 산소기체의 부피[L]는 얼마인가? (단, 프로판가스와 산소기체는 이상기체이다)

① 1.11
② 5.00
③ 22.40
④ 25.00

06 21. 지방직 9급

다음 중 물의 온도를 표현했을 때 가장 높은 온도는?

① 75℃
② 135℉
③ 338.15K
④ 620℉R

07

다음 중 체류시간이 긴 순서에서 짧은 순서로 바르게 나열된 것은?

① $O_2 - N_2 - CO_2 - SO_2$
② $N_2 - CH_4 - CO - SO_2$
③ $N_2 - CO - SO_2 - N_2O$
④ $O_2 - N_2O - SO_2 - CO$
⑤ $N_2 - CO - O_2 - SO_2$

08

지구 대기에 존재하는 다음 기체들 중 부피 기준으로 가장 낮은 농도를 나타내는 것은? (단, 건조 공기로 가정한다)

① 아르곤(Ar)   ② 이산화탄소(CO_2)
③ 수소(H_2)   ④ 메탄(CH_4)

09

대기에 존재하는 다음 기체들 중 부피 기준으로 가장 낮은 농도를 나타내는 것은? (단, 건조 공기로 가정한다)

① 산소(O_2)   ② 메탄(CH_4)
③ 아르곤(Ar)   ④ 질소(N_2)

10

대기권에 대한 설명으로 옳지 않은 것은?

① 대기권은 지구를 중심으로 중력에 의해 붙잡혀 있는 기체의 집합권역을 의미하며 대류권, 성층권, 중간권, 열권으로 구성된다.
② 대류권에서는 수증기, 구름 및 강수의 대부분이 발생하고 고도가 높아질수록 기온이 낮아진다.
③ 성층권에는 오존층이 존재하고 태양복사열이 흡수되므로 상층부의 더운 공기와 하층부의 찬 공기의 혼합이 활발하게 일어난다.
④ 중간권에는 대기가 매우 희박하지만 질소와 산소의 비율은 지구표면과 유사하다.

11

대기층의 순서가 맞게 나열된 것은?

① 대류권 - 성층권 - 중간권 - 열권
② 대류권 - 중간권 - 성층권 - 열권
③ 성층권 - 중간권 - 열권 - 대류권
④ 성층권 - 대류권 - 열권 - 중간권

12

대기층은 고도에 따른 온도 변화 양상에 따라 영역 구분이 가능하다. 〈보기〉에 해당하는 영역은?

보기

- 대기층에서 고도 11~50km 사이에 존재한다.
- 고도가 올라감에 따라 온도가 상승하는 안정적인 수직 구조를 갖는다.
- 상대적으로 높은 농도의 오존이 존재하여 태양광의 단파장 영역을 효과적으로 흡수한다.

① 대류권   ② 성층권
③ 중간권   ④ 열권

13
성층권에 있는 오존층에 대한 설명으로 옳지 않은 것은?

① 태양에서 방출된 유해한 자외선을 흡수하여 지상의 생명을 보호하는 막의 역할을 한다.
② UV-C는 인체에 무해하지만 오존층이 파괴되어 UV-B가 많아지면 피부암을 유발할 수 있으며, UV-A는 생물체의 유전자 파괴를 일으킬 수 있다.
③ 오존층이 파괴되면 성층권 내 자외선의 흡수량이 적어지며 많은 양의 자외선이 지표면에 도달하여 지구의 온도가 상승한다.
④ 성층권에 있는 오존은 짧은 파장의 자외선을 흡수하여 지속적으로 소멸되고 동시에 산소원자로 변환시키는 화학반응을 일으킨 후 산소분자와 결합해 오존을 생성한다.

14
2차 오염물질의 생성이 아닌 것은?

① 삼산화유황 ② 일산화질소
③ 오존   ④ 황화수소

15
다음 중 2차 오염물질인 것은?

① SO_2 ② NO_2
③ HC   ④ CO
⑤ O_3

16
황 함유 화석연료의 완전연소 시 주로 발생하는 1차 오염물질로서 황화합물에 해당하는 물질은?

① SO_2 ② H_2S
③ CH_3SH ④ $(NH_4)_2SO_4$

17
대기오염에 관한 〈보기〉의 설명 중 옳은 것을 모두 고른 것은?

보기

㉠ 1차 오염물은 발생원에서 대기 중으로 배출될 때의 상태를 그대로 유지하는 오염물을 말한다.
㉡ 탄화수소는 광화학 스모그 발생을 유발하는 주요한 요인 중 하나로 작용한다.
㉢ 일산화탄소(CO), 탄화수소, 분진, 이산화황(SO_2)은 2차 오염물로서 광화학 스모그를 유발한다.
㉣ 대기 중 이산화질소(NO_2)의 광화학적 순환 반응에서 다른 오염물의 영향이 없을 경우 오존(O_3)과 일산화질소(NO)는 동일한 양이 생성, 소멸된다.

① ㉠, ㉡, ㉢
② ㉠, ㉡, ㉣
③ ㉠, ㉡
④ ㉡, ㉣

18
다음 글에서 설명하는 것은?

지구 생태계의 가장 기본적인 에너지원은 태양광이다. 이 태양광 중 엽록체가 광합성을 할 때 흡수하는 주된 파장 부분을 일컫는다.

① 방사선   ② 자외선
③ 가시광선 ④ 적외선

19 [10. 지방직 9급]

대기 복사와 관련된 설명으로 옳지 않은 것은?

① 태양복사에서 에너지 강도가 최대인 파장은 $0.4\mu m \sim 0.5\mu m$ 영역에 있다.
② 흑체의 단위 표면적에서 방출되는 단위 시간당 복사에너지는 표면온도의 4제곱에 비례한다.
③ 태양과 지구의 흑체복사를 비교할 때 태양은 단파복사, 지구는 장파복사를 한다.
④ 태양상수는 태양복사에서 에너지가 최대인 파장 값을 말한다.

20 [03. 대구시 9급]

다음 빈칸에 들어갈 알맞은 것은?

> 자동차 연료의 고온연소 시에 생성되는 (㉠)은 광화학 스모그의 유발물질이며 저온연소나 촉매환원법으로 처리된다. 연료가 완전연소되면 발생되는 (㉡)은 온실가스효과를 유발한다. 또한, 연료의 불완전 연소 시에 생성되는 (㉢)은 인체의 헤모글로빈과의 결합력이 커서 모체에 산소결핍의 피해를 준다.

	㉠	㉡	㉢
①	NO_2	CO_2	CO
②	NO_2	CO	CO_2
③	CH_4	NO_2	CO
④	CH_4	CO_2	CO

제2절 | 지구환경문제

01 [03. 대구시 9급]

다음은 산성비에 대한 내용이다. 바르게 묶은 것은?

> ㉠ pH 5.6 이하
> ㉡ 공기 중 CO_2 농도 : 0.015
> ㉢ 황산화물과 질소산화물
> ㉣ 수증기압 : 20℃에 0.0212

① ㉠, ㉡   ② ㉡, ㉢
③ ㉢, ㉣   ④ ㉠, ㉢

02 [04. 대구시 7급]

산성비에 대한 설명이 틀리게 된 것은?

① 오염물질로는 SO_x와 NO_x이다.
② 인체에 눈, 피부자극에 영향을 준다.
③ 기여도는 SO_x가 크고, 다음이 NO_x이다.
④ 몬트리올 의정서의 국제협약에서 체결되었다.

03 [05. 경기 9급]

다음 중 산성비에 대한 설명으로 잘못된 것은?

① 산성비의 원인으로 아황산가스가 증가추세에 있다.
② 산성비가 토양과 접촉하면 토양입자 표면에 교환성염기(Ca^{2+}, Mg^{2+} 등)와의 이온교환에 의해 교환성 H^+로 흡착된다.
③ 산성비에서 발생한 H^+가 식물효소작용을 저해하는 등 식물생육에 영향을 준다.
④ 토양의 산성화가 진행되면 유독한 Al^{3+}를 용출시킨다.
⑤ 산성비는 강이나 하천의 pH를 떨어뜨려 중금속 용출량을 증대시키며 생태계에 악영향을 준다.

04
12. 서울시 9급

다음 중 산성비에 관한 설명이 틀린 것은?

① 황산화물과 질소산화물은 산성비의 주요 원인 물질이다.
② 대기 중 암모니아, 알칼리 물질의 다량 함유 시 산도가 감소한다.
③ pH 6.5 이하인 비를 산성비라 한다.
④ 토양의 산성화를 통해 토양 미생물을 사멸시킨다.
⑤ 산성비의 생성이론은 헨리의 법칙과 관계가 있다.

05
17. 환경부 경채 9급

토양 산성화의 영향에 대한 설명으로 옳지 않은 것은?

① 토양이 산성화되면 토양 내의 Al^{3+}과 Mn^{2+}이 용해되어 작물에 유해하게 된다.
② 산성토양에서는 미생물의 활동이 저하되어 토양이 노후화된다.
③ 산성토양에서는 Al^{3+}의 활성화가 저하되며 인산과 결합하지 않는다.
④ 산성토양에서는 토양 내의 Ca^{2+}이 유출되어 토양에서 Ca^{2+}의 결핍이 생긴다.

06
18. 서울시 7급

산성비에 대한 설명으로 가장 옳은 것은?

① 산성비는 pH 7.0 이하의 빗물을 의미하며, 대기 중의 CO_2에 의해 비의 pH가 감소한다.
② 산성비는 pH 5.6 이하의 빗물을 의미하며, 대기 중의 SO_2에 의해 비의 pH가 5.6 이하로 감소한다.
③ 산성비는 pH 7.0 이하의 빗물을 의미하며, 대기 중의 NO_2에 의해 비의 pH가 감소한다.
④ 산성비는 pH 5.6 이하의 빗물을 의미하며, 대기 중의 CO_2에 의해 비의 pH가 5.6 이하로 감소한다.

07
07. 광주시 9급

오존층 파괴의 원인물질과 거리가 먼 것은?

① 이산화탄소   ② CFC
③ 염소화합물   ④ 할론가스

08
09. 지방직 9급

다음 오존층 파괴물질에 공통으로 함유되어 있는 화학성분은?

프레온-11, 프레온-12, 할론-1211, 할론-1301

① 염소   ② 불소
③ 브롬   ④ 질소

09
22. 해양경찰 일반직 9급

다음 중 Chloro Fluoro Carbon-12(CFC-12)의 올바른 화학식은?

① $CFCl_2$ ② CHF_2Cl
③ CF_2Cl_2 ④ CH_3CCl_3

10
24. 지방직 9급

다음 중 오존 파괴지수(Ozone Depletion Potential, ODP)가 가장 큰 물질은?

① CFC-11   ② CFC-113
③ CCl_4 ④ Halon-1301

11 　04. 대전시 9급

지구온난화로 일어나는 결과가 아닌 것은?

① 이상기온 현상　② 해수면 하강
③ 해빙　　　　　④ 사막화

12 　04. 대전시 9급

다음 중 지구온난화의 원인으로 주목되는 온실효과 유발물질과 가장 거리가 먼 것은?

① 오존　　　　　② 메탄가스
③ 프레온 가스　　④ 이산화질소

13 　04. 경기 9급

온실효과 유발물질이 아닌 것은?

① CO_2　　　　② HFC
③ N_2O　　　　④ SO_2

14 　04. 서울시 9급

온실가스 협약에 의한 규제항목이 아닌 것은?

① HFC　　　　　② N_2O
③ O_3　　　　　④ CO_2
⑤ CH_4

15 　05. 경기 9급

교토 의정서상 규제대상 오염물질이 아닌 것은?

① CO_2　　　　② CH_4
③ CFC　　　　　④ N_2O
⑤ SF_6

16 　15. 지방직 9급

다음 기체 중 지구온난화를 유발하는 것과 거리가 먼 것은?

① CH_4　　　　② H_2S
③ N_2O　　　　④ SF_6

17 　10. 지방직 9급

지구온난화지수(GWP)가 가장 낮은 물질은?

① SF_6　　　　② 메탄
③ 아산화질소　　④ 이산화탄소

18 　18. 서울시 7급

온실가스 종류 중 지구온난화지수(GWP ; Global Warming Potential)가 가장 높은 것에서 낮은 것 순으로 바르게 나열한 것은?

① CO_2 > CH_4 > SF_6 > N_2O
② CO_2 > SF_6 > N_2O > CH_4
③ SF_6 > CH_4 > N_2O > CO_2
④ SF_6 > N_2O > CH_4 > CO_2

19

이산화탄소가 지구온난화에 미치는 영향을 기준으로 다른 온실가스가 지구온난화에 기여하는 정도를 지구온난화지수(GWP)라고 한다. GWP가 큰 물질부터 바르게 나열한 것은?

① $CH_4 > N_2O > SF_6 > HFC > CO_2$
② $SF_6 > HFC > N_2O > CH_4 > CO_2$
③ $SF_6 > CH_4 > HFC > N_2O > CO_2$
④ $HFC > SF_6 > CH_4 > N_2O > CO_2$

20

온실효과를 일으키는 잠재력을 표현한 값인 온난화지수(Global Warming Potential ; GWP)가 큰 것부터 순서대로 바르게 나열한 것은?

① $SF_6 > N_2O > CH_4 > CO_2$
② $CH_4 > CO_2 > SF_6 > N_2O$
③ $N_2O > SF_6 > CO_2 > CH_4$
④ $CH_4 > N_2O > SF_6 > CO_2$

21

온실가스로 분류되는 육불화황(SF_6), 이산화탄소(CO_2), 메탄(CH_4)을 지구온난화지수(Global Warming Potential, GWP)가 큰 순서대로 바르게 나열한 것은?

① $SF_6 > CH_4 > CO_2$
② $CO_6 > CH_4 > SF_6$
③ $SF_6 > CO_2 > CH_4$
④ $CH_4 > CO_2 > SF_6$

22

온실효과와 지구온난화지수(GWP)에 대한 설명으로 옳지 않은 것은? (단, GWP의 표준시간 범위는 20년)

① 아산화질소(N_2O)의 지구온난화지수는 이산화탄소에 비하여 15,100배 정도이다.
② 수증기의 온실효과 기여도는 약 60%이다.
③ 메탄은 이산화탄소에 비하여 62배 정도의 지구온난화지수를 갖는다.
④ 온실가스가 단파장 빛은 통과시키나 장파장 빛은 흡수하는 것을 온실효과라 한다.

23

다음에서 ㉠, ㉡에 들어갈 말로 옳게 짝지어진 것은?

> 온난화지수란 각 온실가스의 온실효과를 상대적으로 환산함으로써 비용적 접근이 가능하도록 하는 지수를 말하는 것으로 대상기체 1kg의 적외선 흡수능력을 (㉠)와(과) 비교하는 값이다. 이 온난화지수가 가장 높은 물질은 (㉡)이다.

	㉠	㉡
①	메탄	육불화황
②	메탄	과불화탄소
③	이산화탄소	육불화황
④	이산화탄소	과불화탄소

24

온실효과에 대한 설명으로 옳지 않은 것은?

① 지구온실 효과에 영향을 미치는 대표적인 온실가스는 CO_2이다.
② 온실효과는 장파장보다 단파장이 더 크다.
③ CO_2는 복사열이 우주로 방출되는 것을 막는 역할을 한다.
④ 온실가스는 화석연료 사용과 산업, 농업부분 등에서 배출된다.

25

선진국이 개발도상국에 투자하여 발생된 온실가스 감축분을 선진국의 감축실적에 반영할 수 있도록 허용하는 제도를 무엇이라 하는가?

① 교토의정서(Kyoto Protocol)
② 공동이행제도(Joint implementation)
③ 배출권거래제(Emission Trading)
④ 청정개발체제(Clean Development Mechanism)
⑤ 탄소감축제도(Carbon Reduction Commitment)

26

지구 온난화에 기여하는 온실가스 중 이산화탄소와 탄소순환에 대한 설명으로 가장 옳지 않은 것은?

① 공업적으로 이산화탄소를 배출하는 큰 산업 중의 하나는 시멘트 제조업이다.
② 지구상의 식물에 저장되어 있는 탄소량은 바닷속에 저장된 탄소량에 비해 매우 적다.
③ 바다는 주로 이산화탄소를 중탄산이온(HCO_3^-)의 형태로 저장한다.
④ 석유는 다른 화석연료(석탄, 천연가스 등)에 비해 탄소 집중도가 가장 큰 물질이다.

27

황사(대기오염)와 관련하여 설명한 내용 중 가장 옳지 않은 것은?

① 중국의 황하유역, 몽골 고비사막 등이 발원지이다.
② 가축과 식물에 피해 발생, 사회적 비용 증가의 원인이다.
③ 태양 복사열 흡수로 인한 냉각효과의 긍정적 영향도 있다.
④ 우리나라에 황사가 발생할 때의 기상은 상승기류(저기압)일 때이다.

28

황사현상의 원인과 대책으로 옳지 않은 것은?

① 황사는 강한 바람이나 지형에 의해 만들어진 난류 등의 기상 조건으로 인하여 다량의 모래와 먼지가 강풍을 따라 이동하여 지면 가까이 침적하면서 부유하거나 낙하하는 현상을 말한다.
② 우리나라에 영향을 미치는 황사의 발원지는 중국의 내몽골 고원, 고비사막 등이다.
③ 황사가 발생하면 대기 중의 미세먼지 농도가 급격히 증가하며, 먼지입자가 호흡기를 통해 몸속에 들어갈 수 있으나 황사 입자에 유해물질이 함유되어 있지 않다면 호흡기 질환을 초래할 가능성은 거의 없다.
④ 국제협력을 통해 중국 및 몽골의 황사발생지 특성을 조사하고 사막화 방지와 조림 사업을 추진하여 황사의 발생조건을 개선해 나가는 등의 황사대책이 필요하며, 황사의 농도와 성분 분석과 정확한 예보를 통해 피해를 줄이는 방법 외에는 국내 대책이 많지 않다.

29

다음 협약의 내용과 연결이 잘못된 것은?

① 리우선언 - 세계자연헌장 채택
② 몬트리올 협약 - 오존층 보호
③ 바젤협약 - 유해 폐기물의 국제적 이동의 통제와 규제
④ CITES - 멸종위기 야생동식물보호

30

우리나라가 1997년에 가입한 협약으로, 물새 서식지로서 특히 국제적으로 중요한 습지에 관한 협약은?

① 바젤협약
② 람사협약
③ 몬트리올 협약
④ 리우선언
⑤ 공해방지협약

31 `21. 지방직 9급`
열섬현상에 관한 설명으로 옳지 않은 것은?
① 열섬현상은 도시의 열배출량이 크기 때문에 발생한다.
② 맑고 잔잔한 날 주간보다 야간에 잘 발달한다.
③ Dust Dome Effect라고도 하며, 직경 10km 이상의 도시에서 잘 나타나는 현상이다.
④ 도시지역 내 공원이나 호수지역에서 자주 나타난다.

32 `23. 해양경찰 일반직 9급`
다음 중 바람이 불지 않을 때, 도시의 열섬현상으로 일어날 수 있는 일로 가장 옳은 것은?
① Dust Dome의 발생
② Sahel Zone의 발생
③ Down Draft 현상의 발생
④ Down Wash 현상의 발생

33 `20. 지방직 9급`
미세먼지에 대한 설명으로 옳은 것만을 모두 고르면?

> ㉠ 미세먼지 발생원은 자연적인 것과 인위적인 것으로 구분된다.
> ㉡ 질소산화물이 대기 중의 수증기, 오존, 암모니아 등과 화학반응을 통해서도 미세먼지가 발생한다.
> ㉢ NH_4NO_3, $(NH_4)_2SO_4$는 2차적으로 발생한 유기 미세입자이다.
> ㉣ 환경정책기본법령상 대기환경기준에서 먼지에 관한 항목은 TSP, PM-10, PM-2.5이다.

① ㉠, ㉡
② ㉢, ㉣
③ ㉠, ㉡, ㉢
④ ㉠, ㉡, ㉣

34 `04. 경기 9급`
내분비계 교란물질에 관한 설명 중 틀린 것은?
① 체내에 축적되며 기형아가 생긴다.
② 친수성 물질로 쉽게 분해된다.
③ 종류는 PCB와 DDT 등이 있다.
④ 효소활동을 억제한다.

35 `04. 대구시 7급`
환경호르몬에 관한 설명 중 잘못된 것은?
① PCB나 DDT와 같은 화학물질이 내분비계를 교란시켜서 생식장애를 일으킨다.
② 외부에서 체내로 들어와서 본래 몸 안에서 필요에 따라 만들어지는 호르몬처럼 작용해 호르몬 작용을 방해 및 정상 호르몬으로 교란시킨다.
③ 생체 호르몬 중 가장 크게 영향을 미치는 것은 난소·정소에 분비되는 성호르몬이다.
④ 어류, 곤충류, 패류, 파충류의 생태계에는 영향이 없다.

36 `22. 해양경찰 일반직 9급`
다음 중 내분비계 장애물질(환경호르몬)에 대한 설명으로 가장 옳지 않은 것은?
① 쓰레기 소각장 등 각종 연소 시설에서 발생되는 대표적 환경호르몬은 DDT이다.
② 식품 및 음료수의 용기 내부, 병뚜껑 등의 내부에서 비스페놀A가 검출된다.
③ 각종 플라스틱 가소제에서 프탈레이트류와 같은 환경호르몬이 검출된다.
④ 각종 산업용 화학물질, 의약품 및 일부 천연물질도 내분비계 장애물질을 포함하는 것으로 거론되고 있다.

37 17. 환경부 경채 9급

내분비계 장애물질에 대한 설명으로 옳지 않은 것은?

① DDT(Dichloro-diphenyl-trichloroethane)는 살충제로 사용되었으며 생물의 번식을 방해하는 물질이다.
② 환경호르몬 DES(Diethyl-stilbestrol)는 자연적인 에스트로겐보다 강력한 세포 반응을 유발한다.
③ 비스페놀A(Bisphenol A)는 캔 내부 코팅질 등에서 검출된다.
④ 다이옥신은 소각로가 위치한 곳에서 주로 유기화합물의 연소에 의해 발생되며, 화학적으로 매우 불안정하여 단백질 수용체와 결합하여 암을 발생시킨다.

38 19. 서울시 9급

기후에 영향을 미치는 다양한 요인들에 대한 설명 중 가장 옳지 않은 것은?

① 빛은 대기 중의 입자성 물질에 의해 반사되고, 반사가 많을수록 지구에 도달하는 빛 에너지는 적어지게 된다.
② 대기 중 이산화탄소에 의해 지구로부터 방출되는 적외선의 통과가 방해를 받게 되어 온실효과가 나타난다.
③ 염소원자들이 성층권에 유입되면 오존층을 분쇄시키는 반응의 촉매작용을 한다.
④ 성층권에 있는 오존은 태양으로부터의 자외선을 막아주는 차단막 역할을 하며, 낮은 대기층에서의 오존은 식물이 성장하는데 필요한 산소를 공급하는 역할을 한다.

39 21. 해양경찰 일반직 9급

다음은 생물 다양성 협약에 대한 자료이다.

> '생물 다양성 협약'은 생물 다양성의 보전, 생물자원의 지속 가능한 이용, 생물 자원을 이용하여 얻어지는 이익의 공정하고 공평한 분배를 위하여 1992년 유엔환경개발회의에서 채택된 협약이다. 생물 다양성은 생태계 내에 존재하는 생물의 다양한 정도를 의미하며 유전적 다양성, (가) 종 다양성, (나) 생태계 다양성을 포함한다.

다음 〈보기〉 중 이에 대한 설명으로 옳은 것을 모두 고른 것은?

보기

㉠ 생물 자원은 인간의 식량과 의약품 등에 이용된다.
㉡ 같은 종의 무당벌레에서 반점 무늬가 다양하게 나타나는 것은 (가)에 해당한다.
㉢ 한 생태계 내에 존재하는 생물종의 다양한 정도를 (나)라고 한다.

① ㉠
② ㉡
③ ㉢
④ ㉠, ㉡

40 24. 지방직 9급

탄소중립 사회로의 이행에 대한 설명으로 옳지 않은 것은?

① 배출되는 온실가스를 흡수, 제거한다.
② 재생에너지인 천연가스 보급률을 높인다.
③ 탄소 순배출량을 0으로 하는 것이 목표이다.
④ 수력, 태양에너지를 이용해 탄소 배출량을 줄일 수 있다.

제3절 | 대기오염물질의 성상

01 〔19. 서울시 9급〕
대기오염물질 배출원에 대한 설명으로 가장 옳지 않은 것은?

① 화산폭발, 산불, 먼지폭풍, 해양 등은 자연적 배출원에 해당한다.
② 배출원을 물리적 배출형태로 구분하면 고정배출원과 이동배출원으로 나눌 수 있다.
③ 이동배출원은 배출규모나 형태에 따라 점오염원과 면오염원으로 분류된다.
④ 일반적으로 선오염원은 배출구 위치가 낮아 대기 확산이 어렵기 때문에 점오염원에 비해 지표면에 직접적인 영향을 미친다.

02 〔04. 대구시 7급〕
HF의 배출원은?

① 유리공장 ② 도금공장
③ 필름제조 공장 ④ 제련소

03 〔04. 대구시 7급〕
다음 중 VOC에 대한 설명이 잘못된 것은?

① 증기압이 높아서 대기 중으로 쉽게 증발되는 액체 또는 기체상 유기화합물의 총칭이다.
② 발암성을 가진 독성 화학물질이다.
③ 지구온난화와 성층권 오존층 파괴의 원인물질이다.
④ 악취가 없는 것이 특징이다.

04 〔09. 지방직 9급〕
다음 대기오염물질 중 카르보닐기(−C=O)를 포함하지 않는 물질은?

① 노르말헥산 ② 포르말린
③ 유기산 ④ PAN

05 〔05. 경기 9급〕
기후온난화 물질인 CO_2에 대한 설명 중 옳지 않은 것은?

① CO_2는 자연적 발생원인 미생물의 분해작용과 인위적 발생원인 화석연료의 연소 및 산림파괴에 의하여 배출된다.
② CO_2의 체류기간은 약 7~10년 정도이다.
③ CO_2의 대부분 저장고는 식물이다.
④ 산림파괴에 의한 이산화탄소의 배출은 화전을 위한 나무의 연소 및 나무의 부패에 의한 것이다.
⑤ 산림파괴로 배출되는 이산화탄소에 대한 점유율은 아시아 지역이 가장 많다.

06 〔21. 해양경찰 일반직 9급〕
다음 중 일산화탄소의 특성으로 가장 옳지 않은 것은?

① 무색, 무취의 기체이다.
② 헤모글로빈과의 결합력이 강하다.
③ 물에 잘 녹고, CO_2로 쉽게 산화된다.
④ 연료 중 탄소의 불완전연소 시에 발생한다.

07 □□□ 24. 해양경찰 일반직 9급
다음 중 일산화탄소(CO)에 대한 설명으로 가장 옳은 것은?
① 공기보다 무겁다.
② 가솔린자동차의 가속 시에 많이 발생한다.
③ 헤모글로빈과의 결합력이 산소보다 강하다.
④ 상온에서 적갈색의 자극성을 가진 기체이다.

08 □□□ 20. 해양경찰 일반직 9급
다음 중 CO에 관한 설명으로 가장 옳지 않은 것은?
① CO는 다른 물질에 대한 흡착현상을 거의 나타내지 않는다.
② 물에 난용성으로 비에 의한 영향은 거의 받지 않는다.
③ 지구의 위도별 CO 농도는 남위 50도 부근에서 최대치를 보인다.
④ 도시 대기 중의 CO 농도가 높은 것은 연소 등에 의해 배출량은 많은 반면, 토양 면적 등의 감소에 따라 제거능력이 감소하기 때문이다.

09 □□□ 14. 서울시 9급
기상오염물질과 발생원의 관계가 잘못된 것은?
① 이산화황(SO_2) - 벙커시유 또는 석탄의 연소과정
② 이산화질소(NO_2) - 자동차 배기가스, 질산을 사용하는 표면 처리공정
③ 탄화수소(HC) - 휘발유가 연소되지 않은 상태에서 배출되거나 연소에 의하여 크랙킹을 일으킬 때 주로 발생
④ 일산화탄소(CO) - 산소가 부족한 상태에서 연료가 연소할 때 발생
⑤ 오존(O_3) - 연료연소, 시멘트 공장, 도로 등에서 비산

10 □□□ 04. 경기 9급
광화학스모그에 관한 내용으로 옳지 않은 것은?
① 빛의 흡수 및 산란에 의해 시정을 단축시킨다.
② 고무제품의 손상이 일어난다.
③ CO는 광화학스모그로 발생되는 것이 가장 많다.
④ NO_2는 광화학스모그를 일으키는 원인물질이다.

11 □□□ 10. 지방직 9급
광화학스모그(Photochemical smog) 현상에 대한 설명으로 옳은 것은?
① 복사역전에 의한 기온역전층 형성과 밀접한 관련이 있다.
② 석탄연료를 사용하는 공업지역의 주요 대기오염현상으로 시작되었다.
③ 자동차가 많은 대도시 지역에서 주로 여름에 관측되는 대기오염현상이다.
④ 광화학산화물인 오존의 농도는 저녁부터 증가하여 새벽녘에 최대가 된다.

12 □□□ 14. 서울시 9급
광화학스모그의 생성물질로 옳지 않은 것은?
① 오존
② 질소산화물
③ 알데히드
④ 아크롤레인
⑤ 유기산

13
광화학스모그에 대한 설명으로 옳지 않은 것은?

① 로스앤젤레스형 스모그라고 한다.
② 알데히드(RCHO)는 광화학스모그 성분 중 하나이다.
③ 광화학반응에 의해 NO_2는 오존을 생성한다.
④ 광화학스모그는 여름철 저녁 시간에 주로 발생한다.

14
대기 중의 광화학스모그 또는 광화학 반응에 직접적으로 관계되는 오염물질이 아닌 것은?

① 암모니아(NH_3)
② 일산화질소(NO)
③ 휘발성유기화합물(VOCs)
④ 퍼옥시아세틸니트레이트(PAN)

15
광화학스모그의 생성 과정에서 반응물과 생성물에 해당하지 않는 것은?

① 탄화수소
② 황산화물
③ 질소산화물
④ 오존

16
오존경보를 발령하는 기준은?

① 0.1ppm
② 0.3ppm
③ 0.5ppm
④ 1ppm

17
다음 <보기>와 같이 정의되는 입자의 직경으로 가장 옳은 것은?

> **보기**
> 입자의 한쪽 끝 가장자리와 다른 쪽 가장자리 사이의 거리를 나타내는 직경

① 마틴 직경(Martin Diameter)
② 스토크스 직경(Stokes Diameter)
③ 페렛 직경(Feret Diameter)
④ 공기역학적 직경(Aerodynamic Diameter)

18
입자상 물질의 측정방법에 대한 설명이다. 틀린 것은?

① 하이볼륨 에어샘플러는 $0.1 \sim 100\mu m$ 입자를 측정한다.
② 로우볼륨 에어샘플러는 $100\mu m$ 이상의 입자를 측정한다.
③ 하이볼륨 에어샘플러는 유입부 – 측정부 – 보호상자 등으로 구성되어 있다.
④ 로우볼륨 에어샘플러는 흡인펌프 – 분립장치 – 여과지홀더 – 유량측정부로 구성되어 있다.

19
대기 중 부유성 입자와 침강성 입자를 분류하는 입경(particlediameter) 기준은?

① $2.5\mu m$
② $10\mu m$
③ $50\mu m$
④ $100\mu m$

20 ☐☐☐ `03. 충남 9급`
대기 중에 존재하는 증기상태의 금속류는?
① 흄   ② 매연
③ 연기   ④ 스모그

21 ☐☐☐ `04. 대구시 7급`
입자상 물질의 뜻이 틀리게 된 것은?
① fume : 훈연   ② dust : 먼지
③ smoke : 검댕   ④ aerosol : 연무질

22 ☐☐☐ `19. 서울시 7급`
입자상 오염물질과 시계(visibility)의 관계에 대한 설명으로 가장 옳지 않은 것은?
① 대기 중에 부유하는 작은 물방울로 인하여 수평시정거리가 1km 이상인 것을 안개(fog)라 한다.
② 시계장애란 가시거리의 감소로 먼 곳을 볼 수 없거나 보고자 할 때 지장을 받는 것을 말한다.
③ 입자상 오염물질에 의한 산란은 시계 감소의 원인이 된다.
④ 습도가 높을 때 빛의 산란에 의하여 시정거리가 감소할 수 있다.

23 ☐☐☐ `19. 지방직 9급`
입자상 오염물질 중 하나로 증기의 응축 또는 화학반응에 의해 생성되는 액체입자이며, 일반적인 입자 크기가 0.5~3.0 μm인 것은?
① 먼지(dust)   ② 미스트(mist)
③ 스모그(smog)   ④ 박무(haze)

24 ☐☐☐ `07. 광주시 9급`
다음은 대기오염을 이해하기 위하여 알아두어야 할 용어이다. 설명 중 맞지 않은 것은?
① 'aerosol'이란 매연, 안개, 미스트와 같은 가스 내에 미세한 고체 혹은 액체 입자가 분산된 것이다.
② 'fume'이란 용융된 물질이 휘발해서 생긴 기체가 응축할 때 생기는 액체입자로서 상호 응결하며 때로는 충돌 결합한다.
③ 'smoke'란 불완전연소 결과 생기는 미세한 에어로졸의 입자로 주로 탄소와 기타 연소성 물질로 구성된다.
④ 'pariculate'란 일반적으로 미세한 독립상태의 액체 혹은 고체 알맹이를 말한다.

25 ☐☐☐ `19. 서울시 7급`
대기 중 입자상 오염물질에 대한 설명으로 가장 옳지 않은 것은?
① 흔히 분진 또는 먼지라 부르며 고체 및 액체상의 부유물을 총칭한다.
② 우리나라에서는 대기 중에서 부유하는 분진 중 입자의 직경이 10 μm 이하인 것을 미세먼지, 2.5 μm 이하인 것을 초미세먼지로 규정한다.
③ 미세먼지는 주로 분쇄 등 기계적 공정, 석탄 등 화석연료의 연소, 자동차 배출가스 등에 의해 발생한다.
④ 초미세먼지는 헤모글로빈과 반응하여 두통, 피로, 빈혈, 시력장애, 호흡곤란을 유발하고 고농도 장시간 흡입 시 사망에 이르게 한다.

26 ☐☐☐   23. 해양경찰 일반직 9급

대기 중 분진은 시야에 영향을 주게 되는데, 상대습도 70%, 분진농도 50μg/m³상태인 대도시에서의 가시거리로 다음 중 가장 옳은 것은? (단, 상수 A=1.2)

① 24km ② 20km
③ 15km ④ 32km

27 ☐☐☐   05. 경기 9급

다음 중 시정감소에 대한 설명으로 틀린 것은?

① 시정거리는 습도에 의해 크게 영향을 받는다.
② Coh계수는 5단계로 나눈다.
③ Coh계수는 깨끗한 여과지에 분진을 모은 다음 빛전달률의 감소를 측정함으로써 결정된다.
④ Coh계수는 여과지에 제거된 분진의 양에 따라 결정되므로 비실용적이다.
⑤ Coh계수가 0일수록 시정감소가 심하다.

28 ☐☐☐   17. 일반직 9급

어떤 도시에서 분진의 농도를 측정하기 위하여 공기를 0.15m/sec의 속도로 10시간 동안 여과시켰다. 그 결과 깨끗한 여과지에 비해 사용된 여과지의 빛 전달률이 50%였다면 1000m당 헤이즈계수(Coh ; Coefficient of haze)는 얼마인가? (단, log2=0.3)

① 약 2.24 ② 약 3.89
③ 약 4.44 ④ 약 5.56

29 ☐☐☐   19. 지방직 9급

평균유량이 1.0m³/min인 Air sampler를 10시간 운전하였다. 포집 전 1,000mg이었던 필터의 무게가 포집 후 건조하였더니 1,060mg이 되었을 때, 먼지의 농도[μg/m³]는?

① 25 ② 50
③ 75 ④ 100

제4절 | 대기오염의 영향

01 〔07. 광주시 9급〕

다이옥신에 대한 설명 중 옳지 않은 것은?

① 환경호르몬의 일종이다.
② 높은 수용성이다.
③ PCB의 부분산화 또는 불완전연소에 의해 생성된다.
④ 벤젠에 두 개의 산소가 결합된 형태이다.

02 〔23. 지방직 9급〕

다이옥신에 대한 설명으로 옳지 않은 것은?

① 폐기물소각시설은 주요 오염원 중 하나이다.
② 수용성이다.
③ 생체 내에 축적된다.
④ 2,3,7,8-TCDD의 독성이 가장 강하다.

03 〔08. 경기 9급〕

다음 중 다이옥신 생성기전이라고 할 수 없는 것은?

① PCB의 불완전연소   ② 흡연
③ PCDD 이성질체   ④ 석유정제

04 〔14. 서울시 9급〕

다이옥신(Dioxin)의 대표적인 물리적 성질로 알맞은 것은?

① 소수성, 낮은 증기압, 열적 안정, 강한 흡착성
② 친수성, 낮은 증기압, 열적 불안정, 강한 흡착성
③ 소수성, 높은 증기압, 열적 불안정, 약한 흡착성
④ 친수성, 낮은 증기압, 열적 안정, 강한 흡착성
⑤ 소수성, 높은 증기압, 열적 안정, 약한 흡착성

05 〔04. 경기 9급〕

다음 중 다이옥신에 관한 설명에 해당되지 않는 것은?

① 이성질체 독성 정도는 비슷하다.
② 다이옥신의 97%는 음식으로 유입되고 3%는 호흡계 계통으로 흡입하게 된다.
③ 지용성으로 인체의 지방조직에 축적된다.
④ 화합물이 전조물질로 이용되어 적정온도 산소존재 시에 이중축합 반응한다.

06 〔05. 경기 9급〕

다이옥신 저감방법으로 틀린 것은?

① 소각로 내 온도를 300℃로 유지하는 것이 다이옥신 저감 효율이 좋다.
② 소각로 내 충분한 산소농도(6~12%)를 유지시킨다.
③ 충분한 2차 연소부를 확보하여 연소가스가 2초 이상 체류할 수 있도록 한다.
④ 2차 공기공급으로 미연분의 완전연소 및 연소가스의 교반효율을 증대시킨다.
⑤ 소각로 내의 안정연소를 유지할 수 있도록 적절한 자동제어 시스템을 확보한다.

07 〔12. 서울시 9급〕

다이옥신에 대한 설명 중 틀린 것은?

① 물에 잘 녹지 않으며 열화학적으로 안정하다.
② 다이옥신의 97%는 음식으로 섭취하고 3%는 호흡기 계통으로 흡입하게 된다.
③ 섭씨 300도 상온에서 무색의 결정성 고체이다.
④ 미생물에 의한 분해가 거의 없다.
⑤ 벤젠고리의 수소가 염소와 치환하면 독성이 나타난다.

08

19. 지방직 9급

도시폐기물 소각로에서 다이옥신이 생성되는 기작에 대한 설명으로 옳지 않은 것은?

① 투입된 쓰레기에 존재하던 PCDD/PCDF가 연소 시 파괴되지 않고 대기 중으로 배출된다.
② 전구물질인 CP(chlorophenols)와 PCB(polychlorinated biphenyls) 등이 반응하여 PCDD/PCDF로 전환된다.
③ 유기물(PVC, lignin 등)과 염소 공여체(NaCl, HCl, Cl_2 등)로부터 생성된다.
④ 전구물질이 비산재 및 염소 공여체와 결합한 후 생성된 PCDD는 배출가스의 온도가 600℃ 이상에서 최대로 발생한다.

09

17. 지방직 9급

도시 쓰레기 소각장의 다이옥신 생성 및 방출 억제 대책으로 옳지 않은 것은?

① 소각 과정 중에서 다이옥신의 생성을 억제하고, 생성된 경우에도 파괴될 수 있도록 550℃ 이상의 고온에서 1초 동안 정체하도록 한다.
② 다이옥신은 소각로에서 배출되는 과정 중 300℃ 부근에서 재형성된다.
③ 쓰레기 소각로에서의 배출 공정을 개선하여 배출 기준 이하가 되도록 제거, 감소시킨다.
④ 분말 활성탄을 살포하여 다이옥신이 흡착되게 한 후, 이를 전기 집진기에 걸러서 다이옥신 농도를 저감시킬 수 있다.

10

17. 일반직 9급

주로 소각 시 발생되며 인위적 합성화합물 중 유해한 물질로 알려진 것에는 다이옥신이 대표적이다. 이와 관련된 다음 설명 중 옳지 않은 것은?

① 독성등가환산농도(TEQ, Toxic Equivalent)는 다이옥신류 동족체의 각 실측농도에 독성등가 환산계수를 곱한 농도의 합이다.
② 독성등가환산계수(TEF, Toxic Equivalenct Factor)는 독성이 가장 약한 2,3,7,8-TCDD의 독성강도를 1로 기준으로 한다.
③ 다이옥신류(PCDD)는 두 개의 산소교량, 두 개의 벤젠고리, 두 개 이상의 염소원자를 가진다.
④ 퓨란류(PCDF)는 한 개의 산소교량, 두 개의 벤젠고리, 두 개 이상의 염소원자를 가진다.

11

20. 지방직 9급

연소공정에서 발생하는 질소산화물(NO_x)을 감소시킬 수 있는 방법으로 적절하지 않은 것은?

① 연소 온도를 높인다.
② 화염구역에서 가스 체류시간을 줄인다.
③ 화염구역에서 산소 농도를 줄인다.
④ 배기가스의 일부를 재순환시켜 연소한다.

12

12. 서울시 9급

석면에 관한 설명 중 틀린 것은?

① 석면은 금속 양이온을 함유한 함수규산염 형태이다.
② 화학적 비활성 물질로 다른 물질과 반응, 증발, 산화한다.
③ 청석면, 갈석면, 백석면 중 청석면의 독성이 가장 높다.
④ 석면폐와 악성 종피종 및 폐암을 발생시킨다.
⑤ 공기를 통하여 흡입된 석면은 호흡기계의 상피세포 표면에 부착한다.

13
19. 서울시 9급

라돈(Radon, Rn)에 대한 설명으로 가장 옳지 않은 것은?

① Rn-222는 Ra-226의 방사성 붕괴로 인하여 생성된다.
② 라돈은 알파 붕괴(alpha decay)를 통해 알파입자를 방출한다.
③ 표준상태에서 라돈은 공기보다 가볍기 때문에 대기 중에서 확산이 용이하다.
④ 라돈의 반감기는 대략 3.8일이다.

14
17. 서울시 9급

「실내공기질 관리법」에 따른 오염물질에 관한 설명으로 가장 옳지 않은 것은?

① 라돈(Rn ; Radon) : 주로 건축자재를 통하여 인체에 영향을 미치며, 화학적으로는 거의 반응을 일으키지 않고, 흙 속에서 방사선 붕괴를 일으킨다.
② 폼알데하이드(Formaldehyde) : 자극성 냄새를 갖는 무색의 기체이며, 36.0%~38.0% 수용액은 포르말린이라고 한다.
③ 석면(Asbestos) : 가늘고 긴 강한 섬유상으로 내열성, 불활성, 절연성이 좋고, 발암성은 청석면 > 아모싸이트 > 온석면 순이다.
④ 휘발성유기화합물(VOCs ; Volatile Organic Compounds) : 가장 독성이 강한 것은 에틸벤젠이며, 다음은 톨루엔, 자일렌순으로 강하다.

15
03. 대구시 9급

대기오염물질이 식물에 대하여 독성이 강한 것부터 약한 것의 순서로 조합된 것은?

① $HF \rightarrow SO_2 \rightarrow NO_2 \rightarrow CO$
② $HF \rightarrow NO_2 \rightarrow SO_2 \rightarrow CO$
③ $SO_2 \rightarrow HF \rightarrow NO_2 \rightarrow CO$
④ $SO_2 \rightarrow HF \rightarrow CO \rightarrow NO_2$

16
04. 대구시 7급

대기오염물질 중 다음과 같은 피해를 주는 물질은?

- 유리화
- 잎이 은백색으로 변함
- 어린잎에 가장 민감

① PAN
② O_3
③ SO_2
④ HF

17
08. 경기 9급

굴뚝에서 배출되는 연기가 건물의 영향을 받지 않고 분사되려면 굴뚝의 높이는 건물높이의 몇 배로 하여야 하는가?

① 1.5배 이상
② 2.5배 이상
③ 3.5배 이상
④ 4.5배 이상

CHAPTER 02 미기상학

정답 및 해설 : 211p

제1절 | 바람의 순환

01 07. 광주시 9급

다음 설명에 관한 바람은?

> 마찰을 무시하며, 코리올리힘과 기압경도력의 두 힘만으로 평형을 이루고 있을 때 부는 바람이다. 왼쪽에서 저기압을 두고 오른쪽에서 고기압을 두고 평행하게 부는 바람으로 최소 500~600m에서 나타난다.

① 지균풍
② 지상풍
③ 경도풍
④ 산곡풍

02 06. 환경부 7급

바람에 관한 설명 중 옳은 것을 〈보기〉에서 모두 고르시오.

보기

㉠ 지균풍은 마찰영향이 무시되는 상층에서 코리올리힘과 기압경도력의 두 힘만이 평형을 이루고 있을 때 부는 수평바람이다.
㉡ 경도풍은 원심력과 수평기압경도력, 코리올리힘이 평형을 이룰 때 일어나는 수평바람이다.
㉢ 북반구 저기압지대에서 경도풍은 시계방향으로 회전한다.
㉣ 지상풍은 마찰작용으로 등압선과 평행하지 않고 바람쏠림 현상이 생기게 되며, 지면 마찰의 영향을 받는 바람이다.

① ㉠
② ㉡, ㉢
③ ㉠, ㉡, ㉢
④ ㉡, ㉢, ㉣
⑤ ㉠, ㉡, ㉣

03 19. 서울시 9급

대기오염물질 확산에 대한 설명으로 가장 옳지 않은 것은?

① 바다와 육지의 자외선 흡수 차이에 의해서 낮에는 해풍이 불고 밤에는 육풍이 분다.
② 복사역전은 야간의 방사냉각에 의하여 지표면 부근의 공기가 냉각되어 생겨나는 역전층이다.
③ 침강역전은 고기압에서 하강기류가 있는 곳에 발생할 수 있다.
④ 지형역전은 산의 계곡이나 분지와 같이 오목한 지형에서 발생할 수 있다.

제2절 | 대기의 안정도

01 〔22. 지방직 9급〕

대기 안정도에 대한 설명으로 옳은 것은?

① 대기 안정도는 건조단열감률과 포화단열감률의 차이로 결정된다.
② 대기 안정도는 기온의 수평 분포의 함수이다.
③ 환경감률이 과단열이면 대기는 안정화된다.
④ 접지층에서 하부 공기가 냉각되면 기층 내 공기의 상하 이동이 제한된다.

02 〔17. 일반직 9급〕

다음은 대기안정도를 그림으로 나타낸 것이다. A~D일 때 연기의 확산모형에 대한 설명으로 옳은 것을 모두 고른 것은?

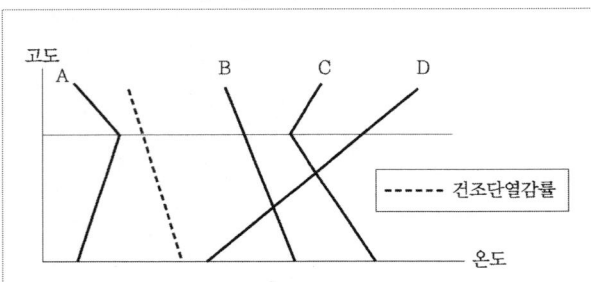

ⓐ A는 상층은 불안정, 하층은 안정한 상태로 청명하고 바람이 약한 날의 일몰 후 초저녁에 관찰된다.
ⓑ B는 청명하고, 바람이 약한 한낮에 잘 발생하며 안정한 상태이다.
ⓒ C는 상층은 안정, 하층은 불안정한 상태로 바람이 약한 저녁에 짧게 관찰된다.
ⓓ D는 청명한 날의 밤에서 새벽 사이에 주로 발생한다.

① ⓐ, ⓓ
② ⓐ, ⓑ
③ ⓑ, ⓒ
④ ⓒ, ⓓ

03 〔03. 충남 9급〕

다음 중 건조단열 체감률로 옳은 것은?

① $-1.5℃/100m$
② $-1℃/100m$
③ $-0.5℃/100m$
④ $-0.3℃/100m$

04 〔11. 지방직 9급〕

공장의 굴뚝에서 배출되는 연기의 형태가 아래 그림과 같이 훈증형(fumigation)을 나타낼 때 기온의 연직분포로 옳은 것은? (······ 건조단열체감률, ──── 환경체감률)

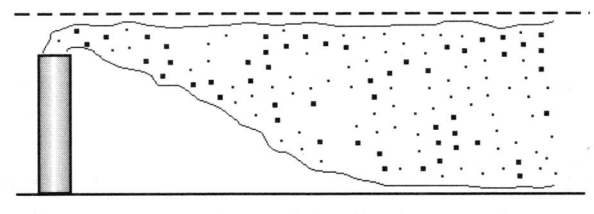

①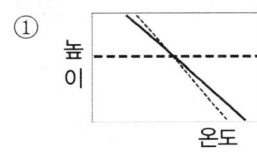
②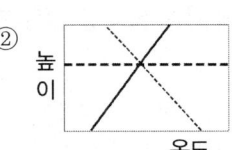
③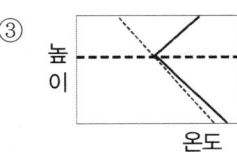
④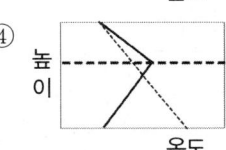

05

바람이 굴뚝의 왼쪽에서 오른쪽으로 분다고 가정할 때, 대기상태와 굴뚝에서 발생한 연기가 퍼져나가는 형태를 바르게 짝지은 것은? (단, 그래프에서 T는 온도, Z는 고도이며, 실선은 현재의 환경체감률, 점선(Γ)은 건조단열감률을 나타낸다)

①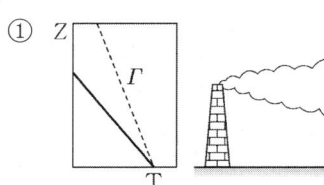

②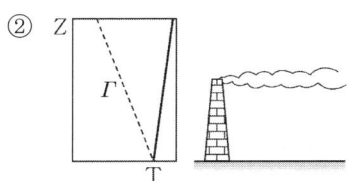

③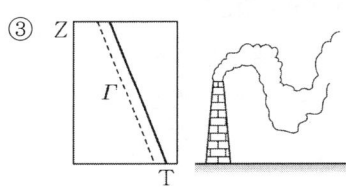

④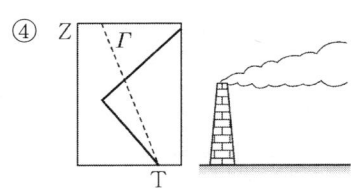

06

굴뚝에서 배출되는 연기의 형태는 기온의 연직분포에 따라 달라진다. 기온 연직분포에 따른 대기안정도와 연기의 형태로 옳은 것은? (단, 환경감률은 실선, 단열감률은 점선이다)

① 훈증형 – 역전
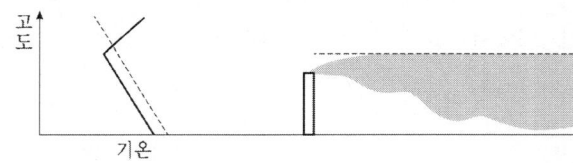

② 지붕형 – 지표역전
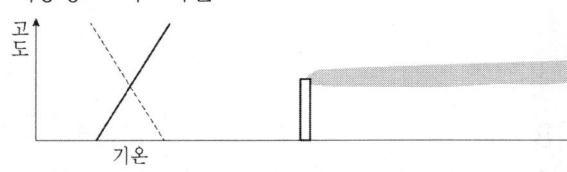

③ 원추형 – 역전
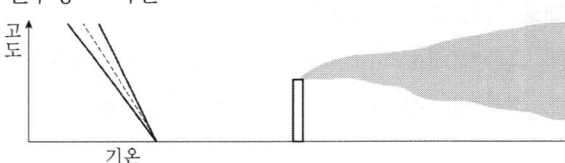

④ 구속형 – 중립안정
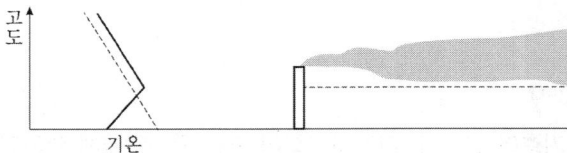

07 □□□   18. 서울시 7급

대기의 안정도에 따른 플륨(Plume, 연기)의 형태 중 대기상태가 상층은 안정, 하층은 불안정할 때 발생하는 형태는?

① 원추형, 추형(Coning형)
② 훈증형(Fumigation형)
③ 구속형, 함정형(Trapping형)
④ 지붕형, 상승형(Lofting형)이다.

08 □□□   24. 해양경찰 일반직 9급

다음 중 대기 안정도가 중립상태일 때 나타나는 연기의 형태로 가장 옳은 것은?

① 훈증형(Fumigation)
② 환상형(Looping)
③ 지붕형(Lofting)
④ 원추형(Coning)

09 □□□   04. 대구시 7급

기층이 낮은 고도로 하강함에 따라 단열압축에 의하여 가열되어 하층온도가 낮은 공기와의 경계에 역전층을 형성한다. 따라서 대기의 수직확산이 억제되며 매우 안정한 상태이다. 이는 어떠한 역전을 설명한 것인가?

① 복사 역전
② 침강 역전
③ 난류형 역전
④ 전선형 역전

10 □□□   05. 경기 9급

다음 중 기온 역전에 대한 설명으로 틀린 것은?

① 상공으로 올라갈수록 온도가 높아지는 것을 역전이라고 한다.
② 복사 역전은 장기간에 걸쳐 형성되며, LA스모그 사건의 원인이었다.
③ 침강 역전은 정체성 고기압으로 인해 발생한다.
④ 역전층의 지상높이가 높을수록 대기오염은 심각하다.
⑤ 지표 역전의 종류로는 복사 역전과 이류 역전이 있다.

11 □□□   03. 대구시 9급

대기현상에서 공중 역전이 아닌 것은?

① 침강성 역전
② 해풍형 역전
③ 이류 역전
④ 전선형 역전

12 □□□   14. 지방직 9급

대기의 기온 역전 현상과 대기오염에 관한 설명으로 옳지 않은 것은?

① 기온 역전은 대기가 매우 안정된 상태를 나타내며, 오염물질의 수평이동을 막는 역할을 한다.
② 침강 역전은 고기압대에서 기층이 하강하면서 발생하고, 수일 이상 지속되어 대기오염 사건을 일으키기도 한다.
③ 전선 역전은 따뜻한 공기가 찬 공기 위로 올라갈 때 생기는데, 이동성이기 때문에 대기오염 문제에 심각한 영향을 주지는 못한다.
④ 복사 역전은 겨울철 지표면 가까이에서 발생하여 몇 시간 후에 사라지나, 종종 초저녁에 퇴근길 자동차에서 발생하는 배기가스를 지표면에 정체시켜 고농도 오염물질에 따른 악영향을 유발한다.

13 `11. 지방직 9급`

기온 역전층에 대한 설명으로 옳은 것을 모두 고른 것은?

> ㉠ 대기 중 오염물질의 확산과 이동이 억제된다.
> ㉡ 상공으로 올라갈수록 기온이 감소된다.
> ㉢ 공기층이 대단히 불안정하다.
> ㉣ 기온 역전층 내에서는 대류현상이 활발하다.

① ㉠
② ㉠, ㉡
③ ㉠, ㉡, ㉢
④ ㉠, ㉡, ㉢, ㉣

14 `15. 지방직 9급`

복사 역전에 대한 설명으로 옳지 않은 것은?

① 고기압 중심 부근에서 대기하층의 공기가 발산하고 넓은 지역에 걸쳐 상층의 공기가 서서히 하강하여 나타난다.
② 일몰 후 지표면의 냉각이 빠르게 일어나 지표 부근의 온도가 낮아져 발생한다.
③ 복사 역전이 형성되면 안개형성이 촉진되며, 이를 접지 역전이라고도 부른다.
④ 복사 역전은 아침 햇빛이 지면을 가열하면서 사라지기 시작한다.

15 `22. 해양경찰 일반직 9급`

다음 중 스모그에 관한 설명으로 가장 옳은 것은?

① 런던형 스모그는 복사역전으로 인해 나타난 현상으로 습도 약 85% 이상, 주로 한낮에 발생한다.
② 광화학 스모그는 주로 초저녁에 발생하고 주요 원인물질은 질소산화물 등이 있다.
③ 광화학 스모그는 석유계 연료의 연소에 의해 배출된 1차 오염물질이 자외선에 의해 2차 오염물질을 생성하여 발생한 것이다.
④ 고기압 중심부보다 저기압 중심부에서 광화학 스모그의 발생이 유리해진다.

제3절 | 대기의 확산

01 `23. 해양경찰 일반직 9급`

다음 중 굴뚝 상단 높이에서 연기의 중심축까지의 거리를 설명한 것으로 가장 옳지 않은 것은?

① 굴뚝 상단의 직경이 클수록 증가한다.
② 배출가스의 온도가 높을수록 증가한다.
③ 굴뚝 상단의 풍속이 작을수록 증가한다.
④ 배출가스의 배출속도가 클수록 증가한다.

02 `14. 지방직 9급`

풍속이 3m/sec일 때, 높이가 100m이고 안지름이 2m인 굴뚝에서 황산화물을 포함하는 연기가 10m/sec의 속도로 배출되고 있다면 굴뚝의 유효높이[m]는? (단, 연기와 대기의 온도차가 28°C 이하로 연기상승은 $\Delta H = D(V_s/U) \times 1.5$에 따른다)

① 105
② 110
③ 114
④ 124

03 `06. 환경부 7급`

Sutton식에서 유효굴뚝높이가 2배가 되면 최대착지농도는 어떻게 변하는가?

① 2배로 증가한다.
② 1/4로 감소한다.
③ 4배로 증가한다.
④ 1/2로 감소한다.

04 [17. 서울시 9급]

굴뚝에서 오염물질이 배출될 때, 지표 최대착지농도를 $\frac{1}{4}$로 줄이고자 한다면, 유효굴뚝 높이를 몇 배로 해야 하는가? (단, 배출량과 풍속은 일정한 것으로 가정한다)

① $\frac{1}{4}$배   ② $\frac{1}{2}$배
③ 2배   ④ 4배

05 [04. 대구시 7급]

지표상의 최대착지농도와 유효굴뚝높이와의 관계에서 만약에 유효굴뚝높이가 50% 감소한다면, 최대착지농도는 몇 배 변화하겠는가?

① 1배   ② 2배
③ 3배   ④ 4배

06 [22. 해양경찰 일반직 7급, 9급]

유효 굴뚝높이와 지표상의 최대착지농도와의 관계에 있어서, 일반적인 조건이 같을 때 유효 굴뚝높이가 2배가 되면 지표 최대착지농도는 어떻게 되는가?

① 1/2로 감소한다.
② 1/4로 감소한다.
③ 1/8로 감소한다.
④ 4배로 증가한다.

07 [24. 해양경찰 일반직 9급]

다음 중 주변환경조건이 같을 때 유효굴뚝높이가 3배가 된다면 최대지표농도로 가장 옳은 것은? (단, Sutton의 확산식을 이용)

① 원래의 $\frac{1}{9}$배   ② 원래의 $\frac{1}{3}$배
③ 원래의 3배   ④ 원래의 9배

08 [18. 서울시 9급]

리차드슨수(Richardson's number, Ri)에 대한 설명으로 가장 옳지 않은 것은?

① 대류난류를 기계적인 난류로 전환시키는 비율을 뜻하며, 무차원수이다.
② Ri = 0은 기계적 난류가 없음을 나타낸다.
③ Ri > 0.25인 경우는 수직방향의 혼합이 거의 없음을 나타낸다.
④ −0.03 < Ri < 0인 경우 기계적 난류가 혼합을 주로 일으킨다.

09 [22. 해양경찰 일반직 7급]

다음 중 리차든슨수(Richardson's number, Ri)에 대한 설명으로 가장 옳지 않은 것은?

① 기계적 난류와 대류 난류 중에서 어느 것이 더 지배적인가를 알 수 있다.
② 0 < Ri < 0.25는 성층에 의해 약화된 기계적 난류가 존재한다.
③ Ri = 0은 기계적 난류가 없음을 나타낸다.
④ −0.03 < Ri < 0인 경우 기계적 난류가 혼합을 주로 일으킨다.

10

다음 〈보기〉에서 설명하는 대기확산모델의 종류는?

보기

[조건]
- 오염의 분포가 가우스분포(정규분포)를 이룬다는 통계학적 가정을 선택한다.
- 점배출원으로부터 오염물질의 연속적 방출을 가정한다.
- 기본조건은 정상상태로 규정한다.
- 연직방향 풍속은 고려하지 않고, 풍속 및 난류확산계수는 일정하다.

[특징]
- 중·장기적 대기오염도 예측에 용이하다.
- 장기적인 예측이 정확하여 가장 널리 사용되는 모델이다.
- 평탄지역에 최적화되도록 개발되었다.

① 상자모델
② 라그랑지모델
③ 가우시안모델
④ 오일러모델

11

대기확산모델 중 상자모델의 가정조건이 아닌 것은?

① 배출된 대기오염물질은 방출과 동시에 균일하게 혼합된다.
② 바람의 방향과 속도는 일정하다.
③ 배출원은 선 배출원이다.
④ 배출 오염물질은 다른 물질로 전환되지 않으며 1차 반응만 한다.

12

대기오염모델 중 분산모델과 수용모델에 대한 설명 중 옳지 않은 것은?

① 분산모델 중 상자모델은 대류현상이 활발한 실내, 즉 면오염원에 적합하다.
② 수용모델은 수용체에서 오염물질의 특성을 분석한 후, 오염원의 기여도를 평가하는 것이다.
③ 분산모델은 지형 및 오염원의 조업 조건에 따라 영향을 받으므로 새로운 오염원이 있을 때마다 재평가를 할 필요가 있다.
④ 수용모델은 수용체의 정보를 바탕으로 하므로 미래의 대기질을 예측할 수 있으며, 그 종류로는 현미경분석법, 화학분석법 등이 있다.

13

다음 〈보기〉는 상자모델의 가정조건을 쓴 것이다. 빈칸 안에 차례대로 들어갈 말로 옳은 것은?

보기

㉠ 배출된 대기오염물질은 방출과 동시에 (   )하게 혼합된다.
㉡ 배출오염물질은 다른 물질로 전환되지 않으며 (   )반응만을 한다.
㉢ 대기오염배출원은 측정지역에 (   )하게 분포되어 있다.

① 균일, 1차, 균일
② 불균일, 1차, 불균일
③ 균일, 2차, 균일
④ 불균일, 2차, 불균일

14   17. 환경부 경채 9급

굴뚝 측정공 위치에서 연기의 속도가 10m/sec, 굴뚝 높이에서의 평균 풍속이 180m/min일 때, 굴뚝 연기의 유효 상승높이가 10m라면 굴뚝의 직경 크기[m]는? [단, Holland 식을 이용, 대기안정도는 중립상태이며, 굴뚝의 열배출속도(Q_H)는 무시한다]

① 1.0   ② 1.5
③ 2.0   ④ 2.5

15   17. 서울시 7급

여러 가지 변수가 유독물질의 대기확산에 영향을 주게 되는데, 다음 중 확산모델에 영향을 주지 않는 변수는?

① 대기안정도
② 누출지점의 높이
③ 유독물질 저장 탱크의 두께
④ 누출된 초기물질의 부력과 운동력

CHAPTER 03 대기오염방지기술

정답 및 해설 : 215p

제1절 | 집진원리

01 〔03. 충남 9급〕

배기가스 중의 먼지를 처리하기 위해 집진효율이 중력으로 50%, 원심력으로 75%, 세정집진으로 80%, 직렬로 연결하여 사용하고 있다. 총 집진효율은?

① 87.5% ② 92.5%
③ 97.5% ④ 99.5%

02 〔21. 해양경찰 일반직 7급〕

직렬로 조합된 집진장치의 총집진율은 95%이었다. 2차 집진장치의 집진율이 90%라면 1차 집진장치의 집진율은?

① 50% ② 60%
③ 70% ④ 85.5%

03 〔04. 경북 9급〕

유입유량과 유출유량이 같은 경우로, A집진장치의 유입농도가 7mg/L이며 출구농도가 0.5mg/L로 추정되었다면 이 집진장치의 집진효율은 얼마인가?

① 73% ② 83%
③ 93% ④ 99%

04 〔16. 지방직 9급〕

집진장치의 효율이 99.8%에서 95%로 감소하였다. 효율 저하 전후의 배출 먼지 농도 비율은?

① 1 : 10 ② 1 : 15
③ 1 : 20 ④ 1 : 25

05 〔03. 충남 9급〕

먼지농도 50g/Sm³의 함진가스를 정상운전 조건에서 96%로 처리하는 사이클론이 있다. 처리가스의 15%에 해당하는 외부공기가 유입될 때의 먼지통과율이 외부공기 유입이 없는 정상운전 시의 2배에 달한다면, 출구가스 중의 먼지농도는?

① $3.0g/Sm^3$ ② $3.5g/Sm^3$
③ $4.0g/Sm^3$ ④ $4.5g/Sm^3$

06 〔21. 지방직 9급〕

입경이 10μm인 미세먼지(PM-10) 한 개와 같은 질량을 가지는 초미세먼지(PM-2.5)의 최소 개수는? (단, 미세먼지와 초미세먼지는 완전 구형이고, 먼지의 밀도는 크기와 관계없이 동일하다)

① 4 ② 10
③ 16 ④ 64

07
21. 해양경찰 일반직 9급

대기 집진장치 선정 시 고려사항으로 가장 옳지 않은 것은?

① 가장 먼저 고려할 사항은 먼지의 입경분포이다.
② 먼지의 입경이 작을수록 비표면적이 커지므로 부착성이 증가한다.
③ 여과집진장치에서 처리가스 온도가 높을 경우(산노점 이상) 여과포 눈막힘 현상이 발생할 수 있다.
④ 원심력 집진장치는 처리가스 속도가 빠를수록 효율이 좋아진다.

제2절 | 집진장치

01
05. 경기 9급

집진장치에 대한 설명이 아닌 것은?

① 중력 집진장치는 50~100μm의 입경을 처리하는 데 적합하다.
② 관성력 집진장치의 압력손실은 30~70mmH$_2$O이다.
③ 스토크 법칙을 이용한 집진장치는 중력 집진장치이다.
④ 원심력 집진장치에서는 블로우 다운 효과를 이용하여 효율을 높일 수 있다.
⑤ 원심력 집진장치에서 압력손실은 유입가스속도의 제곱에 반비례한다.

02
16. 서울시 9급

다음 중 중력 집진장치의 집진효율을 향상시키는 조건으로 옳지 않은 것은?

① 침강실 내의 가스흐름이 균일해야 한다.
② 침강실의 높이가 높아야 한다.
③ 침강실의 길이가 길어야 한다.
④ 배기가스의 유속이 느려야 한다.

03
18. 서울시 9급

대기 중에서 지름이 10μm인 구형입자의 침강속도가 3.0cm/sec라고 한다. 같은 조건에서 지름이 5μm인 같은 밀도의 구형입자의 침강속도(cm/sec)는?

① 0.25
② 0.5
③ 0.75
④ 1.0

04
07. 광주시 9급

관성력 집진장치의 효율향상 조건으로 옳은 것은?

① 충돌 직전 처리가스 속도를 느리게 한다.
② 방향전환 시 곡률반경을 크게 한다.
③ 출구가스 속도를 빠르게 한다.
④ 전환횟수가 많을수록 집진율이 높아진다.

05
11. 지방직 9급

사이클론 집진장치의 집진효율에 대한 설명으로 옳은 것은?

① 입자의 크기가 작을수록 집진효율이 증가한다.
② 입자의 밀도가 작을수록 집진효율이 증가한다.
③ 사이클론의 반경이 작을수록 집진효율이 증가한다.
④ 사이클론 내 기류 유속이 작을수록 집진효율이 증가한다.

06
18. 서울시 9급

원심력집진기의 집진장치 효율에 대한 설명으로 가장 옳지 않은 것은?

① 배기관의 직경이 작을수록 입경이 작은 먼지를 제거할 수 있다.
② 입구유속에는 한계가 있지만, 그 한계 내에서 속도가 빠를수록 효율이 높은 반면 압력 손실이 높아진다.
③ 사이클론의 직렬단수, 먼지호퍼의 모양과 크기도 효율에 영향을 미친다.
④ 점착성이 있는 먼지에 적당하며 딱딱한 입자는 장치를 마모시킨다.

07
22. 지방직 9급

다음 설명에 해당하는 집진효율 향상 방법은?

> 사이클론(cyclone)에서 분진 퇴적함으로부터 처리 가스량의 5~10%를 흡인해주면 유효 원심력이 증대되고 집진된 먼지의 재비산도 억제할 수 있다.

① 다운워시(down wash)
② 블로다운(blow down)
③ 홀드업(hold-up)
④ 다운 드래프트(down draught)

08
12. 서울시 9급

여과집진장치 처리 시 관련 없는 것은?

① 마찰력 ② 중력작용
③ 관성충돌 ④ 직접차단
⑤ 확산작용

09
24. 해양경찰 일반직 9급

다음 중 여과집진장치의 특징으로 가장 옳지 않은 것은?

① 여과속도가 클수록 집진효율이 커진다.
② 폭발성 및 점착성 먼지 제거가 곤란하다.
③ 가스온도에 따른 여과포의 사용이 제한된다.
④ 여과포 교환으로 인한 유지관리 비용이 많이 든다.

10 〔17. 서울시 9급〕

대기오염 방지시설에서 여과집진장치에 대한 설명으로 옳지 않은 것은?

① 주요 분진 포집 메커니즘은 관성충돌, 접촉차단, 확산이다.
② 수분이나 여과속도에 대한 적응성이 높다.
③ 다양한 여재를 사용함으로써 설계 및 운영에 융통성이 있다.
④ 가스의 온도에 따라 여과재 선택에 제한을 받는다.

11 〔17. 서울시 7급〕

배출 가스를 여과재(filter)에 통과시켜 입자를 분리·포집하는 여과집진장치에 대한 설명으로 옳지 않은 것은?

① 집진 원리 중 관성충돌은 입경이 비교적 큰 분진입자가 기체유선에 관계없이 섬유에 직접 충돌하여 포집되는 집진기전으로 $1\mu m$ 이상의 입자를 포집한다.
② 집진효율은 90~99% 정도이고 처리가스 속도는 0.3~0.5m/s이며, 여과속도가 느릴수록 효율이 떨어진다.
③ 여과포는 매연의 성상, 먼지의 탈락방식을 고려하여 선정해야 한다.
④ 여과포는 손상이 쉬워서 폭발성, 부식성 물질 처리에 문제가 있다.

12 〔03. 충남 9급〕

상온상압의 함진공기 $100m^3/min$를 지름 20cm, 유효길이 3m되는 원통형 백필터로 처리하려면 가스처리 속도를 1.5m/min로 할 때에 소요되는 여과포의 수는 몇 개인가?

① 30개   ② 36개
③ 40개   ④ 45개

13 〔20. 해양경찰 일반직 9급〕

지름 20cm, 유효높이 3m인 원통형 Bag Filter로 $4.5\times10^6 cm^3/s$의 함진가스를 처리하고자 한다. 여과속도를 0.04m/s로 할 경우 필요한 Bag Filter 수는 몇 개인가? (단, $\pi=3.14$, Bag Filter 개수는 소수점 첫째자리에서 반올림)

① 35개   ② 60개
③ 70개   ④ 120개

14 〔04. 경북 9급〕

다음은 전기 집진장치의 이론 중 Deutsch 방식의 가정에 대한 내용이다. 옳지 않은 것은?

① 가스와 분진은 수직혼합이 없이 x축 방향으로 일정속도 u로 이동한다.
② 분진은 x축상의 모든 위치에서 y축과 z축 방향으로 균등하게 분포되어 있다.
③ 대전장과 집진장은 일정하고 균일하다.
④ 집진된 분진의 재비산을 고려해야 한다.

15 〔10. 지방직 9급〕

전기 집진기의 집진효율은 Deutsch 방정식으로 표시할 수 있다. 어느 전기 집진기의 작동조건에서 특정 입자에 대한 집진효율이 90%일 때, 겉보기 이동속도가 2배가 되는 새로운 입자를 같은 집진효율로 집진하기 위한 방법으로 옳은 것은?

① 집진극의 면적을 4배로 늘리고, 유량을 1/2로 줄인다.
② 집진극의 면적을 2배로 늘리고, 유량을 1/4로 줄인다.
③ 집진극의 면적을 1/2로 줄이고, 유량을 4배로 늘린다.
④ 집진극의 면적을 1/4로 줄이고, 유량을 1/2로 줄인다.

16 　　　　　　　　　　　　　　　　　04. 서울시 9급

전기 집진장치 분진입자의 비저항에 관한 설명으로 틀린 것은?

① 전기비저항이 낮을 때($10^4 \Omega \cdot cm$ 이하)는 역전리 스파크가 일어난다.
② 전기저항이 낮을 경우에는 습식장치를 이용한다.
③ 집진극에 포집된 분진의 양이 일정 두께가 되면 털어준다.
④ 이상적인 먼지의 전기저항은 $10^4 \Omega \cdot cm \sim 10^{11} \Omega \cdot cm$이다.
⑤ 전기저항이 높을 경우에는 SO_3를 주입하고 석회석을 주입한다.

17 　　　　　　　　　　　　　　　　　05. 경기 9급

여과 집진장치와 전기 집진장치를 비교했을 때 전기 집진장치의 특징을 바르게 설명한 것은?

① 여과 집진장치에 비하여 온도범위가 넓다.
② 여과 집진장치에 비해 압력손실이 크다.
③ 반건식은 폐수처리장치가 필요없다.
④ 운전조건 변화 등에 관계없이 유연성이 크다.
⑤ 처리가스 유속이 크므로, 여과 집진장치에 비해 대단히 빠르게 처리할 수 있다.

18 　　　　　　　　　　　　　　　　　14. 서울시 9급

전기 집진장치에 대한 설명으로 옳지 않은 것은?

① 보수가 간단하여 인건비가 절약된다.
② 압력손실이 크고, 송풍기의 동력비가 많이 든다.
③ 소요설치 면적이 크며, 처리비용이 많이 든다.
④ 광범위한 온도와 대용량 범위에서 운전이 가능하다.
⑤ 성능이 우수하여 $0.1 \mu m$ 이하의 미세입자까지 포집이 가능하다.

19 　　　　　　　　　　　　　　　　　19. 지방직 9급

대기오염 방지장치인 전기집진장치(ESP)에 대한 설명으로 옳지 않은 것은?

① 비저항이 높은 입자($10^{12} \sim 10^{13} \Omega \cdot cm$)는 제어하기 어렵다.
② 수분함량이 증가하면 분진제어 효율은 감소한다.
③ 가스상 오염물질을 제어할 수 없다.
④ 미세입자도 제어가 가능하다.

20 　　　　　　　　　　　　　　　　　20. 해양경찰 일반직 9급

다음 중 전기집진장치에서 먼지의 겉보기 전기저항이 $10^{12} \Omega \cdot cm$보다 높은 경우 전기저항을 낮추기 위해 투입하는 물질로 가장 옳지 않은 것은?

① NaCl　　　　　② NH_3
③ H_2SO_4　　　④ Soda Lime(소다회)

21 　　　　　　　　　　　　　　　　　24. 해양경찰 일반직 9급

다음 중 전기집진장치에서 먼지의 전기저항을 높이기 위하여 사용하는 방법으로 가장 옳은 것은?

① SO_3 주입　　　② NH_3 주입
③ NaCl 주입　　　④ H_2SO_4 주입

22 ☐☐☐   20. 지방직 9급

대기오염 방지장치인 전기집진장치(ESP)에 대한 설명으로 옳지 않은 것은?

① 처리가스의 속도가 너무 빠르면 처리 효율이 저하될 수 있다.
② 작은 압력손실로도 많은 양의 가스를 처리할 수 있다.
③ 먼지의 비저항이 너무 낮거나 높으면 제거하기가 어려워진다.
④ 지속적인 운영이 가능하고, 최초 시설 투자비가 저렴하다.

23 ☐☐☐   11. 지방직 9급

배기가스로부터 입자상 오염물질을 제거하는 집진장치 중 건식 집진장치가 아닌 것은?

① 사이클론　　② 백필터
③ 전기집진기　④ 벤투리스크러버

24 ☐☐☐   19. 서울시 9급

대기오염 저감 장치인 습식 세정기에 대한 설명으로 가장 옳지 않은 것은?

① 분무세정기, 사이클론, 스크러버는 습식제거장치에 포함된다.
② 가연성, 폭발성 먼지를 처리할 수 있다.
③ 부식의 잠재성이 크고, 유출수의 수질오염 문제가 발생할 수 있다.
④ 포집효율에 변화를 줄 수 있고, 가스흡수와 분진포집이 동시에 가능하다.

25 ☐☐☐   16. 지방직 9급

입자상 물질을 제거하는 장치로 가장 거리가 먼 것은?

① 사이클론 집진기
② 전기집진기
③ 백 하우스
④ 유동상 흡착장치

26 ☐☐☐   19. 서울시 7급

대기오염 방지기술에 대한 설명으로 가장 옳은 것은?

① 사이클론의 경우 적은 설치비 및 간단한 구조 등의 장점이 있으나 고온에서 운영이 어렵다는 단점이 있다.
② 전기집진장치는 방전극에서 코로나 생성 시 발생하는 가스이온을 활용하여 입자물질이 양전하를 띠도록 한 후, 집진극에서 정전기적 인력을 통해 입자를 제거한다.
③ 입상오염물질의 제거는 건식과 습식으로 가능하며, 습식 제거장치의 경우 오염된 기체흐름에 액적을 주입하여 입상물질을 포획하므로 수질오염의 가능성이 있다.
④ 중력침강장치는 입자오염물질의 농도가 높고 입경이 작은 경우 적합하며, 시공비, 운영비, 유지비 측면에서 다른 집진장치에 비해 유리하다.

제3절 | 유해가스 처리

01 ⬜⬜⬜ `07. 광주시 9급`

다음 중 헨리의 법칙이 적용되는 기체는?

① N_2
② SO_2
③ SiF_4
④ Cl_2

02 ⬜⬜⬜ `04. 대구시 7급`

유해가스와 물이 평행상태에 있다. 기상유해가스 분압이 40mmHg이고 수중가스 농도가 0.25kmol/m³이었을 때, 헨리상수(atm·m³/kmol)는 얼마인가?

① 0.21
② 0.31
③ 0.41
④ 0.51

03 ⬜⬜⬜ `21. 해양경찰 일반직 9급`

상온 상압 상태의 공기 유속을 피토관으로 측정한 결과 동압이 10mmH₂O이었다. 이때 공기의 유속은? (단, 피토관 계수=1.0, 중력가속도=10m/s², 습·배기가스의 단위체적당 무게는 2kg/m³)

① 2m/s
② 5m/s
③ 8m/s
④ 10m/s

04 ⬜⬜⬜ `11. 지방직 9급`

대기오염물질의 흡수처리장치에 사용되는 흡수제가 갖추어야 할 조건으로 옳지 않은 것은?

① 대상 가스에 대한 용해도가 높아야 한다.
② 점도가 높아야 한다.
③ 부식성이 없어야 한다.
④ 휘발성이 낮아야 한다.

05 ⬜⬜⬜ `24. 해양경찰 일반직 9급`

다음 중 유해가스를 흡수법으로 처리할 때 흡수액의 구비조건으로 가장 옳은 것은?

① 점성이 커야 한다.
② 휘발성이 커야 한다.
③ 용해도가 커야 한다.
④ 화학적으로 불안정해야 한다.

06 ⬜⬜⬜ `18. 서울시 9급`

대기오염제어장치로서 분진 제거 시 〈보기〉의 조건을 충족하는 집진시설로 가장 옳은 것은?

―― 보기 ――
- 미세한 분진을 비교적 고효율로 제거하여야 할 경우
- 가스의 냉각이 요구되나 습도가 문제되지 않는 경우
- 가스가 연소성인 경우
- 분진과 기체상태의 오염물질을 동시에 제거해야 하는 경우

① 직물여과기
② 사이클론
③ 습식세정기
④ 전기집진기

07 ⬜⬜⬜ `08. 경기 9급`

다음 중 흡착에 관한 설명으로 틀린 것은?

① 물리적 흡착은 반데르발스 인력으로 결합한다.
② 활성탄은 가장 널리 사용되며 유기용제의 회수에 많이 사용된다.
③ 물리적 흡착은 비가역적 반응이다.
④ 화학적 흡착은 온도의 영향을 받지 않는다.

08 〔05. 경기 9급〕

다음 중 Langmuir 등온공식 $\dfrac{X}{M} = -\dfrac{abC}{1+bC}$ 에 대한 설명이 아닌 것은 무엇인가?

① 가역반응이다.
② $\dfrac{X}{M}$ 는 흡착제의 단위중량당 흡착된 양을 뜻한다.
③ a는 활성탄의 단위 용적당 최대 흡착량을 말한다.
④ C는 흡착 초기 농도이다.
⑤ b는 흡착에너지에 관한 상수이다.

09 〔23. 지방직 9급〕

흡착제가 아닌 것은?

① 활성탄 ② 실리카겔
③ 활성 알루미나 ④ 수산화나트륨

10 〔18. 지방직 9급〕

지역 A의 면적은 1,000km²이고, 대기 혼합고(mixing height)는 100m이다. 하루에 200톤(질량 기준)의 석탄이 완전 연소되었는데, 이 석탄의 황(S) 함유량은 4%이었고 연소 후 S는 모두 SO_2로 배출되었다. 지역 A에서 1주 동안 대기가 정체되었을 때 SO_2의 최종 농도[$\mu g/m^3$]는? (단, S의 원자량은 32, O의 원자량은 16이며, 지역 A에서 대기가 정체되기 이전의 SO_2 초기 농도는 $0\mu g/m^3$이고 주변 지역과의 물질 전달은 없다고 가정한다)

① 56 ② 112
③ 560 ④ 1,120

11 〔17. 서울시 9급〕

선택적 촉매환원(SCR)은 소각로에서 발생하는 배출가스 중 어떤 물질을 처리하는 방법인가?

① 분진 ② 중금속
③ 황산화물 ④ 질소산화물

12 〔18. 지방직 9급〕

대기오염물질의 하나인 질소산화물을 제거하는 가장 효과적인 장치는?

① 선택적 촉매환원 장치
② 물 세정 흡수탑
③ 전기집진기
④ 여과집진기

13 〔18. 서울시 7급〕

질소산화물(NO_x)에 대한 설명으로 가장 옳지 않은 것은?

① NO_x의 배출은 연료의 종류와 연소방식에 따라 다양하다.
② 연료 NO_x의 생성은 부분적인 연소조건과 연료 중 질소 함유 정도에 좌우된다.
③ N_2O_3와 NO_3는 대량으로 배출되기 때문에 가장 중요한 대기오염물질이다.
④ NO는 고온 NO_x(thermal NO_x) 또는 연료 NO_x(fuel NO_x)의 두 가지 반응기구(mechanism)에 의해 생성된다.

14 ☐☐☐   05. 경기 9급

다음 〈보기〉 중 NOx 감소대책으로만 묶은 것은?

보기
㉠ 배기가스 재순환   ㉡ 산소농도 저하   ㉢ 온도 상승   ㉣ 체류시간 증가   ㉤ 선택적 촉매환원법

① ㉠, ㉡
② ㉠, ㉡, ㉤
③ ㉡, ㉢, ㉤
④ ㉠, ㉡, ㉢, ㉣
⑤ ㉠, ㉡, ㉢, ㉣, ㉤

15 ☐☐☐   24. 해양경찰 일반직 9급

다음 중 연소과정에서 질소산화물 발생량을 저감시킬 수 있는 방법으로 가장 옳지 않은 것은?

① 2단 연소법을 사용한다.
② 연소실 온도를 높게 유지한다.
③ 배기가스 일부를 재순환시킨다.
④ 저과잉공기 조건에서 연소시킨다.

16 ☐☐☐   11. 지방직 9급

연소과정에서 NOx 발생량을 저감시킬 수 있는 방법으로 옳지 않은 것은?

① 저과잉산소 조건에서 연소시킨다.
② 연소실 온도를 가능한 높게 유지한다.
③ 연소용 공기를 2단계로 주입하며 연소시킨다.
④ 배기가스 일부를 연소실로 재순환시킨다.

17 ☐☐☐   08. 경기 9급

질소산화물 제거방법에 대하여 틀린 설명은?

① 흡수법은 NaOH 등의 알칼리 수용액에 흡수하여 처리하는 방법이다.
② 배기가스를 재순환하여 연소한다.
③ 비선택적 촉매환원법은 900~1,200℃에서 NH_3 환원제로 사용해 처리한다.
④ 연소가스 체류시간을 단축시킨다.

18 ☐☐☐   14. 서울시 9급

다음 중 연소용 공기의 과잉공급량을 약 10% 이내(공기비 1.05~1.10)로 줄임으로써 질소산화물의 생성을 억제하는 방법은?

① 연소부분 냉각
② 수증기 분무
③ 2단 연소
④ 저온도 연소
⑤ 저산소 연소

19 ☐☐☐   07. 광주시 9급

질소산화물에 대한 설명으로 틀린 것은?

① 인체에 대한 피해는 NOx가 CO보다 크고, 식물에 대한 피해는 CO가 NOx보다 크다.
② NO_2는 NO보다 인체에 미치는 독성이 5~7배 강하다.
③ 연소과정에서 배출되는 질소산화물은 대부분 NO로 발생된다.
④ NO_2는 적갈색이고 부식성이 강하다.

20

17. 지방직 9급

대기오염물질인 질소 산화물(NOx)의 영향에 대한 설명으로 옳지 않은 것은?

① NOx 배출의 대부분은 NO_2 형태이며 무색 기체이다.
② NO_2는 습도가 높은 경우 질산이 되어 금속을 부식시킨다.
③ NO_2는 냉수 또는 알칼리 수용액과 작용하여 가시도에 영향을 미친다.
④ NO_2는 광화학적 분해 작용 때문에 대기의 O_3 농도를 증가시킨다.

21

04. 서울시 9급

악취에 대한 설명 중 틀린 것은?

① 악취도는 1~5까지 5단계이다.
② 악취물질은 CH_3SH나 H_2S 등이다.
③ 악취의 처리방법에는 흡수법, 흡착법, 연소산화법, 화학적 산화법, 촉매산화법 등이 있다.
④ 악취물질 중 아세트알데히드의 분자구조는 CH_3CHO이다.
⑤ 지정악취물질은 암모니아, 메틸머캅탄, 황화수소, 스타이렌 등 22종이 있다.

22

24. 지방직 9급

공기희석관능법에 의한 복합악취의 악취판정에 대한 설명으로 옳은 것은?

① 악취강도별 기준용액은 n-발레르산(n-valeric acid)을 사용하여 제조한다.
② 악취강도 1은 감지 냄새(threshold)로서 무슨 냄새인지 알 수 있는 정도이다.
③ 악취강도 4는 극심한 냄새(very strong)로서 병원에서 크레졸 냄새를 맡는 정도이다.
④ 악취강도 5는 참기 어려운 냄새(over strong)로서 호흡이 정지될 것 같이 느껴지는 정도이다.

23

06. 환경부 7급

악취처리기술 중 화학적 처리 방법이 아닌 것은?

① 냉각농축법
② 염소산화법
③ 약액세정법
④ 마스킹법
⑤ 촉매산화법

24

22. 해양경찰 일반직 7급

다음 중 악취제거 방법에 관한 설명 중 가장 옳지 않은 것은?

① 수세법은 암모니아, 저급아민류, 케톤류 등 친수성 극성기를 가지는 성분을 제거할 수 있으며 탈취효과가 좋지 못해 다른 공법과 조합하여 처리할 경우 전처리로 사용한다.
② 백금이나 금속산화물 등의 산화 촉매를 이용하면 260~350℃ 정도의 온도에서 산화처리할 수 있다.
③ 유기성의 냄새 유발 물질을 태워서 불완전 연소가 있더라도 냄새의 강도를 줄일 수 있다.
④ 물리적, 화학적, 생물학적 처리방법이 있으며 주로 물리흡착법이 이용된다.

25

17. 환경부 경채 9급

비산먼지 저감 대책에 대한 설명으로 옳지 않은 것은?

① 도로의 경우 비포장도로와의 접속 구간에는 세륜장치를 설치하고, 포장도로 인접 지역은 녹지화로 바람에 의한 먼지 발생원을 제거한다.
② 먼지를 다량 배출하는 업소의 경우 분쇄기, 저장 싸이로와 같은 먼지 발생 시설을 개방하여 먼지 양을 희석할 수 있도록 조치해야 한다.
③ 공사장의 비산먼지 저감을 위하여 먼지 발생 주변에 방진망을 설치함으로써 인근 주민을 비산먼지로부터 보호해야 한다.
④ 야적장에서 비산먼지 발생 억제를 위하여 야적물에 대한 표면경화제 또는 보습제 살포 등을 실시한다.

CHAPTER 04 연소공학

정답 및 해설 : 222p

제1절 | 연소일반

01 07. 광주시 9급

완전연소의 조건으로 알맞지 않는 것은?

① 충분한 체류시간을 줄 것
② 공기와 연료의 적절한 혼합
③ 연료를 인화점 이상 예열 공급
④ 연소실 내의 온도를 낮게 유지

02 04. 대전시 9급

열역학 제1법칙이란 무엇인가?

① 에너지는 차례차례로 모양을 바꾸지만, 결코 발생하거나 소멸하지 않는다.
② 에너지의 변화도 집중형에서 분산형으로 에너지의 쇠퇴 이외에는 자발적으로 일어나지 않는다.
③ 어떤 에너지도 100%의 효율로 잠재에너지화하여 자연변환하는 일은 없다.
④ 뜨거운 물체가 갖는 열은 자연스럽게 주위의 차가운 물체로 분산된다.

03 17. 서울시 7급

연소를 위한 연료의 종류 중 고체연료의 특징으로 옳은 것은?

① 매장량이 풍부하고 저렴하며 대개 전처리 없이 바로 사용할 수 있다.
② 연소효율이 높고 적은 과잉공기로 완전연소가 가능하다.
③ 회분이 거의 없지만 재 속의 금속산화물이 장해의 원인이 될 수 있다.
④ 점화 및 소화가 곤란하여 연소관리가 어렵고 부하변동에 바로 대응하기 어렵다.

04 04. 대구시 7급

다음 중 고체연료의 연소장치가 아닌 것은?

① 예혼합 연소장치   ② 미분탄 연소장치
③ 화격자 연소장치   ④ 유동층 연소장치

05 19. 해양경찰 일반직 9급

중유는 A, B, C로 구분된다. 이와 같이 구분하는 기준은 무엇인가?

① 착화온도   ② 비중
③ 점도   ④ 황함량

제4장 연소공학 **91**

06   19. 해양경찰 일반직 9급
탄수소비(C/H)와 연료의 특성으로 가장 옳지 않은 것은?

① C/H비가 클수록 이론공연비는 감소한다.
② C/H비가 클수록 비점이 높은 연료이며, 중유 < 경유 < 등유 < 휘발유 순으로 증가한다.
③ C/H비가 클수록 휘도가 높고 방사율이 크다.
④ C/H비가 클수록 매연발생량이 많다.

07   20. 해양경찰 일반직 9급
석탄을 공업분석하여 다음과 같은 결과를 얻었다. 이 석탄의 연료비는? (단, 소수점 둘째자리에서 반올림)

구분	함량(%)
수분	2.1
회분	15.0
휘발분	36.4

① 1.3   ② 2.1
③ 2.8   ④ 3.4

08   23. 해양경찰 일반직 9급
다음 중 유동층 소각로의 유동매체에 대한 설명으로 가장 옳지 않은 것은?

① 불활성일 것
② 융점이 낮을 것
③ 열충격에 강할 것
④ 내마모성이 있을 것

제2절 | 연소계산

01   03. 충남 9급
옥탄 1g을 완전연소시키기 위하여 필요한 산소량은?

① 3.5g   ② 7.5g
③ 12.5g   ④ 25.5g

02   15. 지방직 9급
가스연료의 하나인 메탄가스(CH_4) 1몰이 완전히 연소될 때 필요한 산소의 양은?

① 12g   ② 16g
③ 32g   ④ 64g

03   24. 해양경찰 일반직 9급
다음 중 2L의 프로판(C_3H_8)을 완전연소하고자 할 때 필요한 이론산소량으로 가장 옳은 것은? (단, 다른 조건은 고려하지 않는다)

① 10L   ② 20L
③ 30L   ④ 40L

04   21. 해양경찰 일반직 9급
중량비가 탄소(C) 80%, 수소(H) 5%, 산소(O) 10%, 황(S) 2%인 석탄을 연소할 경우 필요한 이론산소량은?

① 약 $1.7Sm^3/kg$ ② 약 $2.6Sm^3/kg$
③ 약 $2.9Sm^3/kg$ ④ 약 $3.8Sm^3/kg$

05
[20. 지방직 9급]

0 °C, 1기압에서 8g의 메탄(CH_4)을 완전 연소시키기 위해 필요한 공기의 부피[L]는? (단, 공기 중 산소의 부피 비율 = 20%, 탄소 원자량 = 12, 수소 원자량 = 1이다)

① 56
② 112
③ 224
④ 448

06
[04. 대구시 7급]

표준상태의 메탄 8kg을 완전연소시키면 몇 kg의 이산화탄소가 발생하는가?

① 16kg
② 22kg
③ 28kg
④ 32kg

07
[22. 해양경찰 일반직 7급]

CH_3OH 64kg을 연소시키는 데 필요한 실제 공기량(Sm^3)은? (단, 공기비 m = 1.5)

① 160Sm^3
② 320Sm^3
③ 400Sm^3
④ 480Sm^3

08
[23. 지방직 9급]

프로페인(C_3H_8)과 뷰테인(C_4H_{10})이 80vol% : 20vol%로 혼합된 기체 1Sm^3가 완전 연소될 때, 발생하는 CO_2의 부피[Sm^3]는?

① 3.0
② 3.2
③ 3.4
④ 3.6

09
[23. 해양경찰 일반직 9급]

다음 중 실제(공급)공기량(A)을 이론공기량(Ao)으로 나눈 값으로 가장 옳은 것은?

① 공기비
② 공연비
③ 당량비
④ 등가비

10
[16. 서울시 9급]

다음 중 등가비(ϕ)에 대한 설명으로 옳지 않은 것은?

① $\phi > 1$이면 공기가 과잉으로 공급되는 불완전연소이다.
② 등가비는 공기비의 역수이다.
③ 등가비는 $\dfrac{\text{실제 연료량/산화제}}{\text{완전연소를 위한 이상적 연료량/산화제}}$ 이다.
④ $\phi = 1$이면 완전연소를 의미한다.

11
[17. 일반직 9급]

C_3H_8 1Sm^3을 완전연소할 때 이론 건조가스량은 몇 Sm^3인가? (단, 공기 중의 산소는 21%이고, 소수점 첫째자리에서 반올림한다)

① 22
② 26
③ 30
④ 46

12
[24. 지방직 9급]

에틸렌 1mol이 완전연소될 경우, 부피 기준 공연비(AFR)는? (단, 모든 기체는 이상기체 상태이며, 온도와 압력은 일정하고 공기 중 산소의 부피비는 0.21이다)

① 3.0
② 9.5
③ 1.4 × 10
④ 2.4 × 10

13 〔22. 해양경찰 일반직 7급〕

다음 중 에테인 1몰의 공연비(AFR)로 가장 옳은 것은? (단, 모든 기체는 표준상태를 가정하고, 소수점 둘째자리에서 반올림)

① 3.5   ② 4.7
③ 16.7 ④ 21.3

14 〔19. 서울시 9급〕

소각시스템에 대한 설명으로 가장 옳지 않은 것은?

① 폐기물처리시설은 반입・공급설비, 연소설비, 연소가스 냉각설비, 배가스 처리 설비, 통풍설비, 소각재 반출설비 등으로 구성되어 있다.
② 스토커 연소장비의 화격자는 손상이 적게 가도록 그 구조와 운동방식을 고려하여 내열, 내마모성이 우수한 재료를 사용한다.
③ 연소가스 냉각설비는 연소가스가 보유하고 있는 유효한 열에너지를 회수하는 것은 물론 연소가스 온도를 냉각시켜 소각로 이후의 설비를 부식으로부터 보호한다.
④ 유동상식 연소장치는 유동층 매체를 300~400℃로 유지하여 대상물을 유동상태에서 소각한다.

15 〔08. 경기 9급〕

다음 중 공연비를 낮췄을 때 적게 생산되는 물질은?

① CO   ② NOx
③ 매연   ④ HC

16 〔17. 서울시 9급〕

배출가스 분석 결과 $CO_2=15\%$, $CO=0\%$, $N_2=79\%$, $O_2=6\%$ 일 때, 최대 탄산가스율 $(CO_2)_{max}$는?

① 8.4%   ② 15.0%
③ 21.0% ④ 28.0%

CHAPTER 05 대기환경법규

정답 및 해설 : 226p

01   18. 서울시 7급

대기환경기준 항목과 측정방법을 짝지은 것 중 가장 옳지 않은 것은?

① 오존 - 자외선 광도법
② 아황산가스 - 활성탄 흡착법
③ 이산화질소 - 화학 발광법
④ 미세먼지(PM-10) - 베타선 흡수법

02   04. 서울시 9급

배출부과금 부과 시에 고려해야 할 사항과 관계없는 것은?

① 농도
② 초과 여부
③ 종류
④ 배출기간
⑤ 배출량

03   06. 환경부 7급

다음 중 특정대기유해물질이 아닌 것은?

① 시안화수소
② 사염화탄소
③ 브롬 및 그 화합물
④ 벤젠
⑤ 납 및 그 화합물

04   22. 해양경찰 일반직 9급

다음 중 「대기환경보전법(시행령 및 시행규칙 포함)」상 특정대기유해물질로 가장 옳지 않은 것은?

① 불소화물
② 오존
③ 시안화수소
④ 디클로로메탄

05   23. 지방직 9급

「대기환경보전법 시행규칙」상 기후·생태계 변화유발물질의 농도를 측정하기 위한 것은?

① 교외대기측정망
② 유해대기물질측정망
③ 대기오염집중측정망
④ 지구대기측정망

06   05. 경기 9급

다음 환경기준물질과 측정방법 연결이 옳지 않은 것은?

① O_3 - 자외선 광도법
② SO_2 - 자외선 형광법
③ NOx - 자동살츠만법
④ Pb - 원자흡광 광도법
⑤ PM10 - 베타선 흡수법

07
「실내공기질 관리법 시행규칙」 제2조에서 규정하는 오염물질에 해당하지 않는 것은?

① N_2O
② CO
③ VOCs
④ PM-2.5

08
대기오염 경보 발령 시 포함되어야 할 사항과 가장 거리가 먼 것은?

① 경보의 대상지역
② 경보단계 및 오염물질 농도
③ 경보단계별 조치사항
④ 환경부장관이 필요하다고 인정하는 사항

09
다음 대기오염경보 단계별 조치사항 중 가장 옳지 않은 것은?

① 주의보 : 자동차 사용제한 요구
② 경보 : 사업장의 연료사용량 감축 권고
③ 중대경보 : 주민의 실외활동 금지 요청
④ 중대경보 : 사업장의 조업시간 단축 명령

10
갈매기호(15,000톤, 화물선, 부산선적)는 컨테이너 화물을 싣고 미국 로스엔젤레스에서 출항하여 대한민국 부산항에 입항하였다. 이 화물선에는 2종류(중유, 경유)의 선박 연료유를 사용하고 있는데, 다음 중 적법한 선박연료유 황함유량 기준(무게 퍼센트)으로 가장 옳은 것은? (단, 갈매기호는 황산화물용 배기가스 정화장치가 설치되어 있지 않다)

① 중유 0.5퍼센트 이하 / 경유 0.5퍼센트 이하
② 중유 0.5퍼센트 이하 / 경유 0.05퍼센트 이하
③ 중유 0.1퍼센트 이하 / 경유 0.05퍼센트 이하
④ 중유 0.1퍼센트 이하 / 경유 0.1퍼센트 이하

11
악취방지법령상 지정악취물질은?

① H_2S
② CO
③ N_2
④ N_2O

12
「신에너지 및 재생에너지 개발·이용·보급 촉진법」상 재생에너지에 해당하지 않는 것은?

① 지열에너지
② 수력
③ 풍력
④ 연료전지

13

「악취방지법」상 용어의 정의로 옳지 않은 것은?

① "상승악취"란 두 가지 이상의 악취물질이 함께 작용하여 사람의 후각을 자극하여 불쾌감과 혐오감을 주는 냄새를 말한다.
② "악취배출시설"이란 악취를 유발하는 시설, 기계, 기구, 그 밖의 것으로서 환경부장관이 관계 중앙행정기관의 장과 협의하여 환경부령으로 정하는 것을 말한다.
③ "악취"란 황화수소, 메르캅탄류, 아민류, 그 밖에 자극성이 있는 물질이 사람의 후각을 자극하여 불쾌감과 혐오감을 주는 냄새를 말한다.
④ "지정악취물질"이란 악취의 원인이 되는 물질로서 환경부령으로 정하는 것을 말한다.

14

다음 중 「실내공기질 관리법(시행령 및 시행규칙 포함)」상 실내공기질 유지기준 항목으로 가장 옳지 않은 것은?

① 이산화탄소
② 폼알데하이드
③ 총부유세균
④ 이산화질소

15

기름의 일반적 성질에 관한 설명으로 가장 옳지 않은 것은?

① 「해양환경관리법」상 기름이란 원유 및 석유가스를 함유하고 있는 액체상태의 유성혼합물 및 폐유라고 정의하고 있다.
② 원유는 가솔린과 같은 가벼운 성분뿐만 아니라 왁스와 같은 무거운 성분도 포함하고 있다.
③ 원유에는 주성분인 탄화수소 이외에 질소, 유황, 산소 등의 화합물과 금속화합물이 함유되어 있다.
④ 원유의 조성은 유전의 위치나 유층의 차이에 따라 다소 차이가 발생하나 주성분은 탄화수소이다.

16

다음은 굴뚝 등에서 배출되는 매연을 링겔만 매연농도표(Ringelmann Smoke Chart)에 의해 비교 측정하는 시험방법에 관한 설명이다. ( ) 안에 들어갈 말로 가장 옳은 것은?

> 될 수 있는 한 무풍(無風)일 때 연돌구 배경의 검은 장해물을 피해 연기의 흐름에 직각인 위치에 태양광선을 측면으로 받는 방향으로부터 농도표를 측정자의 앞 (㉠)m에 놓고 (㉡)m 이내의 적당한 위치에 서서 연돌배출구에서 (㉢)cm 떨어진 곳의 농도를 측정자의 눈높이에 수직이 되게 관측 비교한다.

① ㉠ 5   ㉡ 200   ㉢ 15~20
② ㉠ 16   ㉡ 200   ㉢ 30~45
③ ㉠ 16   ㉡ 100   ㉢ 15~20
④ ㉠ 5   ㉡ 100   ㉢ 30~45

CHAPTER 06 자동차의 연소

01 [05. 경기 9급]
자동차 배출가스 저감장치인 삼원촉매장치에서 환원촉매로 작용하는 것은 무엇인가?

① Pb
② Pt
③ Rh
④ Cu
⑤ Au

02 [06. 환경부 7급]
다음 자동차에 대한 설명 중 옳은 것을 〈보기〉에서 모두 고르시오.

보기
㉠ 휘발유 자동차에서는 감속 시 탄화수소가 많이 발생한다.
㉡ 경유 자동차에서는 공회전 시 CO가 많이 발생한다.
㉢ 제작차 배출허용기준에는 CO, NOx, HC, 입자상 물질, 포름알데히드가 있다.
㉣ 휘발유 자동차의 크랭크케이스에서 가스상 탄화수소가 발생한다.

① ㉠, ㉣
② ㉠, ㉡
③ ㉠, ㉡, ㉢
④ ㉠
⑤ ㉠, ㉡, ㉢, ㉣

03 [09. 지방직 9급]
한때 가솔린 자동차의 연료첨가제로 사용되어 대기, 토양, 수질 오염을 유발했던 물질은?

① 수은
② 비소
③ 카드뮴
④ 납

04 [22. 해양경찰 일반직 7급, 9급]
다음 중 자동차 배출가스에 관한 내용으로 옳은 것은 모두 몇 개인가?

㉠ 납은 촉매독을 유발하므로 삼원촉매장치 사용 시 유연 휘발유를 사용해야 한다.
㉡ 알코올을 연료로 사용하는 자동차에서 배출될 수 있는 대기 오염물질에 폼알데하이드가 있다.
㉢ 삼원촉매장치가 HC, CO를 저감하는 반응의 산화 촉매로 주로 Rh, Pt를 사용한다.
㉣ 디젤차 배기가스 저감을 위해 $(NH_2)_2CO$을 사용한다.
㉤ 디젤 자동차 배출가스 중 대표적 발암성 물질에는 3,4-Benzopyrene이 있다.
㉥ 자동차의 crank case에서 배출되는 대기오염물질 중 가장 많이 배출되어 문제가 되는 가스는 HC이며, 주로 환원성 스모그의 원인이 된다.
㉦ 자동차에서 배출하는 CO는 공회전 시 적게 나오며 운행 시 많이 나온다.

① 2개
② 3개
③ 4개
④ 5개

PART 03

소음 · 진동

- **01** 소음개론
- **02** 소음방지기술
- **03** 진동개론 · 방지기술
- **04** 소음 · 진동공정시험기준

CHAPTER 01 소음개론

01   06. 환경부 7급
다음 중 소음의 성질에 관한 설명으로 틀린 것은?

① 온도가 낮은 쪽으로 소음은 굴절한다.
② 두 음의 주파수가 같을 때는 맥동이 생겨 마스킹 효과가 증가한다.
③ 소음은 장파장일수록, 장애물이 작을수록 회절이 잘 된다.
④ 음원보다 상공의 풍속이 클 때 풍상측에서 감쇠가 풍하측 감쇠보다 크다.

02   09. 지방직 9급
소음의 물리적 성질에 대한 설명으로 옳지 않은 것은?

① 음파는 공기 등의 매질을 전파하는 소밀파로서 순음의 경우 그 음압이 정현파적으로 변화하며 그것에 대응하는 공기분자들은 진자처럼 자신의 평형위치에서 반복적으로 미소하게 변위한다.
② 음의 굴절은 장애물 뒤쪽으로 음이 전파되는 현상으로 굴절 정도는 파장과 장애물의 크기에 따라 달라진다.
③ 음의 간섭은 서로 다른 파동 사이의 상호작용을 나타내는 현상으로 중첩의 원리, 보강간섭, 소멸간섭, 맥놀이 등으로 설명할 수 있다.
④ Huyghens 원리는 하나의 파면상의 모든 점이 파원이 되어 각각 2차적인 구면파를 사출하여 그 파면들을 둘러싸는 면이 새로운 파면을 만드는 현상을 말한다.

03   07. 광주시 9급
소음에 관한 설명으로 바르지 못한 것은?

① 도시에서 피해인구가 가장 많은 것은 자동차소음이나, 진정건수가 가장 많은 것은 공장소음이다.
② 소음의 실상을 파악하여 대책을 고려할 경우, 기계에 의한 측정만으로는 불충분하며, 귀로 들어서 판단하는 것도 중요하다.
③ 소음은 직접적인 신체의 피해를 초래하지는 않지만, 정신적·심리적 피해를 야기한다.
④ 소음은 단기적으로는 수면방해, 독서방해 등의 영향을 주고 장기적으로는 여러 가지 인체의 심리적·생리적 악영향을 주고 있다.

04   19. 지방직 9급
소음에 대한 설명으로 옳은 것은?

① 소리(sound)는 비탄성 매질을 통해 전파되는 파동(wave) 현상의 일종이다.
② 소음의 주기는 1초당 사이클의 수이고, 주파수는 한 사이클당 걸리는 시간으로 정의된다.
③ 환경소음의 피해 평가지수는 소음원의 종류에 상관없이 감각소음레벨(PNL)을 활용한다.
④ 소음저감 기술은 음의 흡수, 반사, 투과, 회절 등의 기본개념과 밀접한 상관관계가 있다.

05 [22. 지방직 9급]

실외소음 평가지수 중 등가소음도(Equivalent Sound Level)에 대한 설명으로 옳지 않은 것은?

① 변동이 심한 소음의 평가 방법이다.
② 임의의 시간 동안 변동 소음 에너지를 시간적으로 평균한 값이다.
③ 소음을 청력장애, 회화장애, 소란스러움의 세 가지 관점에서 평가한 값이다.
④ 우리나라의 소음환경기준을 설정할 때 이용된다.

06 [24. 해양경찰 일반직 9급]

다음 중 음(소리)의 성질에 대한 설명으로 가장 옳지 않은 것은?

① 반사율이란 입사음 세기에 대한 반사음 세기의 비를 말한다.
② 소리는 밤이 낮보다 거리감쇠가 크기 때문에 밤에 소리가 크게 들린다.
③ 대기의 온도차에 의한 굴절은 온도가 낮은 쪽으로 굴절한다.
④ 도플러 효과란 음원의 이동 시 진행방향쪽에서는 원래 음보다 고음으로, 진행반대쪽에서는 저음으로 되는 현상이다.

07 [20. 지방직 9급]

소리의 굴절에 대한 설명으로 옳지 않은 것은?

① 굴절은 소리의 전달경로가 구부러지는 현상을 말한다.
② 굴절은 공기의 상하 온도 차이에 의해 발생한다.
③ 정상 대기에서 낮 시간대에는 음파가 위로 향한다.
④ 음파는 온도가 높은 쪽으로 굴절한다.

08 [23. 해양경찰 일반직 9급]

장애물이 있는 경우, 장애물 뒤쪽으로 음이 전파되는 현상으로 가장 옳은 것은?

① 음의 간섭   ② 음의 공명
③ 음의 굴절   ④ 음의 회절

09 [18. 지방직 9급]

음속에 대한 설명으로 옳지 않은 것은?

① 공기의 경우 0°C, 1기압에서 약 331m/s이다.
② 공기 온도가 상승하면 음속은 감소한다.
③ 물속에서 온도가 상승하면 음속은 증가한다.
④ 마하(Mach) 수는 공기 중 물체의 이동 속도와 음속의 비율이다.

10 [21. 지방직 9급]

주파수의 단위로 옳은 것은?

① mm/sec^2 ② cycle/sec
③ cycle/mm   ④ mm/sec

11 [14. 서울시 9급]

주철 중에서 음파의 이동속도는 1,200m/sec이다. 기차가 20cycle/s로 소리를 내며 달리고 있을 때 철로에 한 귀를 대고 듣는다고 가정하자. 이때, 기차소리의 파장은 얼마인가?

① 20m   ② 30m
③ 40m   ④ 50m
⑤ 60m

12
주파수가 200Hz인 음의 주기[sec]는?

① 0.001　　② 0.005
③ 0.01　　　④ 0.02

13
소음 측정 시 청감보정회로에 대한 설명으로 옳지 않은 것은?

① A회로는 낮은 음압레벨에서 민감하며, 소리의 감각 특성을 잘 반영한다.
② B회로는 중간 음압레벨에서 민감하며, 거의 사용하지 않는다.
③ C회로는 낮은 음압레벨에서 민감하며, 환경소음 측정에 주로 이용한다.
④ D회로는 높은 음압레벨에서 민감하며, 항공기 소음의 평가에 활용한다.

14
소밀파인 음파와 관련하여 반사가 없는 평면파의 경우 음압이 4배가 되고 매질의 밀도가 2배가 되면 매질의 진동속도(입자의 속도)는 몇 배가 되는가?

① 1/8배　　② 1/2배
③ 2배　　　④ 8배

15
소리와 관련된 현상들의 특징으로 옳지 않은 것은?

① 음의 세기는 음압실효치의 제곱에 비례한다.
② 음의 세기는 단위시간당 단위면적을 통과하는 음에너지의 양을 말한다.
③ 도플러효과에서 음원 방향으로 이동하면 진동수가 높아진다.
④ 고음은 저음을 잘 마스킹(음폐)한다.

16
사람의 귀로 들을 수 있는 가청주파수의 범위는?

① 20~2,000Hz　　② 20~20,000Hz
③ 100~200,000Hz　　④ 200~2,000,000Hz

17
영구성 난청이 진행되는 주파수는?

① 1,000Hz　　② 2,000Hz
③ 3,000Hz　　④ 4,000Hz

18
다음은 무엇에 관한 설명인가?

> 두 음이 같이 있을 때, 작은 음은 큰 음에 의하여 장애를 받는다.

① 마스킹 효과　　② 흡음 효과
③ 차음 효과　　　④ 차진 효과

19 　　　　　　　　　　　　08. 경기 9급

마스킹 효과에 대한 설명 중 틀린 것은?

① 두 음의 주파수가 비슷할 때는 마스킹 효과는 매우 커진다.
② 중심 주파수보다 높은 고주파 영역을 잘 마스킹하는 비대칭 특징을 가진다.
③ 고음이 저음을 잘 마스킹한다.
④ 두 음의 주파수가 거의 같을 때에는 맥동이 생겨 효과가 저하된다.

20 　　　　　　　　　　　　21. 지방직 9급

마스킹 효과(Masking Effect)에 대한 설명으로 옳지 않은 것은?

① 두 가지 음의 주파수가 비슷할수록 마스킹 효과가 증가한다.
② 마스킹 소음의 레벨이 높을수록 마스킹되는 주파수의 범위가 늘어난다.
③ 어떤 소리가 다른 소리를 들을 수 있는 능력을 감소시키는 현상을 말한다.
④ 고음은 저음을 잘 마스킹한다.

21 　　　　　　　　　　　　16. 서울시 9급

다음은 소리의 마스킹 효과(Masking Effect, 음폐효과)의 정의 및 특징에 대한 설명이다. 옳지 않은 것은?

① 고음(높은 주파수)이 저음(낮은 주파수)을 잘 마스킹한다.
② 두 음의 주파수가 비슷할 때 마스킹 효과는 커진다.
③ 마스킹 효과란 어떤 소리가 다른 소리를 들을 수 있는 능력을 감소시키는 현상을 말한다.
④ 두 음의 주파수가 같을 때는 맥동현상에 의해 마스킹 효과가 감소한다.

22 　　　　　　　　　　　　17. 지방직 9급

소음의 마스킹 효과에 대한 설명으로 옳지 않은 것은?

① 음파의 간섭에 의해 일어난다.
② 크고 작은 두 소리를 동시에 들을 때 큰 소리만 듣고 작은 소리는 듣지 못하는 현상을 말한다.
③ 고음이 저음을 잘 마스킹한다.
④ 두 음의 주파수가 비슷할 때는 마스킹 효과가 더 커진다.

23 　　　　　　　　　　　　14. 지방직 9급

도플러(Doppler) 효과에 대한 설명으로 옳지 않은 것은?

① 음원과 청취자 사이의 상대적인 운동에 따라 소리의 높낮이가 변한다.
② 음원이 멀어지는 경우 소리의 진동수는 작아진다.
③ 음원이 멀어지는 경우 소리의 파장은 짧아진다.
④ 기적을 울리는 기차가 지나간 후 그 기적 소리가 낮게 들린다.

24 　　　　　　　　14. 서울시 9급

청각기관의 경우 음의 감각상의 세기는 물리적인 세기에 비례하지 않고 음의 세기의 대수(Logarithm)에 비례하는 현상을 무슨 법칙이라고 하는가?

① 도플러(Doppler)의 법칙
② 옴(ohm)의 법칙
③ 호이겐스(Hoygens)의 법칙
④ 웨버-훼흐너(Weber-Fechner)의 법칙
⑤ 파서발(Parseval)의 법칙

25 [14. 서울시 9급]

소음공해를 유발하는 소리의 성질에 대한 설명으로 가장 옳은 것은?

① 소리의 진동수가 음원과 수음자 사이의 상대적 운동방향에 따라 변화하는 현상을 도플러 효과라고 하며, 이에 따라 관찰자가 음원의 진행방향에 있는 경우 원래 음보다 저음으로, 진행방향 반대쪽에 있는 경우 고음으로 들린다.
② 간섭은 보강간섭, 소멸간섭, 맥놀이 등의 종류가 있으며 상이한 복수의 파동 간 상호작용을 통해 나타난다.
③ 마스킹 효과는 소리 음폐효과를 의미하며, 음파의 간섭으로 인해 어떤 소리가 다른 소리를 청취할 수 있는 능력을 감쇄시키는 현상을 말한다. 일반적으로 두 음의 주파수가 비슷할 때 음폐효과가 작아지며 거의 같을 때 극대화된다.
④ 굴절은 한 매질에서 다른 매질로 음이 전파될 때 음선이 구부러지는 현상을 의미하며 대기에서는 온도차나 풍속차에 의해서 유발된다. 특히 낮에는 지표 부근 공기의 온도가 높으므로 음선이 지표면으로 구부러진다.

26 [18. 서울시 7급]

주파수가 상이한 두 개의 음원이 만날 때 보강간섭과 소멸간섭이 교대로 이루어지면서 큰 소리와 작은 소리가 주기적으로 반복되는 현상은?

① 마스킹 효과   ② 맥놀이 효과
③ 도플러 효과   ④ 호이겐스의 원리

27 [24. 해양경찰 일반직 9급]

다음 중 주파수가 100Hz와 120Hz인 두 음파가 중첩되어 맥놀이가 발생하였다면 이 맥놀이의 파장으로 가장 옳은 것은? (단, 공기 중의 음속은 340m/s이다)

① 170m   ② 17m
③ 1.7m   ④ 0.17m

28 [15. 지방직 9급]

소음방지 대책 중 소음원 대책이 아닌 것은?

① 밀폐   ② 파동감쇠
③ 차음벽   ④ 흡음닥트

29 [24. 지방직 9급]

방음 대책 중 소음의 전파·전달 경로 대책으로 옳지 않은 것은?

① 음원을 제거한다.
② 음의 방향을 변경한다.
③ 발생원과의 거리를 멀리한다.
④ 방음벽을 설치하여 소리를 흡수한다.

30 [22. 해양경찰 일반직 7급, 9급]

다음 중 소음에 대한 설명으로 가장 옳지 않은 것은?

① 주파수가 1,000Hz 주위에서 청력이 현저하게 떨어지는 C5-dip 현상이 발생한다.
② 사람이 들을 수 있는 음압은 $2 \times 10^{-5} \sim 60 N/m^2$의 범위이며, 이것을 dB로 표시하면 약 0~130dB이다.
③ 내이 신경세포의 불가역적인 파괴로 영구적인 청력 손실이 발생할 수 있다.
④ 저주파보다 고주파일수록, 폭로시간이 길수록 영향이 크다.

31
08. 경기 9급

직업성 난청에 대한 다음 설명 중 틀린 것은?

① 청각손실은 소리의 전달이 달팽이관에 전달되면 달팽이관 내부의 림프액이 움직이고, 이에 의해서 소리를 감지하는 세포들이 소리를 자극하게 된다.
② C5-dip 현상이 4000Hz에서 나타난다.
③ 직업성 난청은 바로 발생하기 보다는 만성질환인 경우가 많다.
④ 저주파에 노출될 때 발생하게 된다.

32
04. 경기 9급

소음공해의 특징이 아닌 것은?

① 사람이 느끼는 최소진동수는 55±5dB이다.
② 축적성이 없는 감각공해이다.
③ 국소적, 다발적이다.
④ 소음에 대한 진정은 가을에 많다.

33
23. 지방직 9급

소음공해의 특징이 아닌 것은?

① 감각적인 공해이다.
② 주위에서 진정과 분쟁이 많다.
③ 사후 처리할 물질이 발생하지 않는다.
④ 국소적이고 다발적이며 축적성이 있다.

34
20. 해양경찰 일반직 9급

항공기 소음에 관한 기술 중 가장 옳지 않은 것은?

① 간헐적이고 충격음이다.
② 발생음량이 많고 금속성 저주파음이다.
③ 상공에서 발생하기 때문에 피해 면적이 넓다.
④ PNL(Perceived Noise Level)은 금속성의 고주파음이 많은 항공기소음의 기본 평가 방법이다.

35
22. 지방직 9급

음의 크기 수준(loudness level)을 나타내는 단위로 적합하지 않은 것은?

① Pa
② noy
③ sone
④ phon

36
17. 환경부 경채 9급

음압레벨(SPL)을 계산하는 식으로 옳은 것은? (단, P_o는 기준음압, P는 대상 음압의 실효치이다)

① $10\log_{10}\left(\dfrac{P_o}{P}\right)$
② $20\log_{10}\left(\dfrac{P}{P_o}\right)$
③ $20\log_{10}\left(\dfrac{P_o}{P}\right)$
④ $20\log_{10}\left(\dfrac{P}{P_o}\right)^2$

37
19. 서울시 9급

$0.2N/m^2$의 음압을 음압레벨로 나타내면 몇 dB인가? (단, P_0(기준음압의 실효치)=$2\times10^{-5}N/m^2$)

① 40
② 80
③ 100
④ 60

38
18. 지방직 9급

음의 세기 레벨(Sound Intensity Level, SIL) 공식은? (단, SIL은 dB 단위의 음의 세기 레벨, I는 W/m² 단위의 음의 세기, I_o는 기준 음의 세기로서 10^{-12} W/m²이다)

① $SIL = \log_{10} \dfrac{I_o}{I}$ ② $SIL = \log_{10} \dfrac{I}{I_o}$

③ $SIL = 10 \cdot \log_{10} \dfrac{I_o}{I}$ ④ $SIL = 10 \cdot \log_{10} \dfrac{I}{I_o}$

39
22. 해양경찰 일반직 7급

소음은 전파과정에서 감쇠된다. 장애물이 없고 매질이 균질한 환경에서 점음원으로부터의 거리가 각각 2배, 10배 멀어졌을 때, 이론적으로 소음은 얼마나 감쇠되는가?

① 3dB, 6dB ② 3dB, 10dB
③ 6dB, 10dB ④ 6dB, 20dB

40
06. 환경부 7급

음향출력이 100W인 점음원의 구형파가 전진할 때 2m 지점의 SPL은? (log2 = 0.3, log4π = 1.1)

① 117 ② 120
③ 123 ④ 126
⑤ 129

41
14. 지방직 9급

야외 음악당의 무대로부터 100m 떨어진 관중석에서, 공연 중에 측정한 음압레벨이 평균 95dB이었다. 무대에 설치된 스피커가 유일한 음원이고 야외 음악당을 반자유공간으로 분류할 때, 음원의 음향파워레벨[dB]은? (단, 음향파워레벨 = 음압레벨+10 · $\log_{10}$(음원방사표면적), $\log_{10}(2\pi) = 0.8$, $\log_{10}(4\pi) = 1.1$)

① 136 ② 143
③ 146 ④ 153

42
17. 지방직 9급

주변 소음이 전혀 없는 야간에 소음 레벨이 70dB인 풍력 발전기 10대를 동시에 가동할 때 합성 소음 레벨[dB]은?

① 73 ② 75
③ 76 ④ 80

43
18. 서울시 9급

실외 지면에 위치한 점음원에서 발생한 소음의 음향파워레벨이 105dB일 때 음원으로부터 100m 떨어진 지점에서의 음압레벨은?

① 54dB ② 57dB
③ 77dB ④ 91dB

44 〔16. 지방직 9급〕

어떤 지점에서 기계에 의한 음압레벨이 80dB, 자동차에 의한 음압레벨이 70dB, 바람에 의한 음압레벨이 50dB인 경우 총음압레벨[dB]은? (단, log1.1=0.04, log2.2=0.34, log3.1=0.49이다)

① 66.7
② 74.9
③ 80.4
④ 93.4

45 〔17. 환경부 경채 9급〕

다른 두 음원에서 발생한 소음을 수음자 위치에서 측정한 음압레벨이 각각 60db과 70dB이었다. 이때, 두 소음의 합성 음압레벨[dB]은? [단, $\log(11 \times 10^5) = 6.04$log, $(11 \times 10^6) = 7.04$, $\log(6.5 \times 10^6) = 6.81$, $\log(6.5 \times 10^7) = 7.81$]

① 60.4
② 68.1
③ 70.4
④ 78.1

46 〔19. 지방직 9급〕

Sone은 음의 감각적인 크기를 나타내는 척도로 중심주파수 1,000Hz의 옥타브 밴드레벨 40dB의 음, 즉 40phon을 기준으로 하여 그 해당하는 음을 1Sone이라 할 때, 같은 주파수에서 2Sone에 해당하는 dB은?

① 50
② 60
③ 70
④ 80

CHAPTER 02 소음방지기술

정답 및 해설 : 238p

01
03. 대구시 9급

고음역의 흡음재료로 좋은 것은?

① 다공질형 – 유리면, 암면
② 판구조형 – 합판, 유리
③ 공명기형 – 유공보드, 다공판
④ 요철형 – 주름판

02
17. 서울시 9급

바닥 면이 4m×5m이고, 높이가 3m인 방이 있다. 바닥, 벽, 천장의 흡음률이 각각 0.2, 0.4, 0.5일 때 평균흡음률은? (단, 소수점 셋째 자리에서 반올림한다)

① 0.17
② 0.27
③ 0.38
④ 0.48

03
05. 경기 9급

실내의 잔향시간에 따른 평균흡음률($\bar{\alpha}$)을 구하는 공식으로 맞는 것은? [단, T : 잔향시간(sec), V : 실의 부피(m³)]

① $\bar{\alpha} = \dfrac{0.161T}{ST}$
② $\bar{\alpha} = \dfrac{0.161V}{ST}$
③ $\bar{\alpha} = \dfrac{TS}{0.161T}$
④ $\bar{\alpha} = \dfrac{ST}{0.161V}$
⑤ $\bar{\alpha} = \dfrac{0.161TS}{V}$

04
11. 지방직 9급

소음저감기술에 대한 설명으로 옳은 것을 모두 고른 것은?

㉠ 흡음률은 흡음재의 소재 종류에 의존하지만 음파의 주파수와는 무관하다.
㉡ 흡음재는 기공이 많고 가벼운 소재가 주로 사용된다.
㉢ 차음재는 기밀(air-tight)하고 무거운 소재가 선호된다.
㉣ 특정 소재에 대한 음파의 투과손실 값이 작을수록 우수한 차음성능을 나타낸다.
㉤ 도로변에 설치된 방음벽은 좌우길이가 길수록 보다 우수한 방음효과를 나타낸다.

① ㉠, ㉡, ㉢
② ㉠, ㉣, ㉤
③ ㉡, ㉢, ㉣
④ ㉡, ㉢, ㉤

05
21. 해양경찰 일반직 9급

다음 〈보기〉 중 소음저감기술에 대한 설명으로 옳은 것을 모두 고른 것은?

〈보기〉

㉠ 다공질 재료의 흡음재로 표면을 도장하면 주로 저음역의 흡음률이 저하된다.
㉡ 흡음재는 기공이 많고 가벼운 소재가 주로 사용된다.
㉢ 차음재는 고밀도의 무거운 소재가 주로 사용된다.
㉣ 비닐시트, 석면슬레이트, 합판 등은 주로 공명 흡음재료로 사용된다.
㉤ 방음벽은 음의 회절감쇠를 이용한 차음으로 고주파일수록 차음효과가 좋다.

① ㉠, ㉡, ㉣
② ㉠, ㉣, ㉤
③ ㉡, ㉢, ㉣
④ ㉡, ㉢, ㉤

CHAPTER 03 진동개론 · 방지기술

정답 및 해설 : 239p

01
17. 일반직 9급

다음 설명 중 가장 옳지 않은 것은?

① 진동수는 1초 동안의 사이클 수를 말하며, 단위는 [Hz]이다.
② 진동 레벨은 진동가속도 레벨에 인체의 감각효과를 보정한 값이다.
③ 진동의 진폭이 작을수록, 주파수가 높을수록 인체에 미치는 영향은 증가한다.
④ 진동으로 인한 신체적 피해는 전신진동 피해와 국소진동 피해로 나눌 수 있다.

02
05. 경기 9급

다음 진동방지대책 중 발생원 대책이 아닌 것은?

① 가진력을 감쇠시킨다.
② 탄성지지를 한다.
③ 수진점 근방에 방진구를 판다.
④ 동적흡진시킨다.
⑤ 기초중량의 부가 및 경감을 시킨다.

03
19. 해양경찰 일반직 9급

진동방지 대책으로 가장 적절하지 않은 것은?

① 가진력 증가 ② 수진측의 강성변경
③ 탄성지지   ④ 방진구 설치

04
10. 지방직 9급

진동과 관련된 용어의 설명으로 옳지 않은 것은?

① 진동량 표기 시 진동변위는 실제 변위의 진폭을 의미한다.
② 진동량 표기 시 진동가속도는 진동속도의 시간에 대한 변화이다.
③ 지반진동의 전파 시 종파는 전파의 방향과 지반입자의 진동방향이 일치한다.
④ 지반진동의 전파 시 표면파는 전파의 방향과 지반입자의 진동방향이 수직이다.

05
05. 경기 9급

다음 중 탄성지지의 설계인자가 아닌 것은?

① 강제진동수(f)   ② 고유진동수(fn)
③ 수축량(δ_{st})   ④ 스프링 정수(k)
⑤ 투과율(τ)

06
16. 서울시 9급

다음 중 방진재료로 사용되는 금속스프링의 특징으로 옳지 않은 것은?

① 온도나 부식 등의 환경적 요소에 대한 저항성이 크다.
② 감쇠가 거의 없으며 공진 시 전달률이 크다.
③ 고주파 진동의 차진이 우수하다.
④ 최대변위가 허용된다.

07   19. 서울시 7급

방진재료 중 〈보기〉와 같은 특징을 갖는 재료는?

보기

[장점]
- 환경요소에 대한 저항성이 크다.
- 뒤틀리거나 감축되지 않는다.
- 최대변위가 허용된다.
- 저주파의 차진에 좋다.

[단점]
- 감쇠가 거의 없으며, 공진 시에 전달률이 매우 크다.
- 고주파 진동 시에 단락된다.
- 로킹(rocking)이 일어나지 않도록 주의해야 한다.
---

① 금속스프링(metal spring)
② 방진고무(rubber)
③ 공기스프링(air spring)
④ 오일스프링(oil spring)

08   24. 지방직 9급

단위 시간당 진동속도의 변화량인 진동가속도 1Gal과 같은 값은?

① $1cm/s^2$
② $1m/s^2$
③ $1mm/s^2$
④ $1dm/s^2$

CHAPTER 04 소음·진동공정시험기준

정답 및 해설 : 241p

01   15. 지방직 9급

『공동주택 층간소음의 범위와 기준에 관한 규칙』상 직접충격 소음의 1분간 등가소음도(Leq)는? (단, 이 공동주택은 2005년 7월 1일 이후에 건축되었으며 층간소음의 기준 단위는 dB(A)이다)

① 주간 40, 야간 35
② 주간 39, 야간 34
③ 주간 45, 야간 40
④ 주간 47, 야간 42

02   11. 지방직 9급

대상소음도에 보정치를 보정한 후 얻어진 소음도는?

① 등가소음도
② 측정소음도
③ 배경소음도
④ 평가소음도

03   14. 서울시 9급

하루의 매 시간당 등가소음도를 측정(24개 data)한 후, 야간(22:00~07:00)의 매 시간 측정치에 10dB의 벌칙레벨을 합산하여 파워평균(dB합)한 레벨을 무엇이라고 하는가?

① 회화방해레벨(SIL)
② 교통소음지수(TNI)
③ 주야 평균소음레벨(Ldn)
④ 소음공해레벨(LNP)
⑤ 감각소음레벨(PNL)

04   04. 서울시 9급

다음 중 항공기 소음평가 단위는?

① WECPNL
② dB(A)
③ Phon
④ Sone
⑤ ppm

05   16. 서울시 9급

다음 중 소음평가를 나타내는 용어에 대한 설명으로 옳은 것은?

① AI(Articulation Index, 명료도지수)는 음성레벨과 배경 소음레벨의 비율인 신호 대 잡음비에 기본을 두며 AI가 0%이면 완벽한 대화가 가능한 것을 의미한다.
② NC(Noise Criteria)는 도로교통소음과 같이 변동이 심한 소음을 평가하는 척도이다.
③ PNL(Perceived Noise Level, 감각소음레벨)은 공항주변의 항공기소음을 평가한 방법이다.
④ SIL(Speech Interference Level, 회화방해레벨)은 도로교통소음을 인간의 반응과 관련시켜 정량적으로 구한 값이다.

06

공조기 소음 등과 같은 실내소음을 1/1 옥타브 밴드로 분석한 결과에 의해 실내소음을 평가하는 방법을 무엇이라 하는가?

① SIL
② PSIL
③ NC
④ NRN
⑤ TNI

07

실내 소음의 평가 척도에 대한 설명으로 옳지 않은 것은?

① LA는 수시로 변동하는 소음레벨을 평가하는 기본 척도이다.
② SIL은 장시간 생활하는 주거지역 환경 소음의 영향을 평가하는 척도이다.
③ NC는 공조기 소음 등에 의한 광대역 정상 실내소음을 평가할 수 있다.
④ PNC는 NC에 비해 저음역 및 고음역에서 엄격하게 평가되고 있다.

08

옥외소음의 측정 높이는 지면에서 몇 m 높이에 지지장치를 설치하여 측정하는 것이 원칙인가?

① 0.5~1.2m
② 1.2~1.5m
③ 1.5~1.8m
④ 1.8~2.0m

09

소음측정 시 측정방법으로 옳지 않은 것은?

① 측정높이는 지상 1.2~1.5m 높이로 한다.
② 풍속이 2m/s 이상일 때에는 반드시 마이크로폰에 방풍망을 부착한다.
③ 풍속이 5m/s를 초과할 때에는 측정하여서는 안 된다.
④ 2지점 이상의 측정지점수를 선정하여 측정하고, 그중 가장 낮은 소음도를 측정값으로 한다.
⑤ 배경소음은 대상소음원의 가동을 중지한 상태에서 측정하여야 한다.

10

「소음·진동관리법 시행규칙」상 낮 시간대(06:00-18:00) 공장소음 배출허용기준(dB)이 가장 낮은 지역은?

① 도시지역 중 전용주거지역 및 녹지지역
② 도시지역 중 일반주거지역
③ 농림지역
④ 도시지역 중 일반공업지역 및 전용공업지역

MEMO

PART 04

폐기물처리

01 폐기물개론
02 폐기물처리기술

CHAPTER 01 폐기물개론

정답 및 해설 : 245p

제1절 | 폐기물의 분류체계

01 　　　　　　　　　　　　　03. 대구시 9급

지정폐기물이 아닌 것은?

① 동물의 사체　　② 폐유
③ 공정오니　　　④ 오렌지 껍질

02 　　　　　　　　　　　　17. 환경부 경채 9급

「폐기물관리법 시행령」상 지정폐기물은?

① 폐유기용제　　② 폐목재
③ 금속 조각　　　④ 동물의 분뇨

03 　　　　　　　　　　　　　23. 지방직 9급

지정폐기물의 분류요건이 아닌 것은?

① 부패성　　　　② 부식성
③ 인화성　　　　④ 폭발성

04 　　　　　　　　　　　　　20. 지방직 9급

폐기물관리법령에서 정한 지정폐기물 중 오니류, 폐흡착제 및 폐흡수제에 함유된 유해물질이 아닌 것은?

① 유기인화합물　　② 니켈 또는 그 화합물
③ 테트라클로로에틸렌　④ 납 또는 그 화합물

05 　　　　　　　　　　　　　04. 경기 9급

지정폐기물의 한 종류가 아닌 것은?

① 폐식용유　　　② 폐석면
③ 폐촉매　　　　④ 폐산

06 　　　　　　　　　　　　　05. 경기 9급

다음 중에서 지정폐기물 분류기준과 가장 연관이 없는 것은?

① 인화성　　　　② 부식성
③ 반응성　　　　④ 부패성
⑤ 용출특성

07

폐기물의 유해성을 판단하는 요소로 적절하지 않은 것은?

① 반응성(Reactivity)
② 침전성(Precipitability)
③ 인화성(Ignitability)
④ 부식성(Corrosivity)

08

「폐기물관리법 시행령」상 지정폐기물에 대한 설명으로 옳지 않은 것은?

① 폐유 : 기름성분을 5% 이상 함유한 것을 포함하며, 폴리클로리네이티드비페닐(PCBs) 함유 폐기물 및 폐식용유와 그 잔재물, 폐흡착제 및 폐흡수제는 제외한다.
② 폐산 : 액체상태의 폐기물로서 수소이온 농도지수가 2.0 이하인 것에 한정한다.
③ 폐알칼리 : 액체상태의 폐기물로서 수소이온 농도지수가 12.5 이상인 것으로 한정하며, 수산화칼륨 및 수산화나트륨을 포함한다.
④ 오니류 : 수분 함량이 85% 미만이거나 고형물 함량이 15% 이상인 것으로 한정한다.

09

「폐기물관리법 시행령」상 지정폐기물에 대한 설명으로 옳지 않은 것은?

① 오니류는 수분함량이 95% 미만이거나 고형물 함량이 5% 이상인 것으로 한정한다.
② 부식성 폐기물 중 폐산은 액체상태의 폐기물로서 pH 2.0 이하인 것으로 한정한다.
③ 부식성 폐기물 중 폐알칼리는 액체상태의 폐기물로서 pH 10.0 이상인 것으로 한정한다.
④ 분진은 대기오염방지시설에서 포집된 것으로 한정하되, 소각시설에서 발생되는 것은 제외한다.

10

다음 「폐기물관리법」상 지정폐기물 중 유해물질함유 폐기물(환경부령으로 정하는 물질을 함유한 것으로 한정)에 대한 내용으로 가장 옳지 않은 것은?

① 폐합성 고분자화합물
② 안정화 또는 고형화·고화 처리물
③ 폐내화물 및 재벌구이 전에 유약을 바른 도자기 조각
④ 분진(대기오염 방지시설에서 포집된 것으로 한정하되, 소각시설에서 발생되는 것은 제외한다)

11

폐기물의 화학적 성분 중 3성분에 해당하지 않는 것은?

① 회분
② 수분
③ 무기물
④ 가연분

12
「폐기물관리법」상 적용되는 폐기물의 범위로 옳지 않은 것은?

① 「대기환경보전법」 또는 「소음·진동관리법」에 따라 배출시설을 설치, 운영하는 사업장에서 발생하는 폐기물
② 보건·의료기관, 동물병원 등에서 배출되는 폐기물 중 인체에 감염 등 위해를 줄 우려가 있는 폐기물
③ 사업장 폐기물 중 폐유, 폐산 등 주변 환경을 오염시킬 우려가 있는 폐기물
④ 「가축분뇨의 관리 및 이용에 관한 법률」에 따른 가축분뇨

13
폐기물 시료에 대한 분석절차를 가장 바르게 나타낸 것은?

① 분류 → 밀도측정 → 물리적 조성 → 절단 및 분쇄 → 건조 → 조성 분석
② 절단 및 분쇄 → 밀도측정 → 물리적 조성 → 분류 → 건조 → 조성 분석
③ 물리적 조성 → 건조 → 분류 → 절단 및 분쇄 → 밀도 측정 → 조성 분석
④ 밀도 측정 → 물리적 조성 → 건조 → 분류 → 절단 및 분쇄 → 조성 분석

14
유해 물질에 대한 위해성 평가의 일반적인 절차를 순서대로 바르게 나열한 것은?

① 용량/반응평가 → 노출평가 → 유해성 확인 → 위해도 결정
② 노출평가 → 용량/반응평가 → 유해성 확인 → 위해도 결정
③ 유해성 확인 → 용량/반응평가 → 노출평가 → 위해도 결정
④ 노출평가 → 유해성 확인 → 용량/반응평가 → 위해도 결정

15
전과정평가(Life Cycle Assessment ; LCA)에 대한 설명으로 옳지 않은 것은?

① 제품이 환경에 미치는 각종 부하를 원료·자원 채취부터 폐기까지의 전과정에 걸쳐 정량적으로 분석하고 평가하는 방법이다.
② 복수 제품간의 환경 오염 부하의 비교 목적으로 활용할 수 있다.
③ 목적 및 범위설정, 목록분석, 영향평가, 전과정 결과해석의 4단계로 구성되어 있다.
④ 국제표준화기구(ISO)에서 정한 환경경영시스템(EMS)에 대한 국제 규격이다.

16
특정제품의 원료, 생산, 유통, 소비, 재활용, 폐기 등 전과정에 걸쳐서 환경에 미치는 영향을 종합적으로 분석·평가하여 개선방안을 모색하는 객관적인 평가방법은?

① LCA(Life Cycle Assessment)
② EPE(Environmental Performance Evaluation)
③ EIA(Environmental Impact Assessment)
④ EMS(Environmental Management Systems)

17
원료 사용량과 폐기물 발생량을 줄이는 방법 4가지를 순서대로 바르게 나열한 것은?

① 회수 - 재활용 - 재이용 - 감량화
② 재이용 - 재활용 - 감량화 - 회수
③ 회수 - 감량화 - 재활용 - 재이용
④ 감량화 - 재이용 - 재활용 - 회수

18 | 24. 지방직 9급

폐기물 관리 시 폐기물 발생단계에서 최우선으로 고려해야 할 사항은?

① 폐기물의 소각
② 안정적인 매립
③ 발생 억제 및 최소화
④ 연소 시 발생하는 폐열 및 에너지의 회수

19 | 15. 지방직 9급

폐기물관리에서 우선적으로 고려할 사항이 아닌 것은?

① 폐기물 발생의 억제 및 감량화
② 분리수거된 폐기물의 재활용 및 자원화
③ 소각처리 시 폐열 회수 및 에너지 회수
④ 폐기물의 위생적 매립

20 | 19. 지방직 9급

유해폐기물의 용매추출법은 액상폐기물로부터 제거하고자 하는 성분을 용매 쪽으로 이동시키는 방법이다. 용매추출에 사용하는 용매의 선택기준으로 옳은 것은?

① 낮은 분배계수를 가질 것
② 끓는점이 낮을 것
③ 물에 대한 용해도가 높을 것
④ 밀도가 물과 같을 것

21 | 16. 지방직 9급

위생 매립지에 유입된 미확인 물질을 원소 분석한 결과, 질량 기준으로 탄소 40.92%, 수소 4.58%, 산소 54.50%로 구성되어 있을 경우 이 물질의 실험식은?

① CH_3O
② $C_3H_4O_3$
③ $C_2H_6O_2$
④ $C_6H_8O_6$

제2절 | 발생량 및 성상

01 05. 경기 9급

폐기물 발생량 조사방법이 아닌 것은?
① 물질수지법 ② 직접계근법
③ 적재차량 계수분석법 ④ 델파이법
⑤ 전수조사법

02 17. 서울시 9급

고형폐기물의 발열량에 관한 설명으로 옳지 않은 것은?
① 고위발열량은 연소될 때 생성되는 총 발열량이다.
② 저위발열량은 고위발열량에서 수증기 응축잠열을 제외한 발열량이다.
③ 소각에 대한 타당성 조사 시 저위발열량에 대한 자료가 필요하다.
④ 열량계는 저위발열량을 측정한다.

03 21. 지방직 9급

폐기물 소각 시 발열량에 대한 설명으로 옳지 않은 것은?
① 연소생성물 중의 수분이 액상일 경우의 발열량을 고위발열량이라고 한다.
② 연소생성물 중의 수분이 증기일 경우의 발열량을 저위발열량이라고 한다.
③ 고체와 액체연료의 발열량은 불꽃열량계로 측정한다.
④ 실제 소각로는 배기온도가 높기 때문에 저위발열량을 사용한 방법이 합리적이다.

04 18. 지방직 9급

액체 연료의 고위발열량이 11,000kcal/kg이고 저위발열량이 10,250kcal/kg이다. 액체 연료 1.0kg이 연소될 때 생성되는 수분의 양[kg]은? (단, 물의 증발열은 600kcal/kg이다)
① 0.75 ② 1.00
③ 1.25 ④ 1.50

05 18. 지방직 9급

도시 고형폐기물을 소각할 때 단위 무게당 가장 높은 에너지를 얻을 수 있는 것은?
① 종이 ② 목재
③ 음식물 쓰레기 ④ 플라스틱

06 04. 경북 9급

인구 50만 명의 A도시에 1인 1일 쓰레기 발생량은 500g이다. 쓰레기 밀도가 1.2kg/m³이라면 쓰레기의 하루발생량은 얼마인가?
① 약 120,000m³ ② 약 210,000m³
③ 약 320,000m³ ④ 약 410,000m³

07 04. 서울시 9급

수거대상 인구수가 250,000명인 지역에서 1주일 동안 쓰레기를 적재용량 3,500m³에 밀도 500kg/m³로 수거하였을 경우, 1인당 1일 쓰레기 배출량(kg/인·일)은 얼마인가?
① 1 ② 2
③ 3 ④ 4

08 | 18. 서울시 9급

인구 5,000명인 아파트에서 발생하는 쓰레기를 5일마다 적재용량 10m³인 트럭 10대를 동원하여 수거한다면 1인당 1일 쓰레기 배출량(kg)은? (단, 쓰레기의 평균밀도는 100kg/m³라고 가정한다)

① 0.2 　　② 0.4
③ 2 　　　④ 4

09 | 20. 지방직 9급

연간 폐기물 발생량이 5,000,000톤인 지역에서 1일 작업시간이 평균 6시간, 1일 평균 수거인부가 5,000명이 소요되었다면 폐기물 수거 노동력(MHT) [man hr ton^{-1}]은? (단, 연간 200일 수거한다)

① 0.20 　　② 0.83
③ 1.20 　　④ 2.19

10 | 14. 지방직 9급

수분량 70%인 음식물 쓰레기와 수분함량 20%인 톱밥을 중량비 6 : 4로 섞은 혼합물의 평균 수분함량[%]은?

① 30 　　② 40
③ 50 　　④ 60

11 | 17. 지방직 9급

생활 폐기물을 선별 후 분석하여 다음의 수분 함량 측정치를 얻었다. 전체 수분 함량[%]은?

> 음식폐기물 8kg(수분 80%), 종이 14kg(수분 5%), 목재 5kg(수분 20%), 정원폐기물 4kg(수분 60%), 유리 4kg(수분 5%), 흙 및 재 5kg(수분 10%)

① 32.5 　　② 28.0
③ 25.2 　　④ 18.4

12 | 14. 서울시 9급

수분함량이 50%인 음식쓰레기를 수분함량이 20%가 되도록 건조시켰다. 건조된 쓰레기의 무게는 어떻게 변하는가?

① 원래의 약 48%로 감소한다.
② 원래의 약 53%로 감소한다.
③ 원래의 약 58%로 감소한다.
④ 원래의 약 63%로 감소한다.
⑤ 원래의 약 68%로 감소한다.

13 | 16. 지방직 9급

고형물이 40%인 유기성 폐기물 10ton을 수분함량 20%가 되도록 건조시킬 때 건조 후 수분 중량[ton]은? (단, 유기성 폐기물은 고형물과 수분만으로 구성되어 있다고 가정한다)

① 1 　　② 2
③ 4 　　④ 6

14
17. 환경부 경채 9급

초기 수분 함량이 80%인 폐기물 1kg을 건조시킨 후, 수분함량이 50%가 되도록 하였다. 건조 후 폐기물의 질량 [kg]은?

① 0.2　　② 0.4
③ 0.5　　④ 1.0

15
16. 서울시 9급

고형물 함유도가 40%인 슬러지 200kg을 5일 동안 건조시켰더니 수분 함유율이 20%로 측정되었다. 5일 동안 제거된 수분량은 몇 kg인가? (단, 비중은 1.0 기준이다)

① 70kg　　② 80kg
③ 90kg　　④ 100kg

16
22. 지방직 9급

수분함량이 60%인 음식물쓰레기를 수분함량이 20%가 되도록 건조시켰다. 건조 후 음식물쓰레기의 무게 감량률[%]은? (단, 이 쓰레기는 수분과 고형물로만 구성되어 있다)

① 40　　② 45
③ 50　　④ 55

17
17. 서울시 9급

함수율 99%인 하수처리 슬러지를 탈수하여 함수율 70%로 낮추면, 탈수된 슬러지의 최종 부피는 탈수 전의 부피(V_0) 대비 얼마로 줄어드는가? (단, 슬러지의 비중은 탈수 전이나 후에도 변함없이 1이라고 가정한다)

① $\frac{1}{5}V_0$　　② $\frac{1}{10}V_0$
③ $\frac{1}{20}V_0$　　④ $\frac{1}{30}V_0$

18
23. 지방직 9급

고형물 함량 2.5%인 슬러지 2m³을 고형물 함량 4%로 농축할 때, 슬러지 부피 감소율[%]은? (단, 슬러지 밀도는 1kg L⁻¹이다)

① 22.5　　② 37.5
③ 45.5　　④ 50.5

19
16. 지방직 9급

Dulong식으로 폐기물 발열량 계산 시 포함되지 않는 원소는?

① 수소　　② 산소
③ 황　　④ 질소

20 [24. 해양경찰 일반직 9급]

다음 중 수분함량 70%인 음식물 쓰레기와 수분함량 30%인 톱밥을 무게비 5 : 5로 섞은 혼합물의 평균 수분함량으로 가장 옳은 것은?

① 20% ② 30%
③ 40% ④ 50%

21 [23. 해양경찰 일반직 9급]

다음 중 폐기물의 수거 노선을 결정할 때 고려사항으로 가장 옳지 않은 것은?

① 출발점은 차고지와 가까운 곳으로 한다.
② 지형이 언덕인 경우, 올라가면서 수거한다.
③ 가능하면 시계방향으로 수거 노선을 정한다.
④ 많은 양의 쓰레기가 발생하는 발생원은 하루 중 가장 먼저 수거한다.

22 [16. 서울시 9급]

폐기물의 수송 전 효율성을 높이기 위해 적환장을 설치할 경우, 적환장의 위치 결정 시 고려해야 할 사항 중 옳지 않은 것은?

① 간선도로로 접근이 쉽고 2차 보조수송수단의 연결이 쉬운 곳
② 수거하고자 하는 개별적 고형 폐기물 발생지역들과의 평균 거리가 동일한 곳
③ 주민의 반대가 적고 주위환경에 대한 영향이 최소인 곳
④ 설치 및 작업조작이 용이한 곳

23 [05. 경기 9급]

다음 중 적환장 설치에 대한 설명으로 옳지 않은 것은?

① 주요 간선도로에 쉽게 접근할 수 있는 곳에 설치한다.
② 적환작업으로 인해 환경피해가 최소인 곳에 설치한다.
③ 설치 및 작업이 용이하고 경제적인 곳에 설치한다.
④ 쓰레기 발생지역의 무게중심으로부터 가능한 멀리 떨어진 곳에 설치한다.
⑤ 쓰레기 수거차량의 수거용량이 작아서 중간 집하장이 필요할 때 설치한다.

24 [19. 서울시 9급]

도시 쓰레기의 성분 중 비가연성 부분이 중량비로 50%일 때 밀도가 100kg/m³인 쓰레기 10m³가 있다. 이때 가연성 물질의 양[kg]은?

① 300 ② 500
③ 700 ④ 1000

제3절 | 압축/파쇄/선별

01 03. 부산시 9급

밀도가 500kg/m³인 폐기물을 밀도가 750kg/m³으로 압축했을 때, 부피감소율은 얼마인가?

① 33.3% ② 43.3%
③ 51.5% ④ 61.5%

02 12. 서울시 9급

폐기물의 부피감소율이 80%일 때 압축비는?

① 1.0 ② 1.25
③ 2.0 ④ 2.5
⑤ 5.0

03 05. 경기 9급

폐기물 파쇄에 대한 설명 중 틀린 것은?

① 폐기물이 미생물과 접촉할 수 있는 비표면적이 커진다.
② 유기물 분리회수가 쉽다.
③ 취급유통이 용이하다.
④ 부피 증가로 인해 운반비용이 증가한다.
⑤ 저장효율이 증가한다.

04 05. 경기 9급

선별방법에 대한 설명으로 틀린 것은?

① 스크린 선별은 속도가 클수록 선별효율이 저하한다.
② 알루미늄은 와전류 분리법으로 선별한다.
③ 지그는 건식 선별법이다.
④ 풍력식 선별법보다 지그재그 방식의 효율이 좋다.
⑤ 물에 젖은 종이는 전도체로서 정전기 선별법이 이용된다.

05 14. 지방직 9급

도시폐기물의 선별에 많이 이용되는 트롬멜 스크린의 주요 설계 및 운전 인자가 아닌 것은?

① 경사도 ② 광투과도
③ 회전속도 ④ 체 눈의 크기

06 18. 서울시 7급

플라스틱에서 종이를 선별하고, 각기 다른 종류의 플라스틱 혼합물에서 종류별로 플라스틱을 선별할 수 있는 방법으로 가장 옳은 것은?

① 자력선별 ② 정전기선별
③ 와전류선별 ④ 광학선별

07 20. 해양경찰 일반직 9급

다음 폐기물 선별 기술 중 플라스틱, 종이 혼합물을 선별하는 방법으로 가장 옳은 것은?

① 자력선별
② 정전기선별
③ 와전류선별
④ 광학선별

08 | 22. 해양경찰 일반직 7급

다음 〈보기〉 중 폐기물 선별방법에 대한 것으로 옳은 것은 모두 몇 개인가?

보기

㉠ 정전기선별은 폐기물 플라스틱에서 종이를 선별할 수 있는 방법이다.
㉡ 건식선별 방법에는 광학선별, 자력선별 및 Jigs 등이 있다.
㉢ 와전류선별은 금속의 전기전도도 차이를 이용하여 폐기물 중 비철금속(알루미늄, 니켈, 아연 등)을 선별하는 방법이다.
㉣ 광학선별은 돌과 유리 혼합물을 각각 분류할 수 있는 방법이다.

① 없음　　② 2개
③ 3개　　④ 4개

CHAPTER 02 폐기물처리기술

정답 및 해설 : 252p

제1절 | 고형화 연료

01   05. 경기 9급

폐기물 고형화에 대한 설명 중 틀린 것은?
① 유리화는 방사성 물질과 같은 유독성 물질에 사용한다.
② 고형화 시 폐기물의 용해도가 감소하며, 독성이 감소한다.
③ 시멘트는 여러 가지 용도로 사용되며 고형화 시 부피가 감소한다.
④ 고형화 처리된 폐기물의 검사항목으로는 압축강도, 투수율, 내구성 등이 있다.
⑤ 석회기초법은 pH가 낮을 때 용출가능성이 증가한다.

02   09. 지방직 9급

폐기물 고체연료(RDF) 소각로에 대한 설명으로 옳지 않은 것은?
① 소각시설의 부식발생으로 수명이 단축될 수 있다.
② 폐기물의 조성으로 가연성 물질의 함량이 높아야 한다.
③ 염소 함량을 늘리기 위하여 폐기물 중의 PVC 함량이 높을수록 좋다.
④ 시설비용이 많이 들며 숙련된 기술이 필요하다.

03   06. 환경부 7급

다음 〈보기〉는 폐기물 고형화에 대한 설명이다. 맞는 것을 모두 고르시오.

보기
㉠ 시멘트 고형화 방법은 간편하지만 처리 시 탈수 등의 전처리가 필요하지 않다.
㉡ 석회법은 부피가 증가한다.
㉢ 유리화법은 에너지 집약적이다.

① ㉠, ㉡, ㉢   ② ㉠, ㉡
③ ㉡, ㉢   ④ ㉠, ㉢
⑤ ㉠

04   21. 지방직 9급

폐기물의 고형화처리에 대한 설명으로 옳지 않은 것은?
① 폐기물을 고형화함으로써 독성을 감소시킬 수 있다.
② 시멘트기초법은 무게와 부피를 증가시킨다는 단점이 있다.
③ 석회기초법은 석회와 함께 미세 포졸란(Pozzolan)물질을 폐기물에 섞는 방법이다.
④ 유기중합체법은 화학적 고형화처리법이다.

05 〔10. 지방직 9급〕
폐기물 고형화 방법 중 배기가스를 탈황시킬 때 발생되는 슬러지(FGD 슬러지)의 처리에 많이 사용되는 방법은?
① 자가시멘트법 ② 석회기초법
③ 피막형성법 ④ 유리화법

06 〔11. 지방직 9급〕
폐기물 고체연료(RDF)의 특징에 대한 설명으로 옳은 것은?
① RDF는 저장 중 세균이나 곰팡이의 발생으로 장기간 저장이 곤란하다.
② RDF의 회분량은 가연성 쓰레기의 회분량 17~20%(건조 기준)보다 높다.
③ RDF의 함수율은 발열량과 저장성을 고려하여 약 10% 이하로 억제할 필요가 있다.
④ 일반 생활폐기물을 원료로 한 RDF의 저위발열량은 대략 7,000kcal/kg으로 석탄과 비슷한 열량을 낸다.

07 〔18. 지방직 9급〕
RDF(Refuse Derived Fuel)에 대한 설명으로 옳지 않은 것은?
① 물리화학적 성분 조성이 균일해야 좋다.
② 다이옥신 발생을 줄이기 위하여 RDF 제조에 염소가 함유된 플라스틱을 60% 이상 사용하는 것이 바람직하다.
③ RDF의 형태에는 펠렛(pellet)형, 분말(powder)형 등이 있다.
④ 발열량을 높이기 위하여 함수량을 감소시켜야 한다.

제2절 | 퇴비화

01 〔04. 경북 9급〕
퇴비화에 대한 연결이 잘못된 것은?
① 수분 : 50~60% ② 온도 : 55~75℃
③ pH : 5.0~8.5 ④ C/N가 상승한다.

02 〔04. 경기 9급〕
퇴비화된 퇴비에 관한 설명으로 맞지 않는 것은?
① C/N비는 30~40이다.
② 수분은 40% 이하이다.
③ 적합온도는 60~70℃이다.
④ pH는 6.5~7.5 정도를 유지한다.

03 〔04. 서울시 9급〕
퇴비화에 대한 설명으로 틀린 것은?
① 퇴비화의 경우, 적절한 함수율은 20~30%이다.
② 퇴비화가 진행되면 C/N비가 감소한다.
③ 적정온도는 60~70℃이다.
④ pH는 6.5~7.5이다.
⑤ 호기성을 유지하기 위해 산소를 공급해야 한다.

04

유기성 폐기물의 퇴비화에 대한 설명으로 옳지 않은 것은?

① 퇴비화란 호기성 조건 하에서 생물학적으로 유기물을 안정한 상태의 부식질로 변환시키는 공정이다.
② 퇴비화를 위한 유기성 폐기물의 적정 C/N비는 대략 25~35이며, 퇴비화가 진행됨에 따라 점차 감소한다.
③ 퇴비화기간 동안 생물학적 과정에 의해 분해가 일어나면서 병원균을 사멸시킬 수 있는 고온이 발생한다.
④ 퇴비화를 위한 적정 함수율은 대략 30~40%이며, 함수율이 너무 낮으면 혐기적 조건이 될 수 있다.

05

다음 중 퇴비화에 대한 설명으로 가장 잘못된 것은?

① 퇴비화의 적절한 함수율은 50~60% 정도이다.
② 퇴비화의 적절한 온도 조건은 55~65℃ 정도이다.
③ 퇴비화의 적절한 pH 조건은 6~7.5 정도이다.
④ 퇴비화가 진행되면 C/N비가 점차 상승한다.

06

다음 중 호기성 퇴비화의 운영 조건에 대한 설명으로 옳지 않은 것은?

① 퇴비화 공정에 영향을 미치는 인자는 온도, 수분, pH, C/N비 등이 있다.
② 폐기물의 입자 크기가 너무 작으면 퇴비단으로 공기가 충분히 공급되지 못해 통기성이 나빠지므로 통기 개량제 또는 팽화제(bulking agent)를 활용해야 한다.
③ 호기성 퇴비화에 작용하는 미생물의 생장에 필요한 최적 pH 조건은 5.5~8.5 범위이다.
④ 만약 충분한 공기 공급이 이루어지지 않는다면 산소가 없는 조건에서 혐기성 미생물의 활동이 제한되어 퇴비화 과정이 느려지고 악취가 발생한다.
⑤ 통상 퇴비화 최적 C/N비는 약 25~30이며, 퇴비 더미 안에 질소가 과량 존재하는 경우에는 암모니아성 질소의 생성으로 인해 악취가 발생한다.

07

다음 중 완성된 퇴비의 특성으로 가장 옳지 않은 것은?

① 갈색 또는 암갈색이다.
② 높은 C/N 비를 갖는다.
③ 수분 보유능력이 우수하다.
④ 높은 양이온 교환능력을 갖는다.

08

폐기물을 퇴비화할 때에 일반적으로 가장 많이 사용되는 것은?

① 호기성 조건
② 혐기성 조건
③ 임의성 조건
④ 무산소성 조건

09

유기성 폐기물의 퇴비화에 대한 설명으로 옳은 것은?

① 퇴비화의 적정 온도는 25~35℃이다.
② pH는 9 이상이 적절하다.
③ 수분이 너무 지나치면 혐기 조건이 되기 쉬우므로 40% 이하로 유지하는 것이 바람직하다.
④ 퇴비화가 진행될수록 C/N비는 낮아진다.

10 □□□ 〔15. 지방직 9급〕

퇴비화 과정이 안정적으로 진행된 부식토(humus)의 특징으로 옳지 않은 것은?

① 악취가 없는 안정한 물질이다.
② 병원균이 존재하므로 반드시 살균 후 사용한다.
③ 수분보유력과 양이온 교환능력이 좋다.
④ C/N 비율이 낮다.

11 □□□ 〔09. 지방직 9급〕

유기성폐기물의 퇴비화에 의한 최종부산물인 부식질의 특징으로 옳지 않은 것은?

① 악취가 없는 안정한 유기물이다.
② 병원균이 사멸되어 거의 없다.
③ 물보유력과 양이온 교환능력이 좋다.
④ C/N비가 높다.

12 □□□ 〔19. 서울시 7급〕

음식물 쓰레기를 처리하는 방법 중 퇴비화(composting)에 대한 설명으로 가장 옳은 것은?

① 호기성 퇴비화는 흡열반응이므로 온도 측정으로도 대략적인 퇴비화 진행 정도를 알 수 있다.
② 퇴비화로 음식물 쓰레기 부피 감소와 유기물 안정화를 기대할 수 있으나 병원성 미생물의 사멸은 기대하기 어렵다.
③ 퇴비화 공정에 영향을 미치는 주요 인자는 온도, 수분함량, pH, C/N비, 산소공급 등이 있다.
④ 퇴비화 시간은 공정에 따라 차이가 있으나 고속퇴비화법 같은 경우 10시간 수준에서 퇴비화를 완료할 수 있다.

13 □□□ 〔17. 환경부 경채 9급〕

폐기물의 퇴비화(Composting)에 대한 설명으로 옳지 않은 것은?

① 퇴비화는 미생물에 의해서 유기물을 분해시키고, 분해를 촉진하기 위해서는 적당한 크기로 폐기물을 분쇄하여야 한다.
② 호기성 퇴비화는 반응 속도가 빨라 퇴비 생산 기간을 단축시킨다.
③ 퇴비화는 공기 주입, 혼합, 온도 조절이 필요조건이며 수분이 함유되어 있어야 한다.
④ 잎사귀와 옥수숫대, 볏짚단과 종이는 C/N비가 낮으나, 퇴비화가 종료된 후에는 이 값이 상승한다.

14 □□□ 〔21. 지방직 9급〕

퇴비화에 대한 설명으로 옳지 않은 것은?

① 일반적으로 퇴비화에 적합한 초기 탄소/질소 비(C/N비)는 25~35이다.
② 퇴비화 더미를 조성할 때의 최적 습도는 70% 이상이다.
③ 고온성 미생물의 작용에 의한 분해가 끝나면 퇴비온도는 떨어진다.
④ 퇴비화 과정에서 호기성 산화 분해는 산소의 공급이 필수적이다.

15 〔17. 서울시 7급〕

퇴비화가 진행되는 동안 온도와 pH의 변화에 대한 설명으로 옳지 않은 것은?

① 분해 초기에는 유기산이 형성되어 pH를 5까지 떨어뜨린다.
② 분해 초기에는 24~45℃에서 최고의 성장을 하는 중온성 미생물이 열을 발생시키며 온도를 상승시킨다.
③ 온도가 45℃에 이르면 중온성 미생물의 활동은 멈추고 호열성 미생물이 분해를 시작한다.
④ 퇴비단 더미의 온도가 24시간 이상 45℃ 이상 지속되면 병원체와 잡초 씨는 사멸한다.

16 〔09. 지방직 9급〕

폐기물 열분해에 대한 설명 중 옳은 것은?

① 공기가 부족한 상태에서 폐기물을 연소시켜 가스, 액체 및 고체상태의 연료를 생산하는 공정이다.
② 열분해 장치는 고정상, 분포상, 압축상 등의 장치로 구분된다.
③ 고온열분해 방법으로는 액체상태의 연료가 많이 생산된다.
④ 고온열분해 방법의 최적온도 범위는 500~900℃이다.

17 〔20. 지방직 9급〕

열분해 공정에 대한 설명으로 옳지 않은 것은?

① 산소가 없는 상태에서 열을 공급하여 유기물을 기체상, 액체상 및 고체상 물질로 분리하는 공정이다.
② 외부열원이 필요한 흡열반응이다.
③ 소각 공정에 비해 배기가스량이 적다.
④ 열분해 온도에 상관없이 일정한 분해산물을 얻을 수 있다.

18 〔24. 지방직 9급〕

폐기물의 열분해에 대한 설명으로 옳지 않은 것은?

① 다이옥신류의 발생량이 소각에 비해 많다.
② 열분해는 흡열반응이고 소각은 발열반응이다.
③ 열분해생성물 수율은 운전온도와 가열속도에 영향을 받는다.
④ 폐기물을 무산소 또는 저산소 상태에서 가열하여 연료를 생산한다.

19 〔22. 지방직 9급〕

폐기물의 자원화 방법으로 옳지 않은 것은?

① 유기성 폐기물의 매립
② 가축분뇨, 음식물쓰레기의 퇴비화
③ 가연성 물질의 고체 연료화
④ 유리병, 금속류, 이면지의 재이용

20 〔22. 해양경찰 일반직 7급〕

다음 중 퇴비화과정에서 호기성 분해에 의한 완전분해가 일어날 때 ( ) 안의 값으로 옳게 짝지어진 것은 무엇인가?

$$C_aH_bO_cN_d + (\ )O_2 \rightarrow aCO_2 + dNH_3 + (\ )H_2O$$

① $\dfrac{4a+b-2c-3d}{4}$, $\dfrac{b-3d}{2}$

② $\dfrac{4a+b-2c-3d}{2}$, $\dfrac{b-3d}{4}$

③ $\dfrac{4a+b+2c-3d}{4}$, $\dfrac{b-3d}{2}$

④ $\dfrac{4a+b+2c-3d}{2}$, $\dfrac{b+3d}{4}$

21
24. 지방직 9급

수소 분자가 10wt%, 수분이 15wt% 함유된 도시 폐기물의 고위발열량이 3600kcal/kg일 때, Dulong식을 사용하여 계산한 저위발열량[kcal/kg]은? (단, 온도는 일정하고, 물의 증발열은 600kcal/kg이다)

① 2730　　② 2850
③ 2970　　④ 3150

제3절 | 분뇨 및 슬러지 처리

01
10. 지방직 9급

수율이 90%인 슬러지를 농축하여 함수율 80%인 농축슬러지를 얻었다. 이때 농축에 의한 슬러지의 부피감량률[%]은?

① 40　　② 50
③ 60　　④ 70

02
11. 지방직 9급

함수율 92%인 하수슬러지를 탈수·건조시켜 함수율을 20%로 낮추었다면 하수슬러지의 총중량 감소율[%]은?

① 70　　② 72
③ 80　　④ 90

03
12. 서울시 9급

소화 전 유기물 함량이 80%, 무기물 함량이 20%에서 소화 후 유기물 50%, 무기물 50%로 증감할 시 소화율은?

① 50%　　② 55%
③ 60%　　④ 65%
⑤ 75%

04
17. 일반직 9급

슬러지의 소화율이란 생슬러지 중의 유기물이 가스화 및 액화되는 비율을 말한다. 생슬러지와 소화슬러지에서 수분을 제외한 고형물 중 유기물의 비율이 각각 80%와 50%일 경우 슬러지의 소화율은?

① 38%　　② 46%
③ 63%　　④ 75%

05

16. 서울시 9급

폐기물 및 폐기물 처리기술에 대한 다음 설명 중 옳지 않은 것은?

① 폐기물의 유해성을 판단하는 요소에는 반응성(reactivity), 부식성(corrosivity), 가연성(ignitability), 독성(toxicity) 등이 있다.
② 소각, 파쇄·절단, 응집·침전, 증발·농축, 탈수, 안정화 시설 등은 유해 폐기물 중간처리시설로 분류된다.
③ 폐기물 처리를 위한 매립 기법은 종류와 무관하게 광범위한 고형 폐기물의 처리가 가능하고 매립 완료 후 일정 기간이 지나면 토지 이용이 가능하며 시설 투자 비용 및 운영비용이 저렴하다는 장점이 있다.
④ 열적 처리공정으로서 소각은 환원성 분위기에서 폐기물을 가열함으로써 가스, 액체, 고체 상태의 연료를 생성시킬 수 있는 공정을 의미하며 질소산화물(NO_X) 등의 발생이 비교적 적고 자원 회수가 가능하다는 장점이 있다.

06

18. 지방직 9급

유기성 슬러지에 해당하지 않는 것은?

① 하·폐수 생물학적 처리공정의 잉여 슬러지
② 음식물 쓰레기 처리공정에서 발생하는 고형물
③ 정수장의 응집 침전지에서 생성된 슬러지
④ 정화조 찌꺼기

제4절 | 매립

01

23. 지방직 9급

폐기물 매립지 선정 시 고려 사항으로 옳은 것만을 모두 고르면?

> ㉠ 경관의 손상이 적어야 한다.
> ㉡ 육상 매립지의 집수면적을 넓게 한다.
> ㉢ 침출수가 해수에 영향을 주는 장소를 피한다.
> ㉣ 해안 매립지의 경우 파도나 수압의 영향이 크지 않아야 한다.

① ㉠, ㉡
② ㉠, ㉡, ㉢
③ ㉠, ㉢, ㉣
④ ㉡, ㉢, ㉣

02

03. 대구시 9급

다음 중에서 폐기물 위생매립장의 매립방법으로 폐기물을 빨리 분해하고 안정화시키는 것은?

① 호기성 위생매립
② 혐기성 위생매립
③ 준호기성 매립
④ 통기성 매립

03

12. 서울시 9급

셀 복토 방법에 관한 설명 중 틀린 것은?

① 경사식 복토이다.
② 15~25% 경사의 셀 모양으로 쌓는다.
③ 일일 복토를 한다.
④ 마무리 복토는 60cm로 한다.
⑤ 침출수 처리가 용이하다.

04 ☐☐☐   18. 서울시 7급

폐기물 매립방식에 대한 설명으로 가장 옳은 것은?

① 중간복토는 2주일 이상 작업을 중단한 후 복토하는 것으로 흙의 두께는 최소 15cm이다.
② 도랑식 매립방식은 경사면에 폐기물을 쌓은 후 그 위에 흙을 덮는 방식으로, 덮는 흙을 다른 곳으로부터 가져와야 한다.
③ 매립 초기에는 혼입된 공기가 존재하여 호기성 분해가 되고, CO_2 가스를 다량 발생시킨다.
④ 최종복토층은 기울기를 1% 이내로 설치해야 하며, 하부로부터 가스배제층, 차단층, 배수층, 식생대층을 차례대로 설치해야 한다.

05 ☐☐☐   19. 서울시 7급

매립지에서 실시하는 복토에 대한 설명으로 가장 옳지 않은 것은?

① 복토의 종류로는 일일복토, 중간복토, 최종복토가 있다.
② 일일복토는 하루 매립작업이 끝났을 때 폐기물의 비산방지, 악취발산의 억제, 화재예방, 유해곤충 발생 방지 등의 목적으로 실시한다.
③ 최종복토는 최상층에 실시하는 복토로서, 경관의 향상, 부지이용, 침출수 저감, 식물의 성장 등을 목적으로 한다.
④ 일일복토는 빗물이 가급적 유입되지 않도록 철저하게 실시함으로써 침출수의 발생도 저감할 수 있다.

06 ☐☐☐   20. 지방직 9급

폐기물 매립처분 방법 중 위생매립의 장점이 아닌 것은?

① 매립시설 설치를 위한 부지 확보가 가능하면 가장 경제적인 매립 방법이다.
② 위생매립지는 복토 작업을 통해 매립지 투수율을 증가시켜 침출수 관리를 용이하게 한다.
③ 처분대상 폐기물의 증가에 따른 추가 인원 및 장비 소요가 크지 않다.
④ 안정화 과정을 거친 부지는 공원, 운동장, 골프장 등으로 이용될 수 있다.

07 ☐☐☐   06. 환경부 7급

매립지 내의 폐기물 분해기전에 대한 설명 중 틀린 것은?

① 가스발생요인으로는 온도, 함수율, 알칼리도, 영양물질, 독성물질 등이 있다.
② 호기성 단계에서는 호기성 미생물이 증식하여 빠른 속도로 산소를 소비한다.
③ 유기산생성단계에서는 혐기성 미생물이 증식하여 폐기물을 분해, 저급 지방산, 알코올, CO_2, NH_3, H_2 등이 생성된다.
④ 메탄생성단계 초기에서는 유기물의 분해와 동시에 메탄, CO_2가 생성되며 그 비는 6 : 4이다.
⑤ 종이, 목재 등은 분해속도가 느린 반면에 단백질, 탄수화물은 분해속도가 빠르다.

08 〔17. 서울시 7급〕

폐기물매립지에서 폐기물의 안정화 과정에 대한 설명으로 가장 옳지 않은 것은?

① 매립폐기물의 안정화 과정은 가용화, 무기화, 안정화 단계를 거치면서 생분해성 물질과 난분해성 물질이 순차적으로 분해된다.
② 매립폐기물의 가용화 단계에서는 생분해성 물질의 가수분해에 의해 유기산이 생성되고 pH가 낮아진다.
③ 매립지에서 발생하는 탄산가스는 안정화 단계에서 발생량이 가장 많다.
④ 매립지에서 발생하는 가스 성분 중 메탄을 에너지로 회수하여 발전 사업을 추진할 수 있다.

09 〔04. 경북 9급〕

다음은 폐기물 매립지의 침출수에 관한 내용이다. 옳지 않은 것은?

① 매립지에서의 침출수량은 강우량과 집수면적에 의해 결정된다.
② 혐기성 분해가 잘 일어날수록 침출수 내의 유기물 농도는 저하된다.
③ 온도가 낮으면 혐기성 분해가 활발하여 침출수의 유기물 농도가 저하된다.
④ 가스발생량이 많아지면 BOD농도는 낮아진다.

10 〔18. 서울시 9급〕

폐기물 매립지의 매립가스 발생 단계에 대한 설명으로 가장 옳지 않은 것은?

① 1단계는 호기성 단계로 매립지 내 O_2와 N_2가 서서히 감소하며, CO_2가 발생하기 시작한다.
② 2단계는 혐기성 비메탄 발효 단계로 H_2가 생성되기 시작하며, CO_2는 최대농도에 이른다.
③ 3단계는 혐기성 메탄 축적 단계로 CH_4 발생이 시작되며, 중반기 이후 CO_2의 농도비율이 감소한다.
④ 4단계는 혐기성 단계로 CH_4와 CO_2가 일정한 비율로 발생한다.

11 〔19. 지방직 9급〕

일반적인 매립가스 발생의 변화단계를 바르게 나열한 것은?

① 호기성 단계 → 혐기성 단계 → 유기산 생성 단계(통성 혐기성 단계) → 혐기성 안정화 단계
② 혐기성 단계 → 유기산 생성 단계(통성 혐기성 단계) → 호기성 단계 → 혐기성 안정화 단계
③ 호기성 단계 → 유기산 생성 단계(통성 혐기성 단계) → 혐기성 단계 → 혐기성 안정화 단계
④ 혐기성 단계 → 호기성 단계 → 유기산 생성 단계(통성 혐기성 단계) → 혐기성 안정화 단계

12. 다음 중 일반적인 매립가스 발생의 변화단계를 가장 옳게 나열한 것은?

① 호기성 단계 → 혐기성 단계 → 유기산 생성 단계(통성 혐기성 단계) → 혐기성 안정화 단계
② 혐기성 단계 → 호기성 단계 → 유기산 생성 단계(통성 혐기성 단계) → 호기성 안정화 단계
③ 혐기성 단계 → 유기산 생성 단계(통성 혐기성 단계) → 호기성 단계 → 호기성 안정화 단계
④ 호기성 단계 → 유기산 생성 단계(통성 혐기성 단계) → 혐기성 단계 → 혐기성 안정화 단계

13. 「자원의 절약과 재활용촉진에 관한 법률 시행령」상 재활용지정사업자에 해당하지 않는 업종은?

① 종이제조업 ② 유리용기제조업
③ 플라스틱제품제조업 ④ 제철 및 제강업

14. 수평거리로 100m 떨어진 폐기물매립지의 두 지점에 관측정을 설치하고 지하수위를 관측하였다. 한 관측정의 수위가 3.0m, 다른 관측정의 수위가 2.9m로 측정되었을 때 매립지 내에서 지하수의 평균속도[mm/day]는? (단, 매립지 내 지하수의 흐름은 Darcy 법칙을 따르고, 투수계수는 5m/day이다)

① 5 ② 10
③ 15 ④ 20

15. 지하수가 포화 대수층(saturated aquifer)에서 이동할 때, 지하수 흐름은 Darcy's flow equation에 의해 표현할 수 있다. Darcy's flow equation에서 대수층의 매질 특성과 관련된 인자는?

① 확산(diffusion)
② 수리전도도(hydraulic conductivity)
③ 생분해도(biodegradation)
④ 흡착(sorption)
⑤ 분산(dispersion)

16. 10m 간격으로 떨어져 있는 실험공의 수위차가 20cm일 때, 실질평균선형유속[m/day]은? (단, 투수계수는 0.4m/day이고 공극률은 0.5이다)

① 0.008 ② 0.18
③ 0.004 ④ 0.016

17. 지하수 모니터링을 위해 20m 간격으로 설치된 감시우물의 수위차가 50cm일 때, 실질적인 지하수 유속[m d^{-1}]은? (단, 투수계수는 0.2m d^{-1}, 공극률은 0.2이다)

① 0.025 ② 0.050
③ 0.075 ④ 0.090

18   19. 서울시 7급

방사능과 방사선 단위에 대한 설명으로 가장 옳지 않은 것은?

① 퀴리(Ci)는 붕괴 속도의 기본 단위로서 라듐 약 1g의 붕괴 속도이다.
② 베크렐(Bq)은 초당 3.7×10^{10}개의 원자 붕괴에 해당한다.
③ 래드(rad)는 물질 1g이 100erg의 에너지를 흡수하는 것에 상응하는 양이다.
④ 렘(rem)은 방사선의 여러 형태들이 인간에게 미치는 생물학적 영향들이 저마다 다르다는 점을 고려하여 도입되었다.

19   19. 서울시 7급

방사성 폐기물 가운데 고준위 폐기물에 해당하지 않는 것은?

① 사용이 끝난 핵연료에서 분리된 핵분열생성물의 농축 폐액
② 우라늄 연료의 제조 가공 폐기물
③ 연료피복관의 폐재가 주가 되는 폐기물
④ Pu, Am, Cm 등의 초우라늄 원소를 많이 포함하는 폐기물

20   21. 해양경찰 일반직 9급

「폐기물관리법」의 적용을 받는 물질로 가장 옳은 것은?

① 「하수도법」에 의한 하수
② 용기에 들어 있지 아니한 기체상태의 물질
③ 「군수품관리법」에 따라 폐기되는 탄약
④ 「해양환경관리법」에 의한 해양시설에서 발생되는 폐유

MEMO

PART 05

토양환경/지하수 환경/해양환경

01 토양환경
02 지하수·해양 환경

CHAPTER 01 토양환경

정답 및 해설 : 261p

제1절 | 토양의 특성

01 　　　　12. 서울시 9급

토성에 관한 설명 중 틀린 것은?

① 토성은 물리적, 화학적 특성을 나타낸다.
② 부식성 물질과 반응하면 토성이 변한다.
③ 모래, 미사, 점토의 혼합비율에 의해 결정된다.
④ 침강 분별 시 스토크식을 적용한다.
⑤ 균등한 입도를 가진 토양이 다양한 입도를 가진 토양에 비해 공극량이 높다.

02 　　　　10. 지방직 9급

토양의 양이온교환능력(CEC)에 대한 설명으로 옳지 않은 것은?

① 토양 내 점토광물 함량이 높아지면 CEC 값은 낮아진다.
② CEC 표기단위는 meq/100gsoil이다.
③ Ca^{2+} > K^+ > Na^+ 순으로 염기성 양이온의 교환이 일어난다.
④ 산성비가 내리면, 토양 내 Ca^{2+} 등 양이온의 용탈이 일어난다.

03 　　　　14. 서울시 9급

토양의 양이온교환용량(CEC, Cation Exchange Capacity)에 관한 설명 중 옳지 않은 것은?

① CEC는 토양이 양이온을 보유할 수 있는 용량을 말한다.
② 점토질과 유기물의 함량이 높은 토양은 CEC가 높다.
③ 토양의 CEC는 무기영양분의 보유능력, 산성비의 완충능력 및 자연의 정화 능력에 큰 영향을 미친다.
④ 이온의 하전수가 높을수록 선택적으로 잘 흡착된다.
⑤ 카올리나이트(Kaolinite)와 깁사이트(Gibbsite) 함량이 높으면 CEC는 높아진다.

04 　　　　22. 해양경찰 일반직 9급

2차광물(점토광물) 중 수분이 결정 단위와 단위 사이를 이동하면서 팽창과 수축이 자유로운 2차 광물로 가장 옳은 것은?

① 카올리나이트(kaolinite)
② 일라이트(illite)
③ 몬모릴로나이트(montmorillonite)
④ 클로라이트(chlorite)

제2절 | 토양오염의 특성

01 ☐☐☐   11. 지방직 9급

토양오염의 특징으로 옳지 않은 것은?

① 원상복구의 용이성
② 발생과 영향의 시차성
③ 오염경로의 다양성
④ 오염의 비인지성

02 ☐☐☐   16. 서울시 9급

토양오염의 특징을 설명한 다음 내용 중 옳지 않은 것은?

① 토양은 일단 오염되면 원상 복구가 어렵다.
② 토양오염은 물, 공기 등 오염경로가 다양하다.
③ 토양오염은 매체의 특성상 대부분 잔류성이 적은 편이다.
④ 토양오염은 대부분 눈에 보이지 않아 인지가 쉽지 않다.

03 ☐☐☐   05. 경기 9급

토양오염에 대한 다음 설명 중 틀린 것은?

① 오염원 확인이 가능하다.
② 오염물질과 토양특성에 큰 영향을 받는다.
③ 오염물질의 이동으로 2차 오염을 야기한다.
④ 오염속도가 느리다.
⑤ 오염된 토양을 복원하는 데 많은 비용과 시간이 소요된다.

04 ☐☐☐   23. 지방직 9급

토양오염에 대한 설명으로 옳지 않은 것은?

① 특정 비료의 과다 유입은 인근 수역의 부영양화를 초래하는 원인이 된다.
② 일반적으로 인산염은 토양입자에 잘 흡착되지 않는다.
③ 질산 이온은 토양에서 쉽게 용출되어 지하수 오염에 큰 영향을 미친다.
④ 토양 내 잔류농약 농도는 토양의 물리화학적 성질에 영향을 받는다.

05 ☐☐☐   15. 지방직 9급

토양오염이 식물에 미치는 영향에 대한 설명으로 옳지 않은 것은?

① 염분농도가 높은 토양의 경우 삼투압에 의해서 식물의 성장이 저해되는데, 기온이 높거나 토양층의 온도가 낮거나 비가 적게 오는 경우 그 영향이 감소된다.
② 인분뇨를 농업에 사용하면 인분 중 Na^+이 토양 내 Ca^{2+} 및 Mg^{2+}과 치환되며, 또한 Na^+은 산성비에 포함된 H^+에 의해서 다시 치환되어 토양이 산성화되므로 식물의 생육을 저해한다.
③ Cu^{2+}나 Zn^{2+} 등이 토양에 지나치게 많으면 식물세포의 물질대사를 저해하여 식물세포가 죽게 된다.
④ 농업용수 내 Na^+의 양이 Ca^{2+}과 Mg^{2+}의 양과 비교하여 과다할 때에는 Na^+이 토양 중의 Ca^{2+} 및 Mg^{2+}과 치환되어 배수가 불량한 토양이 되므로 식물의 성장이 방해받는다.

06   17. 서울시 9급

토양 내에서 오염물질의 이동에 대한 설명으로 옳지 않은 것은?

① 투수계수가 낮은 점토 토양에서 침출이 잘 일어난다.
② 토양 공극 내에서 농도구배에 의해 오염물질이 이동하는 현상을 확산(diffusion)이라고 한다.
③ 토양 공극의 불균질성으로 인해 물질 이동 경로의 불규칙성과 토양 공극 사이 이동 속도의 차이로 인해 분산(dispersion)이 일어나게 된다.
④ 양전하를 가진 분자는 음전하를 띤 토양에 흡착되어 이동이 지체된다.

07   18. 서울시 7급

토양 관리 대책으로 가장 옳지 않은 것은?

① 염해 방지 대책 – 내염성 식물 재배
② 오염 토양 복원 대책 – 토양 세척
③ 사전 오염 예방 대책 – 증기 추출
④ 오염 확산 방지 대책 – 오염 토양 제거

08   20. 해양경찰 일반직 9급

토양 용적비중이 1.12이고 입자비중이 2.4인 토양의 공극률(%)은 얼마인가? (단, 소수점 둘째자리에서 반올림)

① 46.7
② 53.3
③ 57.6
④ 62.4

09   22. 해양경찰 일반직 9급

화강암에서 유래한 토양의 습윤용적밀도가 $2.1 g/m^3$이고 수분함량이 50%일 때 토양 공극률은? (단, 입자의 밀도는 $2.8 g/m^3$, 물의 비중은 1)

① 25%
② 30%
③ 50%
④ 75%

10   21. 해양경찰 일반직 9급

토양 시료의 체분석 결과를 입도분포곡선으로 나타내었더니 $D_{10}=0.05mm$, $D_{30}=0.1mm$, $D_{60}=0.5mm$이었다. 다음 중 균등계수는?

① 4
② 5
③ 10
④ 50

11   20. 지방직 9급

지하수 흐름 관련 Darcy 법칙에 대한 설명으로 옳지 않은 것은?

① 다공성 매질을 통해 흐르는 유체와 관련된 법칙이다.
② 콜로이드성 진흙과 같은 미세한 물질에서의 지하수 이동을 잘 설명한다.
③ 유량과 수리적 구배 사이에 선형성이 있다고 가정한다.
④ 매질이 다공질이며 유체의 흐름이 난류인 경우에는 적용되지 않는다.

12
19. 서울시 7급

토양오염을 유발하는 중금속에 대한 설명으로 가장 옳지 않은 것은?

① 일반적인 토양의 pH조건에서 구리(Cu)는 주로 2가 양이온(Cu^{2+})형태를 가지며 토양 중 구리이온의 이동성은 매우 높다.
② 휘발유 연소 시 배출되는 납(Pb)은 $PbCO_3$나 $PbSO_4$ 등과 같은 비교적 불용성 화합물을 형성하여 토양에 침전될 수 있다.
③ 니켈(Ni)은 식물생육에 강한 독성을 나타내며 니켈을 다량 함유한 토양은 인산을 사용하여 독성을 저감시킬 수 있다.
④ 아연(Zn)은 식물생육에 있어 필수적인 원소이나 높은 농도에서는 오히려 독성을 나타낼 수 있으므로 적절한 처리가 필요하다.

제3절 | 토양오염 복원기술

01
15. 지방직 9급

오염토양 복원기술 중 물리화학적 복원기술이 아닌 것은?

① 퇴비화법
② 토양증기추출법
③ 토양세척법
④ 고형화 및 안정화법

02
18. 서울시 7급

오염토양 복원기술 중 원위치 처리(In-Situ) 기술에 해당하지 않는 것은?

① 생물학적 분해(Biodegradation)
② 토양증기추출법(Soil Vapor Extraction)
③ 소각법(Incineration)
④ 생물환기(Bioventing)

03
19. 지방직 9급

오염된 토양의 복원기술 중에서 원위치(in-situ) 처리기술이 아닌 것은?

① 토양세정(soil flushing)
② 바이오벤팅(bioventing)
③ 토양증기추출(soil vapor extraction)
④ 토지경작(land farming)

04
17. 환경부 경채 9급

토양오염 정화 공정이 아닌 것은?

① 토양세척
② 고형화 및 안정화
③ 열탈착
④ 토양매몰

05
20. 해양경찰 일반직 9급

다음 중 오염된 토양의 복원기술 중 물리화학적 처리기술이 아닌 것은?

① 토양증기추출법
② 토양세척법
③ 용제추출법
④ 식물정화법

06
24. 해양경찰 일반직 9급

다음 중 토양오염 복원기술로 가장 옳지 않은 것은?

① 소각법
② 살수여상법
③ 용제추출법
④ 고형화 및 안정화

07
21. 해양경찰 일반직 9급

다음 〈보기〉의 토양오염 정화기술 중 생물학적 처리 방법으로 옳은 것을 모두 고른 것은?

보기
㉠ 퇴비화법 ㉡ 용제추출법
㉢ 고형/안정화법 ㉣ 토양경작법
㉤ 토양세척법 ㉥ 유리화법

① ㉠, ㉢, ㉣, ㉤
② ㉡, ㉢, ㉤
③ ㉠, ㉣
④ ㉠, ㉡, ㉤, ㉥

08
23. 해양경찰 일반직 9급

다음 오염된 토양에 대한 복원기술 중 생물학적 방법으로 가장 옳은 것은?

① 토양세척법(Soil Washing)
② 토양경작법(Land Farming)
③ 열 탈착법(Thermal Desorption)
④ 토양 증기 추출법(Soil Vapor Extraction)

09
09. 지방직 9급

토양오염 복원기술에 대한 설명으로 옳지 않은 것은?

① Bioventing – 불포화 토양층 내 유류 탄화수소화합물의 생물학적 분해에 효과적이다.
② Thermal Desorption – 휘발성 및 준휘발성 유기물 처리에 효과적이며 처리시간이 짧다.
③ Phytoremediation – 식물을 이용하여 오염토양 중의 탄화수소 화합물과 중금속을 제거하는데 효과적이다.
④ Soil Vapor Extraction – 포화대수층 내의 VOC 제거에 효과적이다.

10
10. 지방직 9급

오염 토양 및 지하수 정화기술에 대한 설명으로 옳지 않은 것은?

① 토양세척법(Soil flushing)은 토양 내에 세척제를 주입해 줌으로써 중금속으로 오염된 토양 처리에 효과적이다.
② 공기주입법(Air sparging)은 오염된 불포화층에 공기를 공급함으로써 오염 물질의 휘발 및 생분해를 증진시키는 방법이다.
③ 원위치 생물학적 공법(In-situ Bioremediation)은 미생물의 오염 물질 분해능력을 촉진시켜 오염 토양이나 지하수를 처리하는 기술이다.
④ 토양경작법(Landfarming)은 오염 토양의 생물학적 처리 공법으로 유류오염 토양의 정화에 효과적이다.

11 [17. 지방직 9급]

토양 및 지하수 처리 공법에 대한 설명으로 옳지 않은 것은?

① 열탈착공법(thermal desorption)은 오염 토양을 굴착한 후, 고온에 노출시켜 소각이나 열분해를 통해 유해물질을 분해시킨다.
② 바이오스파징공법(biosparging)은 휘발성 유기물질로 오염된 불포화토양층 처리에 효과적이다.
③ 바이오벤팅공법(bioventing)은 휘발성이 강하거나 생분해성이 높은 유기물질로 오염된 토양 처리에 효과적이며 토양증기추출법과 연계하기도 한다.
④ 토양세척공법(soil washing)은 중금속으로 오염된 토양 처리에 효과적이다.

12 [17. 서울시 7급]

토양오염복원기술에 대한 설명으로 옳지 않은 것은?

① 토양세척법(Soil Washing)은 첨가제가 함유된 물을 토양공극 내에 주입함으로써 용해도가 증가된 오염물질을 추출하여 처리하는 방법이다.
② 토양증기추출법(Soil Vapor Extraction)은 불포화대수층 위에 추출정을 설치해 토양을 진공상태로 만들어 줌으로써 휘발성 유기물질을 제거하는 방법이다.
③ 고형화 및 안정화(Solidification/Stabilization)는 물리적, 화학적인 방법을 통해 독성물질과 오염물질의 유동성을 감소시키는 방법이다.
④ 탈할로겐화법(Dehalogenation)은 화학약품을 이용하여 오염물질 분자로부터 할로겐 원자를 제거하는 방법이다.

13 [18. 서울시 7급]

토양증기추출법(SVE)에 대한 설명으로 가장 옳지 않은 것은?

① 처리 가능한 오염물질 중 하나는 휘발성유기물질(VOCs)이다.
② 토양오염 정화의 효율을 높이기 위해 공기공급정을 추가로 설치할 수 있다.
③ 굴착이 필요 없는 장점이 있으나 추출된 증기는 대기오염방지를 위해 후처리가 필요하다.
④ 토양층이 치밀하여 기체흐름이 어려운 곳에서도 적용이 용이하다.

14 [20. 지방직 9급]

토양오염 처리기술 중 토양증기추출법(Soil Vapor Extraction)에 대한 설명으로 옳지 않은 것은?

① 오염 지역 밖에서 처리하는 현장외(ex-situ) 기술이다.
② 대기오염을 방지하려면 추출된 기체의 후처리가 필요하다.
③ 오염물질에 대한 생물학적 처리 효율을 높여줄 수 있다.
④ 추출정 및 공기 주입정이 필요하다.

15 [23. 지방직 9급]

토양증기추출법(soil vapor extraction) 시스템의 구성요소에 해당하지 않는 것은?

① 추출정 및 공기주입정
② 진공펌프 및 송풍기
③ 풍력분별장치
④ 배가스 처리장치

16 [24. 지방직 9급]

토양증기추출법(Soil Vapor Extraction, SVE)의 장점이 아닌 것은?

① 통기대 깊이에서 유용하다.
② 오염된 본래의 장소에서 현장처리가 가능하다.
③ 제거되는 물질 일부는 활성탄으로 흡착할 수 있다.
④ 휘발성이 낮은 물질의 제거 효율이 높다.

17 [18. 서울시 9급]

토양세척법에 대한 설명으로 가장 옳지 않은 것은?

① 토양세척법에 이용되는 세척제는 계면의 자유에너지를 낮추는 물질이다.
② 토양세척기술은 1970년대 후반 미국 환경청에서 기름 유출사고로 오염된 해변을 정화하기 위해 처음으로 개발되었다.
③ 준휘발성 유기화합물은 토양세척법을 이용하여 처리하기에 적합하지 않다.
④ 토양 내에 휴믹질이 고농도로 존재하는 경우에는 전처리가 필요하다.

18 [14. 지방직 9급]

토양오염 복원 시 투수성 반응벽체 공법을 이용할 경우 주요 설계 고려 사항이 아닌 것은?

① 오염대 주변의 식생 특성
② 제거 대상 오염물질의 특성
③ 오염된 부지의 수리지질학적 특성
④ 처리과정에서 미생물에 의한 영향

19 [16. 서울시 9급]

다음은 토양과 지하수의 정화 및 복원기술과 관련된 설명이다. 옳지 않은 것은?

① 지하수 복원기술로서 양수처리기법은 정화된 물을 지하로 투입하여 지중 내의 오염지하수를 희석시킴으로써 오염물질의 농도를 규제치 이하로 떨어뜨리는 기법을 의미하며 가장 간단하고 보편적으로 활용되는 기법이다.
② 오염토양의 처리기법은 위치에 따라 in-situ와 ex-situ 처리법으로 나뉘며 in-situ 처리법으로는 토양증기추출법, 고형화·안정화법, 생물학적 분해법 등이 있고 ex-situ 처리법으로는 열탈착법, 토양세척법, 산화·환원법, 토양경작법 등이 있다.
③ 물리·화학적 방법을 통해 독성물질 및 오염물질의 유동성을 떨어뜨리거나 고체구조 내에 가두는 방식의 처리기법을 고형화·안정화법이라고 하며, 중금속이나 방사능물질을 포함하는 무기물질에 효과적인 것으로 알려져 있다.
④ 토양경작법은 오염토양을 굴착하여 지표상에 위치시킨 후 정기적인 뒤집기에 의한 공기공급을 통해 호기성 생분해를 촉진하여 유기오염물질을 제어하는 방법이다.

20 [08. 경기 9급]

토양 내 용적비중(겉보기밀도)이 1.07이고, 입자비중(진밀도)이 2.45일 때 토양 공극률을 구하면?

① 약 56.3%   ② 약 60.2%
③ 약 62.5%   ④ 약 65.4%

21
공극률이 20%인 토양 시료의 겉보기밀도는? (단, 입자밀도는 2.5g/cm³로 가정한다)

① $1g/cm^3$
② $1.5g/cm^3$
③ $2g/cm^3$
④ $2.5g/cm^3$

22
토양 내 질소 거동에 대한 설명 중 옳지 않은 것은?

① 미생물에 의해 $NH_3 \rightarrow NO_2^- \rightarrow NO_3^-$으로만 분해된다.
② 식물은 유기질소를 이용하지 못한다.
③ 표토 부근의 토양 내에서 존재하는 질소는 유기물과 결합한 형태이며, 토양에 존재하는 유기질소는 총 질소의 90% 이상이다.
④ 환원상태에서 NO_2^-, NO_3^-가 나오는데 에너지가 필요하지 않고, 토양에 오래 남는다.

23
대수층에서 단위면적당 단위수두의 변화로부터 산출할 수 있는 물의 양을 나타내는 용어는?

① 저류계수
② 비수율
③ 동수경사
④ 투수계수

24
전자제품 폐기물 야적장에서 중금속인 납이 지하수 대수층으로 60g/day로 스며들고 있다. 야적장 아래 지하수의 평균속도는 0.5m/day이고, 지하수 흐름에 수직인 대수층 단면적이 30m²일 때, 지하수 내 납 농도는? (단, 납은 토양에 흡착되지 않으며 대수층 단면으로 균일하게 유입된다고 가정한다)

① 3mg/L
② 4mg/L
③ 5mg/L
④ 6mg/L

25
토양 유기물에 대한 다음 설명 중 옳지 않은 것은?

① 용해성 유기물을 강한 산성용액에서 처리하였을 때 침전물을 형성하는 유기물을 부식산(humic acid)이라 한다.
② 용해성 유기물을 강한 산성용액에서 처리하였을 때 용해성으로 존재하는 유기물을 풀브산(fulvic acid)이라 한다.
③ 풀브산은 염기와 산에 모두 용해되는 특성이 있다.
④ 부식산은 염기와 산에 모두 용해되는 특성이 있다.

26
염소계 유기용매류는 물보다 무거워서 불투수층에 도달할 때까지 지하수층 아래로 침강하여 바닥에 깔리게 되는데 이를 DNAPL(dense nonaqueous phase liquid)이라 한다. 다음 중 DNAPL 종류에 해당하는 것으로 가장 옳은 것은?

① 자일렌(xylene)
② n-헵탄(normal heptane)
③ TCE(trichloroethylene)
④ 에틸벤젠(ethylbenzene)

CHAPTER 02 지하수·해양 환경

정답 및 해설 : 266p

제1절 | 지하수환경

01
17. 일반직 9급

다음 중 지하수와 오염물질의 지하거동에 대한 설명으로 가장 옳지 않은 것은?

① 토양의 공극을 통과하는 지하수는 이류과정의 마찰과 교란에 의해 분산이 일어난다.
② PAHs 등과 같은 비극성, 소수성 오염물질은 유기물보다 점토에 잘 흡착된다.
③ 미생물에 의한 유기물의 분해가 주된 생물작용이다.
④ 한 번 오염된 지하수는 정화되는데 오랜 기간이 소요된다.

02
19. 지방직 9급

지하수에 대한 설명으로 옳지 않은 것은?

① 저투수층(aquitard)은 투수도는 낮지만 물을 저장할 수 있다.
② 피압면 지하수는 자유면 지하수층보다 수온과 수질이 안정하다.
③ 지하수는 하천수와 호소수 같은 지표수보다 경도가 낮다.
④ 지하수는 천층수, 심층수, 복류수, 용천수 등이 있다.

03
21. 해양경찰 일반직 7급

지하수의 대수층 분류에 따른 내용 중 가장 옳지 않은 것은?

① 피압대수층은 제1불투수층과 제2불투수층 사이에 위치한다.
② 피압대수층은 지상의 영향으로 수온과 수질의 계절적 변화가 크다.
③ 비피압대수층은 지하수면과 제1불투수층 사이에 위치한다.
④ 비피압대수층은 호기성 상태이고, 강수량에 따라 수량이 변한다.

04
06. 환경부 7급

지하수에 대한 설명이다. 틀린 것은?

① 유속이 느리고, 국지적인 환경조건에 영향을 크게 받는다.
② 지표수에 비해 유리탄산의 농도가 높고 이로 인하여 무기염류, 알칼리도, 경도가 비교적 높다.
③ 지하수에는 미생물이 거의 존재하지 않는다.
④ 부유물질 농도가 높고 환원상태이다.

05 [22. 지방직 9급]

지하수의 특성에 대한 설명으로 옳은 것은?

① 국지적인 환경 조건의 영향을 크게 받지 않는다.
② 자정작용의 속도가 느리고 유량 변화가 적다.
③ 부유물질(SS) 농도 및 탁도가 높다.
④ 지표수보다 수질 변동이 크다.

06 [17. 서울시 9급]

오염지역 내 지하수계의 동수구배(動水勾配)가 없다고 가정하는 경우, 누출된 수용성 오염물질이 지하수 내에서 확산되는 메커니즘을 설명하기 위하여 사용할 수 있는 법칙은?

① 픽의 법칙(Fick's law)
② 다시의 법칙(Darcy's law)
③ 라울의 법칙(Raoult's law)
④ 헨리의 법칙(Henry's law)

07 [21. 지방직 9급]

관로 내에서 발생하는 마찰손실수두를 Darcy-Weisbach 공식을 이용하여 구할 때의 설명으로 옳지 않은 것은?

① 마찰손실수두는 마찰손실계수에 비례한다.
② 마찰손실수두는 관의 길이에 비례한다.
③ 마찰손실수두는 관경에 비례한다.
④ 마찰손실수두는 유속의 제곱에 비례한다.

08 [19. 서울시 9급]

오염된 지하수의 Darcy 속도가 0.1m/day이고, 공극률이 0.25일 때 오염원으로부터 200m 떨어진 지점에 도달하는 데 걸리는 시간은?

① 약 0.9년
② 약 1.4년
③ 약 2.4년
④ 약 3.9년

09 [19. 서울시 9급]

「지하수법 시행령」상 환경부장관이 수립하는 지하수의 수질관리 및 정화계획에 포함해야 할 사항으로 가장 옳지 않은 것은?

① 지하수의 수질보호계획
② 지하수 오염의 현황 및 예측
③ 지하수의 조사 및 이용계획
④ 지하수의 수질에 관한 정보화계획

제2절 | 해양환경

01 16. 서울시 9급

해양에서 발생하는 적조현상에 대한 설명으로 가장 옳은 것은?

① 적조는 해수의 색 변화를 통한 심미적 불쾌감, 어패류의 질식사, 해수 내 빠른 용존산소의 감소, 독소 물질 생성 등의 피해를 일으킬 수 있다.
② 적조는 미량의 염분 농도, 높은 수온, 풍부한 영양염류의 조건에서 쉽게 나타나며 비정체성 수역에서 자주 관찰된다.
③ 적조 발생 시 대처 방안으로 활성탄 살포, 유입하수의 고도 처리와 함께 공존 미생물의 활발한 성장을 돕기 위한 질소, 인의 투입 등이 있다.
④ 적조 발생은 생활하수 및 산업폐수의 유입과는 연관성이 희박하므로 수산 피해를 최소화하기 위한 장기적 방안은 해안 지역에 국한하여 고려해야 한다.

02 19. 해양경찰 일반직 9급

적조(Red tide) 현상의 발생 조건에 대한 설명으로 가장 적절한 것은?

① 햇빛이 약하고 수온이 낮을 때 발생되기 쉽다.
② 질소, 인 등의 영양분이 부족하여 적색이나 갈색의 적조 미생물이 증식한다.
③ 수괴의 연직 안정도가 적어질 때 발생한다.
④ 정체수역에서 많이 발생한다.

03 22. 해양경찰 일반직 9급

다음 중 적조(Red Tide)의 원인과 일반적인 대책에 대한 설명으로 가장 옳지 않은 것은?

① 적조의 원인생물은 와편모조류와 규조류가 대부분이다.
② 적조생물을 격리하는 방안으로 해상 가두리 주위에 적조 차단막을 설치하는 방법 등이 있다.
③ 적조는 정체성 수역, 낮은 염분 농도에서 잘 발생한다.
④ 해상 가두리 양식장에서는 적조가 발생해도 평소와 같이 사료를 계속 공급하는 것이 바람직하다.

04 18. 지방직 9급

해수의 특성으로 옳지 않은 것은?

① pH는 일반적으로 약 7.5~8.5 범위이다.
② 염도는 약 3.5‰이다.
③ 용존 산소 농도는 수온이 감소하면 증가한다.
④ 밀도는 온도가 상승하면 작아지고, 염도가 증가하면 커진다.

05 04. 대전시 9급

원자력발전소에서 배출되는 냉각수는 해수에 어떤 영향을 미치는가?

① 열오염　　　　　② 유류오염
③ 중금속오염　　　④ 화학오염

06

다음 중 해수의 특성으로 가장 옳은 것은?

① 해수의 pH는 약 7.0~7.3 정도이다.
② 해수의 $\frac{Mg}{Ca}$ 비는 담수에 비하여 작다.
③ 해수의 염소이온농도는 약 10,000ppm 정도이다.
④ 해수의 밀도는 수심이 깊어질수록 증가하다가 심해에서는 거의 일정하다.

07

해수에 관한 설명으로 가장 옳지 않은 것은?

① 해수의 7가지 주요성분은 Cl^-, Na^+, SO_4^{2-}, Mg^{2+}, Ca^{2+}, K^+, HCO_3^- 이다.
② 해수는 강전해질로서 1L당 3.5g의 염분을 함유한다.
③ 해수의 pH는 약 8.2로서 약알칼리성이며, 중탄산염(HCO_3^-)의 완충용액이다.
④ 해수의 Mg/Ca농도비는 3~4 정도로 담수에 비하여 크다.

08

다음 〈보기〉는 「해양오염방제 자재·약제의 성능시험 기준 및 검정기준에 관한 규칙」에서 사용하는 용어의 정의이다. 괄호 안에 들어갈 내용으로 가장 옳은 것은?

보기

- "오일펜스"란 유출된 기름을 포위, 포집, 차단 및 (㉠)하기 위해 사용되는 방제자재를 말한다.
- "유처리제"란 유출된 기름을 미세한 기름방울로 (㉡)시켜 물속에서 신속하게 묽게 한 다음 자연 발생 미생물에 의해 분해되도록 하는 방제약제를 말한다.
- "유흡착재"란 유출된 기름을 (㉢)하여 처리하는 방제자재를 말한다.
- "생물정화제제(生物淨化製劑)"란 유출된 기름의 생물분해를 (㉣)시켜 제거하는 방제약제를 말한다.

	㉠	㉡	㉢	㉣
①	고정	용해	흡수	증진
②	고정	분산	흡수	증진
③	유도	용해	흡착	촉진
④	유도	분산	흡착	촉진

09

해양에 유출된 기름을 제거하는 화학적 방법에 해당하는 것은?

① 진공장치를 이용하여 유출된 기름을 제거한다.
② 비중차를 이용한 원심력으로 기름을 제거한다.
③ 분산제로 기름을 분산시켜 제거한다.
④ 패드형이나 롤형과 같은 흡착제로 유출된 기름을 제거한다.

10 [17. 일반직 9급]

해양에서 오염물질의 방제·방지에 사용되는 자재 및 약제는 「해양환경관리법」상 해양경찰장으로부터 형식승인을 받아야 한다. 다음 중 형식승인 대상이 아닌 것은?

① 응집제　　　　② 유처리제
③ 오일펜스　　　④ 생물정화제제

11 [24. 지방직 9급]

해양유류오염 발생 시 방제 조치로 옳지 않은 것은?

① 유출된 유류를 유흡착재로 회수하여 제거한다.
② 유처리제를 살포하여 유류를 분산시킨다.
③ 유류제거 선박을 이용하여 유류를 흡입 회수한다.
④ 깨끗한 심층수로 희석 확산시켜 유류의 농도를 낮춘다.

12 [21. 해양경찰 일반직 9급]

해양오염 사고 시 해상에 유출된 기름의 확산 방지를 위하여 오일펜스를 설치한다. 다음에서 설명하고 있는 오일펜스 설치 방법으로 가장 옳은 것은?

> • 조류의 영향이 커서 유출유를 현장에서 포집하기 어려울 때 사용하는 방법이다.
> • 양식장 등 민감지역을 보호하기 위하여 유출유를 회수작업이 용이한 장소로 유입하기 위해 사용하는 방법이다.

① 포집전장　　　② 포위전장
③ 폐쇄전장　　　④ 유도전장

13 [21. 해양경찰 일반직 9급]

「항만지역 등 대기질 개선에 관한 특별법」상 선박으로부터 발생하는 항만지역의 대기질 개선을 위하여 국내 주요 항만에 대해 황산화물 배출규제해역을 지정·운영하고 있다. 다음 중 황산화물 배출규제해역으로 지정된 항만으로 가장 옳지 않은 것은?

① 평택·당진항　　② 부산항
③ 목포항　　　　　④ 여수항

14 [17. 지방직 9급]

1차 생산력은 1차 생산자에 의해 단위 시간당 단위 면적에서 생물량이 생산되는 속도이다. 이러한 1차 생산력을 측정하는 방법이 아닌 것은?

① 일산화탄소 측정법　② 엽록체 측정법
③ 산소 측정법　　　　④ 수확 측정법

15 [21. 해양경찰 일반직 7급]

「유류오염손해배상 보장법」상 유류의 대상으로 가장 옳지 않은 것은?

① 원유　　　　② 중유
③ 휘발유　　　④ 윤활유

16
19. 서울시 7급

해양오염에 대한 설명으로 가장 옳은 것은?

① 화력발전소의 냉각수나 원자력발전소의 열수로 인해 발생하는 해수 열오염은 용존산소 감소, 악취 발생, 플랑크톤 이상 증식 등을 일으킨다.
② 다수 미생물의 활발한 대사작용으로 인해 산소가 지속적으로 생성되므로 해양오염의 지표로서 BOD가 적합하다.
③ 해양 적조는 오수의 해수 유입으로 해수 내 유기물질의 증가 및 이를 먹이로 활용하는 플랑크톤의 이상 증식이 원인이며, 적조 발생 시 플랑크톤의 폭발적인 광합성작용이 유발되어 과도한 산소 발생이 표층에서 나타난다.
④ 해양 유류 유출 시 형성된 기름막은 산소 전달을 방해하므로 용존산소량 및 광선투과율 감소를 유발하며, 침강처리가 기름막에 의한 해양오염을 막는 최적의 방법이다.

17
21. 해양경찰 일반직 7급

「선박에서의 오염방지에 관한 규칙」상 선박에서 기름오염방지설비를 통해 해양으로 배출이 가능한 기름 농도의 기준은?

① 10ppm 이하 ② 15ppm 이하
③ 100ppm 이하 ④ 150ppm 이하

18
21. 해양경찰 일반직 7급

유류오염사고 발생 시 신속하고 효과적인 방제조치를 위한 대비·대응에 관한 제반사항을 규정한 국제협약으로 가장 옳은 것은?

① OPRC ② COLREG
③ SOLAS ④ HNS

19
21. 해양경찰 일반직 7급

「해양환경관리법」상 휘발성 유기화합물규제항만에서 유증기배출제어장치를 설치하여야 하는 휘발성 유기화합물의 종류로 가장 옳지 않은 것은?

① 원유 ② 경유
③ 나프타 ④ 휘발유

20
21. 해양경찰 일반직 7급

다음 중 「해양폐기물 및 해양오염퇴적물 관리법」상의 해양폐기물관리업으로 가장 옳지 않은 것은?

① 해양오염퇴적물정화업
② 해양오염유창청소업
③ 해양폐기물수거업
④ 폐기물해양배출업

21
22. 지방직 9급

대형 선박의 균형을 유지하기 위해 채워주는 선박평형수의 처리에 있어서 유해 부산물 발생이 없는 처리방식은?

① 염소가스를 이용한 처리
② 오존을 이용한 처리
③ UV를 이용한 처리
④ 차아염소산나트륨을 이용한 처리

22
17. 지방직 9급

환경영향평가에서 영향평가 및 대안비교를 위해 일반적으로 사용되는 방법으로 옳은 것은?

① 가치측정 방법
② 감응도분석 방법
③ 매트릭스분석 방법
④ 스코핑 방법

23
21. 지방직 9급

해수의 담수화 방법으로 옳지 않은 것은?

① 오존산화법
② 증발법
③ 전기투석법
④ 역삼투법

MEMO

정답 및 해설

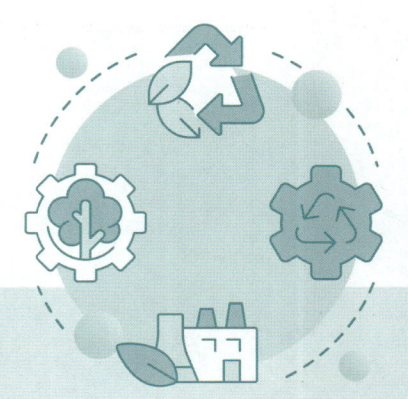

PART 01

수질환경

- 01 수질오염개론
- 02 폐수처리
- 03 상·하수도
- 04 수질분석 및 수질관계 법규

CHAPTER 01 수질오염개론

문제편 : 5p

제1절 | 수질오염의 개념

01 | ④

오염되지 않은 빗물은 대기 중의 이산화탄소로 인하여 pH 5.65 정도인 약산성이 된다.

02 | ②

탁도는 수질오염물질의 지표항목 중 물리적 항목에 해당한다.

03 | ②

구리는 대개의 생물에 필수적인 미량금속 중의 하나이다. 인간은 유해한 영향 없이 상당히 많은 양의 구리를 경구투여해도 견딜 수 있으며 의학적으로 피임, 암치료용 약품에도 사용된다.

04 | ①

용존산소의 포화 농도는 총용존물질(TDS) 농도에 반비례한다.

05 | ②

재포기가 되면 수중으로 용존산소가 유입된다.

06 | ③

용존산소량이 많을수록 자정효과는 증가한다.

07 | ④

오염물질 발생원

	점오염원	비점오염원
예	가정하수(오수), 공장폐수, 축산폐수	산림수, 농경지 배수, 도로유출수
특징	① 한곳에서 집중 배출(대량) ② 배출원, 배출량 측정 가능 　(배출량의 변동폭이 적다.) ③ 갈수 시 오염원으로 주목 ④ 하수처리장, 폐수처리장을 　설치하여 제어 가능	① 광역적으로 분산 배출 ② 배출원, 배출량 측정 불가능 ③ 홍수 시 오염원으로 주목 ④ 광범위하므로 제어 불가능

08 | ③

비점오염원의 특징
㉠ 발생량의 예측과 정량화가 어렵다.
㉡ 광역적으로 분산 배출된다.
㉢ 인위적인 활동과 자연적인 활동의 복합작용에 기인한다.
㉣ 홍수 시 오염원으로 주목된다.
㉤ 빗물, 지하수 등에 의하여 희석되거나 확산되면서 넓은 장소로부터 배출된다.
㉥ 강우 등 자연적 요인에 따른 배출량의 변화가 심하여 예측과 제어가 어렵다.

09 | ①

비점오염원은 초기 강우에 영향을 받으며 시간에 따른 오염 물질 농도의 변화가 크다.

10 | ③

유기물이 수중에 유입되면 조류가 번성하여 수중의 CO_2를 소모하게 되며 CO_2 농도가 낮아져 pH가 증가하게 된다. 시간이 지남에 따라 유기물 농도가 낮아지면 조류가 사멸하게 되고 호기성 박테리아가 번성하여 DO 농도가 감소하고 투명도 감소, BOD와 COD 농도는 증가하게 된다.

제2절 | 수질공학 기초 및 기초 환경화학

01 | ②

동점도(동점성계수)는 점도를 밀도로 나눈 값이며 SI단위에서는 m^2/sec로 나타내고 물리량의 차원으로는 $[L^2T^{-1}]$로 표현한다.

02 | ④

동점도계수는 점도를 밀도로 나눈 것이다.

03 | ④

$$X(eq/L) = \frac{1mol}{L} \left| \frac{2eq}{1mol} = 2(eq/L) \right.$$

04 | ③

단위를 일정하게 통일시킨다.

① $100ppb \times \frac{1ppm}{10^3 ppb} = 0.1ppm$

② $\frac{1\mu g}{L} \left| \frac{1mg}{10^3 \mu g} = 0.001ppm(mg/L) \right.$

③ $1ppm$

④ $0.1mg/L = 0.1ppm$

05 | ②

단위를 atm으로 통일한다.

① $1atm$

② $\frac{8mH_2O}{} \left| \frac{1atm}{10332mmH_2O} \right| \frac{1000mm}{1m} = 0.774atm$

③ $\frac{700mmHg}{} \left| \frac{1atm}{760mmHg} = 0.921atm \right.$

④ $\frac{100,000Pa}{} \left| \frac{1atm}{101.325kPa} \right| \frac{1kPa}{1,000Pa} = 0.987atm$

06 | ①

에탄올의 몰분율 = $\dfrac{\text{에탄올의 몰수}}{\text{전체 몰수}} \times 100$

㉠ 에탄올의 몰수 = $\dfrac{230}{46} = 5$

㉡ 물의 몰수 = $\dfrac{1000}{18} \fallingdotseq 55.56$

∴ 에탄올의 몰분율 = $\dfrac{5}{5 + 55.56} \times 100 \fallingdotseq 8.3(\%)$

여기서, 물 $1L \times 1kg/L = 1(kg) = 1000(g)$

07 | ③

수소이온농도(pH)는 수소이온농도의 역수를 상용대수로 표현한 값이다.
$[H^+] = 10^{-pH} = 10^{-1.0} = 0.1(mol/L)$

08 | ②

$N(eq/L) = \dfrac{0.4g}{0.36L} \left| \dfrac{1eq}{(100/2)g} \right| \dfrac{0.9}{} = 0.02(N)$

09 | ③

$pH = 14 - pOH$, $pOH = -\log[OH^-]$
$NaOH(mol/L) = \dfrac{0.4g}{1L} \left| \dfrac{1mol}{40g} \right. = 0.01(mol/L)$
$pOH = -\log[0.01] = 2$
∴ $pH = 14 - pOH = 14 - 2 = 12$

10 | ①

$pH = -\log[H^+]$
$[H^+] = 0.02 \times 0.02 = 0.0004$
∴ $pH = -\log[0.0004] = 3.4$

11 | ①

$pH = \dfrac{1}{[H^+]}$, $pH = 14 - pOH$

$Ca(OH)_2(mol/L) = \dfrac{148mg}{L} \left| \dfrac{1mol}{74g} \right| \dfrac{1g}{1000mg}$
$= 0.002(mol/L)$

$Ca(OH)_2 \rightleftarrows Ca + 2OH$

$pOH = \log\dfrac{1}{[OH^-]} = \log\dfrac{1}{2 \times 0.002} = 2.398$

∴ $pH = 14 - pOH = 14 - 2.398 = 11.6$

12 | ③

$pH = \log\dfrac{1}{[H^+]} = \log\dfrac{1}{(6.0 \times 10^{-3})} = 2.22$
$pOH = 14 - pH = 14 - 2.22 = 11.78$

13 | ②

$CaCO_3$는 석회석이고, 석고는 $CaSO_4$이다.

14 | ③

pH의 정의 자체가 log 값을 뜻하므로 농도가 10배 바뀌면 pH는 1이 바뀌게 된다.

15 | ①

독성물질

㉠ TLm(Tolerance Limit) : 급성독성에 대한 척도로서 독성물질이 함유된 물속에 일정한 시간을 경과시킨 후 실험생물의 50%가 생존할 수 있는 농도를 말한다. 실험시간은 보통 24시간, 48시간, 96시간으로 한다.

㉡ LC_{50}(Lethal Concentration) : 독성물질의 급성유해도를 나타내는 것으로 실험생물 중 50%가 죽는 독성물질의 농도를 말한다.

㉢ LD_{50}(Lethal Dose) : 실험생물에게 독성물질을 경구로 투여 시 50%가 죽는 독성물질의 양을 말한다.

㉣ Toxic unit : 방류수에 물벼룩을 넣어 사멸 또는 유영저해 정도를 측정하는 것으로 미지의 독성물질이 방류수에 함유되어 있는 경우 물벼룩이 영향을 받는 정도를 나타낸다.

㉤ ED_{50}(Effective Dose) : 실험동물에 독소나 약물을 투여했을 경우, 그 50%의 동물에 유효하다고 추정되는 용량이다.

16 | ②

TLm(Tolerance Limit)
급성독성에 대한 척도로서 독성물질이 함유된 물속에 일정한 시간을 경과시킨 후 실험생물의 50%가 생존할 수 있는 농도를 말한다. 실험시간은 보통 24시간, 48시간, 96시간으로 한다.

17 | ③

분배계수는 용매(solvent) 내의 유해물질의 농도를 말한다.

18 | ②

pH의 정의는 수소이온 역수의 log 값으로 다음 식으로 계산된다.
$pH = \log \dfrac{1}{[H^+]}$ or $pH = 14 - \log \dfrac{1}{[OH^-]}$

㉠ 초산의 이온화 상수를 이용하여 수소이온의 mol 농도를 먼저 구하면,
$CH_3COOH \rightleftarrows CH_3COO^- + H^+$
$\rightarrow K_a = \dfrac{[H^+][CH_3COO^-]}{[CH_3COOH]} = 1.8 \times 10^{-5}$

㉡ 여기서, 아세트산의 농도를 mol/L로 환산한다.
$X\left(\dfrac{mol}{L}\right) = \dfrac{150mg}{L} \left|\dfrac{1g}{10^3 mg}\right| \dfrac{1mol}{60g}$
$= 2.5 \times 10^{-3}(mol/L)$

따라서 $1.8 \times 10^{-5} = \dfrac{[H^+]^2}{2.5 \times 10^{-3}}$ 이므로
$\therefore [H^+] = \sqrt{1.8 \times 10^{-5} \times 2.5 \times 10^{-3}}$
$= 2.12 \times 10^{-4}(mol/L)$

㉢ 위의 pH 계산식에 이를 대입하여 계산하면,
$pH = \log \dfrac{1}{2.12 \times 10^{-4}} = 3.67$

19 | ①

$C_6H_5OH + 7O_2 \rightarrow 6CO_2 + 3H_2O$
  94(g) : 7×32(g)
  94(g) : X(g)
$\therefore X_1 = 224(g/m^3) = 224(mg/L)$

$C_6H_{12}O_6 + 6O_2 \rightarrow 6CO_2 + 6H_2O$
  180g : 6×32g
  90(g) : X(g)
$\therefore X_2 = 96(g/m^3) = 96(mg/L)$

이론적 산소요구량(ThOD) $= X_1 + X_2 = 224 + 96 = 320(mg/L)$

20 | ①

에틸알코올의 산화반응을 이용한다.
㉠ ThOD 계산
  $C_2H_5OH + 3O_2 \rightarrow 2CO_2 + 3H_2O$
  1mol : 3×32(g)
  $\therefore ThOD = 3 \times 32$(g)

㉡ TOC 계산
  $C_2H_5OH \rightarrow 2C$
  1mol : 2×12(g)
  $\therefore TOC = 24$(g)
  $\therefore \dfrac{ThOD}{TOC} = \dfrac{3 \times 32(g)}{2 \times 12(g)} = 4$

21 | ①

$NH_3 + 2O_2 \rightarrow HNO_3 + H_2O$
  17(g) : 2×32(g)
  1mg/L : X
$\therefore X(O_2) ≒ 3.76(mg/L)$

22 | ④

$Al_2(SO_4)_3 \rightarrow 2Al^{3+} + 3SO_4^{2-}$
몰용해도(mol/L) $= \sqrt[5]{\dfrac{K_{sp}}{(2^2 \times 3^3)}}$

23 ①

SAR은 다음 식으로 계산된다.

$$SAR = \frac{Na^+}{\sqrt{\frac{Ca^{2+}+Mg^{2+}}{2}}} = \frac{10}{\sqrt{\frac{30+20}{2}}} = 2$$

여기서, $Na^+\left(\frac{meq}{L}\right) = \frac{230mg}{L} \left| \frac{1meq}{(23/1)mg} \right. = 10(meq/L)$

$Ca^{2+}\left(\frac{meq}{L}\right) = \frac{600mg}{L} \left| \frac{1meq}{(40/2)mg} \right. = 30(meq/L)$

$Mg^{2+}\left(\frac{meq}{L}\right) = \frac{240mg}{L} \left| \frac{1meq}{(24/2)mg} \right. = 20(meq/L)$

24 ②

SAR은 다음 식으로 계산된다.

$$SAR = \frac{Na^+}{\sqrt{\frac{Ca^{2+}+Mg^{2+}}{2}}} = \frac{5}{\sqrt{\frac{4+4}{2}}} = 2.5$$

여기서, $Na^+\left(\frac{meq}{L}\right) = \frac{115mg}{L} \left| \frac{1meq}{(23/1)mg} \right. = 5(meq/L)$

$Ca^{2+}\left(\frac{meq}{L}\right) = \frac{80mg}{L} \left| \frac{1meq}{(40/2)mg} \right. = 4(meq/L)$

$Mg^{2+}\left(\frac{meq}{L}\right) = \frac{48mg}{L} \left| \frac{1meq}{(24/2)mg} \right. = 4(meq/L)$

25 ③

$SAR = \frac{Na^+}{\sqrt{\frac{Mg^{2+}+Ca^{2+}}{2}}}$ (단, 모든 단위는 meq/L이다.)

㉠ $Na^+ = \frac{92mg}{L} \left| \frac{1meq}{23mg} \right. = 4meq/L$

㉡ $Ca^{2+} = \frac{100mg}{L} \left| \frac{1meq}{20mg} \right. = 5meq/L$

㉢ $Mg^{2+} = \frac{36.6mg}{L} \left| \frac{1meq}{12.2mg} \right. = 3meq/L$

$SAR = \frac{4}{\sqrt{\frac{5+3}{2}}} = 2$

26 ①

SAR
㉠ 토양 내의 나트륨이온(Na^+)과 칼슘(Ca^{2+}), 마그네슘(Mg^{2+}) 이온과의 비율로서 농업용수 수질지표로서 이용된다.
㉡ Na^+의 양이 Ca^{2+}과 Mg^{2+}의 양과 비교하여 과다할 때는 Na^+가 Ca^{2+}와 치환되어 배수가 불량한 토양이 되며, 경작이 어려운 토질로 변한다.
㉢ SAR(Sodium Adsorption Ratio)의 값이 10 이하인 경우는 경작토양으로 문제가 발생되지 않는다.
㉣ 토양의 허용치는 SAR 26 이하이다.

27 ③

SAR이 10 이하이면 적합하며, 26 이상이면 영향이 매우 크다.

28 ②

계의 상태량(Properties)
㉠ **강도적 상태량** : 온도, 압력, 밀도 등과 같이 계의 크기와 무관한 상태량
㉡ **종량적 상태량** : 질량, 체적, 에너지 등과 같이 계의 크기 또는 범위에 따라 변하는 상태량
㉢ **비 상태량** : 단위 질량당 종량적 상태량

제3절 | 수질오염의 지표 및 영향인자

01 | ④

BOD_5는 탄소가 분해되는 탄소성 BOD이므로 질산화 미생물은 필요없다.

02 | ③

N-BOD는 시료 내 미생물이 질소화합물을 호기성 조건에서 분해하는 데 소비하는 산소량을 의미하고, 7~10일 후에 진행된다.

03 | ②

생화학적 산소요구량(BOD ; Biochemical Oxygen Demand)
어떠한 유기물이 미생물에 의하여 호기성 상태에서 분해하여 안정화시키는 데 요구되는 산소량을 말하며 보통 ppm(백만분율) 단위로 표시한다. 생화학적 산소요구량이 높으면 유기물의 오염도가 높음을 의미한다.

04 | ③

일반적으로 COD값이 BOD값보다 크며 미생물에 독성을 끼치는 물질을 함유한 상태인 경우, BOD값이 더 작아진다.

05 | ③

오답풀이

① BOD는 호기성 미생물의 수계 유기물질 분해 활동과 연관된 산소요구량을 의미하며 BOD_5는 5일간 상온에서 시료를 배양했을 때 미생물에 의해 소모된 산소량을 의미한다.
② BOD값이 높을수록 수중 유기물질 함량이 높으며, 측정방법의 특성상 BOD는 언제나 COD보다 낮게 측정된다.
④ COD는 시료 중 유기물질을 화학적 산화제를 사용하여 산화 분해시킨 후 소모된 산화제의 양을 대응산소의 양으로 환산하여 나타낸 값으로, 일반적인 활용 산화제는 $KMnO_4$나 $K_2Cr_2O_7$이다.

06 | ②

COD는 수중의 유기물을 화학적 산화제를 이용하여 산화, 분해할 때 소비하는 산화제의 양을 산소의 양으로 환산한 값으로, 높을수록 오염물질이 많아 수질이 나쁨을 의미한다.

07 | ④

화학적 산소요구량(COD)을 측정할 때 사용되는 산화제에는 $K_2Cr_2O_7$, $KMnO_4$가 있다.

08 | ②

BOD 소모공식을 이용한다.
$BOD_t = BOD_u(1 - 10^{-k \cdot t})$
$270 = 300(1 - 10^{-k \cdot 5})$
$0.1 = 10^{-k \cdot 5}$
∴ $k = 0.2$

09 | ②

COD = BDCOD + NBDCOD이며, BDCOD = BOD_u이다.

10 | ①

FSS = TSS - VSS
㉠ TSS = TS - TDS = 70 - 18 = 52(%)
㉡ VSS = 13(%)
∴ FSS = 52 - 13 = 39(%)

참고

고형물의 분류

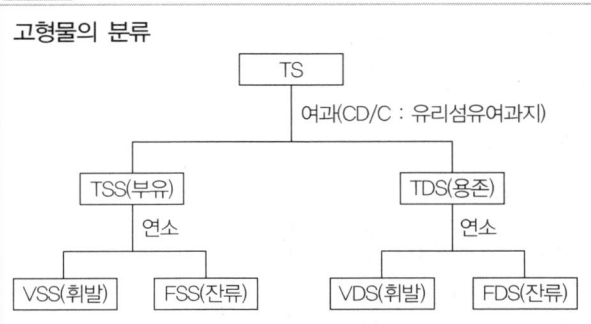

- TS(Total Solid) : 총 고형물
- TSS(Total Supended Solid) : 총 부유고형물
- TDS(Total Dissolved Solid) : 총 용존고형물
- FDS(Fixed Dissolved Solid) : 강열잔류 용존고형물
- VSS(Volatile Supended Solid) : 휘발성 부유고형물
- FSS(Fixed Supended Solid) : 강열잔류 부유고형물
- VDS(Volatile Dissolved Solid) : 휘발성 용존고형물
- VS(휘발성 고형물) = VSS+VDS(유기물)
- FS(강열잔류 고형물) = FSS+FDS(무기물)

11 | ④

㉠ TS(Total Solid) : 총 고형물
㉡ TSS(Total Supended Solid) : 총 부유고형물
㉢ TDS(Total Dissolved Solid) : 총 용존고형물
㉣ FDS(Fixed Dissolved Solid) : 강열잔류 용존고형물
㉤ VSS(Volatile Supended Solid) : 휘발성 부유고형물
㉥ FSS(Fixed Supended Solid) : 강열잔류 부유고형물
㉦ VDS(Volatile Dissolved Solid) : 휘발성 용존고형물

12 | ③

$$\text{BOD 제거효율(\%)} = \left(1 - \frac{BOD_o}{BOD_i}\right) \times 100$$

생물화학적 산소요구량(mg/L) = $(D_1 - D_2) \times P$
여기서, D_1 : 15분간 방치된 후의 희석(조제)한 시료의 DO(mg/L)
D_2 : 5일간 배양한 다음의 희석(조제)한 시료의 DO(mg/L)
P : 희석시료 중 시료의 희석배수(희석시료량/시료량)

$BOD_i = (6-2) \times \frac{300}{5} = 240 (mg/L)$

$BOD_o = (9-4) \times \frac{300}{15} = 100 (mg/L)$

∴ BOD 제거효율(%) = $\left(1 - \frac{100}{240}\right) \times 100 ≒ 58.33(\%)$

13 | ③

BOD = $(D_1 - D_2) \times P$

㉠ 실험1 : BOD = $(9.2 - 3.7) \times \frac{300}{50} = 33 (mg/L)$

㉡ 실험2 : BOD = $(9.1 - 0.1) \times \frac{300}{100} = 27 (mg/L)$

∴ 폐수의 BOD = $\frac{33+27}{2} = 30 (mg/L)$

14 | ④

생분해성 유기물이 수중에 유입되면 호기성 미생물에 의해서 수중의 산소가 감소된다.

15 | ①

경도 유발물질은 Fe^{2+}, Mg^{2+}, Ca^{2+}, Mn^{2+}, Sr^{2+}이다.

16 | ①

연수화 방법
㉠ 자비법(끓이는 방법) : 일시경도만 대상
㉡ 침전법(석회-소다법) : 영구경도 제거 시 유리
㉢ 이온교환법
㉣ 제올라이트법

17 | ②

경도에 의한 물의 분류
㉠ 연수 : 75mg/L as $CaCO_3$ 이하
㉡ 경수 : 75mg/L as $CaCO_3$ 이상
 • 약한 경수 : 75~150mg/L as $CaCO_3$
 • 강한 경수 : 150~300mg/L as $CaCO_3$
 • 아주 강한 경수 : 300mg/L as $CaCO_3$ 이상

18 | ③

경도 유발물질은 Fe^{2+}, Mg^{2+}, Ca^{2+}, Mn^{2+}, Sr^{2+}이며, 각각의 당량(eq)은 $Ca^{2+}=40/2$, $Mg^{2+}=24/2$이다.

$TH = \sum M_C^{2+} \times \frac{50}{Eq}$

$= 40(mg/L) \times \frac{50}{40/2} + 12(mg/L) \times \frac{50}{24/2}$

$= 150(mg/L \text{ as } CaCO_3)$

19 | ④

$TH = \sum M_C^{2+} \times \frac{50}{Eq}$, 칼슘과 마그네슘의 농도를 x라 하면

$66 = x(mg/L) \times \frac{50}{40/2} + x(mg/L) \times \frac{50}{24/2}$

∴ x = 9.9(mg/L)

20 | ③

$TH = \sum M_c^{2+}(mg/L) \times \frac{50}{Eq}$

$= 120 \times \frac{50}{(40/2)} = 300(mg/L \text{ as } CaCO_3)$

21 | ②

$$TH = \sum M_C^{2+} \times \frac{50}{Eq}$$
$$= 40(mg/L) \times \frac{50}{40/2} = 100(mg/L \text{ as } CaCO_3)$$

22 | ②

$$TH = \sum M_C^{2+} \times \frac{50}{Eq}$$
$$= 60(mg/L) \times \frac{50}{40/2}$$
$$= 150(mg/L \text{ as } CaCO_3)$$

23 | ②

$$TH = \sum M_C^{2+} \times \frac{50}{Eq}$$
$$= 40(mg/L) \times \frac{50}{40/2} + 36(mg/L) \times \frac{50}{24/2}$$
$$= 250(mg/L \text{ as } CaCO_3)$$

24 | ②

알칼리도 유발물질은 OH^-, HCO_3^-, CO_3^{2-} 이다.

$$AlK = \sum C_a^{2+} \times \frac{50}{Eq}$$

㉠ $OH^-(mg/L) = \frac{10^{-4} mol}{L} \left| \frac{17g}{1mol} \right| \frac{10^3 mg}{1g} = 1.7(mg/L)$

㉡ $HCO_3^-(mg/L) = 61(mg/L)$

$$AlK = \sum C_a^{2+} \times \frac{50}{Eq}$$
$$= 1.7(mg/L) \times \frac{50}{17/1} + 61(mg/L) \times \frac{50}{61/1}$$
$$= 55(mg/L \text{ as } CaCO_3)$$

25 | ③

총경도와 알칼리도를 비교하여 작은 값이 탄산경도를 나타내며, pH 6~9에서는 HCO_3^-가 주로 존재한다.

26 | ④

콜로이드는 모래여과로 완전히 제거되지 않는다.

27 | ③

제타전위가 0에 도달할 때 응집이 가장 양호하다.

28 | ③

콜로이드 응집의 기본 메커니즘
㉠ 입자간의 가교 형성   ㉡ 전하의 중화
㉢ 침전물에 의한 포착   ㉣ 이중층의 압축
㉤ 표면전하 감소

③ 콜로이드가 고농도·현탁질일 때 체거름 현상(Sweep Coagulation)이 가장 큰 응집기전이다.

29 | ①

콜로이드의 응집원리
㉠ 흡착과 전기적 중화   ㉡ 이중층압축
㉢ 가교현상   ㉣ 표면전하 감소
㉤ 체거름 현상

30 | ④

제타전위는 다음 식으로 표시된다.
$$\zeta = \frac{4 \cdot \pi \cdot L \cdot Q}{D}$$

여기서 ζ : 제타전위
D : 액체의 도전상수
Q : 단위면적당 전하량(전기밀도)
L : 전하가 영향을 미치는 표면층의 두께, 분산층 두께
(DLT : Double Layer Thickness)

제타전위가 작을수록 응집성이 증가한다. 분산층의 두께가 클수록 제타전위는 증가한다.

31 | ①

수중에 분산된 화학적 불활성 물질들이 매질 내 음이온의 선택적 흡착에 의해 음전하를 얻게 된다.

32 | ④

화학평형
평형 상태는 정지된 것이 아니고 정반응과 역반응이 계속 진행되는 상태이지만 두 반응의 속도가 같은 상태이다.

33 | ④

완전혼합반응조(CFSTR) $\dfrac{dC}{dt} = \gamma_A$

$(\dfrac{dC}{dt}) \forall = C_A \cdot Q - C_{A0} \cdot Q$

$(\dfrac{dC}{dt}) = \dfrac{C_A \cdot Q - C_{A0} \cdot Q}{\forall}$

$\gamma_A = \dfrac{C_A - C_{A0}}{\theta}$

34 | ③

0차 반응 속도식을 이용한다.
$C_t = C_0 - K \cdot t$
$10 = 100 - 10 \times t$
$\therefore t = 9 \, (\text{day})$

35 | ④

$\ln \dfrac{L}{L_0} = -K \cdot t$

$\ln \dfrac{0.5 L_0}{L_0} = -K \cdot t, \quad \ln \dfrac{1}{2} = -K \cdot t$

$t = -\dfrac{\ln \dfrac{1}{2}}{K} = \dfrac{\ln 2}{K}$

36 | ①

2차 분해 반응
반응 속도가 반응물의 농도 제곱에 비례하여 진행하는 반응이며, 시간에 대한 농도의 역수로 표현하면 직선이 된다.
반응 속도를 구하기 위한 일반식은 $\dfrac{dC}{dt} = -kC^2$ 이다.

37 | ②

헨리의 법칙
$C = H \cdot P$
(C : 기체의 용해도, H : 헨리상수, P : 혼합기체 중 특정기체의 분압)

$C \, (\text{mg/L}) = \dfrac{40 \text{mg}}{\text{L} \cdot \text{atm}} \left| \dfrac{0.8 \text{atm}}{} \right| \dfrac{0.21}{1} = 6.72 \, (\text{mg/L})$

38 | ②

Henry 법칙
$C \, (\text{mg/L}) = \dfrac{1.3 \times 10^{-3} \text{mol}}{\text{L} \cdot \text{atm}} \left| \dfrac{20}{100} \right| \dfrac{32 \text{g}}{1 \text{mol}} \left| \dfrac{10^3 \text{mg}}{1 \text{g}} \right.$
$= 8.32 \, (\text{mg/L})$

39 | ①,④

유기염소계 농약은 살균제, 살충제, 제초제로 사용되는 농약의 일종으로 염소가 포함된 농약류를 통칭하는 표현이다. 대표적인 물질로는 DDT(Dichlorodiphenyl-trichloroethane), PCP(Pentachlorophenol), BHC(Benzene Hexachloride), Aldrin, Dieldrin, Endrin, Heptachlor 등이 있다.

40 | ①

비소의 대표적인 인체의 국소증상으로 손·발바닥에 나타나는 각화증, 각막궤양, 비중격천공, Mee's Line, 탈모 등이 나타난다.

41 | ①

산의 종류
㉠ 강산 : 황산(H_2SO_4), 염산(HCl), 질산(HNO_3) 등 100% 이온화 되는 것을 말한다.
㉡ 약산 : 아세트산(CH_3COOH), 아황산(H_2SO_3), 인산(H_3PO_4) 등 5% 미만으로 이온화되는 것을 말한다.

42 | ④

완전혼합형 반응조는 dead space를 동반할 수 있으며, 충격부하나 부하변동에 강하다.

> **참고**
>
> 반응조에 있어서 혼합 정도의 척도는 분산(Variance), 분산수(Dispersion Number), Morill 지수로 나타낼 수 있으며, 이 3가지를 비교하여 나타내면 다음 표와 같다.
>
> | 혼합 정도의 표시 | 완전혼합 흐름상태 | 플러그 흐름상태 |
> |---|---|---|
> | 분산(Variance) | 1일 때 | 0일 때 |
> | 분산수
(Dispersion Number) | d=∞ 무한대일 때 | d=0일 때 |
> | 모릴지수
(Morill Index) | M_o값이 클수록 근접 | M_o값이 1에 가까울수록 |

43 | ②

뇨의 경우 질소화합물을 전체 VS의 80~90% 정도 포함하고 있다.

제4절 | 수질환경생물

01 | ②

미생물의 발육과정의 순서
유도기 → 대수증식기 → 정지기 → 사멸기

02 | ④

원생동물은 단세포 동물이지만, 후생동물은 다세포로 하나의 개체가 만들어진 것에는 윤충류(Rotifer) 등이 있다.

03 | ③

종속영양 미생물은 유기물질이나 환원된 탄소를 이용하는 미생물이다.

04 | ①

질소순환 미생물
(1) 질산화 미생물
   ㉠ Nitrosomonas
   ㉡ Nitrobacter
(2) 탈질산화 미생물
   ㉠ Pseudomonas
   ㉡ Micrococcus
   ㉢ Acromobacter
   ㉣ Bacillus
(3) 질소고정 미생물
   Azotobacter(뿌리혹 박테리아)

> **참고**
>
> Gallionella : 철산화 박테리아

05 | ②

총 킬달질소(TKN)란 유기성 질소(알부미노이드성 질소, 요산 등)와 암모니아성 질소(NH_3-N)의 합이다.

6 | ④

- 화학유기영양계 미생물은 탄소원 - 유기물, 에너지원 - 유기물에서 얻는 미생물을 말한다.
- 화학무기독립영양계 미생물은 탄소원 - 이산화탄소(CO_2), 에너지원 - 무기물에서 얻는 미생물을 말한다.

7 | ④

이화작용은 에너지를 생산하는 작용으로 세포합성에 필요한 전구물질과 에너지를 얻기 위해 세포에 의해 수행되는 화학반응을 말한다. 그 외 물질대사에 대한 설명은 다음과 같다.
㉠ 합성(Synthesis) : 미생물이 유기물 및 무기물을 섭취하여 세포를 증식하는 과정. 광합성과 화학합성이 있다.
㉡ 동화작용(Anabolism) : 세포를 합성하는 작용을 말한다. 새로운 세포를 합성하기 위해 세포에 의해서 수행되는 화학반응을 말한다.
㉢ 호흡(Endogenous Respiration) : 빛이 없는 상태에서 전자운반 연쇄계에 의해 ATP(아데노신삼중인산)를 생산하는 과정이다.

8 | ③

모노드(Monod)식

$$\mu = \mu_{max} \times \frac{S}{K_s + S}$$

여기서, μ : 세포의 비증식 속도(T^{-1})
μ_{max} : 최대 비증식속도(T^{-1})
K_s : 반포화 농도(mg/L)
S : 기질 농도(mg/L)

$$\mu = 0.45 \times \frac{900}{500+900} ≒ 0.29 (hr^{-1})$$

9 | ②

Monod식을 이용한다.

$$\mu = \mu_{max} \times \frac{S}{K_s+S} = 0.3(hr^{-1}) \times \frac{300}{60+300} ≒ 0.25(hr^{-1})$$

10 | ③

Monod식을 이용한다.

$$\mu = \mu_{max} \times \frac{S}{K_s+S}$$
$$= 0.2(hr^{-1}) \times \frac{150}{50+150} = 0.15(hr^{-1}) = 3.6(day^{-1})$$

11 | ①

Monod식을 역수 취하면

$$\frac{1}{\mu} = \frac{K_s + S}{\mu_{max} \times S}$$

$$= \frac{K_s}{\mu_{max} \times S} + \frac{S}{\mu_{max} \times S} = \frac{K_s}{\mu_{max}} \times \frac{1}{S} + \frac{1}{\mu_{max}}$$

y축 : $\frac{1}{\mu}$, x축 : $\frac{1}{S}$, 기울기 : $\frac{K_s}{\mu_{max}}$, y절편 : $\frac{1}{\mu_{max}}$

12 | ④

수계의 생물학적 오탁지표
㉠ BI(Biotic Index) : 육안적 동물 대상
수질오염의 정도를 생물을 대상으로 하여 수량적으로 표시하는 지표의 하나로 수질판정에 사용된다.

$$BI(\%) = \frac{2A+B}{A+B+C} \times 100$$

여기서, A : 청수성 미생물(오염에 약한 미생물)
B : 광범위 출현종(오염에 강한 미생물)
C : 오수성 미생물
BI가 20 이상이면 청정하고, 15 이하이면 오염되어 있음을 나타낸다.

㉡ BIP(Biological Index of Pollution) : 현미경적 생물 대상
현미경적인 생물을 대상으로 하여 수중의 생물상을 조사함으로써 물의 오염도를 판정하는 지표로 다음 식을 이용하여 구할 수 있으며 그 값이 클수록 오염이 심한 것으로 판정된다.

$$BIP = \frac{동물성\ 생물수}{전생물수} = \frac{A}{A+B} \times 100$$

여기서, A : 동물성 생물(엽록소 없음)
B : 식물성 생물(엽록소 있음)

13 | ③

편리공생은 한쪽은 이익을 받으나 다른 쪽은 이익도 해도 없는 공생의 한 양식으로 뿌리혹박테리아는 콩과식물에 기생하며 생활하기 때문에 기생이라고 한다.

14 | ②

총 대장균군(total coliforms)은 그람 음성·무포화성 간균으로서 젖당을 분해하여 가스 또는 산을 발생하는 모든 호기성 또는 통성 혐기성균을 말한다.

15 | ①

질소와 인을 포함한 여러 오염물질이 강이나 호수로 흘러들어 영양물질이 풍부한 부영양화가 발생하고, 강한 햇빛, 높아진 수온, 물순환의 정체로 남조류가 성장하기 좋은 환경이 만들어져 녹조현상이 일어나게 된다.

16 | ①

조류는 CO_2를 탄소원으로 이용하는 독립영양계 미생물로, 조류가 번성하면 낮에는 광합성 작용을 하여 pH가 증가하고, 밤에는 호흡작용으로 pH가 감소한다.

17 | ③

RfD(reference dose)는 기준방사선량으로 몸 전체에 침투된 방사선의 양을 나타낸다.

제5절 | 공공수역의 수자원관리

01 | ③

$$\frac{dO}{dt} = \alpha K_{La}(\beta C_S - C_t) \times 1.024^{T-20}$$

여기서, $\frac{dO}{dt}$: 시간 dt 사이의 용존산소 농도의 변화

K_{La} : 폭기기에 의한 산소전달계수

C_S : 산소포화농도

C_t : 용존산소농도

α : 폐수와 증류수의 K_{La} 비율(표준상태에서 시험)

β : 폐수와 증류수의 C_S 비율(표준상태에서 시험)

T : 온도

02 | ④

하류 하천수의 DO = (9-(25-19)+4) = 7(mg/L)
상류 하천수의 DO가 9mg/L이고 BOD가 6mg/L(25-19) 감소되었다는 것은 6ppm의 DO가 소비되었다는 의미이며, 상류에서 하류로 흐르는 동안 4mg/L가 재포기 되었기 때문에 4mg/L을 더하면 7mg/L가 된다.

03 | ①

$$C_m = \frac{C_1Q_1 + C_2Q_2}{Q_1 + Q_2} = \frac{(25 \times 12) + (40 \times 3)}{12+3} = 28(mg/L)$$

04 | ②

$$Q_m = \frac{Q_1C_1 + Q_2C_2}{Q_1 + Q_2}$$

$$2 = \frac{(1,500,000 \times 1) + Q_2C_2}{1,500,000 + 0}$$

$Q_2C_2 = 1,500,000(mg \cdot m^3/L \cdot day)$

$\therefore$ X 마리 $= \frac{1,500,000mg \cdot m^3}{L \cdot day} \left| \frac{day \cdot 마리}{2kg \cdot BOD} \right| \frac{1kg}{10^6 mg} \left| \frac{10^3 L}{1m^3} \right.$

= 750마리

5 | ④

$$Q_m = \frac{Q_1C_1 + Q_2C_2}{Q_1 + Q_2}$$

$$100\,\text{mg/L} = \frac{500(\text{mg/L}) \times Q_1 + 50(\text{mg/L}) \times (8-Q_1)}{Q_1 + (8-Q_1)}$$

∴ $Q_1 = 0.9$, $Q_2 = 7.1$

6 | ①

혼합공식 $C_m = \dfrac{Q_1C_1 + Q_2C_2}{Q_1 + Q_2}$

㉠ 혼합지점의 온도 $T_m = \dfrac{Q_1T_1 + Q_2T_2}{Q_1 + Q_2}$

$= \dfrac{2 \times 15 + 0.5 \times 25}{2 + 0.5} = 17℃$

㉡ 혼합지점의 DO $DO_m = \dfrac{Q_1 \cdot DO_1 + Q_2 \cdot DO_2}{Q_1 + Q_2}$

$= \dfrac{2 \times 10.2 + 0.5 \times 15}{2 + 0.5} = 8.46\,\text{mg/L}$

∴ 용존산소부족량 = 9.7 − 8.46 = 1.24(mg/L)

7 | ②

㉠ 상류 BOD − 하류 BOD = 25 − 20 = 5mg/L
㉡ 상류 DO − 하류 DO = 10 − 5(상류 BOD − 하류 BOD) = 5mg/L
㉢ 하천수의 DO = 하류 DO + 재포기 = 5 + 4 = 9mg/L

8 | ④

부영양화
수중에 영양염류(질소, 인, 칼슘)와 같은 오염물질이 과다 유입되어 식물성 플랑크톤(조류)의 급증, 용존산소 고갈, 어패류 폐사 등으로 자연적 늪지화가 된다. 이런 현상을 부영양화 현상이라 한다.

9 | ①

호수에서 부영양화가 증가하는 원인
㉠ 미처리된 가정하수, 공장폐수, 축산폐수의 유입
㉡ 농지에서 질소 및 인산질 비료 등의 유입
㉢ 강우로 인한 영양염류의 유입
㉣ 야생동물의 배설물 및 사체 등의 유입

10 | ③

$$Q_m = \frac{Q_1C_1 + Q_2C_2}{Q_1 + Q_2} = \frac{1000 \times 400 + 200 \times 1000}{1000 + 200}$$
$$= 500(\text{mg/L})$$

$$\eta = \left(1 - \frac{BOD_o}{BOD_i}\right) \times 100 = \left(1 - \frac{50}{500}\right) \times 100 = 90(\%)$$

11 | ①

부영양화 현상의 영향
㉠ 용존산소(DO), 투명도 감소
㉡ COD 증가 및 악취 발생
㉢ 조류의 과다 발생(청록조류)

12 | ④

TSI(Trophic State Index) 지수는 호소에서 부영양화의 발생 여부 및 진행 정도를 0~100 사이의 수치로 표시하는 부영양화 평가방법이다.

13 | ②

부영양화가 진행되면 생물종의 다양성은 감소한다.

14 | ①

낮에는 조류의 광합성 작용으로 물속의 용존산소는 증가하고 CO_2는 감소하여 pH가 증가한다.

15 | ①

조류 증식 억제 방안
㉠ 세제 및 비료사용 억제
㉡ 황산구리($CuSO_4$) 주입
㉢ 차광막을 설치하여 조류 증식에 필요한 빛을 차단
㉣ 질소와 인의 유입을 감소시킴
㉤ 하수의 고도처리

16 | ④

회복지대는 DO가 포화에 가깝게 증가하며 혐기성균이 호기성균으로 대체된다.

17 | ④

Kolkwize와 Marson의 4지대
Kolkwize와 Marson의 4지대는 강부수성 수역(적색), α-중부수성 수역(노란색), β-중부수성 수역(초록색), 빈부수성 수역(파란색)으로 구분된다.

① **강부수성 수역(적색)(Polysaprobic)**
  ㉠ 유기물농도가 가장 높으며 악취가 발생하고, DO가 거의 없다.
  ㉡ 편모충류, 섬모충류가 발생한다.

② **α-중부수성 수역(노란색)(α-mesosaprobic)**
  ㉠ 심한 악취가 없어지고, 유기물과 DO가 조금 있다.
  ㉡ 수중 저니의 산화(수산화철 형성)로 인해 색이 호전된다.
  ㉢ 고분자 화합물의 분해로 아미노산이 풍부해진다.

③ **β-중부수성 수역(초록색)(β-mesosaprobic)**
  ㉠ 유기물은 약간 존재하고, DO 농도는 조금 높다.
  ㉡ 평지의 일반 하천에 상당하며 많은 종류의 조류가 출현한다.
  ㉢ 규조, 녹조 등 많은 종류의 조류가 출현한다.

④ **빈부수성 수역(파란색)(Oligosaprobic)**
  ㉠ 유기물은 거의 없으며 DO 농도는 포화도에 가깝다.
  ㉡ 수중의 유기물질은 완전히 분해된다.
  ㉢ 수중의 조류는 대체적으로 감소한다.

18 | ⑤

호소의 성층현상
저수지나 호수에서 물이 수심에 따라 온도변화로 인해 발생되는 밀도차에 의해서 여러 개의 층으로 분리되는 현상을 성층현상(Stratification)이라 한다. 이와 같은 현상은 물의 밀도가 안정하여 수직운동이 없는 겨울이나 여름철에 나타난다.

19 | ④

여름과 겨울에는 깊이가 깊어질수록 용존산소는 낮아지며, 수온은 4℃로 일정하다.

20 | ④

여름과 겨울에는 물의 밀도차에 의해서 성층현상이 심화된다.

21 | ③

하천이나 호수에 유기물이 다량 유입되면 혐기성 상태가 되어 황화수소와 같은 가스를 유발하지만, 호기성 상태가 되면 질산성 질소가 증가한다.

22 | ④

물의 밀도는 4℃에서 최대가 되며, 가장 무겁다. 얼음의 밀도는 물의 밀도보다 작아 수면 위에 뜨게 된다.

23 | ③

Streeter-Phelps Model 가정조건
㉠ 하천의 자정능력을 평가하기 위한 모델로 하천은 Plug 흐름 반응조이며 반응은 정상상태라는 가정을 사용했다.
㉡ 유기물 분해로 인한 DO 소비와 대기로부터 산소가 재공급되는 재폭기를 고려하였으며 하천에서의 오염물질의 분산은 있지만, 조류의 광합성은 무시한다.
㉢ 하천의 오염원은 점오염원으로 가정하였으며, SOD를 무시함으로 인해 한계가 있다.
㉣ 오염은 점오염원이다.
㉤ 수생식물의 광합성은 고려하지 않는다.

ⓑ 하상퇴적층의 유기물의 분해는 고려하지 않았다.
ⓢ 유속에 의한 이동이 크기 때문에 흐름 방향의 확산은 무시한다.
ⓞ 오염원은 점배출원으로 가정하고, 하천에 유입된 오염물질은 하천의 단면 전체에 분산된다.

24 | ④

경도모델은 sutten의 K-이론모델식에서 대기오염물질의 확산은 오염물질 농도경도에 비례한다는 이론이다.

25 | ①

하상퇴적물의 유기물 분해는 고려하지 않는다.

26 | ④

유해물질에 관한 정보가 너무 적을 때 오차가 발생한다.

CHAPTER 02 폐수처리

문제편 : 25p

제1절 | 폐수처리개론

01 | ④
수처리 공정

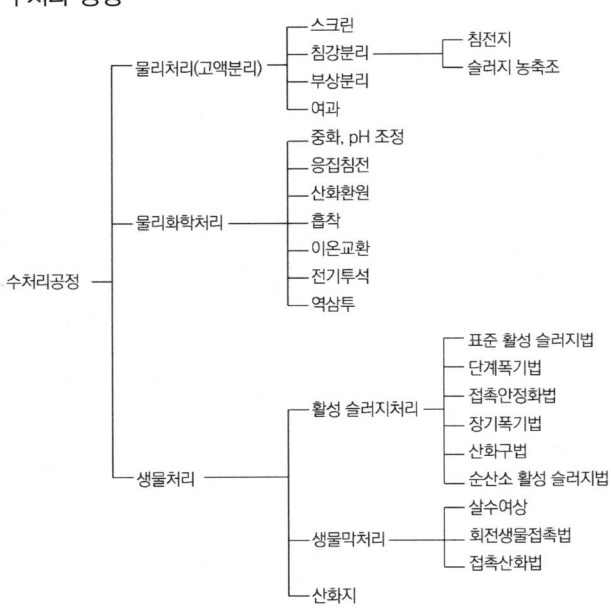

02 | ①
응집법은 물리화학적 처리방법이다.

03 | ①
하·폐수 처리시설의 일반적인 처리과정
유입수 → 스크린 → 침사지 → 1차 침전지 → 포기조 → 소독조 → 2차 침전지 → 유출수

04 | ②
콜로이드는 Van der Waals힘과 제타전위(zeta potential)와 중력에 의해 평형을 이루고 있기 때문에 뜨지도 않고 가라앉지도 않고 골고루 분산되어 있다.

05 | ①
속도경사$(G) = \sqrt{\dfrac{P}{\forall \cdot \mu}}$

μ : 물의 점성계수, $\forall$: 반응조 체적, P : 동력

06 | ④
y축을 $\log \dfrac{X}{M}$으로 하고 x축을 $\log C$로 할 경우 기울기는 $\dfrac{1}{n}$, y 절편은 $\log K$이다.

07 | ③
활성탄 흡착법은 물리화학적 폐수처리방법이다.

08 | ③
Freundlich 등온흡착식은 흡착제 표면에 흡착되는 물질이 다분자층으로 부착된다고 가정한다.

09 | ②
Freundlich식 $\dfrac{X}{M} = K \cdot C^{\frac{1}{n}}$

㉠ X : (6−1) = 5(mg/L)
㉡ C : 1mg/L

$\dfrac{5}{M} = 0.5 \times 1^{1/1}$

∴ M = 10(mg/L)

10 | ③

산화지는 생물학적 처리방법이다.

11 | ④

포말분리법은 입자상 물질이나 용존물질을 상승하는 기포에 부착시켜 분리시키는 방법으로 기체와 액체의 계면에서의 흡착특성을 이용한 것이다.

제2절 | 물리적 처리

01 | ②

$$\eta(\%) = \left(1 - \frac{Q_o C_o}{Q_i C_i}\right) \times 100$$

㉠ $Q_i C_i = \dfrac{1000\text{m}^3}{\text{day}} \left| \dfrac{200\text{mg}}{\text{L}} \right| \dfrac{1\text{kg}}{10^6 \text{mg}} \left| \dfrac{10^3 \text{L}}{1\text{m}^3} \right.$

$\qquad = 200\,(\text{kg/day})$

㉡ 제거된 슬러지량(kg/day)

$= \dfrac{5\text{m}^3}{\text{day}} \left| \dfrac{20{,}000\text{mg}}{\text{L}} \right| \dfrac{1\text{kg}}{10^6 \text{mg}} \left| \dfrac{10^3 \text{L}}{1\text{m}^3} \right.$

$= 100\,(\text{kg/day})$

㉢ $Q_o C_o = 200 - 100 = 100\,(\text{kg/day})$

$\therefore \eta(\%) = \left(1 - \dfrac{100}{200}\right) \times 100 = 50(\%)$

02 | ③

Ⅰ형 침전(독립침전)은 스토크스 법칙이 적용된다.

> **참고**
>
> **스토크스 법칙**
>
> $$V_g = \frac{d_p^{\,2}(\rho_p - \rho_w) \cdot g}{18 \cdot \mu}$$
>
> 여기서, V_g : 침강속도(m/sec)
> d_p : 입자의 직경(m)
> ρ_p : 입자의 밀도(kg/m³)
> ρ_w : 유체의 밀도(kg/m³)
> g : 중력가속도(9.8m/sec²)
> μ : 점성계수(kg/m·sec)

03 | ③

스토크스 법칙의 영향

㉠ 침강속도는 입자와 폐수의 밀도차에 따라 비례한다.
㉡ 침강속도는 입자 크기의 제곱에 비례한다.
㉢ 침강속도는 점성계수에 반비례한다.
㉣ 온도가 증가할수록 점성계수는 작아지기 때문에 침강속도는 증가한다.

04 | ④

스토크스 법칙의 영향
㉠ 침강속도는 입자와 폐수의 밀도차에 따라 비례한다.
㉡ 침강속도는 입자 크기의 제곱에 비례한다.
㉢ 침강속도는 점성계수에 반비례한다.
㉣ 온도가 증가할수록 점성계수는 작아지기 때문에 침강속도는 증가한다.

05 | ①

종말침강속도는 입경의 제곱에 비례한다.

06 | ③

온도가 증가할수록 점성계수는 작아지기 때문에 침강속도는 증가한다.

07 | ⑤

스토크스 법칙
$$V_g = \frac{d_p^2(\rho_p - \rho_w) \cdot g}{18 \cdot \mu}$$
여기서, V_g : 침강속도(m/sec)
d_p : 입자의 직경(m)
ρ_p : 입자의 밀도(kg/m³)
ρ_w : 유체의 밀도(kg/m³)
g : 중력가속도(9.8m/sec²)
μ : 점성계수(kg/m·sec)

08 | ②

스토크스 법칙
$$V_g = \frac{d_p^2(\rho_p - \rho_W) \cdot g}{18 \cdot \mu}$$
침전속도는 입자의 지름의 제곱에 비례한다.

09 | ①

스토크스 법칙
$$V_g = \frac{d_p^2(\rho_p - \rho)g}{18\mu}$$
입자의 직경, 입자의 밀도가 클수록, 유체의 점성계수가 작을수록 침전속도는 증가한다.
②번 지문은 입자의 밀도가 아닌 유체의 밀도이기 때문에 옳은 답이다.

10 | ④

$$V_g = \frac{d_p^2(\rho_p - \rho)g}{18\mu} \rightarrow 다시 쓰면 \cdots \rightarrow K \cdot d_p^2(\rho_p - \rho)$$
$0.005(m/sec) = K \times (0.1)^2 \times (2-1)$, $K = 0.5$(일정)
∴ $V_g(m/sec) = 0.5 \times (0.2)^2 \times (3-1) = 0.040(m/sec)$

11 | ②

$$V_F = \frac{d_p^2(\rho_w - \rho_p)g}{18\mu} \Rightarrow V_F = K(\rho_w - \rho_p)$$
비중이 0.1인 입자 $V_{FA} = K(\rho_w - \rho_p) = K(1 - 0.1) = 0.9K$
비중이 0.4인 입자 $V_{FB} = K(\rho_w - \rho_p) = K(1 - 0.4) = 0.6K$
∴ $\dfrac{V_{FA}}{V_{FB}} = \dfrac{0.9K}{0.6K} = 1.5$

12 | ③

체류시간$(t) = \dfrac{\forall}{Q}$
㉠ $Q = 36m^3/day$
㉡ $\forall = 3m^2 \times 3m = 9m^3$
∴ 체류시간$(t) = \dfrac{9m^3}{36m^3/day} = 0.25day = 6hr$

13 | ①

수면부하율 $= \dfrac{유입유량(m^3/day)}{수면적(m^2)} = \dfrac{Q}{A}$

∴ 수면부하율 $= \dfrac{6,000(m^3/day)}{30 \times 20(m^2)} = 10m^3/m^2 \cdot day$

14 | ①

수면부하율 = $\dfrac{\text{유입유량}(m^3/day)}{\text{수면적}(m^2)} = \dfrac{Q}{A}$

㉠ 유입유량$(m^3/day) = 3,000(m^3/day)$

㉡ 수면적$(m^2) = \dfrac{\text{부피}(m^3)}{\text{수심}(m)} = \dfrac{30 \times 10 \times 3}{3} = 300(m^2)$

∴ 수면부하율$(m^3/m^2 \cdot day) = \dfrac{3,000(m^3/day)}{300(m^2)}$
$= 10(m^3/m^2 \cdot day)$

15 | ③

표면적$(m^2) = \dfrac{120,000 m^3}{day} \left| \dfrac{m^2 \cdot day}{30 m^3} \right| \dfrac{1}{8} = 500(m^2)$

16 | ④

침전지의 표면적(수면적)과 유량이 동일하면 제거효율은 침전속도에 비례한다.

17 | ③

제3형 침전
플록을 형성하여 침강하는 입자들이 서로 방해를 받아 침전속도가 감소하는 침전이다. 중간 정도의 농도로서 침전하는 부유물과 상징수 간에 경계면을 지키면서 침강한다. 일명 방해, 장애, 집단, 계면, 지역 침전 등으로 칭하며 상향류식 부유물 접촉 침전지, 농축조가 이에 해당한다.

18 | ④

생분해성 유기물 제거는 2차 처리에 해당하며, 난분해성 유기물 제거는 3차 처리에 해당한다.

19 | ③

3차 처리(고도처리)에는 응집, 흡착, 이온교환 AOP, 역삼투 등이 있으나 활성탄 흡착법은 단백질과 같은 고분자 물질에 대한 흡착능이 떨어진다.

> **참고**
>
> **활성탄 흡착의 특징**
> ㉠ 활성탄은 저분자 유기물은 쉽게 흡착하나 단백질과 같이 고분자 물질에 대한 흡착능은 떨어진다.
> ㉡ pH가 낮을수록 흡착능이 우수하다.
> ㉢ 활성탄의 입경이 작을수록 흡착능력이 우수하다.
> ㉣ 수중에 용해된 유기물의 제거능력이 우수하다.
> ㉤ 처리수에 반응생성물을 남기지 않는다.

20 | ④

완속여과지
침전지를 통과한 침전수를 모래층에 의해 수중의 현탁물질, 세균을 제거함은 물론 모래층 표면에 증식하는 미생물군에 의해 용존성 유기물 등을 산화 분해시켜 제거한다.

21 | ①

여과지의 손실수두
㉠ 여과층의 깊이가 클수록 증가한다.
㉡ 모래입자의 크기가 클수록 감소한다.
㉢ 여과속도가 클수록 증가한다.
㉣ 물의 점성도가 클수록 증가한다.
㉤ 여과층의 공극률이 클수록 감소한다.

22 | ②

급속여과는 고탁도 원수, 완속여과는 저탁도 원수의 처리에 적합하다.

23 | ③

여과지의 급속여과속도는 120~150m/day를 표준으로 한다.

24 | ①

유량조정조

유량조정조의 설치 목적은 유입 하수의 유량과 수질의 변동을 흡수해서 균등화함으로써 처리시설의 처리 효율을 높이고 처리수질의 향상을 도모하는 데 있다.

① 유량조절 방법
  ㉠ 직렬(In-Line)방식 : 유입하수의 전량이 통과, 수량 및 수질 균일화 효과가 있다.
  ㉡ 병렬(Off-Line)방식 : 1일 최대하수량을 초과하는 유량만 저류, 수질의 균일화에 효과가 적다.

② 조의 용량
  1일 최대오수량을 일시적으로 저장할 수 있어야 한다.

③ 구조 및 수심
  ㉠ 형상은 직사각형 또는 정사각형을 표준으로 한다.
  ㉡ 철근 콘크리트 구조로 하며 유효수심은 3~5m를 표준으로 한다.
  ㉢ 조 내의 침전물의 발생을 방지하기 위한 교반장치를 설치한다.

제3절 | 화학적 처리

01 | ②

살균력에 영향을 미치는 인자들 중 접촉시간이 길수록, 살균제의 농도가 높을수록, 온도가 높을수록, pH가 낮을수록 살균력은 증가한다.

02 | ①

염소의 살균력은 주입농도가 높고 pH가 낮을 때 강하다.

03 | ①

살균력의 크기는 $HOCl > OCl^- >$ Chloramines이다.

04 | ④

염소를 하수에 주입하면 $HOCl$, OCl^-, 결합잔류염소 등의 형태가 되며, 살균력은 $HOCl > OCl^- >$ 결합잔류염소 순으로 강하다.

05 | ②

염소를 주입하면 낮은 pH에서는 차아염소산($HOCl$)의 생성률이 높고 높은 pH에서는 차아염소산이온(OCl^-)이 높게 나타난다. 소독력은 차아염소산($HOCl$)이 차아염소산이온(OCl^-)보다 약 80배 정도 크다.

06 | ①

그래프에서 x축이 pH를 나타내는 것은 맞지만, y축은 농도가 아니라 몰분율을 의미한다. "pH가 6일 때 $HOCl$ 몰분율은 0.99이고 OCl^-보다 소독력이 크다."라고 해야 올바른 설명이다.

07 | ③

$HOCl$은 낮은 pH에서, OCl^-는 높은 pH에서 많이 생성되기 때문에 $\left(\dfrac{HOCl}{OCl^-}\right)$은 pH가 높아질수록 작아진다.

8 | ①

결합잔류염소(클로라민, Chloramine)

하수는 상당한 양의 암모니아를 함유하는데, 염소가 주입되면 상호 반응하여 클로라민(Chloramine) 화합물을 형성한다. 이 또한 살균력을 가지고 있기는 하나 유리잔류염소보다 약하다. 그러나 이취미를 유발하지 않고 살균작용이 오래 지속되는 것이 장점이다.

$NH_3 + HOCl \rightarrow NH_2Cl(monochloramine) + H_2O$ (pH 8.5↑)
$NH_2Cl + HOCl \rightarrow NHCl_2(dichloramine) + H_2O$ (pH 4.5~8.5)
$NHCl_2 + HOCl \rightarrow NCl_3(trichloramine) + H_2O$ (pH 4.5↓)

클로라민 분해반응

㉠ $2NH_2Cl + HOCl \rightleftharpoons N_2\uparrow + 3HCl + H_2O$
㉡ $NH_2Cl + NHCl_2 \rightleftharpoons N_2\uparrow + 3HCl$
㉢ $NH_2Cl + NHCl_2 + HOCl \rightleftharpoons N_2O\uparrow + 4HCl$

9 | ③

$H_2CO_3 \rightleftharpoons H^+ + HCO_3^-$

$K = \dfrac{[H^+][HCO_3^-]}{[H_2CO_3]} = 10^{-6.7}$

pH = 9라면 $[H^+] = 10^{-9}$(mol/L)

$\dfrac{[10^{-9}][HCO_3^-]}{[H_2CO_3]} = 10^{-6.7}$

$\therefore \dfrac{[HCO_3^-]}{[H_2CO_3]} = \dfrac{10^{-6.7}}{10^{-9}} = 10^{2.3}$

10 | ④

파과점을 지나 계속 염소를 주입하면 염소와 결합할 물질이 없기 때문에 주입된 염소량이 잔류염소량이 된다. 유리잔류염소를 형성하여 살균력을 갖는다.

11 | ①

염소소독의 경우 소독부산물로 THM 및 기타 염화탄화수소가 생성된다.

12 | ②

염소의 양(kg/day) = $\dfrac{8mg}{L} \left| \dfrac{28400m^3}{day} \right| \dfrac{kg}{10^6 mg} \left| \dfrac{10^3 L}{m^3} \right.$
= 227.2(kg/day)

NaOCl의 양(m³/day) = $\dfrac{227.2kg}{day} \left| \dfrac{100}{10} \right| \dfrac{m^3}{1000kg}$
= 2.272(m³/day)

13 | ③

THM은 상수원으로 사용하는 경우 염소소독할 때 생성되는 발암물질로 널리 알려져 있으며, 유리염소와 부식질이 반응하여 생성되는데 대부분은 클로로포름의 형태이다. 수온과 pH가 높을수록 많이 생성되며, 염소주입량이 많을수록 생성량은 증가한다.

14 | ③

Jar Test(응집교반 실험)은 폐수처리 시 응집제를 현장 적용할 때 최적 pH의 범위와 응집제의 최적 주입농도를 알기 위한 실험이다. 응집제의 투입, 급속교반, 완속교반, 정치침전, 상징수의 분석 순으로 진행된다.

15 | ②

$Ca(OH)_2 \equiv 2CaCO_3$
 74g : 2×100g
 37g : X
$\therefore X(CaCO_3) = 100(g)$

16 | ④

용해도가 낮은 물질일수록 흡착이 잘 된다.

제4절 | 생물학적 처리

01 ①

생물학적 처리방법은 미생물의 성장방식에 따라 부유성장 방식과 부착성장 방식으로 구분할 수 있으며, 부유성장 방식의 대표적인 공법으로 활성슬러지법이 있고, 부착성장 방식의 대표적인 공법으로 살수여상법이 있다.

02 ①

BOD 용적부하 = $\dfrac{BOD \times Q}{\forall}$

$\dfrac{0.5kg}{day \cdot m^3} = \dfrac{600mg}{L} \left| \dfrac{3000m^3}{day} \right| \dfrac{10^3 L}{m^3} \left| \dfrac{g}{10^3 mg} \right| \dfrac{kg}{10^3 g} \left| \dfrac{}{X m^3} \right.$

X = 3600m³

03 ③

BOD 용적부하 = $\dfrac{BOD \times Q}{\forall}$

$\dfrac{2kg}{day \cdot m^3} = \dfrac{500mg}{L} \left| \dfrac{10,000m^3}{day} \right| \dfrac{10^3 L}{m^3} \left| \dfrac{g}{10^3 mg} \right| \dfrac{kg}{10^3 g} \left| \dfrac{}{X m^3} \right.$

X = 2500m³

04 ③

BOD 용적부하 = $\dfrac{BOD \times Q}{\forall}$

BOD 용적부하 = $\dfrac{0.32 kg/m^3 \times 1,500 m^3/d}{300 m^3} = 1.6 kg/m^3 \cdot d$

05 ①

BOD 용적부하 = $\dfrac{BOD \times Q}{\forall} = \dfrac{0.5kg}{m^3} \left| \dfrac{1000m^3}{day} \right| \dfrac{}{1000m^3}$

$= 0.5 kg/m^3 \cdot day$

06 ③

표면적 부하율(V_0) = $\dfrac{Q}{A} = \dfrac{m^3/d}{m^2} = m/d$

$= \dfrac{2m}{48 sec} \left| \dfrac{86400 sec}{day} \right. = 3600 (m/day)$

07 ④

표면적 부하율(V_0) = $\dfrac{Q}{A} = \dfrac{m^3/d}{m^2} = m/d$

$= \dfrac{2m}{1hr} \left| \dfrac{24hr}{day} \right. = 48 (m/day)$

08 ①

표면(설계) 부하율 = $\dfrac{유입유량(m^3/day)}{수면적(m^2)} = \dfrac{Q}{A}$

㉠ 수면적(m^2) = $30 \times 15 = 450(m^2)$
㉡ 유입유량 = $4500 m^3/day$

∴ 표면 부하율 = $\dfrac{4500(m^3/day)}{450(m^2)} = 10 (m^3/m^2 \cdot day)$

09 ③

표면 부하율 = $\dfrac{유입유량(m^3/day)}{수면적(m^2)}$

$A = \dfrac{유량}{설계부하} = \dfrac{6280m^3}{day} \left| \dfrac{m^2 \cdot day}{20m^3} \right. = 314(m^2)$

$A = 314(m^2) = \dfrac{\pi D^2}{4}$

∴ D = 20(m)

10 | ②

F/M비 계산식을 이용한다.

$$F/M = \frac{BOD_i \times Q}{\forall \cdot X}$$

여기서, Q=1500m³/day
BOD$_i$=150mg/L=0.15kg/m³
MLSS=1500mg/L=1.5kg/m³

$$\frac{0.5\text{kg}\cdot\text{BOD}}{\text{kg}\cdot\text{MLSS}\cdot\text{day}} = \frac{0.15\text{kg}}{\text{m}^3} \left| \frac{1500\text{m}^3}{\text{day}} \right| \frac{1}{\forall(\text{m}^3)} \left| \frac{\text{m}^3}{1.5\text{kg}} \right.$$

$$\therefore \forall = 300\text{m}^3$$

11 | ③

$$F/M = \frac{BOD_i \times Q}{\forall \cdot X} = \frac{200(\text{mg/L}) \times 10,000(\text{m}^3/\text{day})}{2500(\text{m}^3) \times 2000(\text{mg/L})} = 0.4$$

여기서, Q=10,000m³/day
BOD$_i$=200mg/L
MLSS=2,000mg/L
$\forall = 2500\text{m}^3$

12 | ④

$$F/M = \frac{BOD_i \times Q}{\forall \cdot X}, \quad X = \frac{BOD_i \times Q}{\forall \cdot F/M}$$

$$X = \frac{BOD_i \times Q}{\forall \cdot F/M} = \frac{270(\text{mg/L}) \times 10,000(\text{m}^3/\text{day})}{3000\text{m}^3 \times 0.3(\text{kg/kg}\cdot\text{day})}$$

$$= 3000(\text{mg/L})$$

13 | ②

$$F/M비 = \frac{BOD_i \times Q_i}{MLVSS \times \forall} = \frac{BOD_i}{MLVSS \times t}$$

$$= \frac{200(\text{mg/L})}{2500 \times 0.8(\text{mg/L}) \times 1(\text{day})}$$

$$= 0.1\text{kg/kg}\cdot\text{day}$$

14 | ①

㉠ $L_v = \dfrac{BOD_i \times Q_i}{\forall} = \dfrac{200(\text{mg/L}) \times 10,000(\text{m}^3/\text{day})}{10,000(\text{m}^3)}$

$= 200(\text{mg/L}\cdot\text{day}) = 0.2(\text{kg/m}^3\cdot\text{day})$

㉡ $F/M = \dfrac{BOD_i \times Q}{\forall \cdot X} = \dfrac{200(\text{mg/L}) \times 10,000(\text{m}^3/\text{day})}{10,000(\text{m}^3) \times 2000(\text{mg/L})}$

$= 0.1(\text{kg}\cdot\text{BOD/kg}\cdot\text{SS}\cdot\text{day})$

15 | ③

$$주입률(\text{mg/L}) = \frac{0.1\%}{} \left| \frac{10^4(\text{mg/L})}{\%} \right| \frac{15\text{mL}}{500\text{mL}}$$

$$= 30(\text{mg/L})$$

16 | ①

활성슬러지법의 처리조건
㉠ 영향조건 : BOD : N : P = 100 : 5 : 1
㉡ 온도 : 중온(20~30℃)
㉢ pH : 6~8
㉣ 용존산소 : 0.5~2(ppm)
㉤ 독성물질이 없어야 한다.

17 | ④

SRT(고형물 체류시간)는 활성슬러지가 반응조에 체류하는 시간을 의미하며 3~6일을 표준으로 한다.

$$SRT = \frac{\forall X}{Q_w X_w + Q_o S_o},$$

$$SRT = \frac{X \cdot \forall}{Q_w \cdot X_w} \text{ (유출수 내 SS 농도 고려 안할 때)}$$

18 | ③

$$SRT = \frac{X \cdot \forall}{Q_w \cdot X_w} = \frac{3(\text{kg/m}^3) \times 500(\text{m}^3)}{500(\text{kg/day})} = 3(\text{day})$$

여기서, $\forall(\text{m}^3) = Q \times t = \dfrac{2000\text{m}^3}{\text{day}} \left| \dfrac{6\text{hr}}{} \right| \dfrac{1\text{day}}{24\text{hr}} = 500(\text{m}^3)$

X(MLSS) = 3000mg/L = 3kg/m³
$Q_w \cdot X_w = 500\text{kg/day}$

19 | ②

$$SRT = \frac{\forall \cdot X}{Q_w X_w + Q_o X_o}, \quad Q_w X_w = \frac{\forall \cdot X}{SRT}$$

$$Q_w \times 8,000\,mg/L = \frac{1,000\,m^3 \times 2,000\,mg/L}{10\,day}$$

$$\therefore Q_w = 25\,(m^3/day)$$

20 | ④

활성슬러지 공법에서 슬러지를 포기조에 반송시키는 목적은 포기조 내에 MLSS(Mixed Liquor Suspended Solids)의 조절을 위해서이다.

21 | ③

슬러지 지표(SVI)
반응조 내 혼합액을 30분간 정체한 경우 1g의 활성슬러지 부유물질이 포함하는 용적을 mL로 표시한 것이다. 적절한 SVI(50~150mL/g)를 맞춰줘야 침강성이 좋아지며 200 이상으로 과대할 경우 슬러지 팽화가 발생한다. SVI가 작을수록 슬러지가 농축되기 쉽다.

22 | ①

$$SVI(mL/g) = \frac{SV_{30}(mL/L)}{MLSS(mg/L)} \times 10^3,$$

$$SVI = \frac{SV_{30}(\%)}{MLSS(mg/L)} \times 10^4$$

$$SVI(mL/g) = \frac{SV_{30}(mL/L)}{MLSS(mg/L)} \times 10^3 = \frac{250 \times 10^3}{5000} = 50$$

단, 1ppm = 1mg/L

23 | ①

$$SVI(mL/g) = \frac{SV_{30}(mL/L)}{MLSS(mg/L)} \times 10^3 = \frac{100 \times 10^3}{2500} = 40$$

24 | ①

SVI 계산식을 이용한다.

$$SVI = \frac{SV_{30}(mL/L)}{MLSS(mg/L)} \times 10^3 = \frac{178}{2,000} \times 10^3 = 89$$

25 | ④

SVI 계산식을 이용한다.

$$SVI = \frac{SV(mL/L)}{MLSS(mg/L)} \times 10^3 = \frac{360}{3,000} \times 10^3 = 120$$

26 | ①

SVI 계산식을 이용한다.

$$SVI = \frac{SV(mL/L)}{MLSS(mg/L)} \times 10^3 = \frac{250}{2,000} \times 10^3 = 125$$

SVI가 50~150 사이에서 운전되면 슬러지의 침강성이 좋은 상태이므로 운전에 적절하다.

27 | ③

슬러지 팽화(Sludge Bulking)
폭기조 내의 사상세균(Sphaerotilus, Gestrichum, Bacillus 등)이 증가됨으로써 발생하는 것으로 슬러지가 뿌옇게 올라오는 현상이다.

① 원인
  ㉠ SRT가 짧을 경우
  ㉡ DO 농도가 낮을 경우
  ㉢ F/M가 높을 경우
  ㉣ 질소(N) 또는 인(P) 등의 영양원소 결핍
  ㉤ 영양상태가 불균형할 경우
  ㉥ MLSS 농도가 낮을 경우

② 대책
  ㉠ 적절한 SRT를 유지한다.
  ㉡ DO 농도를 높게 유지(2ppm 이상)한다.
  ㉢ F/M을 낮게 유지한다.
  ㉣ 영양물질 BOD : N : P = 100 : 5 : 1을 유지한다.
  ㉤ MLSS를 적당히 유지(1,500~2,500mg/L)한다.

28 | ①
슬러지 팽화현상은 충격부하가 발생하거나 용존산소가 부족할 경우, 영양물질의 상태가 불균형일 때 발생한다.

29 | ④
슬러지 팽화(Sludge bulking) 현상은 폭기조 내의 사상세균(Sphaerotillus, Gestrichum, Bacillus 등)이 증가됨으로써 발생하는 것이 일반적이다.

30 | ④
포기조 표면에 황갈색 내지는 흑갈색 거품이 나타나는 경우는 긴 SRT가 원인이다. 즉, 세포가 과도하게 산화되었음을 의미하고 SRT를 감소시켜 해소한다.

31 | ②
접촉산화법은 미생물량과 영향인자를 정상상태로 유지하기 위한 조작이 어렵다.
이 밖의 단점은 반응조 내 매체를 균일하게 포기 교반하는 조건 설정이 어렵고 사수부가 발생할 우려가 있으며, 포기비용이 약간 높고, 초기 건설비가 비싸다는 것이다.

32 | ③
활성슬러지법의 변법인 접촉안정법은 활성슬러지를 안정조에서 3~6기산 폭기하여 흡수, 흡착된 유기물질을 산화시키는 방법이다.

33 | ④
하수의 호기성 생물처리법은 부유생물을 이용하는 활성슬러지법과 여재(Media)의 표면에 부착한 생물막을 이용하는 생물막법으로 대별된다.
㉠ **부유증식** : 표준활성슬러지법, 기타 변법 등
㉡ **부착증식** : 살수여상, 회전원판법, 접촉산화법, 호기성 여상법

34 | ④
살수여상법의 단점
㉠ 연못화(Ponding) 현상이 발생한다.
㉡ 냄새가 발생하기 쉽다.
㉢ 여름철에 파리 발생의 문제가 있다.
㉣ 효율이 낮으며, 수두 손실이 크다.
㉤ 겨울철 동결 문제가 있다.

오답풀이
유지비가 많이 들며, 운전이 어려운 것은 활성슬러지법의 단점이다.

35 | ③
고율살수여상에서 질산화 반응이 발생하지 않는다.

36 | ②
$\forall = Q \times t$
㉠ Q = 2,000(m^3/day)
㉡ t = 30min

$$\forall = \frac{4000 m^3}{hr} \left| \frac{30 min}{} \right| \frac{1 hr}{60 min} = 2000 m^3$$

37 | ①
질산화 반응과정에서 질산화미생물의 세포합성을 위하여 HCO_3^-가 소비되면서 pH는 저하된다.

38 | ②
아질산염은 질소순환의 구성요소이며 환경 중에서 nitrobacter에 의해서 질산염으로 산화된다. NADH는 메트헤모글로빈을 정상 헤모글로빈으로 환원시키는 환원제이다.

39 | ③

질산화(Nitrification)

㉠ 질산화 반응은 호기성 상태하에서 독립영양 미생물인 Nitrosomonas와 Nitrobactor에 의해서 NH_4^+가 2단계를 거쳐 NO_3^-로 변한다.

1단계 : $NH_4^+ + \frac{3}{2}O_2$
$\rightarrow NO_2^- + 2H^+ + H_2O$ (Nitrosomonas)

2단계 : $NO_2^- + \frac{1}{2}O_2 \rightarrow NO_3^-$ (Nitrobactor)

전체 반응 : $NH_4^+ + 2O_2 \rightarrow NO_3^- + 2H^+ + H_2O$

㉡ 질산화 반응과정에서 질산화미생물의 세포합성을 위하여 HCO_3^-가 소비되면서 pH는 저하된다.
$NH_4^+ + 4CO_2 + HCO_3^- + H_2O \rightarrow C_5H_7NO_2 + 5O_2$

40 | ①

질산화(Nitrification)

㉠ 질산화 반응은 호기성 상태하에서 독립영양 미생물인 Nitrosomonas와 Nitrobactor에 의해서 NH_4^+가 2단계를 거쳐 NO_3^-로 변한다.

1단계 : $NH_4^+ + \frac{3}{2}O_2$
$\rightarrow NO_2^- + 2H^+ + H_2O$ (Nitrosomonas)

2단계 : $NO_2^- + \frac{1}{2}O_2 \rightarrow NO_3^-$ (Nitrobactor)

전체 반응 : $NH_4^+ + 2O_2 \rightarrow NO_3^- + 2H^+ + H_2O$

㉡ 질산화 반응과정에서 질산화미생물의 세포합성을 위하여 HCO_3^-가 소비되면서 pH는 저하된다.

41 | ④

수중에 유입된 단백질은 가수분해되어 아미노산(Amino acid) → 암모니아성 질소(NH_3-N) → 아질산성 질소(NO_2-N) → 질산성 질소(NO_3-N)로 질산화되며, 질산성 질소(NO_3-N)는 산소가 부족할 때 탈질화 박테리아에 의해 $N_2(g)$나 $N_2O(g)$ 형태로 탈질된다.

42 | ②

탈질미생물은 종속영양미생물이므로 반드시 탈질미생물이 이용할 수 있는 유기물(탄소공급원)이 있어야 하는데, 분해되기 쉬운 유기물일수록 탈질효율이 높아지기 때문에 메탄올(CH_3OH) 등이 이용된다.

43 | ④

질산화(Nitrification)

40번 문제 해설 참조

44 | ①

탈질반응에서는 알칼리도가 생성되어 pH는 증가되고, 질산화 반응에서는 반대로 알칼리도[HCO_3^-]가 소비되므로 pH가 낮아진다.

45 | ③

탈인공정 중 인방출(혐기성 상태) 과정은 NO_3^-와 같은 물질들이 존재하면 비록 산소가 없는 상태라도 인의 방출이 방해를 받게 되므로 혐기성 조에서 인의 방출이 효율적으로 일어나도록 하기 위해 질산염을 제거해야 한다.

46 | ①

생물학적 인(P) 제거 공정의 기본형은 A/O(혐기/호기) 공법으로 표준활성슬러지법의 반응조 전반 20~40% 정도를 혐기반응조로 하는 것이 표준이다.

47 | ①

회분식 연속활성슬러지법(SBR)은 단일 반응조에서 1주기(cycle) 중에 호기-무산소-혐기 등의 조건을 설정하여 질산화와 탈질화를 도모할 수 있다.

48 | ③

생물학적 탈인 방법에서 혐기조건에서 미생물에 의한 유기물의 흡수와 인의 용출 현상이 일어나며, 호기성 상태에서 BOD가 소비되면서 인의 과잉흡수가 일어난다.

49 | ③

$$K_a = \frac{[NH_3][H^+]}{[NH_4^+]} = 10^{-9.25}, \quad [H^+] = 10^{-10.25} M$$

$$\frac{[NH_4^+]}{[NH_3]} = \frac{10^{-10.25}}{10^{-9.25}} = 0.1$$

$$NH_3(\%) = \frac{[NH_3]}{[NH_3] + [NH_4^+]} \times 100$$

$$= \frac{100}{1 + ([NH_4^+]/[NH_3])} = \frac{100}{1 + 0.1} = 90.91(\%)$$

50 | ①

A^2/O 공법은 포기조에서 질산화를 통하여 생성된 질산성 질소를 무산소조로 내부 반송하여 탈질함으로써 질소를 제거하는 공정이다.

51 | ①

막분리 생물반응기(Membrane Bio-Reactors ; MBR)는 기존 생물학적 처리공정의 최종 처리단계로 사용되는 침전조를 대신하여 분리막을 이용하는 공정이다. 반응기 내의 미생물 농도를 높게 유지하여 유기물, 질소성분 등의 처리효율을 높이고, 또한 막에 의해 부유물질, 미생물 등이 제거됨으로써 고·액 분리의 효율을 높이고 기존 생물학적 처리공정의 문제점을 해결할 수 있는 많은 장점을 가지고 있다. 슬러지 체류시간이 길어져 슬러지 자기소화량이 많기 때문에 잉여 슬러지가 적게 발생한다.

52 | ①

하·폐수 처리 공정의 3차 처리에서 수중의 질소를 제거하기 위한 방법
㉠ 암모니아 탈기법
㉡ 파괴점 염소주입법
㉢ 선택적 이온교환법
㉣ 생물학적 처리법

제5절 | 기타 처리

01 | ②

크롬 폐수처리
크롬은 6가크롬(Cr^{6+}, 황색)이 독성이 강하므로 3가크롬(Cr^{3+}, 청록색)으로 환원시킨 후 수산화물($Cr(OH)_3$)로 침전시켜 제거하는 방법이 가장 많이 쓰이며, 이 방법을 환원침전법이라고 한다.
㉠ **환원반응** : Cr^{6+}를 Cr^{3+}로 환원하기 위해서는 pH 2~3이 가장 적절하며 pH가 낮을수록 반응속도가 빨라서 좋으나, 경제성이 떨어지는 단점이 있다.
㉡ **침전반응** : 3가 크롬의 침전은 pH 8~9 정도가 적절하며, 환원반응에서 pH가 2~3이 되어 있기 때문에 pH를 높여주기 위해 이 반응에서는 알칼리제(NaOH, $Ca(OH)_2$)를 투입한다.

02 | ④

크롬은 6가크롬(Cr^{6+}, 황색)이 독성이 강하므로 3가크롬(Cr^{3+}, 청록색)으로 환원시킨 후 수산화물($Cr(OH)_3$)로 침전시켜 제거하는 방법이 가장 많이 쓰이며, 이 방법을 환원침전법이라고 한다.

03 | ①

크롬은 생체 내에 필수적인 금속으로 결핍 시 인슐린의 저하로 인한 것과 같은 탄수화물의 대사장해를 일으키는 물질로 3가 크롬과 6가 크롬으로 존재하며, 독성이 강한 6가 크롬은 물에 녹으면 중크롬산, 크롬산 등을 생성한다.

04 | ④

혐기성 소화의 장·단점
① 장점
  ㉠ 유기물 농도가 높은 폐수를 처리할 수 있다.
  ㉡ 슬러지 생산량이 적다.
  ㉢ 슬러지의 탈수성이 좋다.
  ㉣ 동력비, 유지관리비가 적게 든다.
  ㉤ 에너지원으로 사용 가능한 메탄(CH_4)가스를 생성한다[지방>단백질>탄수화물(CH_4 생성량)].
  ㉥ 질소나 인 등 영양염류 요구량이 적다.

② 단점
- ㉠ 처리효율이 낮다.
- ㉡ 처리수의 수질이 낮기 때문에 후처리 시설이 필요하다.
- ㉢ 미생물의 초기순응시간이 길다.
- ㉣ 반응속도가 느리다.
- ㉤ 초기건설비와 소요부지면적이 많이 필요하다.
- ㉥ 운전이 비교적 어렵다.

5 | ③

호기성 소화가 혐기성 소화에 비해 체류시간이 짧다.

6 | ④

혐기성 처리 메커니즘

유기물의 혐기성 분해반응은 2단계를 거친다.

유기물 —(1단계)→ 유기산, 알코올 —(2단계)→ CH_4, CO_2
(C, H, O, N, S)

- ㉠ 1단계 : 유기산 형성과정(산성소화과정)으로 유기산균에 의해 유기물이 유기산이나 알코올로 변환되는 단계
- ㉡ 2단계 : 메탄 발효과정(알칼리소화과정, 가스화과정)으로 메탄균에 의해 유기산이나 알코올 등이 분해되어 CH_4, CO_2가 생성되는 단계

7 | ②

메탄생성 반응이 저해를 받게 되면 CO_2의 생성량이 증가하여 pH는 낮아진다.

8 | ②

혐기성 소화의 주 목적은 에너지원으로 사용 가능한 메탄(CH_4) 가스를 생성하는 것이다.

9 | ④

혐기성 소화 가수분해단계(다당류, 지방, 단백질 등이 C, H, O, N, S의 유기물로 분해되는 단계)
- ㉠ 다당류(녹말, 셀룰로오스) → 단당류, 2당류
- ㉡ 지방(FATs) → 긴 사슬 지방산, 글리세린
- ㉢ 단백질 → 아미노산

10 | ③

하수슬러지 혐기성 소화조의 설계와 운전

오답풀이
① 하수슬러지의 소화가스 내 메탄가스 함량은 70% 정도이다.
② 고율소화조의 고형물체류시간(SRT)은 10~25일의 범위이다.
④ pH 감소에 따른 소화율 저하를 방지하기 위해 소화조의 총알칼리도는 500~1000mg/L를 유지한다.

11 | ②

호기성 소화법
① 장점
- ㉠ 최초 시공비가 절감된다.
- ㉡ 악취 발생이 적다.
- ㉢ 운전이 용이하다.
- ㉣ 상징수의 수질이 양호하다.
- ㉤ 슬러지 생산량이 많다.

② 단점
- ㉠ 소화슬러지의 탈수가 불량하다.
- ㉡ 폭기에 드는 동력비가 많다.
- ㉢ 저온 시의 효율이 저하된다.
- ㉣ 가치 있는 부산물이 생성되지 않는다.

12 | ①

슬러지 개량이란 슬러지의 물리적·화학적 특성을 개선하여 탈수량 및 탈수율을 증가시키는 것으로 개량방법에는 세정, 열처리, 동결, 약품첨가 등이 있다.

13 | ①

$$SL(m^3) = \frac{340mg}{L} \left| \frac{2,000m^3}{} \right| \frac{70}{100} \left| \frac{L}{1kg} \right| \frac{1kg}{10^6 mg}$$
$$= 0.476(m^3)$$

14 | ②

글루코스의 혐기성 반응식

$C_6H_{12}O_6$ → $3CH_4$ + $3CO_2$
180(g)　　　：　3×16(g)
1,800(mg/L)：　X(mg/L)

∴ X(=CH_4) = 480(mg/L)

15 | ③

슬러지의 밀도(비중) 수지식을 이용한다.

$$\frac{W_{SL}}{\rho_{SL}} = \frac{W_{TS}}{\rho_{TS}} + \frac{W_w}{\rho_w}$$

$$\frac{100}{\rho_{SL}} = \frac{40}{2} + \frac{60}{1.0}$$

$$\therefore \rho_{SL} = 1.25$$

16 | ③

$V_1(100-W_1) = V_2(100-W_2)$
$1000kg \times (100-20) = V_2(100-5)$
$\therefore V_2(=$ 건조 후 슬러지량$) = 842.1(kg)$
$\therefore$ 증발시켜야 할 수분 양
　　= 건조 전 슬러지량 - 건조 후 슬러지량
　　= 1000kg - 842.1kg = 157.9(kg)

17 | ③

$V_1(100-W_1) = V_2(100-W_2)$
$1kg(100-80) = V_2(100-50)$
$\therefore V_2(=$ 건조 후 슬러지량$) = 0.4(kg)$
$\therefore$ 감소된 물의 양 = 건조 전 슬러지량 - 건조 후 슬러지량
　　　　　　　= 1kg - 0.4kg
　　　　　　　= 0.6(kg)

18 | ④

소화율(%) $= \left(1 - \dfrac{\text{소화 후 } VS/FS}{\text{소화 전 } VS/FS}\right) \times 100$

㉠ 소화 전 : $TS_1 = VS_1 + FS_1$
　　　　　$100(\%) = 80(\%) + X(\%)$,　$X = 20(\%)$

㉡ 소화 후 : $TS_2 = VS_2 + FS_2$
　　　　　$100(\%) = 50(\%) + X'(\%)$,　$X' = 50(\%)$

$\therefore$ 소화율(%) $= \left(1 - \dfrac{50/50}{80/20}\right) \times 100 = 75(\%)$

19 | ④

코리더는 핵심지역과 거점지역을 연결하는 것으로 생물들의 유전자 교류 및 피난 통로의 역할을 수행한다.

CHAPTER 03 상·하수도

문제편 : 45p

제1절 | 상수도

01 | ①

하수 중의 오물이 차례로 관거에 침전되는 것을 막기 위하여 하류방향으로 내려감에 따라 유속을 점차 증가하도록 해야 하며, 경사는 하류로 갈수록 감소시켜야 한다.

02 | ①

계획 1일 평균오수량은 계획 1일 최대오수량의 70~80%를 표준으로 한다.

03 | ③

취수틀은 호소의 중소량 취수시설로 많이 사용되고 구조가 간단하며, 시공도 비교적 용이하나 수중에 설치되므로 호소의 표면수는 취수할 수 없다.

04 | ④

계획 오수량
ⓒ 합류식에서 우천 시 계획 오수량은 원칙적으로 계획시간 최대오수량의 3배 이상으로 한다.
ⓓ 계획 1일 평균오수량은 계획 1일 최대오수량의 70~80%를 표준으로 한다.
ⓔ 지하수량은 1인 1일 최대오수량의 10~20%로 한다.

05 | ③

해수의 담수화방식
① 상변화방식
 ㉠ 증발법(다단플래쉬법, 다중효용법, 증기압축법, 투과기화법)
 ㉡ 결정법(냉동법, 가스수화물법)
② 상불변방식
 ㉠ 막법(역삼투법, 전기투석법)
 ㉡ 용매추출법

제2절 | 하수도

01 | ④

최근 도시화로 인해 강우의 유출계수는 증가하고 유달시간은 감소하여 침수피해 발생 빈도가 증가하고 있다.
㉠ 유출계수 : 토지이용도별 기초유출계수 및 토지이용도별로부터 총관유출계수를 구하는 것을 원칙으로 한다.
㉡ 유달시간 : 유입시간과 유하시간의 합으로 한다. 여기서, 유입시간은 최소단위배수구의 지표면특성을 고려하여 구하고, 유하시간은 최상류관거의 끝으로부터 하류관거의 어떤 지점까지의 거리를 계획유량에 대응한 유속으로 나누어 구하는 것이 원칙이다.

02 | ④

하수관거 접합 시 2개의 관거가 합류하는 경우 중심교각은 되도록 60° 이하로 하고, 곡선을 갖고 합류하는 경우의 곡률반경은 내경의 5배 이상으로 한다.

03 | ④

합리식에 의한 우수유출량을 계산한다.
$Q = \dfrac{1}{360} C \cdot I \cdot A$
㉠ C : 유출계수 = 0.8
㉡ A : 유역면적 = $9\text{km}^2 \left| \dfrac{100\text{ha}}{1\text{km}^2} \right. = 900(\text{ha})$
㉢ $I = \dfrac{3000}{t+25} = \dfrac{3000}{25+25} = 60\text{mm/hr}$
$t = t_i + \dfrac{L}{V} = 5 + \dfrac{1\text{km}}{50\text{m}} \left| \dfrac{\text{min}}{1\text{km}} \right| \dfrac{10^3\text{m}}{1\text{km}} = 25(\text{min})$
∴ $Q = \dfrac{1}{360} C \cdot I \cdot A = \dfrac{1}{360} \times 0.8 \times 60 \times 900$
$= 120(\text{m}^3/\text{sec})$

04 | ③

합리식에 의한 우수량은 다음 식으로 계산한다.
$Q = \dfrac{1}{360} C \cdot I \cdot A$
여기서 $t = t_1 + \dfrac{L}{V} = 10 + \dfrac{600\text{m}}{1\text{m}} \left| \dfrac{\text{sec}}{60\text{sec}} \right| \dfrac{1\text{min}}{60\text{sec}} = 20\text{min}$
$I = \dfrac{3000}{20+30} = 60\text{mm/hr}$
$A = 6\text{km}^2 \left| \dfrac{100\text{ha}}{1\text{km}^2} \right. = 600\text{ha}$
∴ $Q = \dfrac{1}{360} \times 0.5 \times 60 \times 600 = 50(\text{m}^3/\text{sec})$

05 | ②

Manning 공식
$V = \dfrac{1}{n} \cdot R^{\frac{2}{3}} \cdot I^{\frac{1}{2}}$
여기서, V : 유속(m/sec)
 n : 조도계수
 R : 경심(m)(단면적/윤변)
 I : 동수경사(동수구배)

06 | ③

Marston 공식
$W = C_1 \cdot \gamma \cdot B^2$
여기서, W : 관이 받는 하중(kN/m)
 γ : 매설토의 단위중량(kN/m³)
 B : 도랑의 폭(B = 1.5D + 30cm)
 C_1 : 흙의 종류, 두께 등에 따라 결정되는 상수
 D : 관거의 외경
$W = 1.0 \times 2(\text{ton/m}^3) \times 1.5^2 = 4.5(\text{ton/m})$
$B = \dfrac{3}{2} \times 0.8\text{m} + 0.3\text{m} = 1.5(\text{m})$

07 | ①

Cavitation(공동현상)

유체가 넓은 유로에서 좁은 곳으로 고속 유입 시 또는 굴곡이 있거나 만곡부가 있으면 유속이 빠른 부분이 저압이 되어 이 부분에서 공동(cavity)이 생긴다. 이 부분의 압력이 그때의 수온의 포화증기압보다 낮아지면 비점이 낮아져 수중에 증기 발생 또는 용존 공기가 분리하여 기포가 발생되는데 이와 같은 현상을 공동현상이라 한다. 방지방법은 다음과 같다.

㉠ 펌프의 설치위치를 가능한 한 낮추어 흡입양정을 짧게 한다.
㉡ 펌프의 회전수를 감소시킨다.
㉢ 성능에 크게 영향을 미치지 않는 범위 내에서 흡입관의 직경을 증가시킨다.
㉣ 두 대 이상의 펌프를 사용하거나 회전차를 수중에 완전히 잠기게 한다.
㉤ 양흡입 펌프·압축형 펌프·수중펌프의 사용을 검토한다.

08 | ②

펌프의 공동현상은 펌프의 임펠러 입구에서 특정요인에 의해 물이 증발하거나 흡입관으로부터 공기가 혼입됨으로써 공동이 발생하는 현상으로 캐비테이션이라고 한다. 펌프의 공동현상 발생을 방지하기 위해서는 펌프의 회전수를 감소시켜 펌프의 필요 유효흡입수두(NPSH)를 작게 한다. 공동현상은 펌프의 흡입손실수두가 클 경우 발생하기 쉽다.

09 | ①

공동현상(Cavitation)은 펌프의 임펠러 입구에서 특정요인에 의해 물이 증발하거나 흡입관으로부터 공기가 혼입됨으로써 공동이 발생하는 현상이다.

10 | ②

펌프의 형식과 비교회전도의 관계

형식	N_s
터빈펌프	100~250
사류펌프	700~1,200
축류펌프	1,100~2,000

11 | ②

비교 회전도(N_s)

$$N_s = N \times \frac{Q^{1/2}}{H^{3/4}}$$

양수량 및 전양정이 같다면 회전수가 많을수록 N_s의 값이 크게 된다. N_s는 펌프형식을 나타내는 지수로 N_s가 동일하면 펌프의 크기에 관계없이 같은 형식의 펌프로 하고, 특성도 대체로 같게 된다.

12 | ③

펌프의 출력은 다음 식으로 계산된다.

$$P_a(kW) = \frac{\gamma \cdot Q \cdot TDH}{102 \cdot \eta} \times \alpha = \frac{1000 \times 1 \times 5}{102 \times 0.8} = 61(kW)$$

CHAPTER 04 수질분석 및 수질관계 법규

문제편 : 49p

01 | ③

시료의 전처리 방법

전처리 방법	적용시료	산도
질산법	유기물함량이 낮은 깨끗한 하천수나 호소수 등의 시료에 적용	0.7N
질산-염산법	유기물함량이 비교적 높지 않고, 금속의 수산화물·산화물·인산염 및 화합물을 함유하고 있는 시료에 적용	0.5N
질산-황산법	유기물 등을 다량 함유하고 있는 대부분의 시료에 적용	1.5~3N
질산-과염소산법	유기물을 다량 함유하고 있으면서 산화분해가 어려운 시료들에 적용	0.8N
질산-과염소산-불화수소산법	다량의 점토질 또는 규산염을 함유한 시료에 적용	0.8N

02 | ③

시료의 성상별 전처리방법은 다음과 같다.

성상	처리방법
타르 기타 소량의 유기물을 함유하는 것	질산-염산법, 질산-과산화수소법, 마이크로파 산분해법
유기물을 함유하지 않는 것	질산법, 마이크로파 산분해법
다량의 유기물 유리탄소를 함유하는 것 셀룰로스 섬유제 여과지를 사용한 것	저온회화법

03 | ③

시료의 전처리 방법
1번 문제 해설 참조

04 | ③

BOD를 측정할 때 간섭물질
㉠ 시료가 산성 또는 알칼리성을 나타내거나 잔류염소 등 산화성 물질을 함유하였거나 용존산소가 과포화되어 있을 때에는 BOD 측정이 간섭받을 수 있으므로 전처리를 행한다.
㉡ 탄소 BOD를 측정할 때, 시료 중 질산화 미생물이 충분히 존재할 경우 유기 및 암모니아성 질소 등의 환원상태 질소화합물질이 BOD 결과를 높게 만든다. 적절한 질산화 억제 시약을 사용하여 질소에 의한 산소 소비를 방지한다.
㉢ 시료는 시험하기 바로 전에 온도를 (20±1)℃로 조정한다.

05 | ①

$$BOD_5 = \frac{(DO_i - DO_f) - (B_i - B_f)(1-P)}{P}$$

여기서, DO_i : 희석검수의 배양 전 DO농도(mg/L)
DO_f : 희석검수의 배양 후 DO농도(mg/L)
B_i : 식종희석수의 배양 전 DO농도(mg/L)
B_f : 식종희석수의 배양 후 DO농도(mg/L)
P : 검수의 희석배율

06 | ③

$$\begin{aligned} BOD &= [(D_1 - D_2) - (B_1 - B_2) \times f] \times P \\ &= [(9.0 - 4.3) - (9.32 - 9.12) \times 1] \times 5 \\ &= 22.5(mg/L) \end{aligned}$$

07 | ④

Deutsch-Anderson공식은 전기집진장치에서 효율을 구할 때 이용된다.

08 | ③

$$흡광도(A) = \log \frac{1}{t}$$

$$흡광도(A) = \log \frac{1}{0.1} = 1.0$$

09 | ④

화학적 산소요구량(COD)의 분석법 및 시약
㉠ 적정법(산성 과망간산칼륨법) : 과망간산칼륨($KMnO_4$), 옥살산나트륨($Na_2C_2O_4$), 질산은($AgNO_3$), 황산(H_2SO_4), 황산은(Ag_2SO_4)
㉡ 적정법(알칼리성 과망간산칼륨법) : 과망간산칼륨($KMnO_4$), 아자이드화나트륨(NaN_3), 요오드화칼륨(KI), 전분(starch), 티오황산나트륨, 탄산나트륨, 아이소아밀 알코올($C_5H_{11}OH$), 요오드산칼륨(KIO_3), 황산(H_2SO_4)
㉢ 적정법(다이크롬산칼륨법) : 다이크롬산칼륨, 1,10-페난트로린, 황산제일철·7수화물, 황산수은, 황산은

10 | ②

시료를 알칼리성으로 하기 위해 10% 수산화나트륨 1mL를 첨가하는 것은 알칼리성 100℃에서 과망간산칼륨에 의한 화학적 산소요구량 측정방법이며 현재는 이 방법을 사용하지 않는다.

11 | ③

$$O_2(mg) = \frac{0.06eq}{L} \left| \frac{1 \times 10^{-3}L}{} \right| \frac{8 \times 10^3 mg}{1eq} = 0.48(mg)$$

여기서, $0.01M-K_2Cr_2O_7 = 0.06N-K_2Cr_2O_7$
$K_2Cr_2O_7$은 6가 물질이다.

12 | ②

중화 적정법에 의한 알칼리도 측정은 수중에 산이 유입되었을 때 이를 중화시킬 수 있는 능력을 측정하는 실험으로 산화-환원 반응을 이용하지 않는다.

13 | ①

총유기탄소(TOC)는 수중에서 유기적으로 결합된 탄소의 합을 말하며, 고온연소산화법과 과황산 UV 및 과황산 열 산화법으로 분석할 수 있다.

14 | ③

비점오염관리대책에 포함되어야 하는 사항(물환경보전법 제55조)
㉠ 관리목표
㉡ 관리대상 수질오염물질의 종류 및 발생량
㉢ 관리대상 수질오염물질의 발생 예방 및 저감 방안
㉣ 그 밖에 관리지역의 적정한 관리를 위하여 환경부령으로 정하는 사항

15 | ①

먹는물의 수질기준(건강상 유해영향 무기물질에 관한 기준, 별표 1)
㉠ 납은 0.01mg/L를 넘지 아니할 것
㉡ 불소는 1.5mg/L(샘물·먹는샘물 및 염지하수·먹는염지하수의 경우에는 2.0mg/L)를 넘지 아니할 것
㉢ 비소는 0.01mg/L(샘물·염지하수의 경우에는 0.05mg/L)를 넘지 아니할 것
㉣ 셀레늄은 0.01mg/L(염지하수의 경우에는 0.05mg/L)를 넘지 아니할 것
㉤ 수은은 0.001mg/L를 넘지 아니할 것
㉥ 시안은 0.01mg/L를 넘지 아니할 것
㉦ 크롬은 0.05mg/L를 넘지 아니할 것
㉧ 암모니아성 질소는 0.5mg/L를 넘지 아니할 것
㉨ 질산성 질소는 10mg/L를 넘지 아니할 것
㉩ 카드뮴은 0.005mg/L를 넘지 아니할 것
㉪ 붕소는 1.0mg/L를 넘지 아니할 것(염지하수의 경우에는 적용하지 아니한다)
㉫ 브롬산염은 0.01mg/L를 넘지 아니할 것(수돗물, 먹는샘물, 염지하수·먹는염지하수, 먹는해양심층수 및 오존으로 살균·소독 또는 세척 등을 하여 먹는물로 이용하는 지하수만 적용한다)
㉬ 스트론튬은 4mg/L를 넘지 아니할 것(먹는염지하수 및 먹는해양심층수의 경우에만 적용한다)
㉭ 우라늄은 30㎍/L를 넘지 않을 것[수돗물(지하수를 원수로 사용하는 수돗물을 말한다), 샘물, 먹는샘물, 먹는염지하수 및 먹는물공동시설의 물의 경우에만 적용한다]

16 | ④

먹는물 수질기준 항목 중 크롬의 기준값은 0.05mg/L이다.

17 | ①

먹는물 수질기준
① 카드뮴 0.005mg/L
② 암모니아성 질소 0.5mg/L
③ 벤젠 0.01mg/L
④ 동 1mg/L

18 | ②

일반세균은 1mL 중 100CFU(Colony Forming Unit)를 넘지 아니할 것. 다만, 샘물 및 염지하수의 경우에는 저온일반세균은 20CFU/mL, 중온일반세균은 5CFU/mL를 넘지 아니하여야 하며, 먹는샘물, 먹는염지하수 및 먹는해양심층수의 경우에는 병에 넣은 후 4℃를 유지한 상태에서 12시간 이내에 검사하여 저온일반세균은 100CFU/mL, 중온일반세균은 20CFU/mL를 넘지 아니할 것

19 | ③

일반수도사업자가 준수해야 할 정수처리기준
㉠ 취수지점부터 정수장의 정수지 유출지점까지의 구간에서 바이러스를 1만분의 9천999 이상 제거하거나 불활성화할 것
㉡ 취수지점부터 정수장의 정수지 유출지점까지의 구간에서 지아디아 포낭(包囊)을 1천분의 999 이상 제거하거나 불활성화할 것
㉢ 취수지점부터 정수장의 정수지 유출지점까지의 구간에서 크립토스포리디움 난포낭(卵胞囊)을 1백분의 99 이상 제거할 것

20 | ④

사람의 건강보호 기준(하천, 동법 시행령 별표 1)

항목	기준값(mg/L)
비소(As)	0.05 이하
안티몬	0.02 이하
디클로로메탄	0.02 이하
벤젠	0.01 이하

21 | ②

생활환경 기준

등급		매우 좋음 Ia	좋음 Ib	약간 좋음 II	보통 III
상태 (캐릭터)					
기준	수소이온농도 (pH)	6.5~8.5	6.5~8.5	6.5~8.5	6.5~8.5
	생물화학적 산소요구량 (BOD) (mg/L)	1 이하	2 이하	3 이하	5 이하
	화학적 산소요구량 (COD) (mg/L)	2 이하	4 이하	5 이하	7 이하
	총유기탄소량 (TOC) (mg/L)	2 이하	3 이하	4 이하	5 이하
	부유물질량 (SS) (mg/L)	25 이하	25 이하	25 이하	25 이하
	용존산소량 (DO) (mg/L)	7.5 이상	5.0 이상	5.0 이상	5.0 이상
	총인 (total phosphorus) (mg/L)	0.02 이하	0.04 이하	0.1 이하	0.2 이하
	대장균군 (군수/100mL) 총 대장균군	50 이하	500 이하	1,000 이하	5,000 이하
	대장균군 (군수/100mL) 분원성 대장균군	10 이하	100 이하	200 이하	1,000 이하

MEMO

PART 02

대기환경

- **01** 대기오염개론
- **02** 미기상학
- **03** 대기오염방지기술
- **04** 연소공학
- **05** 대기환경법규
- **06** 자동차의 연소

CHAPTER 01 대기오염개론

문제편 : 55p

제1절 | 대기오염의 개념

01 | ②

$$X\,(\mu g/m^3) = \frac{1mL}{m^3} \left| \frac{28mg}{22.4mL} \right| \frac{10^3\mu g}{1mg} = 1250\,(\mu g/m^3)$$

02 | ④

$$X\,(mg/m^3) = \frac{1.5mL}{100mL} \left| \frac{28mg}{22.4mL} \right| \frac{10^6 mL}{1m^3} = 18,750\,(mg/m^3)$$

03 | ②

$$X\,(\mu g/m^3) = \frac{0.049mL}{m^3} \left| \frac{64mg}{24.5mL} \right| \frac{10^3\mu g}{1mg} = 128\,(\mu g/m^3)$$

04 | ②

$$X\,(\mu g/m^3) = \frac{0.112mL}{m^3} \left| \frac{64mg}{22.4mL} \right| \frac{1000\mu g}{1mg} = 320\,(\mu g/m^3)$$

05 | ④

$C_3H_8 + 5O_2 \rightarrow 3CO_2 + 4H_2O$

$\quad 1m^3 \;:\; 5m^3$
$\quad 5L \;:\; X$
$\therefore X = 25\,(L)$

06 | ①

오답풀이

물의 온도를 섭씨(℃)로 환산하면
② $℃ = \frac{5}{9}(°F - 32) = \frac{5}{9}(135 - 32) = 57.22℃$
③ $℃ = K - 273 = 338.15 - 273 = 65.15℃$
④ $°F = R - 460 = 620 - 460 = 160°F$
$\quad ℃ = \frac{5}{9}(°F - 32) = \frac{5}{9}(160 - 32) = 71.11℃$

07 | ②

대기성분의 부피농도(비율) 및 체류시간

	부피농도	체류시간
N_2	78.08%	4×10^8년
O_2	20.94%	6000년
Ar	0.93	축적
CO_2	0.035%(350ppm)	2~4년
CH_4	1.5~1.7ppm	3~8년
H_2	0.55ppm	4~7년
N_2O	0.3~0.5ppm	20~100년
CO	0.01~0.2ppm	1~6개월
SO_2	0.0002ppm	2~5일

08 | ③

건조공기의 성분조성비

질소(N_2) > 산소(O_2) > 아르곤(Ar) > 탄산가스(CO_2) > 네온(Ne) > 헬륨(He) > 메탄(CH_4) > 수소(H_2) > 일산화탄소(CO)

09 | ②

대기성분의 부피비율(농도)

$N_2 > O_2 > Ar > CO_2 > Ne > He > CH_4 > H_2$

10 | ③

성층권의 고도는 약 11km에서 50km까지이고, 이 권역에서는 하층부의 밀도가 커서 매우 안정한 상태를 유지하므로 공기의 상승이나 하강 등의 연직운동은 억제된다.

11 | ①

대기층은 물리적 및 화학적 성질에 따라서 고도별로 분류가 되어 있다. 지표면으로부터 대류권 - 성층권 - 중간권 - 열권으로 구성된다.

12 | ②

성층권은 고도 11~50km 사이를 말하며 고도가 증가함에 따라 온도가 상승하는 구역으로 오존이 자외선을 흡수하여 온도를 상승시킨다.

13 | ②

자외선의 건강장애
㉠ UV-A(315~400nm) : 자외선 중 에너지가 가장 낮고, 인체에 무해하며, 광치료와 인공선탠에 이용된다.
㉡ UV-B(280~315nm) : 생체에 손상을 줄 충분한 에너지를 가지고 있으며 인체에 피부암을 일으킬수 있다.
㉢ UV-C(100~280nm) : 피부노화, 백내장 등 인체에 상당히 유해하며, 오존층에 대부분 흡수된다.

14 | ④

발생원에서 배출된 1차 오염물질이 공기 또는 상호간의 가수분해, 산화 혹은 광화학적 반응에 의해 대기 중에서 형성되어진 오염물질을 2차 대기오염물질이라고 한다.
㉠ 이산화황이 대기 중에서 산화하여 생성된 삼산화황
㉡ 이산화질소의 광화학반응에 의하여 생성된 일산화질소
㉢ 질소산화물의 광화학반응에 의한 원자상 산소와 대기 중의 산소가 결합하여 생성된 오존

15 | ⑤

2차 오염물질의 종류는 대부분 광산화물로서 O_3, H_2O_2, PAN($CH_3COOONO_2$), NOCl, 아크롤레인(CH_2CHCHO) 등이 여기에 속한다.

16 | ①

1차 오염물질이란 배출원에서 대기 중으로 직접 배출된 오염물질을 말하며, 황화합물 중에서는 SO_2, SO_3 등이 해당한다.

17 | ②

2차 오염물질의 종류는 대부분 광산화물로서 O_3, H_2O_2, PAN($CH_3COOONO_2$), NOCl, 아크롤레인(CH_2CHCHO) 등이 여기에 속한다.

18 | ③

엽록체가 광합성을 할 때 광합성 색소가 흡수하는 빛의 파장은 청색광과 적색광이다. 이 부분의 파장은 가시광선 영역이다.

19 | ④

태양상수는 대기권 밖에서 햇빛에 수직인 $1cm^2$의 면적에 1분 동안에 들어오는 태양복사에너지의 양을 말하며, 그 값은 약 $2cal/cm^2 \cdot min$이다.

20 | ①

자동차 연료의 고온연소 시에 생성되는 NO_2는 광화학 스모그의 유발물질이며 저온연소나 촉매환원법으로 처리된다. 연료가 완전연소되면 발생되는 CO_2는 온실가스효과를 유발한다. 또한, 연료의 불완전 연소 시에 생성되는 CO는 인체의 헤모글로빈과의 결합력이 커서 모체에 산소결핍의 피해를 준다.

제2절 | 지구환경문제

01 ④

산성비

① 산성비의 정의

산성비는 통상 pH 5.6 이하의 강우를 말하며, 이는 자연 상태의 대기 중에 존재하는 CO_2가 강우에 흡수되었을 때 나타나는 pH를 기준으로 한 것이다.

② 유발물질
  ㉠ 황산화물(SOx)
  ㉡ 질소산화물(NOx)
  ㉢ 염화수소(HCl)

> **참고**
>
> **기여도**
> 황산화물(SOx) > 질소산화물(NOx) > 염화수소(HCl)

③ 산성비의 특징 및 영향
  ㉠ 산성비는 인위적으로 배출된 SOx 및 NOx 화합물질이 대기 중에서 황산 및 질산으로 변환되어 발생한다.
  ㉡ 산성비가 토양에 내리면 토양은 산적 성격이 약한 교환기부터 순서적으로 Ca^{2+}, Mg^{2+}, Na^+, K^+ 등의 교환성 염기를 방출하고, 그 교환자리에 H^+가 흡착되어 치환된다.
  ㉢ 토양의 산성화가 진행되면 유독한 Al^{3+}를 용출시킨다.
  ㉣ Al^{3+}는 뿌리의 세로분열이나 Ca 또는 P의 흡수나 흐름을 저해한다.
  ㉤ 산성비에서 발생한 H^+가 식물효소작용을 저해하는 등 식물생육에 영향을 준다.
  ㉥ 토양의 산성화를 통해 토양 미생물을 사멸시킨다.
  ㉦ 산성비와 관련된 국제협약으로는 제네바협약, 헬싱키 의정서, 소피아 의정서가 있다.

④ 산성비 생성 메커니즘
  ㉠ 건조공기 중 CO_2 농도 : 0.035%(350ppm)
  ㉡ CO_2의 헨리상수 : 3.38×10^{-2} mol/L·atm
  ㉢ CO_2의 평형상수 : 4.45×10^{-7}
  ㉣ CO_2의 포화증기압 : 0.0313atm

헨리법칙 $C = H \cdot P$

$CO_2 + H_2O \rightleftarrows H^+ + HCO_3^-$

$K = \dfrac{[H^+][HCO_3^-]}{[CO_2][H_2O]} = 4.45 \times 10^{-7}$, $K = \dfrac{[H^+]^2}{[CO_2]} = 4.45 \times 10^{-7}$

$[CO_2]$(mg/L)

$= H \cdot P = \dfrac{3.38 \times 10^{-2} \text{mol}}{L \cdot atm} \left| \dfrac{(1-0.0313)atm}{} \right| \dfrac{350mL}{m^3} \left| \dfrac{1m^3}{10^6 mL} \right.$

$= 1.146 \times 10^{-5}$ (mol/L)

$[H^+]^2 = 4.45 \times 10^{-7} \times 1.146 \times 10^{-5} = 5.1 \times 10^{-12}$ (mol/L)

$[H^+] = 2.258 \times 10^{-6}$ (mol/L)

$\therefore pH = -\log[H^+] = -\log(2.258 \times 10^{-6}) = 5.65$

02 ④

산성비와 관련된 국제협약으로는 제네바협약, 헬싱키 의정서, 소피아 의정서가 있다.

03 ①

산성비의 원인으로 아황산가스는 감소추세에 있다.

04 ③

산성비는 통상 pH 5.6 이하의 강우를 말한다.

05 ③

산성토양에서는 Al^{3+}가 용출되어 활성화가 증가한다.

06 ②

산성비는 통상 pH 5.6 이하의 강우를 말하며, 이는 자연 상태의 대기 중에 존재하는 CO_2가 강우에 흡수되었을 때 나타나는 pH를 기준으로 한 것이다. 대기 중의 산성기체(SO_2, NO_2, HCl)에 의해 비의 pH가 5.6 이하로 감소한다.

07 | ①

오존층

① 오존층 파괴의 원인물질
  ㉠ CFC
  ㉡ 할론(브롬)가스
  ㉢ 염소화합물
  ㉣ 일산화탄소
  ㉤ 이산화질소

② 오존층의 특징
  ㉠ 오존층이란 성층권에서도 오존이 더욱 밀집해 분포하고 있는 지상 20~30km 구간을 말한다.
  ㉡ 오존의 생성 및 분해반응에 의해 자연 상태의 성층권 영역에는 일정 수준의 오존량이 평형을 이루게 되고, 다른 대기권역에 비해 오존의 농도가 높은 오존층이 생긴다.
  ㉢ 오존층의 두께를 표시하는 단위는 돕슨(Dobson)이며, 지구 대기 중의 오존총량을 표준상태에서 두께로 환산했을 때 1mm를 100돕슨으로 정하고 있다.
  ㉣ 오존총량은 적도상에서 약 200돕슨, 극지방에서 약 400돕슨 정도인 것으로 알려져 있다.
  ㉤ 지구 전체의 평균오존전량은 약 300돕슨이지만, 지리적 또는 계절적으로 그 평균값의 ±50% 정도까지 변화하고 있다.
  ㉥ 오염된 대기 중에서 오존농도에 영향을 주는 것은 태양빛의 강도, NO_2/NO의 비, 반응성탄화수소농도 등이다.
  ㉦ 오존층 보호를 위한 국제협약은 비엔나 협약(1985), 몬트리올 의정서(1987), 런던 회의(1990), 코펜하겐 회의(1992) 등이 있다.

> **참고**
>
> **오존 파괴지수(ODP)**
> 오존층을 파괴하는 물질을 대상으로 단위중량당 오존의 소모능력을 나타낸다. 일반적으로 할론가스가 오존 파괴지수(ODP)가 높다.

08 | ②

프레온가스(CFC) 명명법

예 CFC-12
㉠ 영문기호 뒤에 붙어 있는 숫자에 90을 더한다.
  12+90=102
㉡ 숫자 세 자리는 순서대로 각각 탄소(C)수, 수소(H)수, 불소(F)수를 나타낸다.
  탄소 1개, 수소 0개, 불소 2개

09 | ③

디클로로디플루오르메탄(CFC-12)의 화학식은 CF_2Cl_2이다.

10 | ④

CFC-11(1.0), CFC-113(0.8), CCl_4(1.1), Halon-1301(10.0)

11 | ②

지구온난화의 영향
㉠ 이상기온 발생
㉡ 해수면의 상승
㉢ 해빙
㉣ 사막화
㉤ 전염병 발생
㉥ 생태계 변화 또는 파괴

12 | ④

온실가스
㉠ CO_2
㉡ CH_4
㉢ N_2O
㉣ HFCs(수소불화탄소)
㉤ PFCs(과불화탄소)
㉥ SF_6(육불화황)

13 | ④

온실가스
㉠ CO_2
㉡ CH_4
㉢ N_2O
㉣ HFCs(수소불화탄소)
㉤ PFCs(과불화탄소)
㉥ SF_6(육불화황)

14 | ③

온실가스
① CO_2
② CH_4
③ N_2O
④ HFCs(수소불화탄소)
⑤ PFCs(과불화탄소)
⑥ SF_6(육불화황)

15 | ③

온실가스
① CO_2
② CH_4
③ N_2O
④ HFCs(수소불화탄소)
⑤ PFCs(과불화탄소)
⑥ SF_6(육불화황)

16 | ②

온실가스
① CO_2
② CH_4
③ N_2O
④ HFCs(수소불화탄소)
⑤ PFCs(과불화탄소)
⑥ SF_6(육불화황)

17 | ④

지구온난화지수(GWP)
온실가스별로 지구온난화에 영향을 미치는 정도를 나타낸 수치로 이 값이 클수록 지구온난화에 대한 기여도가 크다는 의미이다.
① CO_2(1)
② CH_4(21)
③ N_2O(310)
④ HFCs(140~11,700)
⑤ PFCs(6,500~11,700)
⑥ SF_6(23,900)

18 | ④

지구온난화지수(GWP ; Global Warming Potential)

온실가스	지구온난화지수	온난화 기여도(%)
CO_2	1	55
CH_4	21	15
N_2O	310	6
HFCs	1,300	
PFCs	7,000	24
SF_6	23,900	

19 | ②

GWP는 온실기체들의 구조상 또는 열축적 능력에 따라 온실효과를 일으키는 잠재력을 지수로 표현한 것으로, 이 온실기체들은 CH_4, N_2O, HFCs, CO_2, SF_6 등이 있으며, 이 중 GWP가 가장 큰 값을 나타내는 물질은 SF_6이며, HFCs, N_2O, CH_4, CO_2 순으로 작아진다.

20 | ①

18번 문제 해설 참조

21 | ①

18번 문제 해설 참조

22 | ①

아산화질소(N_2O)의 지구온난화지수는 이산화탄소에 비하여 310배 정도이다.

23 | ③

지구온난화지수(GWP)
온실가스별로 지구온난화에 영향을 미치는 정도를 나타낸 수치로 이 값이 클수록 지구온난화에 대한 기여도가 크다는 의미이다.
㉠ CO_2(1)
㉡ CH_4(21)
㉢ N_2O(310)
㉣ HFC(140~11,700)
㉤ PFC(6,500~11,700)
㉥ SF_6(23,900)

24 | ②

온실가스란 적외선 복사열을 흡수하거나 다시 방출하여 온실효과를 유발하는 대기 중의 가스상태 물질로서 이산화탄소, 메탄, 아산화질소, 수소불화탄소, 과불화탄소, 육불화황을 말하며, 온실효과는 단파장보다 장파장이 더 크다.

25 | ④

교토메커니즘
㉠ 공동이행제도(Joint implementation) : 감축의무가 있는 선진국 사이에 온실가스 감축사업을 공동으로 수행하는 것을 인정한 것으로 한 국가가 다른 국가에 투자하여 감축한 온실가스 감축량의 일부분을 투자국의 감축실적으로 인정하는 제도이다.
㉡ 청정개발체제(Clean Development Mechanism) : 선진국이 개발도상국에서 온실가스 감축사업을 수행하여 달성한 실적을 선진국의 감축목표 달성에 활용할 수 있도록 하는 제도이다.
㉢ 배출권거래제(Emission Trading) : 온실가스 감축 의무국가가 의무감축량을 초과하여 달성 시 이 초과분을 다른 온실가스 감축 의무국가와 거래 가능하게 한 제도이다.

26 | ④

석유보다 석탄이 탄소 집중도가 크다.

27 | ④

우리나라에 황사가 발생할 때의 기상은 하강기류(고기압)일 때이다.

28 | ③

황사와 관련된 질환은 여러 가지가 있으며, 대표적으로 호흡기 질환, 알레르기성 비염, 자극성 결막염, 피부 질환 등이 발생한다.

29 | ①

리우선언
1992년 6월 '지구를 건강하게, 미래를 풍요롭게'라는 슬로건 아래 개최된 지구 정상회담에서 환경과 개발에 관한 기본원칙을 표방하며, 인간은 지속가능한 개발을 위한 관심의 중심으로 자연과 조화를 이룬 건강하고 생산적인 삶을 향유하여야 한다는 주요 원칙을 담고 있다.

30 | ②

람사협약
자연자원의 보전과 현명한 이용을 위한 습지보전 협약

31 | ④

열섬현상
콘크리트와 아스팔트 구조물로(열용량이 큰) 뒤덮여 있는 도심은 인근교외 지역(녹지가 많은 지역)에 비해 태양열로 쉽게 달궈지며 도시 내에는 공장, 주택, 자동차 등이 많아 연료를 연소시킬 때 많은 열이 발생하므로 주변의 다른 지역보다 2~5℃ 가량 높은 온도를 형성하게 되는데 이때 기온이 같은 지점을 등온선으로 연결시켜보면 높아진 도시 내 기온 분포도가 섬의 등고선 같은 형태를 띠고 있어 열섬이란 이름이 붙여진 것이다. 태양열을 식혀주는 녹지가 부족한 것도 원인 중 하나이다.

32 | ①

도시열섬현상(Heat Island Effect)
Dust Dome Effect라고도 하며 도시지역 표면의 열적 성질의 차이 및 지표면에서의 증발잠열 차이, 태양의 복사열에 의해 도시에 축적된 열이 주변지역에 비해 크기 때문에 국부적인 온도상승으로 인하여 도시상공에 지붕형태(Dome)의 오염물질이 형성되어 도시의 대기오염을 증가시키는 현상이다.

33 | ①

환경정책기본법령상 대기환경기준에서 먼지에 관한 항목은 PM-10과 PM-2.5이다. NH_4NO_3, $(NH_4)_2SO_4$는 2차적으로 발생한 무기 미세입자이다.

34 | ②

내분비계 교란물질(Endocrine disruptors)
동물이나 사람의 체내에 들어가서 내분비계의 정상적인 기능을 방해하거나 혼란시키는 화학물질로 통상 '환경호르몬(Environmental hormone)'이라고도 한다.
㉠ 내분비계에 작용하므로 극미량으로 생식기능장해를 유발한다.
㉡ 자연의 먹이사슬을 통해 동물이나 사람의 체내에 축적한다.
㉢ 생체호르몬과는 달리 쉽게 분해되지 않고 안정하다.
㉣ 환경 중 및 생체 내에서의 반감기가 길다.
  • DDT 인체 내 반감기 : 10년
  • 다이옥신류 인체 내 반감기 : 7~8년
㉤ 강한 지용성으로 인체 등 생물체의 지방조직에 농축된다.
㉥ 효소활동을 억제한다.

35 | ④

환경호르몬은 자연의 먹이사슬을 통해 동물이나 사람의 체내에 축적한다.

36 | ①

쓰레기 소각장 등 각종 연소 시설에서 발생되는 대표적 환경호르몬은 다이옥신이다.

37 | ④

다이옥신은 화학적으로 매우 안정한 물질이다.

38 | ④

성층권에 있는 오존은 태양으로부터의 자외선을 막아주는 차단막 역할을 하며, 낮은 대기층에서의 오존은 식물의 잎의 책상세포 및 표피에 영향을 주어 회백색 또는 갈색 반점이 발생, 엽록소 파괴, 동화작용 억제, 산소작용의 저해를 유발한다.

39 | ①

생물 다양성 협약으로 인하여 식품, 의약품 등 생물자원을 기반으로 한 산업이 발전하면서 생물 다양성 보전의 필요성과 이용 가치에 대한 인식이 높아졌다.
㉠ **종 다양성** : 한 지역 내 종의 다양성 정도를 말하는 것으로 분류학적 다양성이다.
㉡ **생태계 다양성** : 한 생태계에 속하는 모든 생물과 무생물의 상호작용에 관한 다양성이다.
㉢ **유전적 다양성** : 종 내의 유전자 변이를 말하는 것으로 같은 종 내의 여러 집단들을 의미하거나 한 집단 내 개체들 사이의 유전적 변이를 의미한다.

40 | ②

인간의 활동에 의한 온실가스 배출을 최대한 줄이고, 남은 온실가스는 흡수(산림 등), 제거(CCUS)해서 실질적인 배출량이 0(Zero)이 되는 개념이다. 즉 배출되는 탄소와 흡수되는 탄소량을 같게 해 탄소 '순배출이 0'이 되게 하는 것으로, 이에 탄소중립을 '넷-제로(Net-Zero)'라 부른다.

> **참고**
>
> CCUS(Carbon Capture, Utilization and Storage)
> 이산화탄소 포집, 저장, 활용 기술

제3절 | 대기오염물질의 성상

01 | ③

이동배출원은 배출규모나 형태에 따라 점오염원과 선오염원으로 분류된다.

02 | ①

불소화합물의 주요 발생공정은 알루미늄공업, 유리공업, 비료공업, 요업 등이다.

03 | ④

VOC는 지표면 부근에서의 오존생성에 관여하므로 간접적으로 지구온난화에 기여하며 특유의 냄새로 악취 원인물질이다.

04 | ①

카르보닐기($-C=O$)는 탄소 사슬의 중간에 있는 탄소 원자가 산소 원자와 이중결합을 갖는 물질을 말한다.

① **노르말헥산** : 분자식이 C_6H_{14}로 chain(선형)으로 된 탄소를 포함한 분자이다.

오답풀이
② **포르말린** : 포름알데히드(HCHO)의 수용액으로 강한 살균력이 있어 농약, 의약용으로 사용된다.
③ **유기산** : 산성을 띠는 유기화합물의 총칭이며, 카르복시기와 설폰기가 들어있는 유기화합물이다.
④ **PAN** : PAN은 peroxyacetyl nitrate의 약자이며, 분자식은 $CH_3COOONO_2$이다.

05 | ③

탄소의 순환에서 탄소(CO_2)로서의 가장 큰 저장고 역할을 하는 부분은 해양이다.

06 | ③

일산화탄소(CO)는 무색, 무취의 난용성 기체로 대기 중에서 이산화탄소(CO_2)로 산화되기 어렵다.

07 | ③

- 일산화탄소(CO)는 무색, 무취의 맹독성 기체로 주로 연료의 불완전 연소로 발생되는, 공기보다 가벼운 기체이다.
- 가장 중요한 일산화탄소 배출원은 주로 수송분야로 교통체증이 심한 도심지역에서 고농도의 일산화탄소 오염이 많이 관측되고 있다.
- 일산화탄소는 체내 산소를 운반하는 역할을 하는 헤모글로빈(산소보다 210배 강한 결합력)을 카르복실헤모글로빈(COHb)으로 변성시켜 혈액의 산소운반 능력을 저하시킨다.

08 | ③

지구의 위도별 CO 농도는 북위 중위도 부근(북위 50°)에서 최대치를 보인다.

09 | ⑤

오존 생성의 주범이 되는 대기오염 물질 중 질소산화물, 탄화수소, 일산화탄소, 메탄 등은 주로 자동차 배기가스로부터 배출되고, 오존 형성에 촉매 역할을 하는 휘발성 유기물은 석유화학 정제공장, 석유 저장고, 주유소 등으로부터 주로 배출된다.

10 | ③

CO는 대기 중에서 CO_2로 쉽게 산화되기 어렵고, 토양 박테리아의 활동에 의하여 CO_2로 산화되어 대기 중에서 제거되고 대류권 및 성층권에서의 광화학 반응에 의해 대기 중에서도 제거된다.

11 | ③

광화학스모그(Photochemical smog)는 자동차 배기가스에 함유되어 올레핀계 탄화수소와 질소산화물, 자외선의 작용으로 광화학 반응을 일으켜 광화학스모그를 생성한다.

12 | ②
광화학스모그의 생성물질은 2차 대기오염물질로 O_3, PAN($CH_3COOONO_2$), H_2O_2, NOCl, 아크롤레인(CH_2CHCHO) 등이 있으며 질소산화물은 광화학스모그의 전구물질이다.

13 | ④
광화학스모그는 온도가 높은 여름철 한낮에 주로 발생한다.

14 | ①
광화학 반응의 3대 원인 인자
㉠ 질소산화물(도시대기오염물 중에서 가장 중요한 태양 및 흡수기체)
㉡ 탄화수소(올레핀계 탄화수소가 광화학 활성이 가장 강함)
㉢ 자외선(380~400nm)

15 | ②
질소산화물과 탄화수소는 광화학스모그의 전구물질에 해당하며, 오존은 생성물질이다.

16 | ②
대기오염 경보단계

경보단계	농도(ppm)
주의보	0.12
경보	0.3
중대경보	0.5

17 | ③
페렛 직경(Feret Diameter)은 입자성 물질의 끝과 끝을 연결한 선 중 가장 긴 선을 직경으로 하는 것을 말한다.

18 | ②
로우볼륨 에어샘플러
환경대기 중에 부유하고 있는 $10\mu m$ 이하의 입자상 물질을 여과지 위에 포집하여 질량농도를 구하거나 금속 등의 성분 분석에 이용되며, 흡인펌프, 분립장치, 여과지홀더 및 유량측정부로 구성되어 있다.

19 | ②
입자는 조대 및 미세 입자로 분류되며, 입자의 크기가 $10\mu m$보다 큰 입자는 침강성 입자로 분류된다.

20 | ①
훈연(fume)
금속 산화물과 같이 가스상 물질이 승화 또는 용융된 물질이 휘발하여 기체가 응축할 때 생긴 $1\mu m$ 이하의 고체입자로서 주로 금속정련이나 도금공정에서 많이 발생된다.

21 | ③
검댕(soot)
탄소함유물질의 불완전연소로 형성된 입자상 오염물질로서 탄소입자의 응집체이다.

22 | ①
안개(fog)는 대기 중의 수분 및 증기가 냉각응축되어 생성되는 액체이며, 수평시정 거리가 1km 미만이다.

23 | ②
미스트(mist)는 미립자 등의 핵 주위에 증기가 응축하여 생기는 경우와 큰 물체로부터 분산하여 생기기도 하는 입자로서 통상적인 입경범위는 $0.01\sim10\mu m$ 정도이다.

24 | ②
훈연(fume)은 승화 또는 용융된 물질이 휘발하여 기체가 응축할 때 생긴 $1\mu m$ 이하의 고체입자로서 주로 금속정련이나 도금공정에서 많이 발생된다.

25 | ④
호흡을 통해 유입된 초미세먼지는 혈액을 통해 몸을 돌아다녀 심장혈관 질환의 위험원인이 되며, 폐암을 일으킬 수도 있다.

26 | ①

〈관계식〉 $L_v(km) = \dfrac{A \times 10^3}{G}$

$L_v(km) = \dfrac{1.2 \times 10^3}{50(\mu g/m^3)} = 24(km)$

27 | ⑤

Coh(Coefficient oh haze)
㉠ Coh 산출식에서 불투명도란 더러운 여과지를 통과한 빛전달분율의 역수로 정의된다.
㉡ Coh 산출식에서 광학적 밀도는 불투명도의 log 값으로 정의된다.
㉢ 깨끗한 공기에 대한 Coh의 값은 0이며, 1Coh단위는 0.977의 투과도를 갖는다.

$Coh_{1000} = \dfrac{\log(1/t)/0.01}{L} \times 1000$

28 | ④

〈공식〉 $Coh_{1000} = \dfrac{\log(1/t)/0.01}{L} \times 1000$

㉠ 불투명도 $(t) = \dfrac{1}{빛전달률} = \dfrac{1}{0.5}$

㉡ 광화학적 밀도 $= \log \dfrac{1}{0.5} = 0.3$

㉢ 총 이동거리 $= 0.15(m/sec) \times 10(hr) \times 3600(sec/hr)$
$= 5,400(m)$

$\therefore Coh_{1000} = \dfrac{\log(1/0.5)/0.01}{5,400} \times 1000 = 5.56$

29 | ④

먼지농도$(\mu g/m^3)$
$= \dfrac{(1,060-1,000)mg}{1.0m^3} \left| \dfrac{\min}{} \right| \dfrac{10^3 \mu g}{1mg} \left| \dfrac{}{(10 \times 60)\min} \right|$
$= 100(\mu g/m^3)$

제4절 | 대기오염의 영향

01 | ②

다이옥신
① 정의 및 구조
 두 개의 벤젠고리에 염소가 여러 개 붙어 있는 화합물로 산소가 두 개인 다이옥신류와 산소가 한 개인 퓨란류를 합하여 말하며 환경호르몬의 일종이다.
 ㉠ 다이옥신류(polychlorinated dibenzo-p-dioxins, PCDDs) : 75종류
 ㉡ 퓨란류(polychlorinated dibenzofuran, PCDFs) : 135종류

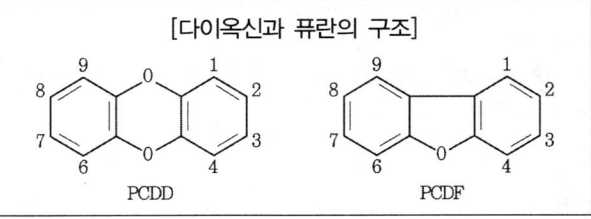

[다이옥신과 퓨란의 구조]

② 물리화학적 성질
 ㉠ 다이옥신은 상온에서 무색으로 물에 대한 용해도 및 증기압이 낮다.
 ㉡ 열적으로 안정하다(고온분해성이다).
 ㉢ 저온재생성이다(300~400℃).
 ㉣ 미생물에 의한 분해도 거의 받지 않는다.
 ㉤ 다이옥신의 분자량은 200~500으로 다이옥신이 퓨란보다 분자량이 크다.
 ㉥ 벤젠 등에 용해되는 지용성이다.
 ㉦ 310nm 부근의 자외선을 흡수하여 광화학분해를 일으킨다.

02 | ②

다이옥신은 증기압이 낮고, 물에 대한 용해도가 극히 낮으나 벤젠 등에 용해되는 지용성이며 300~400℃ 정도의 범위에서 재생하는 특징이 있다.

03 | ④

다이옥신은 PVC 또는 플라스틱류 등을 포함하고 있는 합성물질을 연소시킬 때 발생한다. 또한 PCB의 부분산화 또는 불완전연소에 의해서 발생한다.

04 | ①
다이옥신은 물에 잘 녹지 않는 소수성(난용성)이며, 증기압이 낮고, 열적 안정성, 저온 재생성, 강한 흡착성을 가지고 있다.

05 | ①
다이옥신의 독성은 염소의 부착 위치 및 개수에 따라 독성의 강도가 다르므로 환경 중에 검출되는 다이옥신의 농도는 이성체 중에서 가장 독성이 강한 2,3,7,8-TCDD의 독성을 기준값(1.0)으로 하여 각 이성체의 상대적인 독성값(Toxic Equivalant Quality, TEQ)으로 표시한다.

06 | ①
다이옥신은 열적 안정성이 높아 700℃ 이상에서 분해가 시작되며 1000~1200℃의 고온에서 최소화 된다. 또한 300~400℃ 정도에서는 재생성을 갖는다.

07 | ③
다이옥신의 물리화학적 성질
㉠ 다이옥신은 상온에서 무색으로 물에 대한 용해도 및 증기압이 낮다.
㉡ 열적으로 안정하다(고온분해성이다).
㉢ 저온 재생성이다(300~400℃).
㉣ 미생물에 의한 분해도 거의 받지 않는다.
㉤ 다이옥신의 분자량은 200~500으로 다이옥신이 퓨란보다 분자량이 크다.
㉥ 벤젠 등에 용해되는 지용성이다.
㉦ 310nm 부근의 자외선을 흡수하여 광화학분해를 일으킨다.

08 | ④
PCDD는 전구물질이 비산재 및 염소 공여체와 결합한 후 생성되며, 배출가스의 온도가 250~300℃ 정도에서 최대로 발생한다.

09 | ①
소각 과정 중에서 다이옥신의 생성을 억제하고, 생성된 경우에도 파괴될 수 있도록 800℃ 이상의 고온에서 2초 이상 정체하도록 한다.

10 | ②
다이옥신은 염소의 부착 위치 및 치환수에 따라 독성의 강도가 다르므로 이성체 중에서 가장 독성이 강한 2,3,7,8-TCDD의 독성강도를 1로 하여 각 이성체의 상대적인 독성값을 나타낸 계수를 독성등가환산계수(TEF, Toxic Equivalenct Factor)라 한다.

11 | ①
질소산화물(NO_x)은 고온생성물질로 연소 온도가 낮아야 감소시킬 수 있다.

12 | ②
석면은 자연계에서 산출되는 길고, 가늘며, 강한 섬유상 물질로서 굴절성, 내열성, 내압성, 절연성, 불활성이 높고, 산·알칼리 등 화학약품에 대한 저항성이 강하며, 화학적으로 분해가 잘 되지 않는다.

13 | ③
라돈은 공기에 비하여 9배 가량 무거운 물질로서 특히 지하공간에서 그 농도가 높게 나타난다.

14 | ④
휘발성유기화합물(VOCs ; Volatile Organic Compounds)의 종류는 수백 가지로 가장 독성이 강한 것은 톨루엔이다.

15 | ①
대기오염물질의 일반적인 독성 정도 크기
HF > SO_2 > NO_2 > CO

16 | ①

PAN의 식물에 미치는 영향
㉠ 잎의 표면이 유리화, 은백색의 광택화되어 표피세포 파괴현상으로 백색이나 반점이 생긴다.
㉡ 어린잎에 가장 민감하다.

17 | ②

다운드래프트(Down draft)
㉠ 건물 및 지형의 풍하방향에 연기가 휘말려 떨어지는 현상이다.
㉡ 굴뚝의 높이를 건물 또는 지형의 높이보다 2.5배 이상 유지한다.

CHAPTER 02 미기상학

문제편 : 73p

제1절 | 바람의 순환

01 | ①

지균풍
㉠ 지균풍은 마찰력이 작용하지 않는 자유대기층에서 기압경도력과 전향력만으로 등압선과 평행하게 직선운동을 하며 부는 바람이다.
㉡ 고공이므로 마찰력의 영향이 거의 없다.
㉢ 지균풍에 영향을 주는 기압경도력과 전향력은 크기가 같고 방향이 반대이다.
㉣ 등압선이 평행인 경우 북반구에서는 관측자가 지구를 향하여 내려다 보는 경우 저기압지역이 풍향의 왼쪽에 위치한다.

02 | ⑤

오답풀이
㉢ 북반구의 경도풍은 저기압에서는 시계바늘 반대방향으로 회전하면서 위쪽으로 상승하면서 분다.

03 | ①

바다와 육지의 비열차에 의해서 낮에는 해풍이 불고, 밤에는 육풍이 분다.

제2절 | 대기의 안정도

01 | ④

① 대기 안정도는 건조단열감률과 환경감률의 차이로 결정된다.
② 대기 안정도는 기온의 수직 분포의 함수이다.
③ 환경감률이 과단열이면 대기는 불안정화된다.

02 | ①

오답풀이
ⓑ B는 청명하고, 바람이 약한 한낮에 잘 발생하며 불안정한 상태이다.
ⓒ C는 상층은 안정, 하층은 불안정한 상태로 하늘이 맑고 바람이 약한 날의 아침에 주로 발생한다.

03 | ②

기온감률
고도가 증가함에 따라 온도가 감소하는 정도를 기온감률이라 한다.
㉠ **건조단열감률(γ_d)**
  수증기의 응축이 없는 상태에서 온도변화의 비율로 $-0.98°C/100m$(약 $-1°C/100m$) 값을 나타낸다.
㉡ **습윤단열감률(γ_w)**
  습윤상태에서의 온도변화의 비율로 $-0.65°C/100m$ 값을 나타낸다.
㉢ **환경체감률(γ)**
  고도의 변화에 따른 실제 수직 온도분포를 나타낸 것으로 라디오존데 등을 이용하여 측정한다.

04 | ③

훈증형(fumigation)은 굴뚝상공은 기온역전, 굴뚝하단은 불안정 대기층이 존재할 때 나타나는 연기 형태이다.

05 | ②

① 실제환경감률이 건조단열감률보다 큰 상태로 연기는 환상형(looping)이 발생한다.
② 실제환경감률이 건조단열감률보다 많이 작은 상태로 연기는 부채형(fanning)이 발생한다.
③ 실제환경감률과 건조단열감률이 같거나 비슷한 상태로 연기는 원추형(coning)이 발생한다.
④ 실제환경감률이 상층은 안정하고 하층은 불안정한 상태로 연기는 훈증형(fumigation)이 발생한다.

06 | ①

기온 연직분포에 따른 대기안정도
① **훈증형** : 상층은 안정, 하층은 불안정한 상태에서 나타난다.
② **지붕형** : 상층은 불안정, 하층은 안정한 상태에서 나타난다.
③ **원추형** : 대기가 중립상태일 때 나타난다.
④ **구속형** : 상·하층이 안정한 상태에서 나타난다.

07 | ②

훈증형(fumigation)은 굴뚝상공은 기온역전, 굴뚝하단은 불안정 대기층이 존재할 때 나타나는 연기 형태이다.

08 | ④

대기 안정도가 중립상태일 때 나타나는 연기의 형태는 원추형(Coning)이다.

09 | ②

침강(공중) 역전
고기압 중심 부분에서 기층이 서서히 침강하면서 기온이 단열변화하여 승온되어 발생하는 현상이다.
㉠ 고기압이 정체하고 있는 넓은 범위에 걸쳐서 시간에 무관하게 장기적으로 지속된다.
㉡ 로스앤젤레스 스모그 발생과 밀접한 관계가 있는 역전형태이다.

10 | ②

침강 역전은 장기간에 걸쳐 형성되며, LA스모그 사건의 원인이었다.

11 | ③

이류성 역전은 지표 역전의 일종이다.

12 | ①

기온 역전은 대기가 매우 안정된 상태를 나타내며, 오염물질의 수직이동을 막는 역할을 한다.

13 | ①

기온 역전층

오답풀이

㉡ 상공으로 올라갈수록 기온이 증가된다.
㉢ 공기층이 대단히 안정하다.
㉣ 기온 역전층 내에서는 대류현상이 억제된다.

14 | ①

고기압 중심 부근에서 대기하층의 공기가 발산하고 넓은 지역에 걸쳐 상층의 공기가 서서히 하강하여 나타나는 것은 침강 역전 형태이다.

15 | ③

오답풀이

① 런던형 스모그는 복사역전으로 인해 나타난 현상으로 습도 약 85% 이상, 주로 새벽에서 이른 아침 사이에 발생한다.
② 광화학 스모그는 주로 한낮에 발생하고 주요 원인물질은 질소산화물 등이 있다.
④ 저기압 중심부보다 고기압 중심부에서 광화학 스모그의 발생이 유리해진다.

제3절 | 대기의 확산

01 | ①

굴뚝상단의 직경이 작을수록 토출속도가 증가하여 유효굴뚝높이가 증가한다.

02 | ②

$H_e = H + \Delta H \qquad \Delta H = 1.5 \times D \times (\frac{V_s}{U})$

$\Delta H = 1.5 \times D \times (\frac{V_s}{U}) = 1.5 \times 2 \times \frac{10}{3} = 10(m)$

$\therefore H_e = H + \Delta H = 100 + 10 = 110(m)$

03 | ②

〈공식〉 $C_{max} = \frac{2Q}{\pi e\, UH_e^2} \times \frac{K_z}{K_y}$

H_e를 제외한 모든 조건이 일정하다면 $C_{max} = K \times \frac{1}{H_e^2}$,

즉 $C_{max} \propto \frac{1}{H_e^2}$

$C_{max} \propto \frac{1}{H_e^2} = \frac{1}{2^2}$

04 | ③

$C_{max} = K \times \frac{1}{H_e^2}$

$C_{max} : \frac{1}{H_{e1}^2} = \frac{1}{4} C_{max} : \frac{1}{H_{e2}^2}$

$\therefore H_{e2} = 2 \times H_{e1}$

05 | ④

〈공식〉 $C_{max} = \frac{2Q}{\pi e\, UH_e^2} \times \frac{K_z}{K_y}$

H_e를 제외한 모든 조건이 일정하다면 $C_{max} = K \times \frac{1}{H_e^2}$,

즉 $C_{max} \propto \frac{1}{H_e^2}$

$C_{max} \propto \frac{1}{H_e^2} = \frac{1}{0.5^2} = 4$배

06 | ②

$C_{max} \propto \frac{1}{H_e^2}$

$C_{max} : \frac{1}{H_e^2} = x : \frac{1}{(2H_e)^2}$

$\therefore x = \frac{1}{4} C_{max}$

07 | ①

〈공식〉 $C_{max} = \frac{2Q}{\pi e\, UH_e^2} \times \frac{K_z}{K_y}$

H_e를 제외한 모든 조건이 일정하다면 $C_{max} = K \times \frac{1}{H_e^2}$,

즉 $C_{max} \propto \frac{1}{H_e^2}$

$C_{max} \propto \frac{1}{H_e^2} = \frac{1}{3^2}$

08 | ②

Ri = 0은 중립상태로서 기계적 난류가 지배적인 상태를 나타낸다.

09 | ③

R = 0일 때는 기계적 난류만 존재한다.

10 | ③

가우시안 모델(Gaussian Model)
㉠ 점오염원에서 풍하방향으로 확산되어 가는 Plum(연기모양)이 정규분포(Gaussian)한다는 가정하에 유도, 즉 연기의 확산은 정상상태이다.
㉡ 주로 평탄지역에 적용되도록 개발되어 왔으나 최근 복잡지형에도 적용이 가능하도록 개발되고 있다.
㉢ 간단한 화학반응을 묘사할 수 있는 모델이다.
㉣ 장·단기적 대기오염도 예측에 사용이 용이하다.

11 | ③

상자모델(Box Model)의 기본적인 가정
㉠ 오염물의 분해는 일차 반응에 의한다.
㉡ 오염원은 방출과 동시에 균등하게 혼합된다.
㉢ 고려되는 공간에서 오염물의 농도는 균일하다.
㉣ 고려되는 공간의 수직단면에 직각방향으로 부는 바람의 속도가 일정하여 환기량이 일정하다.
㉤ 배출원은 지면 전역에 균일하게 분포되어 있다.

12 | ④

수용모델은 현재나 과거에 일어났던 일을 추정, 미래를 위한 전략은 세울 수 있으나 미래 예측은 어렵다.

13 | ①

상자모델(Box Model)의 기본적인 가정
㉠ 오염물의 분해는 일차 반응에 의한다.
㉡ 오염원은 방출과 동시에 균등하게 혼합된다.
㉢ 고려되는 공간에서 오염물의 농도는 균일하다.
㉣ 고려되는 공간의 수직단면에 직각방향으로 부는 바람의 속도가 일정하여 환기량이 일정하다.
㉤ 배출원은 지면 전역에 균일하게 분포되어 있다.

14 | ③

$$\Delta h = 1.5 \left(\frac{V_s}{u}\right) \times D$$

$$D = \frac{\Delta h \times u}{1.5 \times V_s} = \frac{10 \times 3}{1.5 \times 10} = 2(m)$$

여기서, $u = \frac{180m}{min} \left| \frac{1min}{60sec} \right. = 3(m/sec)$

15 | ③

유독물질 저장 탱크의 두께는 확산모델에 영향을 주지 않는다.

CHAPTER 03 대기오염방지기술

문제편 : 81p

제1절 | 집진원리

01 | ③

$\eta_t = \eta_1 + \eta_2(1-\eta_1) + \eta_3(1-\eta_1)(1-\eta_2)$
$= 0.5 + 0.75(1-0.5) + 0.8(1-0.5)(1-0.75)$
$= 0.975 = 97.5(\%)$

02 | ①

$\eta_t = \eta_1 + \eta_2(1-\eta_1)$
$0.95 = \eta_1 + 0.9(1-\eta_1)$
$0.05 = 0.1\eta_1$
$\therefore \eta_1 = 0.5 = 50(\%)$

03 | ③

$\eta_t = (1 - \dfrac{C_o}{C_i}) \times 100 = (1 - \dfrac{0.5}{7}) \times 100 = 92.86(\%)$

04 | ④

$C_o = C_i \times (1-\eta)$
㉠ 99.8%일 때 $C_o = C_i \times (1-0.998) = 0.002 C_i$
㉡ 95%일 때 $C_o = C_i \times (1-0.95) = 0.05 C_i$
∴ 효율 저하 전후의 배출 먼지 농도 비율은 1 : 25이다.

05 | ③

통과율(P) = 100 - η
㉠ 공기가 유입되지 않을 때 $P_1 = 100 - 96 = 4\%$
㉡ 15%의 외부공기가 유입될 때 $P_2 = 2P_1 = 4 \times 2 = 8\%$
 $\therefore C_0 = C_i \times P = 50 \times 0.08 = 4.0 (g/Sm^3)$

06 | ④

$\forall = \dfrac{\pi}{6} D^3$

$\dfrac{\dfrac{\pi}{6} \times 10^3}{\dfrac{\pi}{6} \times 2.5^3} = 64(개)$

07 | ③

여과집진장치에서 여과포는 내열성이 약하므로 가스온도가 250℃를 넘지 않도록 주의하고, 고온가스 냉각 시에는 산노점 이상으로 유지해야 한다.

제2절 | 집진장치

01 | ⑤

원심력 집진장치에서 압력손실은 유입가스속도의 제곱에 비례한다.

02 | ②

중력식 집진장치의 집진율 향상조건
㉠ 침강실 내 처리가스의 속도가 작을수록 미립자가 포집된다.
㉡ 침강실 입구폭이 클수록 유속이 느려지며 미세한 입자가 포집된다.
㉢ 다단일 경우에는 단수가 증가할수록 집진율은 커지나, 압력손실도 증가한다.
㉣ 침강실의 높이가 낮고, 중력장의 길이가 길수록 집진율은 높아진다.

03 | ③

$V_g = \dfrac{d_p^2(\rho_p - \rho)g}{18 \cdot \mu}$ 나머지 조건이 같다면 $V_g = d_p^2$이 성립된다.
$3 : 10^2 = X : 5^2$
$\therefore X(V_g) = 0.75 \,(\text{cm/sec})$

04 | ④

기류의 방향전환각도가 작고, 방향전환횟수가 많을수록 압력손실은 커지나 집진은 잘된다.

05 | ③

사이클론의 부분집진율 계산식
$\eta_d = \dfrac{d_p^2(\rho_p - \rho) \cdot \pi \cdot V \cdot N_e}{9 \cdot \mu \cdot B_c}$

㉠ d_p : 분진입자의 직경
㉡ ρ_p : 분진입자의 밀도
㉢ π : 3.14
㉣ V : 입구가스의 유속
㉤ N_e : 선회와류수
㉥ μ : 함진기체의 점도
㉦ B_c : 입구폭

사이클론에서 내경(배출내관)이 작을수록 입경이 작은 먼지를 제거할 수 있다.

06 | ④

점착성이 있는 먼지의 집진에는 적당치 않으며, 딱딱한 입자는 장치의 마모를 일으킨다.

07 | ②

사이클론의 원추 하부에 분진이 퇴적하거나 가교현상이 발생되면 반전기류가 생기게 되고, 이 반전기류에 의해 집진율이 낮아지게 된다. 이것을 방지하기 위한 대책의 일환으로 블로다운방식이 사용되고 있다.

08 | ①

여과집진장치의 먼지제거 메커니즘
㉠ 관성충돌(inertial impaction)
㉡ 확산(diffusion)
㉢ 직접차단(direct interception)
㉣ 중력침강(gravitational settling)
㉤ 정전기침강(electrostatic settling)

09 | ①

여과집진장치의 여과속도는 1~10cm/sec로 여러 집진장치 중에서 가장 작다.

10 | ②

여과집진장치는 수분이나 여과속도에 대한 적응성이 낮다.

11 | ②

여과집진장치의 집진효율은 90~99% 정도이고 처리가스 속도는 0.3~10cm/s이며, 여과속도가 느릴수록 효율이 증가한다.

12 | ②

〈계산식〉 $n = \dfrac{Q_f}{Q_i}$

㉠ $Q_f = 100 \text{m}^3/\text{min}$
㉡ $Q_i = \pi DL \times V_f = \pi \times 0.2 \times 3 \times 1.5$
   $= 2.827 (\text{m}^3/\text{min})$

∴ $n = \dfrac{100}{2.827} ≒ 35.373 ≒ 36(개)$

13 | ②

$n = \dfrac{Q_f}{Q_i}$

• $Q_f(\text{m}^3/\text{sec}) = \dfrac{4.5 \times 10^6 \text{cm}^3}{\text{sec}} \left| \dfrac{1\text{m}^3}{100^3 \text{cm}^3} \right. = 4.5(\text{m}^3/\text{sec})$

• $Q_i = \pi DLV_f = 3.14 \times 0.2 \times 3 \times 0.04 = 0.0754 \text{m}^3/\text{s}$

∴ $n = \dfrac{4.5}{0.0754} = 60(개)$

14 | ④

Deutsch–Anderson식 가정조건
㉠ 가스와 분진은 수직혼합이 없이 x축 방향으로 일정속도 u로 이동한다.
㉡ 분진은 x축상의 모든 위치에서 y축과 z축 방향으로 균등하게 분포되어 있다.
㉢ 대전장과 집진장은 일정하고 균일하다.
㉣ 집진극에서 탈질 시 재비산이 일어나지 않는다.

15 | ④

$\eta = 1 - \exp\left(-\dfrac{A \cdot We}{Q}\right)$

㉠ A(집진판 면적)
㉡ We(입자 이동속도)
㉢ Q(처리가스량)

① 집진극의 면적을 4배로 늘리고, 유량을 1/2로 줄인다.
   $\dfrac{A \cdot We}{Q} = \dfrac{4 \times 2}{1/2} = 16(배)$
② 집진극의 면적을 2배로 늘리고, 유량을 1/4로 줄인다.
   $\dfrac{A \cdot We}{Q} = \dfrac{2 \times 2}{1/4} = 16(배)$
③ 집진극의 면적을 1/2로 줄이고, 유량을 4배로 늘린다.
   $\dfrac{A \cdot We}{Q} = \dfrac{1/2 \times 2}{4} = 1/4(배)$
④ 집진극의 면적을 1/4로 줄이고, 유량을 1/2로 줄인다.
   $\dfrac{A \cdot We}{Q} = \dfrac{1/4 \times 2}{1/2} = 1(배)$

16 | ①

분진의 비저항이 낮으면($10^4 \Omega \cdot \text{cm}$ 이하) 분진 입자의 반발로 인해 분진은 가스 중으로 재비산한다.

17 | ①

여과 집진장치는 온도범위가 제한적인 반면 전기 집진장치는 광범위한 온도에서 운전이 가능하다.

18 | ②

전기 집진장치는 압력손실이 적어 송풍기의 동력비가 적게 든다.

19 | ②

습식전기집진장치에는 세정수가 일정하게 흐르고 전극면(집진면)이 깨끗하게 되어 높은 전계강도를 얻을 수 있고 작은 전기저항에 의해 생기는 먼지의 재비산을 방지할 수 있다.

20 | ②

전기저항을 낮추기 위해 투입하는 물질
㉠ 물 또는 수증기
㉡ 소다회
㉢ 트리에틸아민
㉣ 황산
㉤ 이산화황
㉥ NaCl

오답풀이

② 암모니아(NH_3)는 전기저항을 높이기 위해 투입하는 물질이다.

21 | ②

전기집진장치에서 먼지의 전기저항을 높이기 위하여 사용하는 방법
㉠ NH_3를 주입한다.
㉡ 처리가스의 온도를 낮춘다.
㉢ 습도를 낮게 조절한다.

22 | ④

전기집진장치는 처리가스가 적은 경우 다른 고성능 집진장치에 비해 건설비(초기 투자비)가 비싸다.

23 | ④

벤투리스크러버는 세정집진장치의 일종이다.

24 | ①

습식 세정기에는 분무세정기, 스크러버 등이 있으며, 사이클론은 원심력집진장치를 말한다.

25 | ④

유동상 흡착장치는 가스상 물질을 제거하는 장치이다.

26 | ③

오답풀이

① 사이클론 집진장치는 설치비가 낮고 고온에서 운전이 가능하다.
② 전기집진장치는 방전극에서 코로나 생성 시 발생하는 가스이온을 활용하여 입자물질이 음전하를 띠도록 한 후, 집진극에서 정전기적 인력을 통해 입자를 제거한다.
④ 중력침강장치는 입자오염물질의 농도가 높고 입경이 큰 경우 적합하며, 시공비, 운영비, 유지비 측면에서 다른 집진장치에 비해 유리하다.

제3절 | 유해가스 처리

01 | ①

헨리의 법칙은 난용성인 기체에 적용하며, 대표적인 난용성 기체에는 NO, NO_2, CO, O_2, N_2 등이 있다.

02 | ①

헨리의 법칙
$P = H \cdot C$

$H(\text{헨리상수}) = \dfrac{P}{C} = \dfrac{40\text{mmHg}}{0.25\text{kmol}} \left| \dfrac{m^3}{} \right| \dfrac{1\text{atm}}{760\text{mmHg}}$

$= 0.21(\text{atm} \cdot m^3/\text{kmol})$

03 | ④

$V = C\sqrt{\dfrac{2 \cdot g \cdot P_v}{\gamma}} = 1.0 \times \sqrt{\dfrac{2 \times 10 \times 10}{2}} = 10(m/sec)$

04 | ②

흡수액의 구비조건은 다음과 같다.
㉠ 용해도가 클 것
㉡ 휘발성이 작을 것
㉢ 부식성이 없을 것
㉣ 점성이 작고 화학적으로 안정되고 독성이 없을 것
㉤ 가격이 저렴하고 용매의 화학적 성질과 비슷할 것

05 | ③

흡수액의 구비조건은 다음과 같다.
㉠ 용해도가 클 것
㉡ 휘발성이 작을 것
㉢ 부식성이 없을 것
㉣ 점성이 작고 화학적으로 안정되고 독성이 없을 것
㉤ 가격이 저렴하고 용매의 화학적 성질과 비슷할 것

6 | ③

세정집진장치를 설치해야 하는 경우
㉠ 배기가스 성분이 가연성일 경우
㉡ 유독가스 및 악취를 포함하고 있는 경우
㉢ 배기가스 처리량이 적을 경우
㉣ 미세한 분진을 비교적 고효율로 제거하여야 할 경우
㉤ 분진과 기체상태의 오염물질을 동시에 제거해야 하는 경우
㉥ 배기가스 온도가 높아 냉각을 요하는 경우

7 | ③

물리적 흡착의 특징
㉠ 처리가스의 온도가 낮을수록 잘 흡착한다.
㉡ 흡착제에 대한 용질의 분압이 높을수록 흡착량이 증가한다.
㉢ 가역성이 높고 여러 층의 흡착이 가능하다.
㉣ 분자량이 클수록 잘 흡착된다.
㉤ 오염가스의 회수가 용이하다.

8 | ④

Langmuir 등온공식에서 C는 흡착 후 평형농도 즉, 출구가스 농도를 말한다.

9 | ④

흡착제의 종류
㉠ 활성탄
㉡ 실리카겔
㉢ 활성 알루미나
㉣ 활성 제올라이트
㉤ 보크사이트
㉥ 마그네시아 등

10 | ④

$S + O_2 \rightarrow SO_2$
$32(g) : 64(g)$
$\dfrac{200,000\text{kg}}{\text{day}} \left| \dfrac{4}{100} \right| 7\text{day} : X(\text{kg})$
$X(SO_2) = 112,000(\text{kg})$
$\therefore SO_2(\mu g/m^3)$
$= \dfrac{112,000\text{kg}}{1,000\text{km}^2 \times 100\text{m}} \left| \dfrac{1\text{km}^2}{1,000^2\text{m}^2} \right| \dfrac{10^9 \mu g}{\text{kg}}$
$= 1,120(\mu g/m^3)$

11 | ④

선택적인 촉매환원법(SCR)은 배기가스 중에 존재하는 산소와는 무관하게 NOx를 선택적으로 환원시키는 방법을 말한다.

12 | ①

질소산화물은 난용성인 기체로 선택적 촉매환원 장치, 비선택적 촉매환원 장치, 선택적 무촉매환원 장치 등으로 제거할 수 있다.

13 | ③

질소산화물 중 일반연소 과정에서 가장 많이 배출되는 것은 NO와 NO_2이며 NO와 NO_2의 개략적인 비는 90 : 10 정도이다.

14 | ②

질소산화물(NOx) 저감대책
㉠ 저온 연소
㉡ 저산소 연소
㉢ 저과잉공기 연소법
㉣ 배기가스 재순환
㉤ 화로 내 물 또는 수증기 분무
㉥ 2단 연소
㉦ 환원법

15 | ②

질소산화물 발생량을 저감시킬 수 있는 방법
㉠ 2단 연소법을 사용한다.
㉡ 배기가스 일부를 재순환시킨다.
㉢ 저과잉공기 조건에서 연소시킨다.
㉣ 연소실의 온도를 낮게 유지한다.
㉤ 유동층 연소한다.
㉥ 저산소 연소한다.

16 | ②

질소산화물의 발생을 저감시키기 위해서 연소실 온도를 가능한 낮게 유지한다.

17 | ③

비선택적 촉매환원법은 배기가스 중 O_2를 우선 환원제(CH_4, H_2, CO, HC 등)로 하여금 소비하게 한 후 NOx를 환원시키는 방법이다. NH_3는 선택적 환원제이다.

18 | ⑤

저산소 연소(저과잉공기 연소)
낮은 공기비로 연소시키는 방법으로 연소로 내로 과잉공기의 공급량을 줄여(10% 이내) 질소와 산소가 반응할 수 있는 기회를 적게 하는 것이다.

19 | ①

질소산화물(NOx)과 CO는 인체에 미치는 영향은 크지만 식물에 미치는 영향은 적다.

20 | ①

대부분의 NO_x는 일반적으로 NO 90%, NO_2 10% 정도이다.

21 | ①

악취의 판정도는 다음과 같다.

악취도	악취감도구분	설명
0	무취 (None)	상대적인 무취로 평상시 후각으로 아무 것도 감지하지 못하는 상태
1	감지취기 (Threshold)	무슨 냄새인지는 알 수 없으나 냄새를 느낄 수 있는 정도의 상태
2	보통취기 (Moderate)	무슨 냄새인지 알 수 있는 정도의 상태
3	강한취기 (Strong)	쉽게 감지할 수 있는 정도의 강한 냄새를 말하며 예를 들어 병원에서 특유의 크레졸 냄새를 맡는 정도의 상태
4	극심한 취기 (Very Strong)	아주 강한 냄새, 예를 들어 여름철에 재래색 화장실에서 나는 심한 정도의 상태
5	참기 어려운 취기 (Over Strong)	견디기 어려운 강렬한 냄새로서 호흡이 정지될 것 같이 느껴지는 정도의 상태

22 | ④

악취 판정도

악취도	악취감도구분	설명
0	무취 (None)	상대적인 무취로 평상시 후각으로 아무 것도 감지하지 못하는 상태
1	감지 냄새 (Threshold)	무슨 냄새인지 알 수 없으나 냄새를 느낄 수 있는 정도의 상태
2	보통 냄새 (Moderate)	무슨 냄새인지 알 수 있는 정도의 상태
3	강한 냄새 (Strong)	쉽게 감지할 수 있는 정도의 강한 냄새를 말하며 예를 들어 병원에서 크레졸 냄새를 맡는 정도의 냄새
4	극심한 냄새 (Very Strong)	아주 강한 냄새, 예를 들어 여름철에 재래식 화장실에서 나는 심한 정도의 상태
5	참기 어려운 냄새 (Over Strong)	견디기 어려운 강렬한 냄새로서 호흡이 정지될 것 같이 느껴지는 정도의 상태

23 | ①

악취제어 방법의 분류
① 물리적 방식
   ㉠ 수세법
   ㉡ 흡착법
   ㉢ 냉각 응축(농축)법
   ㉣ 통풍 및 희석법
② 화학적 방식
   ㉠ 촉매산화법
   ㉡ 약액세정법
   ㉢ 연소법
   ㉣ Masking법
③ 생물학적 방법
   ㉠ 토양 탈취법
   ㉡ Bio filter법

24 | ③

유기성의 냄새 유발 물질을 태워서 산화시켜 불완전 연소 시 냄새의 강도는 저감되지 않는다.

25 | ②

분쇄기, 저장 싸이로와 같은 먼지 발생 시설을 개방하면 대기 중 비산먼지의 농도가 증가한다.

CHAPTER 04 연소공학

문제편 : 91p

제1절 | 연소일반

01 | ④

완전연소 구비조건(3T)
㉠ 온도(Temperature) : 연료를 인화점 이상 예열하기 위한 충분한 온도
㉡ 시간(Time) : 완전연소를 위한 충분한 체류시간
㉢ 혼합(Turbulence) : 연료와 공기의 충분한 혼합

02 | ①

열역학 제1법칙이란 여러 형태의 에너지가 존재하는데 서로 전환은 가능하지만 생성이나 소멸은 일어나지 않는다는 법칙이다.

03 | ④

고체연료의 장단점
① 장점
  ㉠ 저장 및 취급이 용이하다.
  ㉡ 매장량이 풍부하다.
  ㉢ 연소장치가 간단하고 가격이 저렴하다.
② 단점
  ㉠ 완전연소가 곤란하다.
  ㉡ 회분 함량이 많아 재(Ash)가 다량 발생한다.
  ㉢ 전처리가 필요하다.
  ㉣ 점화 및 소화가 곤란하다.
  ㉤ 부하변동에 바로 대응하기 곤란하다.
  ㉥ 연소효율이 낮다.

04 | ①

고체연료의 연소장치
㉠ 화격자 연소장치
㉡ 고정상 연소장치
㉢ 미분탄 연소장치
㉣ 유동층 연소장치
㉤ 회전식 연소로
예혼합 연소장치는 기체연료의 연소장치이다.

05 | ③

중유 점도의 정도는 C중유 > B중유 > A중유 순으로 감소되며 수송 시 적정 점도는 500~1000cSt 정도이다.

06 | ②

C/H비가 클수록 비점이 높은 연료이며, 휘발유 < 등유 < 경유 < 중유 순으로 증가한다.

07 | ①

연료비 = $\dfrac{\text{고정탄소}}{\text{휘발분}}$

① 고정탄소 = 100 − (수분 + 회분 + 휘발분)
        = 100 − (2.1 + 15.0 + 36.4)
        = 46.5
② 휘발분 = 36.4

∴ 연료비 = $\dfrac{46.5}{36.4}$ = 1.3

08 | ②

유동층 연료소에 사용되는 유동사의 구비조건
㉠ 불활성이 클 것
㉡ 융점이 높을 것
㉢ 비중이 작을 것
㉣ 입도분포가 균일할 것
㉤ 내마모성일 것
㉥ 열 충격에 강할 것

제2절 | 연소계산

01 | ①

$C_8H_{18} + 12.5O_2 \rightarrow 8CO_2 + 9H_2O$
114(g) : 12.5×32(kg)
1(g) : X(g)
X = 3.5(g)

02 | ④

$CH_4 + 2O_2 \rightarrow CO_2 + 2H_2O$
1mol : 2×32(g)
1mol : X(g)   ∴ X(O_2) = 64(g)

03 | ①

$C_3H_8 + 5O_2 \rightarrow 3CO_2 + 4H_2O$
1Nm³ : 5Nm³
2L : X
∴ X = 10L

04 | ①

$O_o(m^3/kg) = 1.867 \times 0.8 + 5.6(0.05 - \frac{0.1}{8}) + 0.7 \times 0.02$
$= 1.718(m^3/kg)$

05 | ②

$CH_4 + 2O_2 \rightarrow CO_2 + 2H_2O$
16g : 2×22.4L
8g : X
X(O_2) = 22.4L
∴ $Air(L) = O_2 \times \frac{1}{0.2} = 22.4L \times \frac{1}{0.2} = 112(L)$

06 | ②

$CH_4 + 2O_2 \rightarrow CO_2 + 2H_2O$
16(kg) : 44(kg)
8(kg) : X
∴ $X(CO_2) = 22(kg)$

07 | ④

$A = mA_o$
$CH_3OH + 1.5O_2 \rightarrow CO_2 + 2H_2O$
32kg : 1.5×22.4m³
64kg : X   ∴ $X(O_2) = 67.2m^3$
$A_o = 67.2 \times \frac{1}{0.21} = 320(m^3)$
∴ $A = mA_o = 1.5 \times 320 = 480(m^3)$

08 | ②

프로판과 부탄의 연소반응을 각각 작성한다.
㉠ $C_3H_8 + 5O_2 \rightarrow 3CO_2 + 4H_2O$
　　1m³　　　: 3m³
　　0.8Nm³ : X_1　　　$X_1 = 2.4m^3$
㉡ $C_4H_{10} + 6.5O_2 \rightarrow 4CO_2 + 5H_2O$
　　1m³　　　: 4m³
　　0.2Nm³ : X_2　　　$X_2 = 0.8m^3$
∴ $CO_2 = X_1 + X_2 = 2.4 + 0.8 = 3.2m^3$

09 | ①

공기비는 실제공기량(A)과 이론공기량(Ao)의 비로 공기비가 클 경우 배기가스에 의한 열손실이 증대하고 공기비가 작을 경우 불완전연소가 되어 매연의 농도가 증가한다.

10 | ①

$\phi > 1$ 경우는 연료가 과잉인 상태로 불완전연소가 발생하여 질소산화물의 생성이 감소한다.

11 | ①

〈반응식〉 $C_3H_8 + 5O_2 \rightarrow 3CO_2 + 4H_2O$
㉠ $G_{od} = 0.79A_o + CO_2$
㉡ $A_o = O_o \times \frac{1}{0.21} = 5 \times \frac{1}{0.21}$
　　　$= 23.81(Sm^3/Sm^3)$
∴ $G_{od} = 0.79 \times 23.81 + 3 = 21.81 ≒ 22(Sm^3/Sm^3)$

12 | ③

$AFR = \frac{m_a \times M_a}{m_f \times M_f}$
〈반응식〉 $C_2H_4 + 3O_2 \rightarrow 2CO_2 + 2H_2O$
$AFR = \frac{3/0.21 \times 29}{1 \times 28} = 14.80$

13 | ③

$C_2H_6 + 3.5O_2 \rightarrow 2CO_2 + 3H_2O$
∴ $AFR_v = \frac{3.5/0.21 \times 22.4}{1 \times 22.4} = 16.7$

14 | ④

유동상식 소각장치
하부에서 공기를 주입하여 불활성층인 모래를 유동시켜 이를 가열시키고 상부에서 연료물질을 주입하여 연소하는 형식이며, 유동층은 보유열량이 높아 최적의 연소조건을 형성하여 유동층 내의 온도는 항상 700~800℃을 유지하면서 연소한다.

15 | ②

공연비와 배기가스 농도

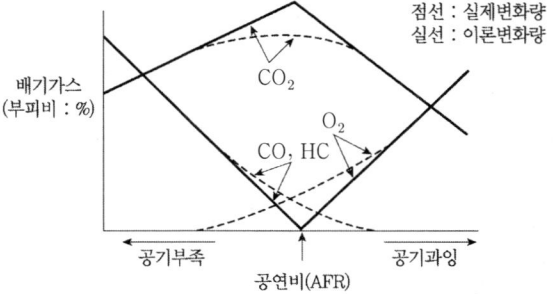

16 | ③

$(CO_2)_{max} = \dfrac{21(CO_2)}{21-O_2}$

$\therefore (CO_2)_{max} = \dfrac{21 \times 15}{21-6} = 21(\%)$

CHAPTER 05 대기환경법규

01 | ②

항목	기준	측정방법
아황산가스 (SO_2)	연간 평균치 0.02ppm 이하 24시간 평균치 0.05ppm 이하 1시간 평균치 0.15ppm 이하	자외선 형광법 (Pulse U.V. Fluorescence Method)
일산화탄소 (CO)	8시간 평균치 9ppm 이하 1시간 평균치 25ppm 이하	비분산적외선 분석법 (Non-Dispersive Infrared Method)
이산화질소 (NO_2)	연간 평균치 0.03ppm 이하 24시간 평균치 0.06ppm 이하 1시간 평균치 0.10ppm 이하	화학 발광법 (Chemiluminescence Method)
미세먼지 (PM-10)	연간 평균치 $50\mu g/m^3$ 이하 24시간 평균치 $100\mu g/m^3$ 이하	베타선 흡수법 (β-Ray Absorption Method)
미세먼지 (PM-2.5)	연간 평균치 $15\mu g/m^3$ 이하 24시간 평균치 $35\mu g/m^3$ 이하	중량농도법 또는 이에 준하는 자동 측정법
오존 (O_3)	8시간 평균치 0.06ppm 이하 1시간 평균치 0.1ppm 이하	자외선 광도법 (U.V Photometric Method)
납 (Pb)	연간 평균치 $0.5\mu g/m^3$ 이하	원자흡광 광도법 (Atomic Absorption Spectrophotometry)
벤젠	연간 평균치 $5\mu g/m^3$ 이하	가스크로마토그래피 (Gas Chromatography)

02 | ①

배출부과금 부과 시 고려사항(대기환경보전법 제35조 제3항)

㉠ 배출허용기준 초과 여부
㉡ 배출되는 대기오염물질의 종류
㉢ 대기오염물질의 배출기간
㉣ 대기오염물질의 배출량
㉤ 자가측정을 하였는지 여부
㉥ 그 밖에 대기환경의 오염 또는 개선과 관련되는 사항으로서 환경부령으로 정하는 사항

03 | ③

특정대기유해물질(대기환경보전법 시행규칙 별표 2)

1. 카드뮴 및 그 화합물
2. 시안화수소
3. 납 및 그 화합물
4. 폴리염화비페닐
5. 크롬 및 그 화합물
6. 비소 및 그 화합물
7. 수은 및 그 화합물
8. 프로필렌 옥사이드
9. 염소 및 염화수소
10. 불소화물
11. 석면
12. 니켈 및 그 화합물
13. 염화비닐
14. 다이옥신
15. 페놀 및 그 화합물
16. 베릴륨 및 그 화합물
17. 벤젠
18. 사염화탄소
19. 이황화메틸
20. 아닐린
21. 클로로포름
22. 포름알데히드
23. 아세트알데히드
24. 벤지딘
25. 1,3-부타디엔
26. 다환 방향족 탄화수소류
27. 에틸렌옥사이드
28. 디클로로메탄
29. 스틸렌
30. 테트라클로로에틸렌
31. 1,2-디클로로에탄
32. 에틸벤젠
33. 트리클로로에틸렌
34. 아크릴로니트릴
35. 히드라진

04 | ②

특정대기유해물질
3번 문제 해설 참조

05 | ④

수도권대기환경청장, 국립환경과학원장 또는 한국환경공단이 설치하는 대기오염측정망의 종류
㉠ 대기오염물질의 지역배경농도를 측정하기 위한 교외대기측정망
㉡ 대기오염물질의 국가배경농도와 장거리이동 현황을 파악하기 위한 국가배경농도측정망
㉢ 도시지역 또는 산업단지 인근지역의 특정대기유해물질(중금속을 제외)의 오염도를 측정하기 위한 유해대기물질측정망
㉣ 도시지역의 휘발성유기화합물 등의 농도를 측정하기 위한 광화학대기오염물질측정망
㉤ 산성 대기오염물질의 건성 및 습성 침착량을 측정하기 위한 산성강하물측정망
㉥ 기후·생태계 변화유발물질의 농도를 측정하기 위한 지구대기측정망
㉦ 장거리이동대기오염물질의 성분을 집중 측정하기 위한 대기오염집중측정망
㉧ 초미세먼지(PM-2.5)의 성분 및 농도를 측정하기 위한 미세먼지성분측정망

06 | ③

항목	기준	측정방법
아황산가스 (SO_2)	연간 평균치 0.02ppm 이하 24시간 평균치 0.05ppm 이하 1시간 평균치 0.15ppm 이하	자외선 형광법 (Pulse U.V. Fluorescence Method)
일산화탄소 (CO)	8시간 평균치 9ppm 이하 1시간 평균치 25ppm 이하	비분산적외선 분석법 (Non-Dispersive Infrared Method)
이산화질소 (NO_2)	연간 평균치 0.03ppm 이하 24시간 평균치 0.06ppm 이하 1시간 평균치 0.10ppm 이하	화학 발광법 (Chemiluminescence Method)
미세먼지 (PM-10)	연간 평균치 50㎍/㎥ 이하 24시간 평균치 100㎍/㎥ 이하	베타선 흡수법 (β-Ray Absorption Method)
미세먼지 (PM-2.5)	연간 평균치 15㎍/㎥ 이하 24시간 평균치 35㎍/㎥ 이하	중량농도법 또는 이에 준하는 자동 측정법
오존 (O_3)	8시간 평균치 0.06ppm 이하 1시간 평균치 0.1ppm 이하	자외선 광도법 (U.V Photometric Method)
납 (Pb)	연간 평균치 0.5㎍/㎥ 이하	원자흡광 광도법 (Atomic Absorption Spectrophotometry)
벤젠	연간 평균치 5㎍/㎥ 이하	가스크로마토그래피 (Gas Chromatography)

07 | ①

실내공기질 관리법 제2조 제3호에 따른 오염물질은 다음과 같다.
㉠ 미세먼지(PM-10) ㉡ 이산화탄소(CO_2)
㉢ 폼알데하이드 ㉣ 총부유세균
㉤ 일산화탄소(CO) ㉥ 이산화질소(NO_2)
㉦ 라돈(Rn) ㉧ 휘발성유기화합물(VOCs)
㉨ 석면 ㉩ 오존
㉪ 초미세먼지(PM-2.5) ㉫ 곰팡이
㉬ 벤젠(Benzene) ㉭ 톨루엔
ⓐ 에틸벤젠 ⓑ 자일렌
ⓒ 스티렌

08 | ④

대기오염경보 발령 시 포함되어야 할 사항(대기환경보전법 시행규칙 제13조 제2항)
㉠ 대기오염경보의 대상지역
㉡ 대기오염경보단계 및 대기오염물질의 농도
㉢ 대기오염경보단계별 조치사항
㉣ 그 밖에 시·도지사가 필요하다고 인정하는 사항

09 | ①

㉠ 주의보 발령 : 주민의 실외활동 자제요청 및 자동차의 사용자 제요청
㉡ 경보 발령 : 주민의 실외활동 제한요청, 자동차 사용의 제한 및 사업장의 연료사용량 감축권고
㉢ 중대경보 발령 : 주민의 실외활동 금지요청, 자동차의 통행금지 및 사업장의 조업시간 단축명령 등
다만, 지역의 대기오염 발생 특성 등을 고려하여 특별시·광역시·특별자치시·도·특별자치도의 조례로 경보 단계별 조치사항을 일부 조정할 수 있다.

10 | ④

선박연료류 황함유량 기준

구분	대상	연료유 황함유량
일반해역	모든 선박	0.5% 이하
배출규제해역(평택·당진항, 여수항, 광양항, 부산항, 울산항)	모든 선박	0.1% 이하

11 ①

지정악취물질(악취방지법 시행규칙 별표 1)
- ㉠ 암모니아
- ㉡ 메틸메르캅탄
- ㉢ 황화수소
- ㉣ 다이메틸설파이드
- ㉤ 다이메틸다이설파이드
- ㉥ 트라이메틸아민
- ㉦ 아세트알데하이드
- ㉧ 스타이렌
- ㉨ 프로피온알데하이드
- ㉩ 뷰틸알데하이드
- ㉪ n-발레르알데하이드
- ㉫ i-발레르알데하이드
- ㉬ 톨루엔
- ㉭ 자일렌
- ⓐ 메틸에틸케톤
- ⓑ 메틸아이소뷰틸케톤
- ⓒ 뷰틸아세테이트
- ⓓ 프로피온산
- ⓔ n-뷰틸산
- ⓕ n-발레르산
- ⓖ i-발레르산
- ⓗ I-뷰틸알코올

12 ④

① **신에너지**: 기존의 화석연료를 변환시켜 이용하거나 수소·산소 등의 화학 반응을 통하여 전기 또는 열을 이용하는 에너지로서 다음 어느 하나에 해당하는 것을 말한다.
  - ㉠ 수소에너지
  - ㉡ 연료전지
  - ㉢ 석탄을 액화·가스화한 에너지 및 중질잔사유(重質殘渣油)를 가스화한 에너지로서 대통령령으로 정하는 기준 및 범위에 해당하는 에너지
  - ㉣ 그 밖에 석유·석탄·원자력 또는 천연가스가 아닌 에너지로서 대통령령으로 정하는 에너지

② **재생에너지**: 햇빛·물·지열(地熱)·강수(降水)·생물유기체 등을 포함하는 재생 가능한 에너지를 변환시켜 이용하는 에너지로서 다음 어느 하나에 해당하는 것을 말한다.
  - ㉠ 태양에너지
  - ㉡ 풍력
  - ㉢ 수력
  - ㉣ 해양에너지
  - ㉤ 지열에너지
  - ㉥ 생물자원을 변환시켜 이용하는 바이오에너지로서 대통령령으로 정하는 기준 및 범위에 해당하는 에너지
  - ㉦ 폐기물에너지(비재생폐기물로부터 생산된 것은 제외한다)로서 대통령령으로 정하는 기준 및 범위에 해당하는 에너지
  - ㉧ 그 밖에 석유·석탄·원자력 또는 천연가스가 아닌 에너지로서 대통령령으로 정하는 에너지

13 ①

"복합악취"란 두 가지 이상의 악취물질이 함께 작용하여 사람의 후각을 자극하여 불쾌감과 혐오감을 주는 냄새를 말한다(악취방지법 제2조 제4호).

14 ④

실내공기질 유지기준 항목
- ㉠ 미세먼지(PM-10)
- ㉡ 미세먼지(PM-2.5)
- ㉢ 이산화탄소
- ㉣ 폼알데하이드
- ㉤ 총부유세균
- ㉥ 일산화탄소

15 ①

"기름"이라 함은 「석유 및 석유대체연료 사업법」에 따른 원유 및 석유제품(석유가스를 제외한다)과 이들을 함유하고 있는 액체상태의 유성혼합물(이하 "액상유성혼합물"이라 한다) 및 폐유를 말한다(해양환경관리법 제2조 제15호).

16 ②

링겔만 매연농도표에 의한 매연측정은 될 수 있는 한 무풍(無風)일 때 연돌구(煙突口) 배경의 검은 장해물을 피해 연기의 흐름에 직각인 위치에 태양광선을 측면으로 받는 방향으로부터 농도표를 측정치의 앞 16m에 놓고 200m 이내(가능하면 연돌구에서 16m)의 적당한 위치에 서서 연돌배출구에서 30~45cm 떨어진 곳의 농도를 측정자의 눈높이에 수직이 되게 관측 비교한다.

CHAPTER 06 자동차의 연소

01 | ③

삼원촉매장치(TWC)
산화촉매[백금(Pt), 파라듐(Pb)]와 환원촉매[로듐(Rh)]를 사용하여 CO, HC, NO_x 성분을 동시에 저감시키는 방법으로 80% 이상 저감시킬 수 있다.

02 | ①

운전상태에 따른 배출가스

	HC	CO	NOx
많이	감속	공전	가속
적게	운행	운행	공전

제작차배출허용기준(대기환경보전법 시행규칙 제62조) : 별표 17

1. 휘발유 또는 가스자동차
    1) 경자동차, 소형 승용·화물, 중형 승용·화물
        ① 배출허용기준 항목
            ㉠ 일산화탄소
            ㉡ 질소산화물
            ㉢ 탄화수소(배기관가스, 블로바이가스, 증발가스)
            ㉣ 포름알데히드
        ② 측정방법
            CVS-75 모드
    2) 대형 승용·화물, 초대형 승용·화물
        ① 배출허용기준 항목
            ㉠ 일산화탄소
            ㉡ 질소산화물
            ㉢ 탄화수소(배기관가스, 블로바이가스)
        ② 측정방법
            WHTC 모드

03 | ④

납은 가솔린(휘발유) 자동차의 배출가스에서 발생되며 노킹 방지제의 첨가 물질인 Tetraethy Lead(4-에틸납) 및 Tetramethy Lead(4-메틸납)이 연소 시 대기 중으로 배출되며 대기 중 납의 대부분(약 95%)을 차지한다.

04 | ②

오답풀이

㉠ 납은 촉매독을 유발하므로 삼원촉매장치 사용 시 무연 휘발유를 사용해야 한다.
㉢ 삼원촉매장치가 HC, CO를 저감하는 반응의 산화 촉매로 주로 백금(Pt)과 파라듐(Pd)를 사용한다.
㉤ 디젤 자동차 배출가스 중 대표적 발암성 물질에는 다환 방향족 탄화수소(PAHs)가 있다.
㉦ 자동차에서 배출하는 CO는 공회전 시 많이 나오지만 운행 시에는 적게 나온다.

MEMO

PART 03

소음 · 진동

- **01** 소음개론
- **02** 소음방지기술
- **03** 진동개론 · 방지기술
- **04** 소음 · 진동공정시험기준

CHAPTER 01 소음개론

문제편 : 101p

01 | ②

마스킹 효과
두 음이 동시에 있을 때 한쪽이 큰 경우 작은 음은 더 작게 들리는 현상으로 두 음의 주파수가 같을 때 맥동현상에 의해 마스킹 효과가 감소한다.

02 | ②

음의 회절은 장애물 뒤쪽으로 음이 전파되는 현상으로 굴절 정도는 파장과 장애물의 크기에 따라 달라진다. 음의 굴절은 음파가 한 매질에서 타 매질로 통과할 때 구부러지는 현상이다.

03 | ③

소음(騷音 : noise)
듣기 싫은 음, 일상생활을 방해하는 음, 생리적 기능에 변화를 주는 음, 청력을 방해하는 음으로서 발생음원이 무엇이든 간에 불쾌감을 주고, 작업상 능률을 저하시키는 소리이다. 즉 소음의 정의는 인간이 감각적으로 원하지 않는 소리(unwanted sound or undesired sound)의 총칭이다.

04 | ④

오답풀이
① 소리(sound)는 탄성 매질을 통해 전파되는 파동(wave) 현상의 일종이다.
② 소음의 주기는 한 사이클당 걸리는 시간이고, 주파수는 1초당 사이클의 수로 정의된다.
③ 환경소음의 피해 평가지수는 소음원의 종류와 관계 있으며, NRN을 활용한다.

05 | ③

등가소음도(Leq : Equivalent Sound Level)란 임의의 측정시간동안 발생한 변동소음의 총 에너지를 같은 시간 내의 정상소음의 에너지로 등가하여 얻어진 소음도를 말한다.
NR 곡선은 소음을 청력장애, 회화방해, 시끄러움의 3가지 관점에서 평가한 것이다.

06 | ②

낮보다 밤에 소리가 멀리, 크게 들리는 것은 굴절현상 때문이다. 소리는 높은 온도에서 전달속도가 빠르다.
밤에는 지표면의 공기가 더 차갑기 때문에 고도가 높을수록 소리의 전달이 빨라진다.

07 | ④

소리의 굴절은 한 매질에서 다른 매질로 음이 전파될 때 음선이 구부러지는 현상을 의미하며 대기에서는 온도차나 풍속차에 의해서 유발된다. 굴절은 온도가 낮은 쪽으로 굴절한다.

08 | ④

음의 회절
㉠ 음파의 진행속도나 진행방향이 변화하는 현상으로 창문의 틈이나 벽의 구멍을 통하여 전달되는 현상을 말한다.
㉡ 파동이 진행할 때 장애물 뒤쪽으로 음이 전파되는 현상이다.
㉢ 파장이 길수록, 구멍이 작을수록 소리는 잘 회절된다.
㉣ 음의 주파수는 파장에 반비례하므로 낮은 주파수는 고주파음에 비하여 회절하기 쉽다.

09 | ②

음속(Speed Of Sound : C)
음파가 1초 동안에 전파하는 거리를 말한다. 단위는 m/s이고, 통상 고체나 액체 중에서 음속은 $c = 331.42 + 0.6t$으로 구한다 [t : 공기 온도(℃)]. 따라서 온도가 상승하면 음속은 증가한다.

10 | ②

주파수(frequency : f)
1초 동안에 한 파장 또는 주기의 cycle 수를 말하며, 단위는 Hz(cycle/sec)이다.
$f = c/\lambda = 1/T\,(\text{Hz})$

11 | ⑤

파장(wavelength : λ)
파동에서, 같은 위상(位相)을 가진 서로 이웃한 두 점 사이의 거리. 곧, 전파나 음파 따위의 마루에서 다음 마루까지의 거리, 또는 골에서 다음 골까지의 거리를 말하며, 단위는 m이다.
$\lambda = c/f\,(\text{m})$
$\lambda = \dfrac{1{,}200\,(\text{m/sec})}{20\,(\text{cycle/sec})} = 60\,(\text{m})$

12 | ②

어떤 현상이 일정한 시간마다 똑같은 변화를 되풀이할 때, 그 일정한 시간을 이르는 말로 한 파장이 전파하는 데 걸리는 시간을 말하며, 단위는 초(sec)이다.
$T = \dfrac{1}{f} = \dfrac{1}{200} = 0.005$

13 | ③

청감보정회로
㉠ A특성 : 저음압레벨의 청감응답으로 사람의 주관적인 반응과 잘 맞아 가장 많이 이용된다.
㉡ B특성 : 중음압레벨에 대한 청감응답을 나타낸다.
㉢ C특성 : 주파수 변화에 따라 크게 변하지 않으며, 주파수 분석을 할 때 사용한다.
㉣ D특성 : 소음의 시끄러움을 평가하기 위한 방법으로 주로 항공기소음평가를 위한 기초 척도로 사용한다.

14 | ③

$Z = \rho C = \dfrac{P}{V}$
여기서, Z : 고유음향임피던스(rayls), ρ : 매질의 밀도(kg/m³)
C : 매질의 음속(m/sec), P : 음의 압력(N/m²)
V : 입자속도(m/sec)
$V = \dfrac{P}{\rho C}, \quad V \propto \dfrac{P}{\rho}$
$\therefore V = \dfrac{4}{2} = 2\,(\text{배})$

15 | ④

주파수가 낮은 저음이 높은 고음을 잘 마스킹(음폐)한다.

16 | ②

사람이 직접 귀로 들을 수 있는 가청주파수의 범위는 20~20,000Hz이다.

17 | ④

난청의 판정
500~2000Hz 범위에서 청력손실이 25dB 이상이면 난청이라 한다.
㉠ 소음성 난청 : 영구적 난청 4,000Hz
㉡ 노인성 난청 : 6,000Hz에서 시작

18 | ①

마스킹(masking) 효과
크고 작은 두 소리를 동시에 들을 때 큰 소리만 듣고 작은 소리는 듣지 못하는 현상으로 음파의 간섭에 의해 발생한다.
㉠ 주파수가 낮은 저음이 높은 고음을 잘 마스킹(음폐)한다.
㉡ 두 음의 주파수가 비슷할 때는 마스킹 효과가 더욱 커진다.
㉢ 두 음의 주파수가 같을 때 맥동현상에 의해 마스킹 효과가 감소한다.
㉣ 중심 주파수보다 높은 고주파 영역을 잘 마스킹하는 비대칭 특징을 가진다.
㉤ 음이 강하면 음폐되는 양도 커진다.

19 | ③
주파수가 낮은 저음이 높은 고음을 잘 마스킹(음폐)한다.

20 | ④
마스킹(Masking) 효과
크고 작은 두 소리가 동시에 들릴 때 큰 소리만 듣고 작은 소리는 듣지 못하는 현상으로 음파의 간섭에 의해 발생한다.
㉠ 주파수가 낮은 저음이 높은 고음을 잘 마스킹(음폐)한다.
㉡ 두 음의 주파수가 비슷할 때는 마스킹 효과가 더욱 커진다.
㉢ 두 음의 주파수가 같을 때 맥동현상에 의해 마스킹 효과가 감소한다.
㉣ 중심 주파수보다 높은 고주파 영역을 잘 마스킹하는 비대칭 특징을 가진다.
㉤ 음이 강하면 음폐되는 양도 커진다.

21 | ①
주파수가 낮은 저음이 높은 고음을 잘 마스킹(음폐)한다.

22 | ③
저음이 고음을 잘 마스킹한다.

23 | ③
도플러(Doppler) 효과
움직이는 물체에 대한 파장의 변화를 말한다. 음원이 움직일 때 들리는 소리의 주파수가 음원의 주파수와 다르게 느껴지는 효과이다.
③ 음원이 멀어지는 경우 소리의 파장은 길어진다.

24 | ④
㉠ **도플러(Doppler)의 법칙**: 움직이는 물체에 대한 파장의 변화를 말한다. 음원이 움직일 때 들리는 소리의 주파수가 음원의 주파수와 다르게 느껴지는 효과이다.
㉡ **옴(ohm)의 법칙**: 도선에 흐르는 전류의 세기(I)는 전압(V)에 비례하고, 저항(R)에 반비례한다.
㉢ **웨버-훼흐너(Weber-Fechner)의 법칙**: 물리화학적 자극량과 감각강도 관계를 나타낸 법칙이다.

25 | ②
오답풀이
① 소리의 진동수가 음원과 수음자 사이의 상대적 운동방향에 따라 변화하는 현상을 도플러 효과라고 하며, 이에 따라 관찰자가 음원의 진행방향에 있는 경우 원래 음보다 고음으로, 진행방향 반대쪽에 있는 경우 저음으로 들린다.
③ 마스킹 효과는 소리 음폐효과를 의미하며, 음파의 간섭으로 인해 어떤 소리가 다른 소리를 청취할 수 있는 능력을 감쇄시키는 현상을 말한다. 일반적으로 두 음의 주파수가 비슷할 때 마스킹 효과는 최대가 된다.
④ 굴절은 한 매질에서 다른 매질로 음이 전파될 때 음선이 구부러지는 현상을 의미하며 대기에서는 온도차나 풍속차에 의해서 유발된다. 굴절은 온도가 낮은 쪽으로 굴절한다.

26 | ②
맥놀이 효과
진동수가 거의 같은 두 소리가 중첩된 결과 규칙적으로 소리의 크기가 커졌다 작아졌다 하는 일이 반복되는 현상이다. 이는 진동수 차이로 인해 시간에 따라 두 소리 파동 사이의 위상 차이에 변화가 생겨서 시간이 지남에 따라 두 파동이 보강간섭과 상쇄간섭을 반복하기 때문이다.

27 | ②
맥놀이 파장(λ) = $\dfrac{C}{\Delta f}$

여기서, C : 음속(m/sec), Δf : 주파수 차

맥놀이 파장(λ) = $\dfrac{340}{120-100}$ = 17(m)

28 | ③
소음방지대책
① 소음원 대책
  ㉠ 소음기 설치
  ㉡ 소음원 밀폐
  ㉢ 흡음닥트 설치
  ㉣ 파동감쇠

② 전파경로 대책
　㉠ 흡음
　㉡ 차음
　㉢ 방음벽 설치
　㉣ 거리감쇠
　㉤ 지향성 변환
③ 수음자 대책
　㉠ 귀마개 착용
　㉡ 귀덮개 착용

29 | ①

소음의 전파경로 대책
㉠ 거리 감쇠
㉡ 방음벽 설치
㉢ 건물 내벽의 흡음 처리
㉣ 벽체의 차음성 강화
㉤ 지향성 변환

30 | ①

C5-dip 현상
각 주파수별로 청력측정을 실시했을 때 감각신경성 난청 중 소음성 난청은 유독 4,000Hz에서 갑자기 청력이 뚝 떨어지는 현상이 발생하는데 이것을 C5-dip 현상이라 하며 이는 소음성 난청이 진행되고 있음을 나타낸다.

31 | ④

소음성 난청에 영향을 미치는 요소
㉠ 음압수준 : 높을수록 유해하다.
㉡ 소음의 특성 : 고주파음이 저주파음보다 유해하다.
㉢ 노출시간 : 간헐적 노출이 계속적 노출보다 덜 유해하다.
㉣ 개인의 감수성 : 소음에 노출된 사람이 똑같이 반응한다.

32 | ④

소음공해의 특징
㉠ 축적성이 없다.
㉡ 감각공해이다.
㉢ 국소적이며, 다발적이다.
㉣ 주위의 민원이 많다.
㉤ 대책 후 처리할 물질이 발생되지 않는다.
㉥ 사람이 느끼는 최소진동수는 55±5dB이다.

33 | ④

소음공해의 특징
㉠ 축적성이 없다.
㉡ 감각적인 공해이다.
㉢ 국소적, 다발적이다.
㉣ 주위의 민원이 많다.
㉤ 대책 후 처리할 물질이 발생하지 않는다.

34 | ②

항공기 소음은 발생음량이 매우 크고 금속성 고주파음으로 공기 중에서 감쇄가 크다.

35 | ①

Pa는 압력을 나타내는 단위이다.

36 | ②

음압레벨(Sound Pressure Level ; SPL) = $20\log(\frac{P}{P_o})$dB
P_o(최소음압실효치) = $2 \times 10^{-5} N/m^2$

37 | ②

음압레벨(Sound Pressure Level ; SPL)
$SPL = 20\log(\frac{P}{P_o})$dB
P_o(최소음압실효치) = $2 \times 10^{-5} N/m^2$
∴ $SPL = 20\log(\frac{0.2}{2 \times 10^{-5}}) = 80(dB)$

38 | ④

음의 세기 레벨

㉠ 음의 세기 레벨(Sound Intensity Level : SIL)
$= 10\log(\frac{I}{I_o})$ dB

㉡ 음압레벨(Sound Pressure Level : SPL)
$= 20\log(\frac{P}{P_o})$ dB

㉢ 음향파워레벨(Sound Power Level : PWL)
$= 10\log(\frac{W}{W_o})$ dB

39 | ④

점음원 거리감쇠

PWL = SPL + 20log(r) + 11
㉠ 거리 2배 : $20\log(2) = 6.02$ (dB)
㉡ 거리 10배 : $20\log(10) = 20$ (dB)

40 | ③

SPL과 PWL의 관계(점음원)

㉠ 자유공간 : SPL = PWL $- 10\log(4\pi r^2)$
$= $ PWL $- (20\log r + 10\log 4\pi)$
$= $ PWL $- 20\log r - 11$ dB

㉡ 반자유공간 : SPL = PWL $- 10\log(2\pi r^2)$
$= $ PWL $- (20\log r + 10\log 2\pi)$
$= $ PWL $- 20\log r - 8$ dB

PWL $= 10\log(\frac{W}{W_o})$ dB,

여기서, W_o(기준음향파워) = 10^{-12} W, W = 대상음향파워

PWL $= 10\log(\frac{100}{10^{-12}}) = 140$ (dB)

SPL $= 140 - 20\log 2 - 11$
$= 140 - (20 \times 0.3) - 11 = 123$ (dB)

41 | ②

반자유공간

SPL = PWL $- 10\log(2\pi r^2)$
PWL = SPL $+ 10\log(2\pi r^2)$
$= 95 + 10\log(2\pi) + 10\log(100^2)$
$= 95 + 10 \times 0.8 + 40\log(10) = 143$ (dB)

42 | ④

dB $= 10\log(10^{L_1/10} + 10^{L_2/10} + \cdots + 10^{L_n/10})$
dB $= 10\log(10 \times 10^{70/10}) = 80$ (dB)

43 | ②

무지향성 점음원 반자유공간

SPL = PWL $- 20\log r - 8$ (dB) $= 105 - 20\log 100 - 8$ (dB)
$= 57$ (dB)

44 | ③

소음계산

㉠ 합 L $= 10\log(10^{L_1/10} + 10^{L_2/10} + \cdots \cdots 10^{L_N/10})$
(L = 음압레벨)
㉡ 차 L $= 10\log(10^{L_1/10} - 10^{L_2/10})$
L $= 10\log(10^{80/10} + 10^{70/10} + 10^{50/10}) = 80.42$ (dB)

45 | ③

dB $= 10\log(10^{L_1/10} + 10^{L_2/10} + \cdots + 10^{L_n/10})$
dB $= 10\log(10^{60/10} + 10^{70/10}) = 10\log(11 \times 10^6)$
$= 10 \times 7.04 = 70.4$ (dB)

46 | ①

S $= 2^{(L_L - 40)/10}$ (sone)
$2 = 2^{(L_L - 40)/10}$
∴ L_L (dB) $= 50$

CHAPTER 02 소음방지기술

문제편 : 109p

01 | ①

흡음재료의 종류와 특성

흡음재료	종류	특징
다공질형	유리면(glass wool), 암면(rock wool), 석면, 발포제, 각종 섬유 등	• 기공의 마찰저항과 섬유의 진동에 의해 음에너지의 일부가 열에너지로 변환되어 흡음된다. • 중·고음역 흡음재이다.
판(막) 구조형	석고보드, 합판, 알루미늄, 철판, 하드보드 등	• 판 사이에 공기층을 두면 공기층의 탄성이 스프링 역할을 하여 판의 진동에너지의 일부가 열에너지로 변환되면서 흡음효과가 생긴다. • 중음역 흡음재이다.
공명기형	천공판 공명기, 단일 공동공명기, 리브, 슬리트 공명기 등	• 공명주파수(共鳴周波數) 부근에서는 공기의 진동이 커지고 공기의 마찰점성저항이 생겨 음에너지가 열에너지로 변하는 양이 증가하므로 흡음률은 최대가 된다.

02 | ③

$$\overline{\alpha} = \frac{\Sigma S_i \cdot a_i}{\Sigma S_i}$$

$$\overline{\alpha} = \frac{(4 \times 5 \times 0.2) + (4 \times 5 \times 0.5) + (5 \times 3 \times 0.4 \times 2) + (4 \times 3 \times 0.4 \times 2)}{4 \times 5 \times 2 + 5 \times 3 \times 2 + 4 \times 3 \times 2}$$

$$= 0.38$$

03 | ②

잔향시간 측정에 의한 방법

$$\overline{\alpha} = \frac{0.161V}{ST}$$

(T : 잔향시간(sec), V : 실의 부피(m^3), S : 잔향실 내부 표면적)
잔향시간(T)은 실내에서 음원을 끈 순간부터 음압레벨이 60dB 감소되는데 소요되는 시간이다.

04 | ④

흡음률은 같은 재료에서도 음의 주파수에 따라 다르고, 재료의 설치 상태, 음의 입사상태에 따라서도 달라진다. 투과손실은 차음구조에 있어서 투과되지 않은 음을 말하며, 투과손실이 크다는 것은 차음이 잘 된다는 의미이다.

05 | ④

오답풀이

㉠ 다공질 재료의 표면을 도장하면 고음역에서 흡음률이 저하한다.
㉣ 공명 흡음재는 병이나 항아리처럼 구멍을 가진 공간의 공명을 이용한 흡음재이며, 석고보드나 비닐시트, 합판 등은 판상 흡음재이다.

CHAPTER 03 진동개론·방지기술

문제편 : 110p

01 | ③

진동의 진폭이 클수록, 주파수가 높을수록 인체에 미치는 영향은 증가한다.

02 | ③

방진대책
① 발생원 대책
  ㉠ 가진력 감소
  ㉡ 불평형의 균형
  ㉢ 탄성지지
  ㉣ 동적흡진
② 전파경로 대책
  ㉠ 거리감쇠를 크게 함
  ㉡ 방진구를 설치
③ 수진측 대책
  ㉠ 탄성지지
  ㉡ 강성변경

03 | ①

진동방지 대책으로 가진력을 감소시킨다.

04 | ④

지반을 전파하는 파동
실체파 : P파와 S파의 합을 말한다.
㉠ P파(종파)
  • 진동의 방향이 파동의 방향과 일치하는 파를 말한다.
  • 지반을 통과하는 파동 중 전파속도가 가장 빠르다.
  • 압축파, 소밀파, 압력파라고도 한다.
㉡ S파(횡파)
  • 진동의 방향이 파동의 방향과 직각인 파를 말한다.
  • 전파속도는 레일리파보다 빠르고 종파보다는 느리다.
  • 전단파, S파라고도 한다.

05 | ⑤

탄성지지에 필요한 설계인자
㉠ 강제진동수(f)
㉡ 고유진동수(f_n)
㉢ 진폭
㉣ 스프링 정수(k)
㉤ 방진물의 수축량(δ_{st})

06 | ③

방진재료의 종류별 특성

종류	특성
금속스프링 (고유진동수 4Hz 이하)	• 환경요소(온도, 부식, 용해 등)에 대한 저항성이 크다. • 최대변위가 허용된다. • 저주파 차진에 좋다. • 뒤틀리거나 오므라들지 않는다. • 감쇠가 거의 없으며, 공진 시에 전달률이 매우 크다. • 고주파 진동 시에 단락된다. • 로킹이 일어나지 않도록 주의해야 한다.
방진고무 (고유진동수 4Hz 이상)	• 형상의 선택이 비교적 자유롭다. • 회전방향의 스프링정수를 광범위하게 선택할 수 있다. • 고무 자체의 내부마찰에 의해 저항을 얻을 수 있어 고주파 진동의 차진에 양호하다. • 내부마찰에 의해 열화된다. • 내유 및 내열성이 약하다.
공기스프링 (고유진동수 1Hz 이하)	• 설계 시에 스프링높이·스프링정수를 각각 독립적으로 광범위하게 설정할 수 있다. • 자동제어가 가능하다. • 부하능력이 광범위하다. • 하중의 변화에 따라 고유진동수를 일정하게 유지할 수 있다. • 구조가 복잡하고 시설비가 많이 든다. • 압축기 등 부대시설이 필요하다. • 공기가 누출될 위험이 있다.

07 | ①

방진재료의 종류별 특성
6번 문제 해설 참조

08 | ①

진동가속도의 단위인 1Gal은 $1cm/s^2$을 의미한다.

CHAPTER 04 소음·진동공정시험기준

문제편 : 112p

01 | ②

층간소음의 기준(별표 1)

층간소음의 구분		층간소음의 기준[단위 : dB(A)]	
		주간 (06:00 ~22:00)	야간 (22:00 ~06:00)
1. 직접충격 소음	1분간 등가소음도(Leq)	39	34
	최고소음도(Lmax)	57	52
2. 공기전달 소음	5분간 등가소음도(Leq)	45	40

02 | ④

용어의 정의(소음·진동공정시험기준)

㉠ 소음도 : 소음계의 청감보정회로를 통하여 측정한 지시치를 말한다.
㉡ 등가소음도 : 임의의 측정시간 동안 발생한 변동소음의 총 에너지를 같은 시간 내의 정상소음의 에너지로 등가하여 얻어진 소음도를 말한다.
㉢ 측정소음도 : 소음·진동공정시험기준에서 정한 측정방법으로 측정한 소음도 및 등가소음도 등을 말한다.
㉣ 배경소음도 : 측정소음도의 측정위치에서 대상소음이 없을 때 소음·진동공정시험기준에서 정한 측정방법으로 측정한 소음도 및 등가소음도 등을 말한다.
㉤ 대상소음도 : 측정소음도에 배경소음을 보정한 후 얻어진 소음도를 말한다.
㉥ 평가소음도 : 대상소음도에 보정치를 보정한 후 얻어진 소음도를 말한다.

03 | ③

소음의 평가

㉠ 회화방해레벨(SIL) : 소음을 600~1200Hz, 1200~2400Hz, 2400~4800Hz의 3개의 밴드로 분석한 음압레벨의 산술평균치로 실내소음에 의해 다른 사람의 말을 잘 이해하지 못할 때와 같이 소음에 의해서 방해되는 정도를 표현하기 위해 사용된다.
㉡ 우선회화 방해레벨(PSIL) : 회화 방해레벨(SIL)을 개정하여 소음을 1/1 옥타브밴드로 분석한 중심주파수 500Hz, 1000Hz, 2000Hz의 음압레벨의 산술평균치이다.
㉢ NC(Noise Criteria) : 공조기 소음 등과 같은 실내소음을 평가하기 위한 척도로서 소음을 1/1 옥타브밴드로 분석한 결과에 의해 실내소음을 평가하는 방법이다.
㉣ PNC(Preferred NC) : NC곡선 중의 저주파부를 더 낮은 값으로 수정한 것이다.
㉤ NR(Noise Rating Number : NRN) : NC 곡선을 기본으로 하고 음의 스펙트라, 반복성, 계절, 시간대 등을 고려한 것이다.
㉥ 교통소음지수(TNI) : 도로교통 소음평가에 이용되며, 그 값이 74 이상이면 주민의 50% 이상이 불만을 호소한다.
㉦ 등가소음도(L_{eq}) : 변동이 심한 소음의 평가방법으로 측정시간 동안의 변동 소음에너지를 시간적으로 평균하여 이를 대수 변환시킨 것이다.
㉧ 주야 평균소음레벨(L_{dn}) : 하루의 매 시간당 등가소음도를 측정(24개 data)한 후, 야간(22 : 00~07 : 00)의 매 시간 측정치에 10dB의 벌칙 레벨을 합산하여 파워평균(dB합)한 레벨이다.
㉨ 감각소음레벨(PNL) : 소음을 0.5초 이내의 간격으로 1/1 또는 1/3 옥타브밴드 분석하여 각 대역별 음압레벨을 구한 후 이 음압레벨에 상당하는 noy값을 그림에서 판독하여 총 noy값 N_t를 구한다.
㉩ NNI(Noise and Number Index) : 영국에서 사용되는 항공기 소음의 평가방법이다.
㉪ LA : 수시로 변동하는 소음레벨을 평가하는 기본 척도이다.

04 | ①

항공기 소음측정 단위와 항공기 소음평가 단위는 국가마다 여러 특성을 고려하여 사용하고 있다. 우리나라에서는 항공기 소음이 가장 높은 순간의 dB(A) 값을 측정하여 WECPNL을 산출하는 방식을 사용하고 있다.

05 | ③

소음평가를 나타내는 용어

오답풀이

① AI(Arificulation Index) 명료도지수 : 닫힌 공간 내에서 암소음이 대화시 영향을 주는 정도를 분석하는 기법으로 대화 시 등장하는 대표적인 음원 스펙트럼을 가정하고 배경 암소음이 음원스펙트럼보다 얼마나 차이가 나느냐에 의해 누적된 값을 환산해서 1개의 값으로 나타내는 방법이다.
② NC(Noise Criteria) : 소음을 옥타브 밴드로 분석한 결과에 의해 실내 소음을 평가한 방법이다.
④ SIL(Speech Interference Level) 회화방해레벨 : 소음의 강약이 회화를 방해하는 정도를 나타내는 평가방법. 소음을 세 개의 옥타브 밴드로 분석한 음압레벨을 산술평균한 값이다.

06 | ③

NC(Noise Criteria)
공조기 소음 등과 같은 실내소음을 평가하기 위한 척도로서 소음을 1/1 옥타브밴드로 분석한 결과에 의해 실내소음을 평가하는 방법이다.

07 | ②

회화방해레벨(SIL)
소음을 600~1200Hz, 1200~2400Hz, 2400~4800Hz의 3개의 밴드로 분석한 음압레벨의 산술평균치로 도로교통소음을 인간의 반응과 관련시켜 정량적으로 구한 값이다.

08 | ②

옥외소음의 측정 높이
도로변 지역의 경우 장애물이나 주거, 학교, 병원, 상업 등에 활용되는 건물이 있을 때에는 이들 건축물로부터 도로방향으로 1.0m 떨어진 지점의 지면 위 1.2~1.5m 위치로 하며, 건축물이 보도가 없는 도로에 접해 있는 경우에는 도로단에서 측정한다.
다만, 상시측정용인 경우 측정 높이는 주변환경, 통행, 장비의 훼손 등을 고려하여 지면위 1.2~5.0m 높이로 할 수 있다.

09 | ④

측정시간 및 측정지점수
피해가 예상되는 적절한 측정시각에 2지점 이상의 측정지점수를 선정·측정하여 그중 가장 높은 소음도를 측정소음도로 한다.

10 | ①

공장소음 배출허용기준[단위 : dB(A)](동 규칙 별표 5)

대상지역	시간대별 낮 (06:00~18:00)	시간대별 저녁 (18:00~24:00)	시간대별 밤 (24:00~06:00)
가. 도시지역 중 전용주거지역 및 녹지지역(취락지구·주거개발진흥지구 및 관광·휴양개발진흥지구만 해당한다), 관리지역 중 취락지구·주거개발진흥지구 및 관광·휴양개발진흥지구, 자연환경보전지역 중 수산자원보호구역 외의 지역	50 이하	45 이하	40 이하
나. 도시지역 중 일반주거지역 및 준주거지역, 도시지역 중 녹지지역(취락지구·주거개발진흥지구 및 관광·휴양개발진흥지구는 제외한다)	55 이하	50 이하	45 이하
다. 농림지역, 자연환경보전지역 중 수산자원보호구역, 관리지역 중 가목과 라목을 제외한 그 밖의 지역	60 이하	55 이하	50 이하
라. 도시지역 중 상업지역·준공업지역, 관리지역 중 산업개발진흥지구	65 이하	60 이하	55 이하
마. 도시지역 중 일반공업지역 및 전용공업지역	70 이하	65 이하	60 이하

PART 04

폐기물처리

- **01** 폐기물개론
- **02** 폐기물처리기술

CHAPTER 01 폐기물개론

제1절 | 폐기물의 분류체계

01 | ④

지정폐기물의 종류(폐기물관리법 시행령 별표 1)
1. 특정시설에서 발생되는 폐기물
   ① 폐합성 고분자화합물(폐합성 수지, 폐합성 고무)
   ② 오니류(폐수처리 오니, 공정오니)
   ③ 폐농약(농약의 제조·판매업소에서 발생하는 것으로 한정함)
2. 부식성 폐기물
   ① 폐산
   ② 폐알칼리
3. 유해물질함유 폐기물
   ① 광재(鑛滓)[철광 원석의 사용으로 인한 고로(高爐)슬래그(slag)는 제외]
   ② 분진(대기오염 방지시설에서 포집된 것으로 한정하되, 소각시설에서 발생되는 것은 제외)
   ③ 폐주물사 및 샌드블라스트 폐사(廢砂)
   ④ 폐내화물(廢耐火物) 및 재벌구이 전에 유약을 바른 도자기 조각
   ⑤ 소각재
   ⑥ 안정화 또는 고형화·고화 처리물
   ⑦ 폐촉매
   ⑧ 폐흡착제 및 폐흡수제
4. 폐유기용제
   ① 할로겐족
   ② 그 밖의 폐유기용제
5. 폐페인트 및 폐래커
   ① 페인트 및 래커와 유기용제가 혼합된 것으로서 페인트 및 래커 제조, 용적 5세제곱미터 이상 또는 동력 3마력 이상의 도장(塗裝)시설, 폐기물을 재활용하는 시설에서 발생되는 것
   ② 페인트 보관용기에 남아 있는 페인트를 제거하기 위하여 유기용제와 혼합된 것
   ③ 폐페인트 용기
6. 폐유
7. 폐석면
   ① 건조고형물의 함량을 기준으로 하여 석면이 1퍼센트 이상 함유된 제품·설비(뿜칠로 사용된 것은 포함) 등의 해체·제거 시 발생되는 것
   ② 슬레이트 등 고형화된 석면 제품 등의 연마·절단·가공 공정에서 발생된 부스러기 및 연마·절단·가공 시설의 집진기에서 모아진 분진
   ③ 석면의 제거작업에 사용된 바닥비닐시트(뿜칠로 사용된 석면의 해체·제거작업에 사용된 경우에는 모든 비닐시트)·방진마스크·작업복 등
8. 폴리클로리네이티드비페닐 함유 폐기물
   ① 액체상태의 것(1리터당 2밀리그램 이상 함유한 것으로 한정한다)
   ② 액체상태 외의 것(용출액 1리터당 0.003밀리그램 이상 함유한 것으로 한정한다)
9. 폐유독물질
10. 의료폐기물
10의2. 천연방사성제품폐기물
11. 수은폐기물
12. 그 밖에 주변환경을 오염시킬 수 있는 유해한 물질로서 환경부장관이 정하여 고시하는 물질

02 | ①

지정폐기물 분류체계
㉠ 부식성[폐산(pH 2.0 이하), 폐알칼리(pH 12.5 이상)]
㉡ EP독성, 반응성, 발화성(폐유, 폐유기용제)
㉢ 독성(PCB함유폐기물, 폐농약, 폐석면)
㉣ 용출특성(광재, 분진, 폐주물사 및 샌드블라스트폐사, 소각잔재물 등)
㉤ 난분해성(폐합성수지, 폐페인트 등)
㉥ 유해가능성

3 | ①

지정폐기물 분류체계
- ㉠ 부식성[폐산(pH 2.0 이하), 폐알칼리(pH 12.5 이상)]
- ㉡ EP독성, 반응성, 발화성(폐유, 폐유기용제)
- ㉢ 독성(PCB함유폐기물, 폐농약, 폐석면)
- ㉣ 용출특성(광재, 분진, 폐주물사 및 샌드블라스트폐사, 소각 잔재물 등)
- ㉤ 난분해성(폐합성수지, 폐페인트 등)
- ㉥ 유해가능성

4 | ②

오니류・폐흡착제 및 폐흡수제에 함유된 유해물질
- ㉠ 납 또는 그 화합물
- ㉡ 구리 또는 그 화합물
- ㉢ 비소 또는 그 화합물
- ㉣ 수은 또는 그 화합물
- ㉤ 카드뮴 또는 그 화합물
- ㉥ 6가크롬화합물
- ㉦ 시안화합물
- ㉧ 유기인화합물
- ㉨ 테트라클로로에틸렌
- ㉩ 트리클로로에틸렌
- ㉪ 기름성분
- ㉫ 그 밖에 환경부장관이 정하여 고시하는 물질

5 | ①

폐식용유는 지정폐기물이 아니다.

6 | ④

유해폐기물의 성질을 판단하는 시험방법에는 부식성, 유해성, 반응성, 인화성, 용출특성 등이 있다.

7 | ②

유해폐기물의 성질을 판단하는 시험방법에는 부식성, 유해성, 반응성, 인화성, 용출특성 등이 있다.

8 | ④

오니류
수분 함량이 95% 미만이거나 고형물 함량이 5% 이상인 것으로 한정한다.

9 | ③

부식성 폐기물 중 폐알칼리는 액체상태의 폐기물로 pH 12.5 이상인 것으로 한정하며 수산화칼륨 및 수산화나트륨을 포함한다.

10 | ①

유해물질함유 폐기물(환경부령으로 정하는 물질을 함유한 것으로 한정함)
- ㉠ 광재(鑛滓)[철광 원석의 사용으로 인한 고로(高爐)슬래그 (Slag)는 제외]
- ㉡ 분진(대기오염 방지시설에서 포집된 것으로 한정하되, 소각 시설에서 발생되는 것은 제외)
- ㉢ 폐주물사 및 샌드블라스트 폐사(廢砂)
- ㉣ 폐내화물(廢耐火物) 및 재벌구이 전에 유약을 바른 도자기 조각
- ㉤ 소각재
- ㉥ 안정화 또는 고형화・고화 처리물
- ㉦ 폐촉매
- ㉧ 폐흡착제 및 폐흡수제[광물유・동물유 및 식물유{폐식용유 (식용을 목적으로 식품 재료와 원료를 제조・조리・가공하는 과정, 식용유를 유통・사용하는 과정 또는 음식물류 폐기물을 재활용하는 과정에서 발생하는 기름을 말한다. 이하 같다)는 제외}의 정제에 사용된 폐토사(廢土砂)를 포함한다]

11 | ③

3성분은 수분, 가연분, 회분을 말한다.

12 | ④

다음 어느 하나에 해당하는 물질에 대하여는 폐기물의 범위에 적용하지 아니한다.
① 「원자력안전법」에 따른 방사성 물질과 이로 인하여 오염된 물질
② 용기에 들어 있지 아니한 기체상태의 물질
③ 「물환경보전법」에 따른 수질 오염 방지시설에 유입되거나 공공 수역(水域)으로 배출되는 폐수
④ 「가축분뇨의 관리 및 이용에 관한 법률」에 따른 가축분뇨
⑤ 「하수도법」에 따른 하수·분뇨
⑥ 「가축전염병예방법」 가축의 사체, 오염 물건, 수입 금지 물건 및 검역 불합격품
⑦ 「수산생물질병 관리법」의 기준에 따른 수산동물의 사체, 오염된 시설 또는 물건, 수입 금지 물건 및 검역 불합격품
⑧ 「군수품관리법」 폐기되는 탄약
⑨ 「동물보호법」에 따른 동물장묘업의 허가를 받은 자가 설치·운영하는 동물장묘시설에서 처리되는 동물의 사체

13 | ④

폐기물 시료는 다음 절차에 따라 분석된다.
시료 → 칭량(밀도 측정) → 물리적 조성별 분류 → 항목별 칭량 → 건조(수분량 측정) → 분류(가연물, 불연물) → 미분쇄(2mm 이하) → 조성 분석 및 발열량 측정 등으로 이루어진다.

14 | ③

위해성 평가의 일반적인 절차
㉠ 유해성 확인 : 대상 화학물질이 갖는 유해성의 종류나 정도를 파악하기 위해 대상 화학물질의 유해성에 관한 정보 및 데이터를 수집하는 것을 말한다.
㉡ 용량/반응평가 : 유해한 영향이 어느 정도의 노출량으로 발생하는지를 조사하는 것이다.
㉢ 노출평가 : 어느 정도 양(농도)의 화학물질에 노출되어 있는지를 조사하는 것이다.
㉣ 위해도 결정 : 위해성이 있는지를 판정하는 것이다.

15 | ④

전과정평가(Life Cycle Assessment ; LCA)
원료의 취득에서 연구개발, 제품의 생산과 포장, 수송, 유통, 판매과정, 소비자 사용 및 최종 폐기에 이르는 제품의 전체 과정상에서 환경영향을 평가하고 최소화하기 위한 조직적인 방법론을 의미하는 것으로 국제 규격과는 상관이 없다.

16 | ①

전과정평가(LCA ; Life Cycle Assessment)
어떤 제품이나 공정, 활동의 전 과정에 걸쳐 소모되고 배출되는 에너지 및 물질의 양을 정량화하여 이들이 환경에 미치는 영향을 평가하고 이를 통하여 환경개선의 방안을 모색하고자 하는 객관적인 환경영향평가 기법이다.

17 | ④

폐기물의 종합관리(우선순위)
㉠ 감량화
㉡ 재회수 및 재활용
㉢ 에너지 회수
㉣ 소각
㉤ 최종처분

18 | ③

폐기물 발생단계에서 최우선으로 고려해야 할 사항은 철저한 분리수거, 과대포장 금지 등 발생 억제 및 최소화이며, 폐기물의 소각, 매립, 에너지 회수는 최종처분단계에 해당한다.

19 | ④

폐기물 관리체계의 우선순위는 ㉠ 감량 ㉡ 재이용 ㉢ 재활용 ㉣ 에너지 회수 ㉤ 소각 ㉥ 매립(최종처분)으로 된다.

20 | ②

용매추출에 사용하는 용매의 선택기준
㉠ 높은 분배계수를 가질 것
㉡ 끓는점이 낮을 것
㉢ 물에 대한 용해도가 낮을 것
㉣ 밀도가 물과 다를 것
㉤ 비극성일 것
㉥ 선택성이 클 것

21 | ②

각 물질의 실험식을 보면
① CH_3O ($C = \dfrac{12}{31} = 38.71\%$, $H = \dfrac{3}{31} = 9.7\%$,
  $O = \dfrac{16}{31} = 51.61\%$)
② $C_3H_4O_3$ ($C = \dfrac{36}{88} = 40.91\%$, $H = \dfrac{4}{88} = 4.55\%$
  $O = \dfrac{48}{88} = 54.55\%$)
③ $C_2H_6O_2$ ($C = \dfrac{24}{62} = 38.71\%$, $H = \dfrac{6}{62} = 9.68\%$
  $O = \dfrac{32}{62} = 51.61\%$)
④ $C_6H_8O_6$ ($C = \dfrac{72}{176} = 40.9\%$, $H = \dfrac{8}{176} = 4.55\%$
  $O = \dfrac{96}{176} = 54.55\%$)

제2절 | 발생량 및 성상

01 | ④

쓰레기 발생량 조사방법
㉠ 직접계근법(direct weighting method)
㉡ 적재차량 계수분석법(load count analysis)
㉢ 물질수지법(material balance method)
㉣ 원자재(原資材)의 사용량으로 추정하는 방법(input analysis)
㉤ 주민의 수입이나 매상고 등에 의한 방법(secondary data)
㉥ 기타 통계조사에 의한 방법(전수조사, 표본조사)

02 | ④

열량계는 고위발열량을 측정한다.

03 | ③

고체와 액체연료의 발열량은 봄브 열량계(Bomb Calorimeter)로 측정하며, 기체연료는 융겔스 열량계로 측정한다.

04 | ③

$Hh = Hl + 600(9H + W)$
$11,000 = 10,250 + 600(9 \times 0 + W)$
∴ $W(수분) = 1.25(kg)$

05 | ④

연료별 발열량
플라스틱 > 목재 > 종이 > 음식류

06 | ②

$X(m^3/day) = \dfrac{0.5kg}{인 \cdot 일} \left| \dfrac{500,000인}{} \right| \dfrac{m^3}{1.2kg}$
　　　　　$= 208,333.33(m^3/day)$

07 | ①

$$X(kg/인·일) = \frac{50kg}{m^3} \left| \frac{3500m^3}{} \right| \frac{}{250,000인} \left| \frac{}{7일} \right.$$
$$= 1(kg/인·일)$$

08 | ②

$$X(kg/인·일) = \frac{쓰레기량(m^3/일) \times 쓰레기밀도(kg/m^3)}{인구수(인)}$$

㉠ 쓰레기 배출량$(m^3/day) = \frac{10m^3 \times 10(대)}{5day}$
$= 20(m^3/day)$

㉡ 쓰레기 밀도 $= 100kg/m^3$

㉢ 인구수 $= 5,000$명

$$\therefore X(kg/인·일) = \frac{20(m^3/일) \times 100(kg/m^3)}{5000(인)}$$
$$= 0.4(kg/인·일)$$

09 | ③

쓰레기 1ton을 수거하는데 인부 1인이 소요하는 총 시간

$$MHT = \frac{총작업시간}{총수거량}$$

$$= \frac{Man(人) \times t_h(h/day) \times (day)}{W(ton)} (man·hr/ton)$$

$$MHT = \frac{5000인}{5,000,000} \left| \frac{year}{1년} \right| \frac{200일}{1년} \left| \frac{6hr}{1일} \right. = 1.2$$

10 | ③

〈계산식〉 함수율(%) $= \frac{총 수분량}{전체 쓰레기 중량} \times 100$

$$= \frac{(0.6 \times 0.7) + (0.4 \times 0.2)}{(0.6 + 0.4)} \times 100$$
$$= 50(\%)$$

11 | ②

함수율(%) $= \frac{총수분량}{총쓰레기량} \times 100$

함수율(%)
$= \frac{8 \times 0.8 + 14 \times 0.05 + 5 \times 0.2 + 4 \times 0.6 + 4 \times 0.05 + 5 \times 0.1}{8 + 14 + 5 + 4 + 4 + 5} \times 100$
$= 28(\%)$

12 | ④

건조 전·후의 고형물 함량은 일정하므로 물질수지식을 활용한다.
$V_1(1 - W_1) = V_2(1 - W_2)$
$\frac{V_2}{V_1} = \frac{(1 - W_1)}{(1 - W_2)} = \frac{(1 - 0.5)}{(1 - 0.2)} = 0.625 ≒ 63(\%)$

13 | ①

건조 전·후의 고형물 함량은 일정하므로 물질수지식을 활용한다.
$V_1(1 - W_1) = V_2(1 - W_2)$
$10ton(1 - 0.6) = V_2(1 - 0.2)$
$V_2 = 5(ton)$

건조 전·후 고형물의 함량은 일정하므로 수분 중량은 5-4 = 1(ton)이 된다.

14 | ②

$V_1(100 - W_1) = V_2(100 - W_2)$
$1kg(100 - 80) = V_2(100 - 50)$
$\therefore V_2 = 0.4(kg)$

15 | ④

건조 전·후의 고형물 함량은 일정하므로 물질수지식을 활용한다.
$V_1(1 - W_1) = V_2(1 - W_2)$
$200(kg) \times (1 - 0.6) = W_2 \times (1 - 0.2)$
$W_2 = 100(kg)$
$\therefore$ 제거된 수분량 $= 200 - 100 = 100(kg)$

16 | ③

$V_1(100 - W_1) = V_2(100 - W_2)$
$V_1(100 - 60) = V_2(100 - 20)$
$\dfrac{V_1}{V_2} = \dfrac{40}{80} = 0.5 = 50(\%)$

17 | ④

$V_0(100 - W_1) = V_2(100 - W_2)$
$V_0(100 - 99) = V_2(100 - 70)$
$\therefore V_2 = \dfrac{1}{30}V_0$

18 | ②

$V_1(100 - W_1) = V_2(100 - W_2)$
$2m^3(100 - 97.5) = V_2(100 - 96)$
$V_2 = 1.25(m^3)$
$\therefore 부피감소율(\%) = \dfrac{2 - 1.25}{2} \times 100 = 37.5(\%)$

19 | ④

Dulong식에 의한 고위 발열량 계산은 다음 식에 따른다.
〈계산식〉 $Hh = 8,100C + 34,000\left(H - \dfrac{O}{8}\right) + 2,500S$
C : 탄소, H : 수소, O : 산소, S : 황

20 | ④

평균 수분함수량 $= \dfrac{50 \times 0.7 + 50 \times 0.3}{50 + 50} \times 100 = 50(\%)$

21 | ②

폐기물 수거노선 선정요령
㉠ 지형이 언덕인 경우는 내려가면서 수거
㉡ 반복운행 또는 U자 회전을 피하여 수거
㉢ 출발점은 차고와 가까운 곳으로 한다(출발점은 차고와 가깝게 하고 수거된 마지막 콘테이너가 처분지의 가장 가까이에 위치하도록 배치).
㉣ 시계방향으로 수거노선을 정한다.
㉤ 아주 많은 양의 쓰레기가 발생되는 발생원은 하루 중 가장 먼저 수거한다.
㉥ 적은 양의 쓰레기가 발생하나 동일한 수거빈도를 받기를 원하는 수거지점은 가능한 같은 날 왕복 내에서 수거
㉦ 가능한 한 지형지물 및 도로 경계와 같은 장벽을 이용하여 간선도로 부근에서 시작하고 끝나도록 배치
㉧ 수거지점과 수거빈도를 정하는 데 있어서 기존정책이나 규정을 참고
㉨ 수거인원 및 차량형식이 같은 기존 시스템의 조건들을 서로 관련시킨다.

22 | ②

적환장 위치선정 시 고려사항
㉠ **적정 수집 면적 및 위치** : 수거대상 지역의 무게중심에 가까운 곳
㉡ **도로상황 분석** : 주요 간선도로에 근접된 곳, 보조 수송로가 있는 곳
㉢ **경제성/환경성 분석** : 수집시간과 수송시간의 경제성, 환경성, 건설 및 작업조작이 경제적인 곳
㉣ **기타 여건 분석** : 지반의 안정성, 전기 및 물의 공급 조건 등

23 | ④

적환장은 수거대상 지역의 무게중심에 가까운 곳에 설치하여야 한다.

24 | ②

$X(kg) = \dfrac{100kg}{m^3} \left| \dfrac{10m^3}{} \right| \dfrac{50}{100} = 500(kg)$

제3절 | 압축/파쇄/선별

01 | ①

밀도의 역수는 비체적이므로 부피감소율은 압축 전후의 부피로부터 계산 가능하다.

$$VR = \frac{V_1 - V_2}{V_1} \times 100 = \left(1 - \frac{V_2}{V_1}\right) \times 100$$

㉠ $V_1 = 1\text{kg} \left| \frac{\text{m}^3}{500\text{kg}} \right. = 0.002(\text{m}^3)$

㉡ $V_2 = 1\text{kg} \left| \frac{\text{m}^3}{750\text{kg}} \right. = 0.00133(\text{m}^3)$

∴ $VR = \left(1 - \frac{0.00133}{0.002}\right) \times 100 = 33.3(\%)$

02 | ⑤

압축비(CR)는 다음 식으로 계산된다.

$$CR = \frac{V_1}{V_2} = \frac{100}{(100 - V_R)}$$

∴ $CR = \frac{100}{(100 - 80)} = 5.0$

03 | ④

폐기물 파쇄처리 효과
㉠ **겉보기 비중 및 비표면적 증가** : 미생물 분해속도 증가, 운반, 위급, 매립지 수명 연장
㉡ **입경분포의 균일화** : 정장, 소각, 압축, 선별 등의 용이
㉢ 조대쓰레기에 의한 소각로 손상 방지
㉣ **고밀도 매립가능** : 매립 수명 연장
㉤ 운반비 감소 및 취급의 용이
㉥ 부피의 감소

04 | ③

Jig(수중체) 선별
물에 잠겨 있는 스크린 위에 분류하려는 폐기물을 넣고 수위를 변화시켜 흔들층을 침투하는 능력의 차이로 가벼운 물질과 무거운 물질을 분류하는 원리이며 사금선별을 위해 오래전부터 사용되던 습식 선별방법이다.

05 | ②

트롬멜 스크린의 주요 설계 및 운전 인자
㉠ 체 눈의 크기
㉡ 경사도
㉢ 길이
㉣ 회전속도
㉤ 폐기물의 부하와 특성

06 | ②

정전 분리(electrostatic separators)
㉠ 고전압의 정전기를 폐기물에 가하여, 전하량의 차에 따른 전기력으로 목적성분을 분리하는 장치이다.
㉡ 종이, 플라스틱, 유리 내의 알루미늄을 선별한다.
㉢ 혼합 폐기물의 대전성 및 전하량이 수시로 달라지므로 이에 대한 대응력이 약하다.

07 | ②

정전기선별은 폐기물에 전하를 부여하고 전하량의 차에 따른 전기력으로 선별하는 장치, 즉 물질의 전기전도성을 이용하여 도체물질과 부도체물질로 분리하는 방법이며 수분이 적당히 있는 상태에서 플라스틱에서 종이를 선별할 수 있는 장치이다.

08 | ③

폐기물 선별
㉠ 정전기선별은 물질의 전기전도성을 이용하여 도체물질과 부도체물질로 분리하는 방법이며 플라스틱에서 종이를 선별할 수 있는 방법이다.
㉢ 와전류선별은 금속의 전기전도도 차이를 이용하여 폐기물 중 비철금속(알루미늄, 니켈, 아연 등)을 선별하는 방법이다.
㉣ 광학선별은 물질이 가진 광화학적 특성의 차를 이용하여 분리하는 기술로 투명과 불투명한 폐기물의 선별에 이용되는 방법이다. 돌과 유리 혼합물을 각각 분류할 수 있는 방법이다.

> **오답풀이**
>
> ㉡ jigs 선별은 물에 잠겨 있는 스크린 위에 분류하려는 폐기물을 넣고 수위를 변화시켜 가벼운 물질과 무거운 물질을 분류하는 원리이며 사금선별을 위해 오래전부터 사용되던 습식 선별방법이다.

CHAPTER 02 폐기물처리기술

문제편 : 127p

제1절 | 고형화 연료

01 | ③

시멘트기초법은 시멘트 및 첨가제가 폐기물의 무게와 부피를 증가시키는 단점이 있다.

02 | ③

RDF의 소각로
㉠ 기존의 고체연료 연소시설에 사용이 가능하다.
㉡ 부패되기 쉬운 유기물질이므로 수분함량을 15% 이하로 유지한다.
㉢ 염소(Cl) 함량이 문제될 시 PVC 함량을 감소시킨다.
㉣ 연소 시 부식과 폭발사고의 위험이 따른다.
㉤ NOx, SOx는 문제되지 않으나 분진과 냄새가 발생한다.
㉥ 연료공급의 신뢰성이 문제될 수 있다.
㉦ 시설비가 고가이고 숙련된 기술이 필요하다.

03 | ①

고형화처리 방법의 장단점

방법	장점	단점
시멘트 기초법	1. 원료가 풍부하고 값이 싸다. 2. 시멘트 혼합과 처리기술이 잘 발달되어 있고 특별한 기술이 필요치 않으며 장치 이용이 쉽다. 3. 폐기물의 건조나 탈수가 필요하지 않다. 4. 다양한 폐기물을 처리할 수 있다. 5. 사용되는 시멘트의 양을 조절함으로써 폐기물 콘크리트의 강도를 높일 수 있다.	1. 시멘트와 그 밖의 첨가제는 폐기물의 무게와 부피를 증가시킨다. 2. 낮은 pH에서 폐기물 성분의 용출가능성이 있다.
석회 기초법	1. 가격이 매우 싸고 널리 이용 가능하다. 2. 공정에 요구되는 운전이 간단하고 널리 이용된다. 3. 석회-포졸란 반응의 화학성은 간단하고 잘 알려져 있다. 4. 흔히 탈수가 필요하지 않다.	1. 최종처분 물질의 양이 증가한다. 2. pH가 낮을 때 폐기물 성분의 용출가능성이 증가한다.
열가소성 플라스틱 법	1. 용출 손실률은 시멘트기초법에 비해 상당히 낮다. 2. 수용액의 침투에 저항성이 매우 크다. 3. 고화처리된 폐기물 성분을 나중에 회수하여 재활용할 수 있다.	1. 장치가 복잡하고 고도의 숙련된 기술이 필요하다. 2. 높은 온도에서 분해되는 물질에는 사용할 수 없다. 3. 폐기물은 건조시켜야 한다. 4. 처리과정에서 화재의 위험성이 있다. 5. 에너지 요구량이 크다. 6. 혼합률(MR)이 비교적 높다.
유기 중화체법	1. 혼합률(MR)이 낮다. 2. 저온도 공정이다.	1. 고형성분만이 처리 가능하다. 2. 고화처리된 폐기물은 처분 시 2차 용기에 넣어 매립해야 한다.
피막형성 법 (표면 캡슐화법)	1. 낮은 혼합율(MR)을 가진다. 2. 침출성이 가장 낮다.	1. 많은 에너지를 요구한다. 2. 값비싼 시설과 숙련된 기술을 요구한다. 3. 피막형성을 위한 수지 값이 비싸다. 4. 화재의 위험성이 있다.
자가 시멘트법	1. 혼합율(MR)이 낮다. 2. 중금속의 처리에 효율적이다. 3. 탈수 등 전처리가 필요 없다.	1. 장치비가 크며 숙련된 기술을 요한다. 2. 보조에너지가 필요하다. 3. 많은 황화물을 가지는 폐기물에만 적합하다.
유리화법	1. 첨가제의 비용이 비교적 싸다. 2. 1차 오염물질의 발생이 거의 없다.	1. 에너지가 집약적이다. 2. 장치 및 부대비용이 많이 든다.

04 | ④

유기중합체법(열중합체법)은 고형성분을 유기중합체에 물리적으로 고립시키는 방법으로 핵폐기물 처리에 많이 이용된다.

05 | ①

자가시멘트법

배연 탈황(석회 흡수법) 후 발생되는 슬러지(FGD ; 주성분 $CaSO_4$와 $CaCO_3$)를 처리할 때 많이 이용되는 방법으로 슬러지 중 일부를 생석회화한 다음 소량의 물과 첨가제를 가하여 고형화하는 방법이다.

06 | ③

RDF의 구비조건
㉠ 칼로리가 15% 이상으로 높아야 한다.
㉡ 함수율이 15% 이하로 낮아야 한다.
㉢ 재의 함량이 적어야 한다.
㉣ 대기오염도가 낮아야 한다.
㉤ RDF의 조성이 균일해야 한다.
㉥ 저장 및 운반이 용이해야 한다.
㉦ 기존의 고체연료 연소시설에 사용이 가능하여야 한다.

07 | ②

RDF(Refuse Derived Fuel)
① 정의 : 폐기물 중의 가연성 물질만을 선별하여 함수율, 불순물, 입경 등을 조절하여 연료화시킨 것이다.
② RDF의 구비조건
  ㉠ 칼로리가 15% 이상으로 높아야 한다.
  ㉡ 함수율이 15% 이하로 낮아야 한다.
  ㉢ 재의 함량이 적어야 한다.
  ㉣ 대기오염도가 낮아야 한다.
  ㉤ RDF의 조성이 균일해야 한다.
  ㉥ 저장 및 운반이 용이해야 한다.
  ㉦ 기존의 고체연료 연소시설에 사용이 가능하여야 한다.
  ㉧ 염소는 다이옥신의 전구물질이기 때문에 다이옥신 발생을 줄이기 위하여 염소의 함량이 낮아야 한다.

③ 종류
  ㉠ Fluff RDF : 절단된 폐기물에서 불연성 물질 제거 후 연료화 방법이다(수분함량 15~20%).
  ㉡ Pellet RDF : 압밀 성형(직경이 10~20mm이고 길이가 30~50mm)
  ㉢ Powder RDF : 분쇄하여 분말화, 0.5mm 이하

제2절 | 퇴비화

01 | ④

퇴비화 조건
㉠ 수분량 : 50~60(Wt%)
㉡ C/N비 : 30이 적정범위
㉢ 온도 : 적절한 온도 50~60℃
㉣ 입경 : 가장 적당한 입자 크기는 5cm 이하
㉤ pH : 약알칼리상태(pH 6~8)
㉥ 공기 : 호기적 산화 분해로 산소의 존재가 필수적. 산소함량 (5~15%), 공기주입률(50~200L/min·m³)

02 | ②

퇴비화의 조건 중 수분의 함량은 50~60(Wt%) 범위이다.

03 | ①

퇴비화의 조건 중 수분의 함량은 50~60(Wt%) 범위이다.

04 | ④

퇴비화의 조건 중 수분의 함량은 50~60(Wt%) 범위이다.

05 | ④

퇴비화가 진행되면 C/N비가 점차 감소한다.

06 | ④

충분한 공기 공급이 이루어지지 않는다면 산소가 없는 조건에서 혐기성 미생물의 활동이 왕성해져 퇴비화 과정이 느려지고 악취가 발생한다.

07 | ②

퇴비의 특성
㉠ 갈색 또는 암갈색
㉡ 낮은 C/N비
㉢ 미생물 활동에 의한 계속적인 성질의 변화
㉣ 높은 양이온 교환능력(CEC)
㉤ 수분 보유능력이 우수

08 | ①

토양이나 대기 중에는 세균, 방선균 및 사상균 등 다양한 종류의 미생물이 존재한다. 미생물은 통기성, 수분, 영양원 등 서식하기에 적합한 환경이 주어지면 유기물을 분해한다. 이와 같은 미생물의 특성을 이용하는 것이 퇴비화이며 퇴비화는 비교적 고온(40~60℃)에서 이루어지는 호기성 분해공정이며 보통 유기성 고형 폐기물의 처리에 이용하고 있다.

09 | ④

퇴비화 조건
㉠ 수분량 : 50~60(Wt%)
㉡ C/N비 : 30이 적정범위
㉢ 온도 : 적절한 온도 50~60℃
㉣ 입경 : 가장 적당한 입자 크기는 5cm 이하
㉤ pH : 약알칼리상태(pH 6~8)

퇴비화가 진행될수록 종유기탄소량과 아미노산, C/N비가 낮아진다.

10 | ②

퇴비화 과정에서 형성된 부식토는 병원균이 있어서는 안 된다.

11 | ④

퇴비화에 의한 최종부산물인 부식질의 특징
㉠ 악취가 없으며 흙냄새가 난다.
㉡ 물 보유력과 양이온 교환능력이 좋다.
㉢ 병원균이 사멸되어 거의 없다.
㉣ 탄질비(C/N)는 낮은 편이며 10~20 정도이다.
㉤ 짙은 갈색을 띤다.

12 | ③

오답풀이

① 호기성 퇴비화는 발열반응이므로 온도 측정으로도 대략적인 퇴비화 진행 정도를 알 수 있다.
② 퇴비화로 음식물 쓰레기 부피 감소와 유기물 안정화를 기대할 수 있으며 적당한 온도에서는 병원성 미생물이 사멸된다.
④ 퇴비화 시간은 공정에 따라 차이가 있으나 고속퇴비화법 같은 경우 1~3일 소요된다.

13 | ④

퇴비화가 종료된 후에는 C/N비가 감소한다.

14 | ②

퇴비화 조건
㉠ 수분량 : 50~60(Wt%)
㉡ C/N 비 : 30이 적정범위
㉢ 온도 : 적절한 온도 50~60℃
㉣ 입경 : 가장 적당한 입자 크기는 5cm 이하
㉤ pH : 약알칼리상태(pH 6~8)
㉥ 공기 : 호기적 산화 분해로 산소의 존재가 필수적. 산소함량 (5~15%), 공기주입률(50~200L/min·m³)

15 | ④

퇴비단 더미의 온도가 55℃ 이상에서 5일 이상 유지되면 대부분 병원균은 사멸되고 65℃에서 1일간 유지되면 Salmonella종도 완전히 사멸된다.

16 | ①

열분해
① 정의
   열분해란 무산소 또는 공기가 부족한 상태에서 폐기물을 고온으로 가열하여 가스상, 액체상 및 고체상의 연료를 생산하는 공정을 말한다.
② 생성되는 물질
   ㉠ 기체 : H_2, CH_4, CO, CO_2, NH_3, H_2S, HCN
   ㉡ 액체 : 식초산, 아세톤, 메탄올, 오일, 타르, 방향성물질
   ㉢ 고체 : Char(순수한 탄소), 불활성 물질
③ 열분해법과 소각처리의 비교
   ㉠ 소각법에 비해 배기가스량이 적다.
   ㉡ 소각법에 비해 황 및 중금속이 회분 속에 고정되는 비율이 크다.
   ㉢ 소각법에 비해 3가 크롬이 6가 크롬으로 산화되는 경우가 없다.
   ㉣ 소각법에 비해 다이옥신 발생량이 적다.

17 | ④

열분해 온도가 증가될수록 생성물질 중 가스의 구성비가 증가되고, 유기성 액체와 타르(tar), 차아(char)의 양은 감소한다.

18 | ①

열분해는 폐기물을 산소가 없는 상태에서 열분해하여 연료를 생산함으로써 재활용하는 방법으로 소각에 비해 다이옥신류 발생량이 적다.

19 | ①

폐기물의 자원화 방법에는 고형화연료(RDF), 퇴비화, 열분해, 안정화 등이 있으며, 매립은 최종처분의 일종이다.

20 | ①

유기화학물질의 호기성 분해

$$C_aH_bO_cN_d + \frac{4a+b-2c-3d}{4}O_2$$
$$\rightarrow aCO_2 + dNH_3 + \frac{b-3d}{2}H_2O$$

21 | ③

〈계산식〉 $Hl = Hh - 600(9H+W)$
$= 3,600 - 600(9 \times 0.1 + 0.15) = 2,970 \text{kcal/kg}$

제3절 | 분뇨 및 슬러지 처리

01 | ②

농축 전·후의 고형물 함량은 일정하므로 물질수지식을 활용한다.
$V_1(1-W_1) = V_2(1-W_2)$
$$\frac{V_2}{V_1} = \frac{(1-W_1)}{(1-W_2)} = \frac{(1-0.9)}{(1-0.8)} = 0.5 \fallingdotseq 50(\%)$$

02 | ④

농축 전·후의 고형물 함량은 일정하므로 물질수지식을 활용한다.
$V_1(1-W_1) = V_2(1-W_2)$
$$\frac{V_2}{V_1} = \frac{(1-W_1)}{(1-W_2)} = \frac{(1-0.92)}{(1-0.2)} = 0.1 \fallingdotseq 10(\%)$$
∴ 100-10=90(%)가 감소되었다.

03 | ⑤

$$소화율(\eta) = \left(1 - \frac{VS_2/FS_2}{VS_1/FS_1}\right) \times 100$$
$$소화율(\eta) = \left(1 - \frac{50/50}{80/20}\right) \times 100 = 75(\%)$$

04 | ④

$$소화율(\eta) = \left(1 - \frac{VS_2/FS_2}{VS_1/FS_1}\right) \times 100$$
$$소화율(\eta) = \left(1 - \frac{50/50}{80/20}\right) \times 100 = 75(\%)$$
유기물이 80%라는 의미는 무기물이 20%란 의미이고, 유기물이 50%라는 의미는 무기물이 50%란 의미이다.

05 | ④

열적 처리공정으로서 소각은 산화성 분위기에서 폐기물을 처리하는 것으로 폐열을 회수하여 이용할 수 있다. 부피의 감소율이 크며, 연소 시 질소산화물 등 오염물질을 유발시킬 수 있다.

06 | ③

유기성 슬러지에는 활성오니 처리오니, 각종 제조업의 폐액처리오니, 정화조 폐액, 폐알칼리 혼합물, 규조토 잔사 등 정수 침전조 및 하폐수 처리장에서 발생하는 슬러지 등이 있다.

제4절 | 매립

01 | ③

폐기물 매립지 선정 시 고려 사항
㉠ 경관의 훼손이 작고, 시각적으로 은폐 가능할 것
㉡ 지하수위가 낮고, 토양의 투수성이 작을 것
㉢ 주 풍향이 주거지역으로 향하지 않을 것
㉣ 우수배제가 용이하여 침출수 발생량을 최소로 할 수 있을 것
㉤ 복토재 확보가 용이할 것

02 | ①

호기성 매립방법은 오수를 가능한 한 빨리 매립지 외로 배제하여 폐기물층과 저부의 수압을 저감시켜 지하 토양으로의 오수의 침투를 방지함과 동시에 집수하는 단계에서 가능한 한 침출수를 정화할 수 있도록 집수장치를 설계한 구조이다.

03 | ⑤

셀(cell)공법은 가장 위생적이나 발생가스 및 매립층 내 수분이 억제되므로 침출수 처리시설이나 발생가스 처리시설 설치 시 이런 부분을 충분히 고려하여야 한다.

04 | ③

오답풀이
① 중간복토는 1주일 이상 작업을 중단한 후 복토하는 것으로 흙의 두께는 최소 30cm이다.
② 도랑식 매립방식은 도랑을 파고 폐기물을 매립한 후 다짐 후 다시 복토하는 방법으로 매립지 바닥이 두껍고 또한 복토를 적합한 지역에 이용하는 방법으로 거의 단층매립만 가능한 공법이다.
④ 최종복토층은 기울기를 2% 이상으로 설치해야 한다.

05 | ④

일일복토는 투수성이 낮은 흙, 고화처리물 또는 건설폐재류를 재활용한 토사 등을 사용하여 15cm 이상의 두께로 다져 실시하여야 한다. 우수침투 억제와 침출수 저감은 일일복토뿐만 아니라 중간복토, 최종복토의 목적이다.

06 | ②

위생매립의 장점
㉠ 부지 확보가 가능할 경우 가장 경제적인 방법이고, 거의 모든 종류의 폐기물 처분이 가능하다.
㉡ 매립 후 일정기간이 지난 후 토지로 이용될 수 있다.
㉢ 분해가스 회수이용이 가능하다.
㉣ 처분대상 폐기물의 증가에 따른 추가 인원 및 장비 소요가 크지 않다.

07 | ④

메탄생성단계 초기에서는 메탄이 발생하지 않으며 매립 후 2년 정도 경과한 메탄발효단계(혐기성 정상상태 단계)에서 메탄과 CO_2의 비율이 6 : 4 정도이다.

08 | ③

안정화 단계에서는 메탄 발생량이 가장 많다.

09 | ③

혐기성 매립방식이 호기성 매립방식에 비해 침출수의 유기물 농도가 높다.

10 | ②

매립 경과시간에 따른 LFG 가스의 조성변화

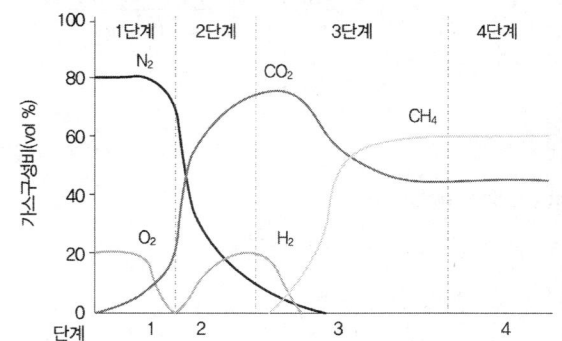

② CO_2 농도가 최대가 되는 곳은 3단계이다.

11 | ③

매립지 내에서 분해단계(4단계)
호기성 단계 → 통성 혐기성 단계(유기산 생성 단계) → 혐기성 단계 → 정상상태 단계(혐기성 안정화 단계)

12 | ④

LFG(Landfill Gas)발생의 각 단계
호기성 단계 → 유기산 생성 단계(통성 혐기성 단계) → 혐기성 단계(혐기성 메탄생성 축적 단계) → 혐기성 안정화 단계(혐기성 정상단계)

13 | ③

자원재활용업종별 재활용촉진대상인 재활용가능자원은 다음과 같다.
㉠ 종이제조업 : 폐지
㉡ 유리용기제조업 : 폐유리용기
㉢ 제철 및 제강업 : 철스크랩(폐철캔류를 포함한다)
㉣ 합성수지나 그 밖의 플라스틱 물질 제조업

14 | ①

지하수의 평균유속(mm/day) $= K \times I = K \times \dfrac{dH}{dL}$

여기서, K : 투수계수(mm/sec), I : 두 지점 사이 동수구배,
dH : 수위차(mm), dL : 두 지점 사이 거리(mm)

∴ $V = K \times I$
$= K \times \dfrac{dH}{dL} = \dfrac{5 \times 10^3 \text{mm}}{\text{day}} \Big| \dfrac{(3-2.9) \times 10^3 \text{mm}}{100 \times 10^3 \text{mm}}$
$= 5 (\text{mm/day})$

15 | ②

Darcy's flow equation

$Q = AV = A \cdot K \cdot I = A \cdot K \cdot \dfrac{dH}{dL}$

여기서, Q : 유량(cm^3/sec)
K : 투수계수(cm/sec)
I : 두 지점 사이 동수구배
A : 투과단면적(cm^2)
dH : 수위차(cm)
dL : 두 지점 사이 거리(cm)
수리전도도(hydraulic conductivity)를 투수계수라 한다.

16 | ④

지하수의 실제유속
V(이론유속) $= n \cdot V_s$(실제유속) (여기서 n은 공극률)

V_s(실제유속) $= \dfrac{V(\text{이론유속})}{n}$

V(이론유속) $= 0.4 \text{m/day} \times \dfrac{0.2\text{m}}{10\text{m}} = 0.008 (\text{m/day})$

V_s(실제유속) $= \dfrac{0.008}{0.5} = 0.016 (\text{m/day})$

17 | ①

지하수의 실제유속
V(이론유속) $= n \cdot V_s$(실제유속) (여기서 n은 공극률)

V_s(실제유속) $= \dfrac{V(\text{이론유속})}{n}$

V(이론유속) $= 0.2 \text{m/day} \times \dfrac{0.5}{20} = 0.005 (\text{m/day})$

V_s(실제유속) $= \dfrac{0.005}{0.2} = 0.025 (\text{m/day})$

18 | ②

퀴리(Ci)는 초당 3.7×10^{10}개의 원자 붕괴에 해당한다.

19 | ②

고준위 폐기물이란 방사선의 세기가 강한 폐기물로 다음과 같은 것들이 있다.
• 사용하고 남은 핵연료
• 제논, 세슘 등 핵분열 생성물의 농축 폐액
• 초우라늄 원소를 많이 포함하고 있는 폐기물

20 | ④

「하수도법」에 의한 하수나 용기에 들어 있지 아니한 기체상태의 물질, 「군수품관리법」에 따라 폐기되는 탄약은 「폐기물관리법」의 적용을 받지 않는다.

PART

토양환경/지하수 환경/해양환경

01 토양환경
02 지하수·해양 환경

CHAPTER 01 토양환경

제1절 | 토양의 특성

01 | ①
토성이란 토양의 무기질 입자의 입경조성에 의한 토양의 분류를 말한다. 즉 모래, 미사, 점토의 함유 비율에 의하여 결정된다.

02 | ①
양이온교환능력(CEC)
양이온교환능력은 일정량의 토양 또는 교질물이 가지고 있는 치환성 양이온의 총량을 당량으로 표시한 것이며, 보통 토양이나 교질물 100g이 보유하는 치환성 양이온의 총량을 mg 당량으로 나타낸다. 단위는 meq/100g이다.
㉠ 부식과 점토가 많을수록 CEC가 높은 토양이다.
㉡ 토양 용액의 pH에 따라 CEC는 다르게 나타나는데, pH가 증가하면 CEC는 증가한다.
㉢ CEC가 클수록 pH에 저항하는 완충력이 크며, 양분을 보유하는 보비력이 크므로, 비옥한 토양이다.
㉣ 카올리나이트(Kaolinite)와 깁사이트(Gibbsite)의 함량이 높으면 CEC는 낮아진다.
㉤ 이온교환율이 큰 순서
$Al^{3+} > Ca^{2+} > Mg^{2+} > NH_4^+ > K^+ > Na^+ > Li^+$

03 | ⑤
카올리나이트와 깁사이트의 함량이 높으면 CEC는 낮아진다.

04 | ③
몬모릴로나이트(montmorillonite)
광물입자가 미세하여 점착성과 응집성이 크고, 수축도와 팽창성이 높으므로 물에 쉽게 분산된다.

제2절 | 토양오염의 특성

01 | ①
토양오염의 특징
㉠ 오염경로의 다양성
㉡ 오염지역의 국지성
㉢ 원상복구의 어려움
㉣ 피해발현의 완만성
㉤ 오염의 비인지성

02 | ③
토양오염의 특징
㉠ 오염경로의 다양성
㉡ 오염지역의 국지성
㉢ 원상복구의 어려움
㉣ 피해발현의 완만성
㉤ 오염의 비인지성

03 | ①
토양오염의 특징 중 하나는 오염의 비인지성 및 다른 환경인자와의 영향관계의 모호성이 있다.

04 | ②
인(P)은 일반적으로 토양입자의 표면에 잘 흡착되는 성질을 가지고 있다.

05 | ①
기온이 높거나 비가 적게 오는 경우는 염분의 농도가 높아져 영향이 증가된다.

06 ①

투수계수가 높은 점토 토양에서 침출이 잘 일어난다.

07 ③

사전 오염 예방 대책은 토양오염이 발생하기 전의 대책으로 증기추출법은 해당하지 않는다.

08 ②

$$공극률(\%) = \left(1 - \frac{용적비중}{입자비중}\right) \times 100$$
$$= \left(1 - \frac{1.12}{2.4}\right) \times 100 = 53.3(\%)$$

09 ③

$$공극률(\%) = 1 - \frac{용적밀도(가밀도)}{입자밀도(진밀도)} \times 100$$

㉠ 입자밀도 : $2.8(g/m^3)$

㉡ 용적밀도 : $\dfrac{습윤밀도}{(1+X_w)/100} = \dfrac{2.1}{1+(50/100)} = 1.4(g/m^3)$

∴ 공극률(%) $= 1 - \dfrac{1.4}{2.8} \times 100 = 50(\%)$

10 ③

균등계수(Coefficient of Uniformity, C_u)는 유효입경에 대한 통과중량백분율 60%에 해당하는 흙 입자 입경(D_{60})의 비이다.

$$균등계수 = \frac{D_{60}}{D_{10}} = \frac{0.5}{0.05} = 10$$

11 ②

Darcy 법칙은 모래로 가득찬 통에 물을 통과시킬 때 압력과 이동거리에 따라 얼마나 잘 통과하는지를 나타낸 법칙이다.

12 ①

일반적인 토양의 pH조건에서 구리는 주로 2가 양이온 형태를 가지며 토양 중 구리는 토양유기물과 킬레이트 결합을 하여 난용화되고 이동성은 낮아진다.

제3절 | 토양오염 복원기술

01 ①

토양복원기술의 종류

복원 기술	Ex-situ(비원위치)	In-situ(원위치)
물리 화학적	• 토양세척법(Soil Washing) • 고형화 및 안정화 (Solidification/Stabilization) • 용매추출법(Solvent Extraction) • 산화 및 환원법(Chemical Reduction/Oxidation) • 탈염화법(Dehalogenation)	• 토양세정법(Soil Flushing) • 토양증기 추출법(Soil Vapor Extraction) • 고형화 및 안정화(Solidification/Stabilization) • 동전기정화법(Electrokinetic Separation) • 공기분사법(Air Sparging) • 가열토양증기 추출법 (Thermally Enhanced)
생물 학적	• 토양경작법(Landfarming) • 퇴비화법(Composting)	• 생물학적 분해법(Biodegradation) • 생물학적 통풍법(Bioventing) • 식물정화법(Phytoremediation) • 생분해법(Bio-remediation)
열적	• 열탈착법(Thermal Desorption) • 소각법(Incineration) • 열분해법(Pyrolysis) • 유리화법(Vitrification)	• 유리화법(Vitrification)

02 ③

③ 소각법은 열적 복원기술에 해당하며, 비원위치 처리기술이다.

03 ④

토양복원기술의 종류
④ 토지경작법은 생물학적 복원기술에 해당하며, 비원위치 처리기술이다.

04 ④

토양복원기술의 종류
1번 문제 해설 참조

05 | ④

오염된 토양의 복원기술 중 식물정화법은 생물학적 처리기술에 해당한다.

06 | ②

살수여상법은 폐수처리방법의 일종이다.

07 | ③

토양복원기술의 종류

복원기술	Ex-situ(비원위치)	In-situ(원위치)
물리화학적	• 토양세척법(Soil Washing) • 고형화 및 안정화(Solidification/Stabilization) • 용매추출법(Solvent Extraction) • 산화 및 환원법(Chemical Reduction/Oxidation) • 탈염화법(Dehalogenation)	• 토양세정법(Soil Flushing) • 토양증기 추출법(Soil Vapor Extraction) • 고형화 및 안정화(Solidification/Stabilization) • 동전기정화법(Electrokinetic Separation) • 공기분사법(Air Sparging) • 가열토양증기 추출법(Thermally Enhanced)
생물학적	• 토양경작법(Landfarming) • 퇴비화법(Composting)	• 생물학적 분해법(Biodegradation) • 생물학적 통풍법(Bioventing) • 식물정화법(Phytoremediation) • 생분해법(Bio-remediation)
열적	• 열탈착법(Thermal Desorption) • 소각법(Incineration) • 열분해법(Pyrolysis) • 유리화법(Vitrification)	• 유리화법(Vitrification)

08 | ②

토양 복원기술 중 생물학적 방법
㉠ 토양경작법(Land-farming)
㉡ 퇴비화법(Composting)
㉢ 생분해법(Bioremediation)
㉣ 생물학적 분해법(Biodegradation)
㉤ 생물학적 통풍법(Bioventing) 등이 있다.

09 | ④

토양증기추출법(Soil Vapor Extraction : In-Situ, 물리적 방법)
불포화 대수층 위에 토양을 진공상태로 만들어 줌으로써 토양으로부터 휘발성, 준휘발성 유기물질을 제거하는 기술이다. 오염물 처리기간이 짧고 오염물질이 휘발성이고 오염지역의 대수층이 낮을 때 적용가능하다.

10 | ②

오염된 불포화층에 공기를 공급함으로써 오염 물질의 휘발 및 생분해를 증진시키는 방법은 토양증기추출법(Soil Vapor Extraction : In-Situ, 물리적 방법)이다.

11 | ②

바이오스파징공법(biosparging)
포화대수층의 오염 토양 복원을 위한 생물학적 현장 공정으로 공기나 산소 및 필요시 영양염류를 주입하여 토양의 토착 미생물의 생분해 반응을 촉진시켜 포화대수층에 있는 유기성 오염물질을 제거하는 공법이다.

12 | ①

토양세척법(Soil Washing : Ex-Situ, 화학적 방법)
준휘발성유기화합물(semi-volatile organic compouns), 탄화수소류, 유류계 오염물질, 중금속류를 대상으로 하며 오염토양을 굴착하여 물이나 용제로 토양에 흡착되어 있는 오염물을 씻어내는 방법이다. 일반적으로 다량의 미사나 점토를 함유하지 않은 토양에 가장 효과적이다.

13 | ④

토양증기추출법(Soil Vapor Extraction : In-Situ, 물리적 방법)
불포화 대수층 위에 토양을 진공상태로 만들어 줌으로써 토양으로부터 휘발성, 준휘발성 유기물질을 제거하는 기술이다. 오염물 처리기간이 짧고 오염물질이 휘발성이고 오염지역의 대수층이 낮을 때 적용가능하다.

14 | ①

토양증기추출법(Soil Vapor Extraction : In-Situ, 물리적 방법)
13번 문제 해설 참조

15 | ③

토양증기추출법(soil vapor extraction) 시스템의 구성요소
㉠ 추출정 및 공기주입정
㉡ 진공펌프 및 송풍기
㉢ 격리층
㉣ 기액분리기
㉤ 배가스 처리장치

16 | ④

토양증기추출법(Soil Vapor Extraction : In-Situ, 물리적 방법)
불포화 대수층 위에 토양을 진공상태로 만들어 줌으로서 토양으로부터 휘발성, 준휘발성 유기물질을 제거하는 기술이다.

장점	단점
• 가격이 저렴하고 관리비용이 저렴하다. • 단기간 내에 설치 가능하다. • 즉시 복원효율을 기대할 수 있다(처리시간이 짧다). • 굴착이 필요없다. • 다른 기술과 병행이 가능하다.	• 증기압이 낮은 물질은 제거효율이 낮다. • 투과성이 낮은 토양에서는 효과가 낮다. • 추출된 기체는 재처리가 필요하다. • 불포화 대수층에만 작용 가능하다.

17 | ③

토양세척법(Soil Washing : Ex-Situ, 화학적 방법)
준휘발성 유기화합물(semi-volatile organic compounds), 탄화수소류, 유류계 오염물질, 중금속류를 대상으로 하며 오염토양을 굴착하여 물이나 용제로 토양에 흡착되어 있는 오염물을 씻어내는 방법이다. 일반적으로 다량의 미사나 점토를 함유하지 않은 토양에 가장 효과적이다.

18 | ①

투수성 반응벽체는 오염된 지하수를 복원하기 위하여 반응기질로 채워진 지중벽체로 위생매립장이나 폐광산 등과 같이 오염원에 대한 직접 처리가 어려운 경우 지하수 중의 오염 성분만을 제거함으로써 주변으로의 오염확산을 방지하기 위해 적용되고 있는 공법으로 제거 대상 오염물질의 특성, 오염된 부지의 수리지질학적 특성, 처리과정에서 미생물에 의한 영향 등을 고려해야 한다.

19 | ①

양수처리법(Pump and Treat Ground Water)
오염된 지하수를 처리하는 기술로 먼저 오염된 지하수를 끌어올려 땅 위에서 물리화학적 기술이나 생물학적 처리기술 및 이를 조합한 기술을 이용하여 처리하는 방법이다.

20 | ①

토양의 공극은 고체입자들에 의하여 점유되지 않는 부분으로 자연상태에서 여기에는 항상 물이나 공기가 차 있게 된다. 토양의 전체 부피에 대한 공극의 용적백분율을 공극률(porosity, 孔隙率)이라 한다.

$$공극률 = \left(1 - \frac{가밀도(용적비중)}{진밀도(입자비중)}\right) \times 100$$

$$공극률 = \left(1 - \frac{1.07}{2.45}\right) \times 100 = 56.33(\%)$$

21 | ③

겉보기 밀도 = 입자의 밀도(1-공극률)
겉보기 밀도 = $2.5(1-0.2) = 2 \text{g/cm}^3$

22 | ④

환원상태에서는 탈질화 반응이 일어난다.
$NO_3^- \rightarrow NO_2^- \rightarrow N_2, N_2O$

23 | ①

용어의 정의
㉠ **저류계수** : 단위수두 변화에 의해 단위면적당 대수층으로부터 배출되거나 흡수되는 물의 양을 말한다.
㉡ **비수율** : 매체의 총체적에 대해 중력에 의해 배출 가능한 물의 총체적의 비를 말한다.
㉢ **동수경사** : 흙속에서 두 점간의 물이 통과한 거리에 대한 수두의 차를 말한다.
㉣ **투수계수** : 물이 통과하는 속도 즉, 통과한 거리를 시간으로 나눈 값이며 cm/sec로 나타낸다.

24 | ②

납 농도(mg/L) $= \dfrac{60(\text{g/day})}{0.5(\text{m/day}) \times 30(\text{m}^2)}$
$= 4(\text{g/m}^3) = 4(\text{mg/L})$

25 | ④

부식산(humic acid)은 강알칼리에 용해되고 강산하에서 침전하는 특성이 있다.

26 | ③

NAPL의 종류
㉠ **LNAPL** : 가솔린, 연료유, 등유, 제트유, 자일렌, 톨루엔 등
㉡ **DNAPL** : 1,1,1-TCA, TCE, PCE, PCBs, CT, Chlorophenols 등

CHAPTER 02 지하수 · 해양 환경

문제편 : 149p

제1절 | 지하수환경

01 | ②

PAHs 등과 같은 비극성, 소수성 오염물질은 점토보다 유기물에 잘 흡착된다.

02 | ③

지하수의 수질특성
㉠ 지표수보다 수질변동이 적으며, 유속이 느리고, 수온변화가 적다.
㉡ 무기물 함량이 높으며, 공기 용해도가 낮고, 알칼리도 및 경도가 높다.
㉢ 자정작용 속도가 느리고, 유량변화가 적다.
㉣ 염분함량이 지표수보다 약 30% 이상 높다.
㉤ 미생물이 거의 없고 오염물이 적다.
㉥ 주로 세균(혐기성 세균)에 의한 유기물 분해작용이 일어난다.
㉦ 낮은 곳의 지하수일수록 경도가 낮다.
㉧ SS 및 탁도가 낮고, 환원상태이다.

03 | ②

피압대수층은 자유수면이 존재하지 않는 대수층으로 비교적 불투수성인 암석층 사이에 있어서 대기압보다 큰 압력을 받고, 수온과 수질의 계절적 변화가 거의 없다.

04 | ④

④ 지하수는 SS 및 탁도가 낮고, 환원상태이다.

05 | ②

지하수의 특징
㉠ 국지적인 환경조건의 영향을 크게 받는다.
㉡ 주로 세균에 의한 유기물 분해 작용이 일어난다.
㉢ 지표수보다 수질변동이 적으며 유속이 느리고 수온변화가 적다.
㉣ 미생물이 거의 없고 산소농도가 낮으며 알칼리도 및 경도가 높다.
㉤ 자정작용 속도가 느리고 유량변화가 적다.
㉥ 연중 수온의 변동이 적고 염분함량이 지표수보다 높다.
㉦ 지하수는 토양수 내 유기물질 분해에 따른 탄산가스의 발생과 약산성의 빗물로 인하여 광물질이 용해되어 경도가 높고 탁도가 낮다.

06 | ①

Fick의 제1법칙(정상상태 확산)은 용액 속에서 용질의 확산이 일어나는 방향에 수직인 단위 넓이를 통하여 단위 시간에 확산하는 용질의 양은 그 장소에서의 농도의 기울기에 비례한다는 법칙이다.

07 | ③

Darcy – Weisbach의 마찰손실수두

$$H_L = f \times \frac{L}{D} \times \frac{V^2}{2g}$$

여기서, f : 마찰손실계수, L : 관의 길이, V : 속도, D : 관의 직경, g : 중력가속도

③ 마찰손실수두는 관의 직경에 반비례한다.

08 | ②

$$시간(년) = \frac{200\ m}{0.1\ m/day \times 365\ day/year} \times 0.25 = 1.37(년)$$

09 | ③

지하수의 수질관리 및 정화계획(지하수법 시행령 제7조 제5항)
㉠ 지하수의 수질관리 및 정화계획에 관한 기본방향
㉡ 지하수 오염의 현황 및 예측
㉢ 지하수의 수질보호계획
㉣ 지하수의 수질에 관한 정보화계획
㉤ 그 밖에 지하수의 수질관리 및 정화에 필요한 사항

제2절 | 해양환경

01 | ①

적조현상(Red-Tide)
① 정의
적조현상(Red-Tide)이란 식물 플랑크톤의 대량 번식으로 바닷물의 색깔이 적색, 황색, 적갈색 등으로 변색되는 자연현상을 말한다. 담수(강, 호수)에서 발생하는 현상은 수화(水華, Water Bloom) 또는 통상 녹조라 한다.
② 발생원인
㉠ 수온 상승
㉡ 플랑크톤 농도의 증가
㉢ 하천 유입수의 오염도 증가
㉣ 염분 농도가 낮을 때
㉤ 수괴의 안정도가 클 때
㉥ Upwelling 현상 수역

02 | ④

적조는 수괴의 연직안정도가 클 때, 정체성 수역일 때, 염분 농도가 낮을 때 잘 발생한다.

03 | ④

해상 가두리 양식장에서 적조피해 발생이 우려될 경우에는 미리 피해가 예상되는 양식어류 치어를 방류하고 또한 적조 내습이 예상되는 지역의 가두리는 적조안전 해역으로 이동하는 등의 방법을 통해서 수산피해를 최소화한다.

04 | ②

해수의 염의 농도는 35,000ppm(mg/L)=3.5(%)=35ppt(‰)이다.

05 | ①

열오염(Thermal Pollution)
화력발전소, 원자력발전소 등에서 해양으로 배출되는 온배수(냉각수)의 영향으로 해수의 온도가 변하여 해양 생태계에 피해를 끼치게 되는데 이를 열오염이라 한다.

06 | ④

해수의 특징
㉠ pH는 8.2로서 약 알칼리성을 가진다.
㉡ 해수의 Mg/Ca비는 3~4 정도로 담수의 0.1~0.3에 비하여 월등하게 크다.
㉢ 해수의 밀도는 1.02~1.07g/cm^3 범위로서 수온, 염분, 수압의 함수이며 수심이 깊을수록 증가한다.
㉣ 해수는 강전해질로서 1L당 35g(35000ppm)의 염분을 함유한다.
㉤ 염분은 적도 해역에서는 높고, 남·북 양극 해역에서는 다소 낮다.
㉥ 해수는 다량의 염분을 함유하고 있어 산업용·냉각용으로서는 사용할 수 없다.
㉦ 해수는 HCO_3^-를 포화시킨 상태로 되어 있다.
㉧ 해수의 주요성분 농도비는 항상 일정하다.
㉨ 해수는 Cl$^-$ 농도(≒19,000ppm)만 정량하면 다른 주요성분 농도를 산출할 수 있다.
㉩ 해수는 염분 외에 온도만 측정하면 해수의 비중을 알 수 있다.
㉪ 해수 내 전체 질소 중 35% 정도는 NH_3-N, 유기질소 형태이다.

07 | ②

해수는 강전해질로서 1L당 35g의 염분을 함유하고, pH는 약 8.2로 약알칼리성을 띤다.

08 | ④

용어 정의
㉠ "오일펜스"란 유출된 기름을 포위, 포집, 차단 및 유도하기 위해 사용되는 방제자재를 말한다.
㉡ "유처리제"란 유출된 기름을 미세한 기름방울로 분산시켜 물 속에서 신속하게 묽게 한 다음 자연 발생 미생물에 의해 분해되도록 하는 방제약제를 말한다.
㉢ "유흡착재"란 유출된 기름을 흡착하여 처리하는 방제자재를 말한다.
㉣ "생물정화제제(生物淨化製劑)"란 유출된 기름의 생물분해를 촉진시켜 제거하는 방제약제를 말한다.

09 | ③

유분산제 살포
해수 표층에 부유해 있는 유분을 해수 중으로 미세하게 분산시켜 표면적을 증가시켜 미생물에 의한 자연적인 분해작용을 이용하는 방법이다.

10 | ①

형식승인을 받아야 하는 약제의 종류(해양환경관리법 시행규칙 제66조 제1항)
㉠ 해양유류오염확산차단장치(오일펜스)
㉡ 유처리제
㉢ 유흡착재
㉣ 유겔화제
㉤ 생물정화제제(生物淨化製劑)

11 | ④

해양유류오염 대책
㉠ 유분산제 살포
㉡ 오일펜스
㉢ 직접방제작업
㉣ 유류 흡착장치

12 | ④

오일펜스는 일반적으로 해상에 유출된 기름을 포위 및 포집하고 민감 자원으로부터 분리시키거나 회수지점으로 유도하기 위해 사용한다. 유도전장은 해안가에 위치한 적절한 회수 지점으로 기름을 유도함으로써 이후 진공트럭, 펌프, 기타 회수 방식을 통해 제거하는 방법이다.

13 | ③

황산화물 배출규제해역으로 지정된 항만은 부산항, 인천항, 여수항, 울산항, 평택·당진항 등이며 이들 항만을 이용하는 선박은 황 함유량이 0.1% 이하인 저유황 연료유를 사용해야 하며, 황 함유량 기준을 초과하여 사용한 자는 1년 이하의 징역 또는 1천만원 이하의 벌금에 처해질 수 있다.

14 | ①

1차 생산력을 측정하는 방법
㉠ CO_2 측정법
㉡ 수확법
㉢ 엽록체 측정법
㉣ O_2 측정법
㉤ pH법
㉥ 방사성물질 측정법

15 | ③

「유류오염손해배상 보장법」상 유류의 대상
㉠ 원유
㉡ 중유
㉢ 선용연료유
㉣ 윤활유
㉤ ㉠부터 ㉣까지의 유류 외에 한국산업표준의 석유제품 증류 시험방법에 따라 시험하였을 때에 섭씨 340도 이하에서는 그 부피의 50퍼센트를 초과하는 양이 유출되지 아니하는 탄화수소유

16 | ①

오답풀이

② 해양오염의 지표로는 COD가 적당하다.
③ 적조가 발생하였을 때는 표층의 산소고갈 상태를 야기시켜 어류 등 다른 생물이 살 수 없게 된다.
④ 해양 유류 유출 시 확산방지를 위한 오일펜스를 치거나 유화제(분산제)를 살포하여 기름을 분해하거나, 흡착포를 이용하여 회수하는 방법이 있다.

17 | ②

선박으로부터 기름을 배출하는 경우에는 다음 요건에 모두 적합하게 배출하여야 한다.
㉠ 선박(시추선 및 플랫폼은 제외)의 항해 중에 배출할 것
㉡ 배출액 중의 기름 성분이 0.0015퍼센트(15ppm) 이하일 것
㉢ 기름오염방지설비의 작동 중에 배출할 것

18 | ①

유류오염 대비·대응 및 협력에 관한 국제협약 OPRC(International Convention on Oil Pollution Preparedness, Response and Co-operation)는 유류오염사고 발생 시 신속하고 효과적인 대응을 위해 협약 당사국의 선박소유자, 해양시추선, 유류터미널 및 항만시설 관리자에게 유류오염비상계획을 수립·시행하도록 의무화하고 있다. 동시에 당사국에 대해서도 범국가적 유류오염대비·대응체제 구축과 인접국가와의 협력의무를 부과하고 있다.

19 | ②

유증기배출제어장치를 설치하여야 하는 휘발성 유기화합물
㉠ 휘발유(Gasoline)
㉡ 나프타(Naphtha)
㉢ 원유(Crude Oil)

20 | ②

해양폐기물관리업
㉠ 폐기물해양배출업
㉡ 해양폐기물수거업
㉢ 해양오염퇴적물정화업

21 | ③

선박평형수 처리장치의 종류에는 전기분해방식, 약품투입방식, UV(자외선) 방식, O_3(오존) 방식, 플라즈마 방식 등이 있다. 이 중 UV(자외선) 방식은 살균처리 시 살균제를 쓰지 않아 해양 오염이 거의 없으며 부산물이 생성되지 않는다.

22 | ③

환경영향평가에서 영향평가 및 대안비교를 위해 일반적으로 매트릭스(Matrix)분석 방법을 사용한다.

23 | ①

해수 담수화 방법에는 특수한 막을 이용하는 역삼투압법 및 전기투석법, 해수를 증기로 변화시켜 담수화하는 증발법(다단 플래시 증발법, 다중 효용법, 증기 압축법), 그 외에 냉동법, 태양열 이용법 등이 있다.

01 환경공학 공식정리
02 국제환경협약
03 먹는물의 수질기준
04 환경기준
05 지정악취물질
06 배출허용기준 및 엄격한 배출허용기준의 설정 범위
07 오염물질
08 실내공기질 유지기준
09 실내공기질 권고기준
10 신축 공동주택의 실내공기질 권고기준

01 환경공학 공식정리

01 | 대기환경 공식정리

1 단위환산

① $ppm(mL/m^3) = X(mg/m^3) \times \dfrac{22.4}{M}$　　(M : 분자량)

② $X(mg/m^3) = ppm(mL/m^3) \times \dfrac{M}{22.4}$　　(M : 분자량)

2 최대착지농도(C_{max})

$$C_{max} = \dfrac{2 \cdot Q}{\pi \cdot e \cdot U \cdot He^2}\left(\dfrac{C_z}{C_y}\right)$$

　Q : 가스량(m^3/sec)
　π : 3.14
　e : 자연대수(2.718)
　U : 풍속(m/sec)
　He : 유효굴뚝높이(m)
　C_y, C_z : 수평, 수직 확산계수
　$C_{max} \propto He^{-2}$

3 최대착지거리(X_{max})

$$X_{max} = \left(\dfrac{He}{C_z}\right)^{2/2-n}$$

　n : 안정도 계수

4 유효굴뚝높이(He)

He = H + ΔH
　H : 실제굴뚝의 높이
　ΔH : 굴뚝상단에서 연기의 중심축까지 거리

5 리차드슨 수(Ri)

$$R_i = \frac{g}{T_m}\left(\frac{\Delta T/\Delta Z}{(\Delta U/\Delta Z)^2}\right)$$

ΔT : 온도차
ΔZ : 고도차
ΔU : 풍속차
T_m : 평균온도
g : 중력가속도($9.8 m/sec^2$)

6 연료비

$$연료비 = \frac{고정탄소}{휘발분}$$

7 이론산소량

① $O_o(m^3/kg) = 1.867C + 5.6(H - \frac{O}{8}) + 0.7S$

② $O_o(kg/kg) = 2.667C + 8H + S - O$

8 이론공기량

① $A_o(m^3/kg) = O_o(m^3/kg) \times \frac{1}{0.21}$

② $A_o(kg/kg) = O_o(kg/kg) \times \frac{1}{0.232}$

9 공기비(m)

① 완전연소(CO=0%)

$$m = \frac{21}{21 - O_2}$$

② 불완전연소(CO≠0%)

$$m = \frac{N_2}{N_2 - 3.76(O_2 - 0.5CO)}$$

10 이론가스량(G_o)

① 이론건조가스량(G_{od}) = $0.79A_o + CO_2 + SO_2 + N_2$
② 이론습윤가스량(G_{ow}) = $0.79A_o + CO_2 + H_2O + SO_2 + N_2$

11 실제가스량(G)

① 건조가스량(G_d) = $0.79A_o$ + CO_2 + SO_2 + N_2 + $(m-1) \cdot A_o$

② 습윤가스량(G_w) = $0.79A_o$ + CO_2 + H_2O + SO_2 + N_2 + $(m-1) \cdot A_o$

12 발열량

① 고체, 액체연료

$Hh = Hl + 600(9H + W)$

$Hl = Hh - 600(9H + W)$

② 기체연료

$Hh = Hl + 480\sum H_2O$

$Hl = Hh - 480\sum H_2O$

13 집진효율

① 유입유량 = 유출유량

$\eta = (1 - \dfrac{C_o}{C_i}) \times 100$

② 유입유량 ≠ 유출유량

$\eta = (1 - \dfrac{C_o \times Q_o}{C_i \times Q_i}) \times 100$

③ 2단 직렬연결

$\eta_t = \eta_1 + \eta_2(1 - \eta_1)$

④ 부분집진효율

$\eta_d = (1 - \dfrac{C_o \cdot R_o}{C_i \cdot R_i}) \times 100$

여기서, C_i, C_o : 입·출구측 농도
Q_i, Q_o : 입·출구측 유량
R_i, R_o : 입·출구측 분포비율

⑤ 통과율(P) = $1 - \eta$

14 중력침강속도(V_g)

$V_g(cm/sec) = \dfrac{d_p^2(\rho_p - \rho)g}{18 \cdot \mu}$

d_p : 입자의 직경(cm)
ρ_p : 입자의 밀도(g/cm³)
ρ : 공기의 밀도(g/cm³)
g : 중력가속도(980cm/sec)
μ : 처리기체의 점도(g/cm·sec)

15 중력집진장치의 효율

$$효율(\eta) = \frac{V_g}{V} \times \frac{L}{H}$$

  L : 침강실의 길이(cm)
  H : 침강실의 높이(cm)

16 여과포 소요갯수(n)

① 원통형

$$n = \frac{Q_f}{Q_i} = \frac{Q_f}{\pi \cdot D \cdot L \cdot V_f}$$

② 평판형

$$n = \frac{Q_f}{Q_i} = \frac{Q_f}{H \cdot L \cdot V_f}$$

17 전기집진장의 효율

$$\eta = 1 - \exp\left(-\frac{A \cdot We}{Q}\right)$$

  A : 집진면적
  We : 입자의 겉보기 이동속도
  Q : 처리가스량

18 연속방정식

$$Q = A \times V$$

  Q : 유량(m^3/sec), A : 단면적(m^2), V : 유속(m/sec)

19 송풍기 소요 동력(kW)

$$kW = \frac{\Delta P \cdot Q}{102 \times \eta} \times \alpha$$

  ΔP : 압력손실(mmH_2O), Q : 처리가스량(m^3/sec), α : 여유율

20 상당직경(D_o)

$$D_o = \frac{2ab}{a+b}$$

21 통풍력(Z)

$$Z = 273 \times H \left(\frac{1.3}{273 + t_a} - \frac{1.3}{273 + t_g} \right)$$

$$= 355 \times H \left(\frac{1}{273 + t_a} - \frac{1}{273 + t_g} \right)$$

    Z : 통풍력(mmH₂O)
    H : 굴뚝의 높이(m)
    t_a : 대기의 온도(℃)
    t_g : 배출가스의 온도(℃)

22 배출가스의 유속(V)

$$V = C \sqrt{\frac{2 \cdot g \cdot P_v}{\gamma}}$$

    C : 피토관 계수
    g : 중력가속도(9.8m/sec)
    P_v : 동압(mmH₂O)
    γ : 비중량(kg/m³)

23 헨리의 법칙

$$P = H \times C$$

    P : 분압(atm)
    C : 액체 중의 농도(kmol/m³)
    H : 헨리상수(atm·m³/kmol)

24 탄화수소의 완전연소 반응식

$$C_mH_n + \left(m + \frac{n}{4}\right)O_2 \rightarrow mCO_2 + \frac{n}{2}H_2O$$

02 수질환경 공식정리

1 수소이온농도(pH)

① $pH = \log \dfrac{1}{[H^+]} = -\log[H^+]$, $[H^+] = mol/L$

② $pOH = \log \dfrac{1}{[OH^-]} = -\log[OH^-]$, $[OH^-] = mol/L$

③ $[H^+] = 10^{-pH}$ $[OH^-] = 10^{-pOH}$

④ $pH = 14 - pOH$ $pOH = 14 - pH$

2 중화공식

① 완전중화

$NVf = N'V'f'$

② 불완전중화

$N_o = \dfrac{N_1V_1 + N_2V_2}{V_1 + V_2}$ N_o : 혼합액의 N농도

3 BOD공식

① 소모공식

$BOD_t = BOD_u(1-10^{-k \cdot t})$, $BOD_t = BOD_u(1-e^{-k \cdot t})$

② 잔류공식

$BOD_t = BOD_u \times 10^{-k \cdot t}$, $BOD_t = BOD_u \times e^{-k \cdot t}$

4 경도

$TH(HD) = \sum Mc^{2+} \times \dfrac{50}{Eq}$ (mg/L as $CaCO_3$)

5 알칼리도

$Alk = \sum Ca^{2+} \times \dfrac{50}{Eq}$

6 세포의 비증식 속도(Monod공식)

$\mu = \mu_{max} \times \left(\dfrac{S}{K_s + S}\right)$

μ : 세포의 비증식 속도(T^{-1})

μ_{max} : 최대 비증식 속도(T^{-1})

K_s : 반포화 농도(mg/L)
S : 기질 농도(mg/L)

7 R_{ep}(레이놀드수)

$$R_{ep} = \frac{관성력}{점성력} = \frac{D \cdot V \cdot \rho}{\mu}$$

μ : 점도(kg/m·sec)
D : 입자직경(m)
V : 유속(m/sec)
ρ : 유체밀도(kg/m³)

8 BOD 제거율

$$\eta(제거율) = \frac{BOD_i - BOD_o}{BOD_i} \times 100$$

9 BOD부하량(kg/day) = BOD농도(mg/L) × 폐수량(m³/day)

10 BOD 용적부하(L_v)

$$L_v = \frac{BOD_i \times Q_i}{\forall} \left(\frac{kg}{m^3 \cdot day}\right)$$

11 BOD 면적부하(L_A)

$$L_A = \frac{BOD_i \times Q_i}{A} \left(\frac{kg}{m^2 \cdot day}\right)$$

12 유량(Q)

$$Q = A \cdot V = \frac{\forall}{t} \qquad \forall = Q \times t, \quad t = \forall \div Q$$

13 프로인들리히(Freundlich) 등온흡착식

$$\frac{X}{M} = K \cdot C^{1/n}$$

X : 흡착제에 흡착된 피흡착물질의 양(mg/L)
M : 흡착제 사용량(mg/L)
C : 흡착후 출구 농도(mg/L)
K, n : 온도에 따라 변하는 상수

14 균등계수(U)

$$U = \frac{P_{60}}{P_{10}}$$

P_{60} : 여재 60%를 통과시킨 체 눈의 크기
P_{10} : 여재 10%를 통과시킨 체 눈의 크기

15 SRT(고형물 체류시간) = MCRT(미생물 체류시간)

$$SRT = \frac{\forall \cdot X}{Q_w X_w}$$

V : 폭기조 부피(m^3)
X : 폭기조 내의 고형물의 농도(MLSS 농도, mg/L)

16 F/M비(BOD-MLSS부하)

$$\frac{F}{M} = \frac{BOD \times Q}{\forall \cdot X} = \frac{L_V}{X}$$

17 슬러지 지표(SVI)

① $SVI(mL/g) = \dfrac{SV_{30}(mL/L)}{MLSS(mg/L)} \times 10^3$

② $SVI = \dfrac{SV_{30}(\%)}{MLSS(mg/L)} \times 10^4$

18 1차 반응 속도식

$$\ln\frac{C_t}{C_o} = -K \cdot t$$

C_o : 초기농도
C_t : t시간 후 농도
t : 시간

19 우수유출량(합리식)

$$Q(m^3/sec) = \frac{1}{360} C \cdot I \cdot A$$

    C : 유출계수
    I : 강우강도(mm/hr)
    A : 배수면적(ha)

20 침강속도(V_g)

$$V_g(cm/sec) = \frac{d_p^2(\rho_p - \rho_w)g}{18 \cdot \mu}$$

    d_p : 입자의 직경(cm)
    ρ_p : 입자의 밀도(g/cm³)
    ρ_w : 물의 밀도(g/cm³)
    g : 중력가속도(980cm/sec)
    μ : 유체의 점도(g/cm·sec)

21 산화반응식

① $C_5H_7NO_2 + 5O_2 \rightarrow 5CO_2 + 2H_2O + NH_3$
② $C_2H_5NO_2 + 3.5O_2 \rightarrow 2CO_2 + 2H_2O + HNO_3$
③ $CH_3OH + 1.5O_2 \rightarrow CO_2 + 2H_2O$
④ $C_2H_5OH + 3O_2 \rightarrow 2CO_2 + 3H_2O$
⑤ $CH_2O + O_2 \rightleftarrows CO_2 + H_2O$
⑥ $C_6H_{12}O_6 + 6O_2 \rightarrow 6CO_2 + 6H_2O$
⑦ $C_6H_{12}O_6 \rightarrow 3CO_2 + 3CH_4$ (혐기성 반응)

03 | 폐기물처리 공식정리

1 물질수지식 : 건조, 농축, 탈수

$$V_1(100 - W_1) = V_2(100 - W_2)$$

    V_1 : 처음 슬러지량
    V_2 : 나중 슬러지량
    W_1 : 처음 함수율
    W_2 : 나중 함수율

2 폐기물 발생량

① $X \, (m^3/day) = \dfrac{발생량(kg/인 \cdot 일) \times 인구수(인)}{밀도(kg/m^3)}$

② $X \, (kg/인 \cdot 일) = \dfrac{쓰레기량(m^3/일) \times 쓰레기밀도(kg/m^3)}{인구수(인)}$

3 트럭댓수

$트럭댓수 = \dfrac{쓰레기량(m^3/일) \times 쓰레기밀도(kg/m^3)}{적재용량(kg/대)}$

4 고위발열량(kcal/kg, 듀롱식)

$HHV(kcal/kg) = 81C + 342.5(H - O/8) + 22.5S$

5 MHT

$MHT = \dfrac{총작업시간}{총수거량} = \dfrac{Man(인) \times Th(hr/day) \times t(day)}{W(ton)}$

6 압축비(CR)

$CR = \dfrac{V_1}{V_2} = \dfrac{압축 \, 전 \, 부피}{압축 \, 후 \, 부피} = \dfrac{100}{(100 - VR)}$

7 부피감소율(VR)

$부피감소율(VR) = \left(\dfrac{V_1 - V_2}{V_1}\right) \times 100 = \left(1 - \dfrac{V_2}{V_1}\right) \times 100 = \left(1 - \dfrac{1}{CR}\right) \times 100$

8 함수율과 슬러지의 밀도변화

$\dfrac{슬러지량(SL)}{밀도(\rho_{SL})} = \dfrac{고형물량(TS)}{밀도(\rho_{TS})} + \dfrac{수분량(W)}{밀도(\rho_w)}$

$\dfrac{SL}{\rho_{SL}} = \dfrac{VS}{\rho_{VS}} + \dfrac{FS}{\rho_{FS}} + \dfrac{W}{\rho_W}$

9 공연비(AFR)

① $AFR_m = \dfrac{m_a \times M_a}{m_f \times M_f}$ (kg·Air/kg·fuel)

② $AFR_v = \dfrac{m_a \times 22.4}{m_f \times 22.4}$

m_a : 공기의 mol 수, M_a : 공기의 분자량(≒29)
m_f : 연료의 mol 수, M_f : 연료의 분자량

10 최대탄산 가스율(CO_{2max})(%)

$CO_{2max}(\%) = \dfrac{CO_2}{G_{od}} \times 100$

11 연소실 열발생률(Q_v)

$Q_v = \dfrac{G_f \times Hl}{\forall}$

G_f : 연료량(kg/hr), Hl : 저위발열량(kcal/kg), $\forall$: 연소실 체적(m³)

12 쓰레기 소각능력(kg/m²·hr)

쓰레기 소각능력(kg/m²·hr) = $\dfrac{쓰레기의\ 양(kg/hr)}{화격자의\ 면적(m^2)}$

04 | 소음진동 공식정리

1 주파수(frequency : f)

$f = \dfrac{c}{\lambda} = \dfrac{1}{T}$ (Hz)

2 주기(period : T)

$T = \dfrac{1}{f}$ (sec)

3 파장(wavelength : λ)

$\lambda = \dfrac{c}{f}$ (m)

4 음속(speed of sound : C)

$$c = 331.42 + 0.6t$$

$t(℃)$

5 음압(sound pressure : P)

$$P = \frac{P_m}{\sqrt{2}}(N/m^2)$$

P_m : 피크치

6 음의 세기(sound intensity : I)

$$I = P \times v = \frac{P^2}{\rho c}(w/m^2)$$

7 음의 세기 레벨(sound intencity level : SIL)

$$SIL = 10\log\left(\frac{I}{I_o}\right)dB \quad I_o(최소가청음의 세기) = 10^{-12} w/m^2$$

8 음압레벨(sound pressure level : SPL)

$$SPL = 20\log\left(\frac{P}{P_o}\right)dB \quad P_o(최소음압실효치) = 2 \times 10^{-5} N/m^2$$

9 음향파워레벨(sound power level : PWL)

$$PWL = 10\log\left(\frac{W}{W_o}\right)dB \quad W_o(기준음향파워) = 10^{-12} W$$

10 음의 크기(loudness : S)

$$S = 2^{(L_L - 40)/10}(sone)$$

L_L : phon 수

11 투과손실(TL)

$$TL = 10\log\left(\frac{1}{t}\right) \quad t(투과율) = \frac{I_t}{I_i} \times 100$$

12 소음계산

① 합 $L = 10 \log(10^{L1/10} + 10^{L2/10} + \cdots\cdots 10^{Ln/10})$ (L=음압레벨)

② 차 $L = 10 \log(10^{L1/10} - 10^{L2/10})$

13 평균흡음률($\bar{a}$)

$$\bar{a} = \frac{\sum S_i \cdot a_i}{\sum S_i}$$

S_i : 표면적, a_i : 흡음률

14 감음계수(NRC)

$$NRC = \frac{1}{4}(a_{250} + a_{500} + a_{1000} + a_{2000})$$

1/3 옥타브 대역으로 측정한 중심 주파수 250, 500, 1,000, 2,000Hz에서의 흡음률 산술평균치

15 단일벽의 투과손실

① 수직입사

$$TL = 20\log(m \cdot f) - 43 \,(dB)$$

② 난입사

$$TL = 18\log(m \cdot f) - 44 \,(dB)$$

m : 벽체의 면밀도(kg/m²)
f : 입사되는 주파수(Hz)

16 진동레벨(VAL)

$$VAL = 20\log\left(\frac{A_{rms}}{A_r}\right) \, dB$$

A_{rms} : 측정대상 진동의 가속도 실효치(m/sec²) $\left(\frac{A_m}{\sqrt{2}}\right)$

A_r : 10^- (m/sec²)

A_m : 진동가속도 진폭(m/sec²)

17 평균청력손실 : $\frac{a+2b+c}{4}(dB)$

a : 옥타브밴드 500Hz에서 청력손실(dB)
b : 옥타브밴드 1,000Hz에서 청력손실(dB)
c : 옥타브밴드 2,000Hz에서 청력손실(dB)

02 국제환경협약

01 국제환경협약 (International Environmental Conventions)

(기준 : '15.2.)

구분 (Classification)	계 (Total)	대기기후 (Air Climate)	담수보호 (Clean Water Protection)	해양어업 (Marine Fishery)	생물보호 (Animal & Plant Conservation)	핵안전 (Nuclear Security)	유해물질 (Toxic Substances)	기타 (Others)
채택 (Adopted)	57	8	–	23	9	7	3	7
발효 (Enforced)	57	8	–	23	9	7	3	7
가입 (Joined)	57	8	–	23	9	7	3	7

* 자료 : 환경부 국제협력관실 지구환경담당관
  Source : Ministry of Environment, International Cooperation Bureau, Global Environment Division

02 | 국제환경협약 가입현황(Korea's Signature of International Environmental Conventions)

분야 (Area)	협약명 (국문, 영문) Name of Convention	채택일시 (발효일시) Date of Adoption (Date of Enforcement)	주요 내용 Main Content	가입일시 (발효일시) Date of Signature (Date of Enforcement)
(8) 대기·기후 (Air·Climate)	Vienna Convention for the Protection of the Ozone Layer (오존층 보호를 위한 비엔나 협약)	'85. 3. 22 ('88. 9. 22)	• 오존층 파괴방지를 위한 과학기술협력 • 오존층 파괴로부터 인간의 건강과 환경을 보호하기 위한 오존층 파괴물질 규제	'92. 2. 27 ('92. 5. 27)
	Montreal Protocol on Substances that Deplete the Ozone Layer (오존층 파괴물질에 관한 몬트리올 의정서) (몬트리올 의정서)	'87. 9. 16 ('89. 1. 1)	• '86년을 기준으로 CFCs 등 소비량의 단계적 감축일정 규정(규제물질 CFC 4종과 할론 3종 등 8종) • 비가입국에 대한 무역규제	'92. 2. 27 ('92. 5. 27)
	The London Amendment to the Montreal Protocol (몬트리올 의정서의 런던 개정서)	'90. 6. 29 ('92. 8. 10)	규제물질 20종으로 확대 (CFC 10종, 사염화탄소, 메틸클로로포름 추가지정)	'92. 12. 10 ('93. 3. 10)
	The Copenhagen Amendment to the Montreal Protocol (몬트리올 의정서의 코펜하겐 개정서)	'92. 11. 25 ('94. 6. 14)	규제물질 95종으로 확대 (HCFC 40종, HBFC 34종, 메틸브로마이드 추가지정)	'94. 12. 2 ('95. 3. 2)
	The Montreal Amendment to the Montreal Protocol (몬트리올 의정서의 몬트리올 개정서)	'97. 9. 17 ('99. 11. 10)	• 2000년부터 규제물질에 대한 수출입허가제도 시행 • 메틸브로마이드의 비당사국과의 교역 금지	'98. 8. 19 ('99. 11. 10)
	The Beijing Amendment to the Montreal Protocol (몬트리올 의정서의 베이징 개정서)	'99. 12. 3 ('02. 2. 25)	브로모클로로메탄을 규제일정에 포함, 수소염화불화탄소(HCFCs) 생산에 대한 규제조치를 소비에 대한 규제조치까지 수정, 확대	'04. 1. 9 ('04. 4. 8)
	UN Framework Convention on Climate Change (기후변화에 관한 유엔 기본협약) (기후변화협약)	'92. 5. 9 ('94. 3. 21)	지구의 온난화를 방지하기 위해 각국의 온실가스 배출 감축에 관한 기본내용 규정	'93. 12. 14 ('94. 3. 21)
	Kyoto Protocol to United Nations Framework Convention on Climate Change (기후변화에 관한 국제연합 기본협약에 대한 교토 의정서)	'97. 12. 11 ('05. 2. 16)	온실가스 배출 감축에 관한 세부내용 규정	'02. 11. 8 ('05. 2. 16)

분야 (Area)	협약명 (국문, 영문) Name of Convention	채택일시 (발효일시) Date of Adoption (Date of Enforcement)	주요 내용 Main Content	가입일시 (발효일시) Date of Signature (Date of Enforcement)
(23) 해양·어업 (Marine·Fishery)	International Convention for the Regulation of Whaling (ICRW)(As amended) (국제포경규제협약)	'46. 12. 2 ('48. 11. 10)	모든 종의 고래를 과도 남획으로부터 보호하기 위하여 국제적인 고래보호단체 설립 등 포경행위규제	'78. 12. 29 ('78. 12. 29)
	International Convention for the Prevention of Pollution of the Sea by Oil, 1954 (as amended in 1962 and in 1969) (유류에 의한 해양오염방지를 위한 1954년 국제협약, 1962년 및 1969년 개정 포함)	'54. 5. 12 ('58. 7. 26) '62. 4. 11 ('67. 6. 28) '69. 10. 21 ('78. 1. 20)	선박에서 유출되는 유류에 의한 해양오염 방지	'78. 7. 31 ('78. 10. 31)
	International Convention for the Conservation of Atlantic Tunas (대서양 참치의 보존에 관한 국제협약)	'66. 5. 14 ('69. 3. 21)	대서양 참치 자원의 보존관리 및 적정이용을 위한 협약	'70. 8. 28 ('70. 8. 28)
	Protocol to the International Convention on Civil Liability for Oil Pollution Damage, 1969 (유류오염 손해에 대한 민사책임에 관한 1969년 국제협약의 의정서)	'76. 11. 19 ('81. 4. 8)	유류오염사고 피해에 대한 민사상책임 규정	'92. 12. 8 ('93. 3. 8)
	Convention on Conservation of the Living Resources of the South-East Atlantic (동남대서양생물자원 보존협약)	'69. 10. 23 ('71. 10. 24)	생물자원의 보호와 합리적 개발에 따른 협력 도모	'81. 1. 19 ('81. 2. 18)
	International Convention on Civil Liability for Oil Pollution Damage (CLC)(as amended) (유류오염손해에 대한 민사책임에 관한 국제협약)	'69. 11. 29 ('75. 6. 19)	유류오염에 관한 피해자에게 적절한 보상을 보장하고 책임문제 및 보상에 관한 기준 설정	'78. 12. 18 ('79. 3. 18)
	International Convention on the Establishment of an International Fund for Compensation for Oil Pollution Damage, 1971(Fund Convention (as amended) (1971년 유류오염손해배상을 위한 국제기금 설치에 관한 국제협약)	'71. 12. 18 ('78. 10. 16)	유류업자도 오염배상기금을 마련토록 규정	'92. 12. 8 ('93. 3. 8)

분야 (Area)	협약명 (국문, 영문) Name of Convention	채택일시 (발효일시) Date of Adoption (Date of Enforcement)	주요 내용 Main Content	가입일시 (발효일시) Date of Signature (Date of Enforcement)
(23) 해양·어업 (Marine·Fishery)	Convention on the Prevention of Marine Pollution by Dumping of Wastes & Other Matter (London Convention) (폐기물 및 그밖의 물질의 투기에 의한 해양오염방지에 관한 협약) (런던협약)	'72. 12. 29 ('75. 8. 30)	폐기물 투기에 의한 해양오염방지를 위한 각국의 의무 규정	'93. 12. 21 ('94. 1. 20)
	Ptotocal of 1978 relating to the International Convention for the Prevention of Pollution from Ships, 1973(MARPOL PROT, 1978) (1973년 선박으로부터의 오염방지를 위한 국제협약에 관한 1978년 의정서) (MARPOL PROT, 1978)	'78. 2. 17 ('83. 10. 2)	오일 및 기타 유해물질에 의한 오염을 저감시켜 해양환경을 보존	'84. 7. 23 ('84. 10. 23)
	Convention on Future Multilateral Cooperation in the North-West Atlantic Fisheries (북서대서양 다자간 장래 어업협력에 관한 협약)	'78. 10. 24 ('79. 1. 1)	북서대서양지역 어업자원의 최적이용과 보전의 증진	'93. 12. 21 ('93. 12. 21)
	United Nations Convention on the Law of the Sea (해양법에 관한 국제연합 협약)	'82. 12. 10 ('94. 11. 16)	해양환경의 오염방지를 위한 포괄적인 해양법 체제 마련	'96. 1. 29 ('96. 2. 28)
	Agreement Relating to the Implementation of the Part XI of the United Nations Convention on the Law of the Sea of 10 December 1982 (1982년 12월 10일 해양법에 관한 국제연합협약 제11부 이행에 관한 협정)	'94. 7. 28 ('96. 7. 28)	해양법에 관한 국제연합협약 제11장의 이행을 위한 규정	'96. 1. 29 ('96. 7. 28)
	Protocol of 1992 to Amend the 1969 International Convention on Civil Liability for Oil Pollution Damage (1969년 유류오염손해에 대한 민사책임에 관한 국제협약을 개정하는 1992년 의정서)	'92. 11. 27 ('96. 5. 30)	유류오염사고피해에 대한 민사상 책임과 보상에 관한 규정을 개정	'97. 3. 7 ('98. 5. 15)

분야 (Area)	협약명 (국문, 영문) Name of Convention	채택일시 (발효일시) Date of Adoption (Date of Enforcement)	주요 내용 Main Content	가입일시 (발효일시) Date of Signature (Date of Enforcement)
(23) 해양·어업 (Marine·Fishery)	Protocol of 1992 to Amend the International Convention on the Establishment of an International Fund for Compensation for Oil Pollution Damage (1971년 유류오염손해배상을 위한 국제기금의 설치에 관한 국제협약을 개정하는 1992년 의정서)	'92. 11. 27 ('96. 5. 30)	유류업자도 오염배상기금을 마련토록 규정한 1992년 의정서	'97. 3. 7 ('98. 5. 15)
	International Convention on Oil Pollution Preparedness, Response and Cooperation, 1990(OPRC, 1990) (1990년 유류오염의 대비, 대응 및 협력에 관한 국제협력)	'90. 11. 30 ('95. 5. 13)	유류유출로 인한 오염사고에 대비하기 위한 국가 간 협력사항	'99. 11. 9 ('00. 2. 9)
	Convention on the Conservation of Antarctic Marine Living Resources (CCAMLR) (남극 해양생물자원 보존에 관한 협약)	'80. 5. 20 ('81. 4. 7)	남극해양생물자원 보존 및 합리적 이용을 위한 협약	'85. 3. 29 ('85. 4. 28)
	Agreement for the Establishment of the Indian Ocean Tuna Commission (인도양 참치위원회 설립협정)	'93. 11. 25 ('96. 3. 27)	인도양 참치위원회 설립 규정	'96. 3. 27 ('96. 3. 27)
	Convention on the Conservation and Management of Pollock Resources in the Central Bering Sea (중부베링해 명태자원의 보존과 관리에 관한 협약)	'94. 6. 16 ('95. 12. 8)	중부베링해 명태자원의 보존관리 및 적정 이용을 위한 협약	'95. 12. 5 ('96. 1. 4)
	Convention for the Conservation of Southern Bluefin Tuna (남방참다랑어 보존협약)	'93. 5. 10 ('94. 5. 20)	남방참다랑어의 보전 및 최적 이용을 보장하기 위한 협약	'01. 10. 17 ('01. 10. 17)
	Convention for the Conservation of Anadromous Stocks in the North Pacific Ocean (북태평양소하성 자원보전협약)	'92. 2. 11 ('93. 2. 16)	북태평양소하성 자원보전을 위한 협약	'03. 5. 27 ('03. 5. 27)
	Agreement to Promote Compliance with International Conservation and Management Measures by Fishing Vessels on the High Seas (공해상 어선의 국제적 보존관리조치 이행증진을 위한 협정)	'93. 11. 24 ('03. 4. 24)	해양생물자원의 국제적 보존관리조치 이행 등을 위한 어선관리 협정	'03. 4. 24 ('03. 4. 24)

분야 (Area)	협약명 (국문, 영문) Name of Convention	채택일시 (발효일시) Date of Adoption (Date of Enforcement)	주요 내용 Main Content	가입일시 (발효일시) Date of Signature (Date of Enforcement)
(23) 해양·어업 (Marine·Fishery)	Convention on the Conservation and Management of Highly Migratory Fish Stocks in the Western and Central Pacific Ocean (중서부 태평양 고도회유성 어족의 보존과 관리에 관한 협약)	'00. 9. 5 ('04. 6. 19)	중서부 태평양 고도회유성 어족의 장기적인 보존과 지속적인 이용 보장을 위한 협약	'04. 10. 26 ('04. 11. 25)
	Protocol to the Convention on the Prevention of Marine Pollution by Dumping of Wastes and Other Matter, 1972, London 1996 (폐기물 및 그 밖의 물질의 투기에 의한 해양오염방지에 관한 1972년 협약(런던협약)에 대한 1996년 의정서)	'96. 11. 7 ('06. 3. 24)	폐기물이나 기타 물질의 해상 투기나 소각에 의한 오염을 방지하기 위한 협약	'09. 1. 22 ('09. 2. 21)
(9) 자연 및 생물보호 (Nature & Species Conservation)	International Plant Protection Convention(국제식물보호협약)	'51. 12. 6 ('52. 4. 3)	식물 및 농작물의 해충·질병예방 및 치료에 대한 국제협력 증진	'53. 12. 8 ('53. 12. 8)
	Plant Protection Agreement for the Asia & Pacific Region (아시아태평양지역 식물보호 협정)	'56. 2. 27 ('56. 7. 2)	질병과 해충을 지닌 식물의 동남아시아, 태평양지역에로의 도입과 확산의 방지	'81. 11. 4 ('81. 11. 4)
	Convention on Wetlands of International Importance Especially as Waterfowl Habitat(the Ramsar Convention) (물새서식처로서 국제적으로 중요한 습지에 관한 람사르 협약)	'71. 2. 2 ('75. 12. 21)	보호대상 습지지정, 람사습지 목록 관리 및 관련 정보 상호교환	'97. 3. 28 ('97. 7. 28)
	Convention on International Trade in Endangered Species of Wild Fauna & Flora(CITES) (멸종위기에 처한 야생동·식물종의 국제거래에 관한 협약)	'73. 3. 3 ('75. 7. 1)	멸종위기에 처한 야생동·식물을 보호하기 위하여 보호시급 정도에 따라 구분하여 국제 거래 규제	'93. 7. 9 ('93. 10. 7)
	Convention on Biological Diversity (생물다양성에 관한 협약)	'92. 6. 5 ('93. 12. 29)	생물다양성의 보전과 지속가능한 이용의 증진, 유전적으로 변형된 생명체의 안전관리 등을 규정	'94. 10. 3 ('95. 1. 1)
	International Tropical Timber Agreement, 1983(ITTA) (1983년 국제열대목재협정)	'83. 11. 18 ('85. 4. 1)	생태계의 균형을 유지하면서 열대목재림의 최적 이용 확보	'85. 6. 25 ('85. 6. 25)
	International Tropical Timber Agreement, 1994 (1994년 국제열대목재협정)	'94. 1. 26 ('97. 1. 1)	열대목재림의 최적 이용을 확보하기 위하여 국제협력증진	'95. 9. 12 ('97. 1. 1)

분야 (Area)	협약명 (국문, 영문) Name of Convention	채택일시 (발효일시) Date of Adoption (Date of Enforcement)	주요 내용 Main Content	가입일시 (발효일시) Date of Signature (Date of Enforcement)
(9) 자연 및 생물보호 (Nature & Species Conservation)	Cartagena Protocol on Biosafety to the Convention on Biological Diversity (바이오안전성에 관한 생물다양성협약 카르타헤나 의정서)	'00. 1. 29 ('03. 9. 11)	생물다양성에 부정적 영향을 미칠 가능성이 있는 유전자변형생물체(LMO)의 안전한 이동, 취급 및 사용 분야에서의 적절한 수준의 보호 확보	'07. 10. 3 ('08. 1. 1)
	NAGOYA PROTOCOL ON ACESS TO GENETIC RESOURCES AND THE FAIR AND EQUITABLE SHARING OF BENEFITS ARISING FROM THEIR UTILIZATION TO THE CONVENTION ON BIOLOGICAL DIVERSITY (생물다양성협약 부속 유전자원에 대한 접근 및 그 이용으로부터 발생하는 이익의 공정하고 공평한 공유에 관한 나고야 의정서)	'10. 10. 29 ('14. 10. 12)	생물다양성 협약 적용범위 내의 유전자원과 관련된 전통지식에 접근과 이 자원의 이용으로 발생하는 이익 공유	'11. 9. 20 (-)
(7) 핵안전 (Nuclear Security)	Treaty Banning Nuclear Weapons Tests in the Atmosphere, in Outer Space & Underwater (대기권, 외기권 및 수중에서의 핵무기 실험금지 조약)	'63. 8. 5 ('63. 10. 10)	군비경쟁을 종식하고 핵무기를 포함한 여타 무기의 생산 및 실험을 제한함	'64. 7. 24 ('64. 7. 24)
	Treaty on the Prohibition of the Emplacement of Nuclear Weapons & Other Weapons of Mass Destruction on the Seabed & the Ocean Floor & in the Subsoil Thereof (핵무기 및 기타 대량 파괴무기의 해저·해상 및 그 하층토에 있어서의 설치금지에 관한 조약)	'71. 2. 11 ('72. 5. 18)	군비경쟁종식을 위해 해저·해상 및 그 하층토에 핵무기 및 기타 대량파괴무기의 설치를 금지	'87. 6. 25 ('87. 6. 25)
	Convention on Early Notification of a Nuclear Accident(Notification Covention) (핵사고의 조기통보에 관한 협약)	'86. 9. 26 ('86. 10. 27)	국가 간 방사선 오염피해를 최소화하기 위하여 가능한 빨리 핵사고에 관한 관련 정보제공	'90. 6. 8 ('90. 7. 9)
	Convention on Assistance in the Case of a Nuclear Accident or Radiological Emergency(Assistance Convention) (핵사고 또는 방사능 긴급사태 시 지원에 관한 협약)	'86. 9. 26 ('87. 2. 26)	핵사고 또는 방사성 물질로 인한 긴급사태 시 즉시 지원제공	'90. 6. 8 ('90. 7. 9)

분야 (Area)	협약명 (국문, 영문) Name of Convention	채택일시 (발효일시) Date of Adoption (Date of Enforcement)	주요 내용 Main Content	가입일시 (발효일시) Date of Signature (Date of Enforcement)
(7) 핵안전 (Nuclear Security)	Convention on the Physical Protection of Nuclear Material (핵물질의 방호에 관한 협약)	'80. 3. 3 ('87. 2. 8)	국제 간 핵물질의 이동 시 보호대상 범위 설정과 수송방법에 대한 협약	'82. 4. 7 ('87. 2. 8)
	Convention on Nuclear Safety (핵안전에 관한 협약)	'94. 9. 20 ('96. 10. 24)	원자력발전소의 안전한 유지 및 운영에 관한 법적의무 창설	'95. 9. 19 ('96. 10. 24)
	Joint Convention on the Safety of Spent Fuel Management and on the Safety of Radioactive Waste Management (사용 후 핵연료 및 방사성폐기물 관리의 안전에 관한 공동협약)	'97. 9. 5 ('01. 6. 18)	사용된 연료와 방사능 폐기물에 대한 안전기준과 사고방지체계 확립	'02. 9. 16 ('02. 12. 15)
(3) 유해물질· 폐기물 (Toxic Substances· Hygiene)	Basel Convention on the Control of Transboundary Movements of Hazardous Wastes & Their Disposal (Basel Convention) (유해폐기물의 국가 간 이동 및 그 처리의 통제에 관한 바젤협약) (바젤협약)	'89. 3. 22 ('92. 5. 5)	유해폐기물의 타국으로 이동(수출·입) 시의 절차규정	'94. 2. 28 ('94. 5. 29)
	Rotterdam Convention on the Prior informed Consent Procedure for Certain Hazardous Chemicals and Pesticides in international Trade (특정 유해화학물질 및 농약의 국제교역에 있어서 사전통보승인에 관한 로테르담 협약)	'98. 9. 10 ('04. 2. 24)	유해화학물질의 특성에 대한 정보교환을 용이하게 하여, 수입 및 수출에 대한 국가 정책결정과정을 제공, 당사국들에게 이러한 결정들을 배포	'03. 8. 11 ('04. 2. 24)
	Stockholm Convention on Persistent Organic Pollutants (잔류성 유기오염물질에 관한 스톡홀름협약)	'01. 5. 22 ('04. 5. 17)	독성, 생물농축성, 장거리이동성 등의 특성을 가진 잔류성 유기오염물질로부터 인간의 건강과 환경을 보호	'07. 1. 25 ('07. 4. 25)
(7) 기타 (Etc.)	Treaty on Principles Governing the Activities of States in the Exploration & Use of Outer Space, including the Moon & Other Celestial Bodies (달과 기타 천체를 포함한 외기권의 탐색과 이용에 있어서의 국가 활동을 규율하는 원칙에 관한 조약)	'67. 1. 27 ('67. 10. 10)	외계의 탐사 및 이용에 대한 국제법적 근거 마련	'67. 10. 13 ('67. 10. 13)

분야 (Area)	협약명 (국문, 영문) Name of Convention	채택일시 (발효일시) Date of Adoption (Date of Enforcement)	주요 내용 Main Content	가입일시 (발효일시) Date of Signature (Date of Enforcement)
(7) 기타 (Etc.)	Convention for the Protection of the World Cultural & Natural Heritage (World Heritage Covention) (세계문화유산 및 자연유산의 보호에 관한 협약)	'72. 11. 23 ('75. 12. 17)	문화적·자연적 유적(지)의 효과적인 보호체계 수립, 가입국은 문화유산 보호를 위한 종합계획수립, 세계 유적(지) 리스트 작성	'88. 9. 14 ('88. 12. 14)
	Convention on the Prohibition of Military or Any Other Hostile Use of Environmental Modification Techniques (환경변경기술의 군사적 또는 기타 적대적 사용의 금지에 관한 협약)	'76. 12. 10 ('78. 10. 5)	환경에 영향을 주는 화학기술의 군사목적 사용금지	'86. 12. 2 ('86. 12. 2)
	The Antarctic Treaty (남극조약)	'59. 12. 1 ('61. 6. 23)	남극대륙의 평화적 목적에의 이용 및 과학적 연구를 위한 국제 협력 시 분쟁소지 억제	'86. 11. 28 ('86. 11. 28)
	Protocol to the Antarctic Treaty on Environmental Protection (환경보호에 관한 남극조약의정서)	'91. 10. 4 ('98. 1. 14)	남극 환경을 보호하기 위한 제반 사항 규정	'96. 1. 2 ('98. 1. 14)
	Convention on the Prohibition of the Developement, Production and Stockpiling of the Bacteriological (Biological) and Toxin weapons, and on their Destruction (세균무기(생물무기) 및 독소무기의 개발, 생산 및 비축의 금지와 그 폐기에 관한 협약)	'72. 4. 10 ('75. 3. 26)	모든 인류의 안전을 위하여 생물학적 무기의 개발금지	'87. 6. 25 ('87. 6. 25)
	United Nations Convention to Combat Desertification in Those Countries Experiencing Serious Drought and/or Desertification, Particularly in Africa (심각한 한발 또는 사막화를 겪고 있는 아프리카지역 국가 등 일부 국가들의 사막화방지를 위한 국제연합협약) (사막화방지협약)	'94. 10. 14 ('96. 12. 26)	기상이변, 산림황폐 등으로 심각한 한발 및 사막화의 영향을 받고 있는 국가들의 사막화방지를 통한 지구환경 보호	'99. 8. 17 ('99. 11. 15)

03 먹는물의 수질기준

[**별표 1**] 먹는물 수질기준 및 검사 등에 관한 규칙 제2조 관련

1 미생물에 관한 기준

가. 일반세균은 1mL 중 100CFU(Colony Forming Unit)를 넘지 아니할 것. 다만, 샘물 및 염지하수의 경우에는 저온일반세균은 20CFU/mL, 중온일반세균은 5CFU/mL를 넘지 아니하여야 하며, 먹는샘물, 먹는염지하수 및 먹는해양심층수의 경우에는 병에 넣은 후 4℃를 유지한 상태에서 12시간 이내에 검사하여 저온일반세균은 100CFU/mL, 중온일반세균은 20CFU/mL를 넘지 아니할 것

나. 총 대장균군은 100mL(샘물·먹는샘물, 염지하수·먹는염지하수 및 먹는해양심층수의 경우에는 250mL)에서 검출되지 아니할 것. 다만, 제4조제1항제1호나목 및 다목에 따라 매월 또는 매 분기 실시하는 총 대장균군의 수질검사 시료(試料) 수가 20개 이상인 정수시설의 경우에는 검출된 시료 수가 5퍼센트를 초과하지 아니하여야 한다.

다. 대장균·분원성 대장균군은 100mL에서 검출되지 아니할 것. 다만, 샘물·먹는샘물, 염지하수·먹는염지하수 및 먹는해양심층수의 경우에는 적용하지 아니한다.

라. 분원성 연쇄상구균·녹농균·살모넬라 및 쉬겔라는 250mL에서 검출되지 아니할 것(샘물·먹는샘물, 염지하수·먹는염지하수 및 먹는해양심층수의 경우에만 적용한다)

마. 아황산환원혐기성포자형성균은 50mL에서 검출되지 아니할 것(샘물·먹는샘물, 염지하수·먹는염지하수 및 먹는해양심층수의 경우에만 적용한다)

바. 여시니아균은 2L에서 검출되지 아니할 것(먹는물공동시설의 물의 경우에만 적용한다)

2 건강상 유해영향 무기물질에 관한 기준

가. 납은 0.01mg/L를 넘지 아니할 것

나. 불소는 1.5mg/L(샘물·먹는샘물 및 염지하수·먹는염지하수의 경우에는 2.0mg/L)를 넘지 아니할 것

다. 비소는 0.01mg/L(샘물·염지하수의 경우에는 0.05mg/L)를 넘지 아니할 것

라. 셀레늄은 0.01mg/L(염지하수의 경우에는 0.05mg/L)를 넘지 아니할 것

마. 수은은 0.001mg/L를 넘지 아니할 것

바. 시안은 0.01mg/L를 넘지 아니할 것

사. 크롬은 0.05mg/L를 넘지 아니할 것

아. 암모니아성 질소는 0.5mg/L를 넘지 아니할 것

자. 질산성 질소는 10mg/L를 넘지 아니할 것

자. 질산성 질소는 10mg/L를 넘지 아니할 것

차. 카드뮴은 0.005mg/L를 넘지 아니할 것

카. 붕소는 1.0mg/L를 넘지 아니할 것(염지하수의 경우에는 적용하지 아니한다)

타. 브롬산염은 0.01mg/L를 넘지 아니할 것(수돗물, 먹는샘물, 염지하수·먹는염지하수, 먹는해양심층수 및 오존으로 살균·소독 또는 세척 등을 하여 먹는물로 이용하는 지하수만 적용한다)

파. 스트론튬은 4mg/L를 넘지 아니할 것(먹는염지하수 및 먹는해양심층수의 경우에만 적용한다)

하. 우라늄은 30μg/L를 넘지 않을 것[수돗물(지하수를 원수로 사용하는 수돗물을 말한다), 샘물, 먹는샘물, 먹는염지하수 및 먹는물공동시설의 물의 경우에만 적용한다)]

3 건강상 유해영향 유기물질에 관한 기준

가. 페놀은 0.005mg/L를 넘지 아니할 것

나. 다이아지논은 0.02mg/L를 넘지 아니할 것

다. 파라티온은 0.06mg/L를 넘지 아니할 것

라. 페니트로티온은 0.04mg/L를 넘지 아니할 것

마. 카바릴은 0.07mg/L를 넘지 아니할 것

바. 1,1,1-트리클로로에탄은 0.1mg/L를 넘지 아니할 것

사. 테트라클로로에틸렌은 0.01mg/L를 넘지 아니할 것

아. 트리클로로에틸렌은 0.03mg/L를 넘지 아니할 것

자. 디클로로메탄은 0.02mg/L를 넘지 아니할 것

차. 벤젠은 0.01mg/L를 넘지 아니할 것

카. 톨루엔은 0.7mg/L를 넘지 아니할 것

타. 에틸벤젠은 0.3mg/L를 넘지 아니할 것

파. 크실렌은 0.5mg/L를 넘지 아니할 것

하. 1,1-디클로로에틸렌은 0.03mg/L를 넘지 아니할 것

거. 사염화탄소는 0.002mg/L를 넘지 아니할 것

너. 1,2-디브로모-3-클로로프로판은 0.003mg/L를 넘지 아니할 것

더. 1,4-다이옥산은 0.05mg/L를 넘지 아니할 것

4 소독제 및 소독부산물질에 관한 기준(샘물·먹는샘물·염지하수·먹는염지하수·먹는해양심층수 및 먹는물공동시설의 물의 경우에는 적용하지 아니한다)

가. 잔류염소(유리잔류염소를 말한다)는 4.0mg/L를 넘지 아니할 것

나. 총트리할로메탄은 0.1mg/L를 넘지 아니할 것

다. 클로로포름은 0.08mg/L를 넘지 아니할 것

라. 브로모디클로로메탄은 0.03mg/L를 넘지 아니할 것

마. 디브로모클로로메탄은 0.1mg/L를 넘지 아니할 것

바. 클로랄하이드레이트는 0.03mg/L를 넘지 아니할 것

사. 디브로모아세토니트릴은 0.1㎎/L를 넘지 아니할 것
아. 디클로로아세토니트릴은 0.09㎎/L를 넘지 아니할 것
자. 트리클로로아세토니트릴은 0.004㎎/L를 넘지 아니할 것
차. 할로아세틱에시드(디클로로아세틱에시드, 트리클로로아세틱에시드 및 디브로모아세틱에시드의 합으로 한다)는 0.1㎎/L를 넘지 아니할 것
카. 포름알데히드는 0.5㎎/L를 넘지 아니할 것

5 심미적(審美的) 영향물질에 관한 기준

가. 경도(硬度)는 1,000㎎/L(수돗물의 경우 300㎎/L, 먹는염지하수 및 먹는해양심층수의 경우 1,200㎎/L)를 넘지 아니할 것. 다만, 샘물 및 염지하수의 경우에는 적용하지 아니한다.
나. 과망간산칼륨 소비량은 10㎎/L를 넘지 아니할 것
다. 냄새와 맛은 소독으로 인한 냄새와 맛 이외의 냄새와 맛이 있어서는 아니될 것. 다만, 맛의 경우는 샘물, 염지하수, 먹는샘물 및 먹는물공동시설의 물에는 적용하지 아니한다.
라. 동은 1㎎/L를 넘지 아니할 것
마. 색도는 5도를 넘지 아니할 것
바. 세제(음이온 계면활성제)는 0.5㎎/L를 넘지 아니할 것. 다만, 샘물·먹는샘물, 염지하수·먹는염지하수 및 먹는해양심층수의 경우에는 검출되지 아니하여야 한다.
사. 수소이온 농도는 pH 5.8 이상 pH 8.5 이하이어야 할 것. 다만, 샘물, 먹는샘물 및 먹는물공동시설의 물의 경우에는 pH 4.5 이상 pH 9.5 이하이어야 한다.
아. 아연은 3㎎/L를 넘지 아니할 것
자. 염소이온은 250㎎/L를 넘지 아니할 것(염지하수의 경우에는 적용하지 아니한다)
차. 증발잔류물은 수돗물의 경우에는 500㎎/L, 먹는염지하수 및 먹는해양심층수의 경우에는 미네랄 등 무해성분을 제외한 증발잔류물이 500㎎/L를 넘지 아니할 것
카. 철은 0.3㎎/L를 넘지 아니할 것. 다만, 샘물 및 염지하수의 경우에는 적용하지 아니한다.
타. 망간은 0.3㎎/L(수돗물의 경우 0.05㎎/L)를 넘지 아니할 것. 다만, 샘물 및 염지하수의 경우에는 적용하지 아니한다.
파. 탁도는 1NTU(Nephelometric Turbidity Unit)를 넘지 아니할 것. 다만, 지하수를 원수로 사용하는 마을상수도, 소규모급수시설 및 전용상수도를 제외한 수돗물의 경우에는 0.5NTU를 넘지 아니하여야 한다.
하. 황산이온은 200㎎/L를 넘지 아니할 것. 다만, 샘물, 먹는샘물 및 먹는물공동시설의 물은 250㎎/L를 넘지 아니하여야 하며, 염지하수의 경우에는 적용하지 아니한다.
거. 알루미늄은 0.2㎎/L를 넘지 아니할 것

6 방사능에 관한 기준(염지하수의 경우에만 적용한다)

가. 세슘(Cs-137)은 4.0mBq/L를 넘지 아니할 것
나. 스트론튬(Sr-90)은 3.0mBq/L를 넘지 아니할 것
다. 삼중수소는 6.0Bq/L를 넘지 아니할 것

04 환경기준

[별표 1] 환경정책기본법 시행령 제2조 관련

1 대기

항목	기준
아황산가스 (SO_2)	연간 평균치 0.02ppm 이하 24시간 평균치 0.05ppm 이하 1시간 평균치 0.15ppm 이하
일산화탄소 (CO)	8시간 평균치 9ppm 이하 1시간 평균치 25ppm 이하
이산화질소 (NO_2)	연간 평균치 0.03ppm 이하 24시간 평균치 0.06ppm 이하 1시간 평균치 0.10ppm 이하
미세먼지 (PM-10)	연간 평균치 50$\mu g/m^3$ 이하 24시간 평균치 100$\mu g/m^3$ 이하
초미세먼지 (PM-2.5)	연간 평균치 15$\mu g/m^3$ 이하 24시간 평균치 35$\mu g/m^3$ 이하
오존 (O_3)	8시간 평균치 0.06ppm 이하 1시간 평균치 0.1ppm 이하
납 (Pb)	연간 평균치 0.5$\mu g/m^3$ 이하
벤젠	연간 평균치 5$\mu g/m^3$ 이하

비고
1. 1시간 평균치는 999천분위수(千分位數)의 값이 그 기준을 초과해서는 안 되고, 8시간 및 24시간 평균치는 99백분위수의 값이 그 기준을 초과해서는 안 된다.
2. 미세먼지(PM-10)는 입자의 크기가 10μm 이하인 먼지를 말한다.
3. 초미세먼지(PM-2.5)는 입자의 크기가 2.5μm 이하인 먼지를 말한다.

2 소음

(단위 : Leq dB(A))

지역 구분	적용 대상지역	기준	
		낮 (06 : 00 ~ 22 : 00)	밤 (22 : 00 ~ 06 : 00)
일반 지역	"가"지역	50	40
	"나"지역	55	45
	"다"지역	65	55
	"라"지역	70	65
도로변 지역	"가" 및 "나"지역	65	55
	"다"지역	70	60
	"라"지역	75	70

비고
1. 지역구분별 적용 대상지역의 구분은 다음과 같다.
    가. "가"지역
        1) 「국토의 계획 및 이용에 관한 법률」 제36조 제1항 제1호 라목에 따른 녹지지역
        2) 「국토의 계획 및 이용에 관한 법률」 제36조 제1항 제2호 가목에 따른 보전관리지역
        3) 「국토의 계획 및 이용에 관한 법률」 제36조 제1항 제3호 및 제4호에 따른 농림지역 및 자연환경보전지역
        4) 「국토의 계획 및 이용에 관한 법률 시행령」 제30조 제1호 가목에 따른 전용주거지역
        5) 「의료법」 제3조 제2항 제3호 마목에 따른 종합병원의 부지경계로부터 50미터 이내의 지역
        6) 「초·중등교육법」 제2조 및 「고등교육법」 제2조에 따른 학교의 부지경계로부터 50미터 이내의 지역
        7) 다음의 어느 하나에 해당하는 시설의 부지경계로부터 50미터 이내의 지역
            가) 「도서관법」 제4조 제2항 제1호에 따른 공공도서관
            나) 「도서관법」 제4조 제2항 제5호에 따른 특수도서관
    나. "나"지역
        1) 「국토의 계획 및 이용에 관한 법률」 제36조 제1항 제2호 나목에 따른 생산관리지역
        2) 「국토의 계획 및 이용에 관한 법률 시행령」 제30조 제1호 나목 및 다목에 따른 일반주거지역 및 준주거지역
    다. "다"지역
        1) 「국토의 계획 및 이용에 관한 법률」 제36조 제1항 제1호 나목에 따른 상업지역 및 같은 항 제2호 다목에 따른 계획관리지역
        2) 「국토의 계획 및 이용에 관한 법률 시행령」 제30조 제3호 다목에 따른 준공업지역
    라. "라"지역
        「국토의 계획 및 이용에 관한 법률 시행령」 제30조 제3호 가목 및 나목에 따른 전용공업지역 및 일반공업지역
2. "도로"란 자동차(2륜자동차는 제외한다)가 한 줄로 안전하고 원활하게 주행하는 데에 필요한 일정 폭의 차선이 2개 이상 있는 도로를 말한다.
3. 이 소음환경기준은 항공기소음, 철도소음 및 건설작업 소음에는 적용하지 않는다.

3 수질 및 수생태계

가. 하천

1) 사람의 건강보호 기준

항목	기준값(mg/L)
카드뮴(Cd)	0.005 이하
비소(As)	0.05 이하
시안(CN)	검출되어서는 안 됨(검출한계 0.01)
수은(Hg)	검출되어서는 안 됨(검출한계 0.001)
유기인	검출되어서는 안 됨(검출한계 0.0005)
폴리클로리네이티드비페닐(PCB)	검출되어서는 안 됨(검출한계 0.0005)
납(Pb)	0.05 이하
6가 크롬(Cr6+)	0.05 이하
음이온 계면활성제(ABS)	0.5 이하
사염화탄소	0.004 이하
1,2-디클로로에탄	0.03 이하
테트라클로로에틸렌(PCE)	0.04 이하
디클로로메탄	0.02 이하
벤젠	0.01 이하
클로로포름	0.08 이하
디에틸헥실프탈레이트(DEHP)	0.008 이하
안티몬	0.02 이하
1,4-다이옥세인	0.05 이하
포름알데히드	0.5 이하
헥사클로로벤젠	0.00004 이하

2) 생활환경 기준

등급		상태 (캐릭터)	기준								
			수소 이온 농도 (pH)	생물 화학적 산소 요구량 (BOD) (mg/L)	화학적산소 요구량 (COD) (mg/L)	총유기탄소량 (TOC) (mg/L)	부유 물질량 (SS) (mg/L)	용존 산소량 (DO) (mg/L)	총인 (total phosphorus) (mg/L)	대장균군 (군수/100mL)	
										총 대장균군	분원성 대장균군
매우 좋음	Ia		6.5~8.5	1 이하	2 이하	2 이하	25 이하	7.5 이상	0.02 이하	50 이하	10 이하
좋음	Ib		6.5~8.5	2 이하	4 이하	3 이하	25 이하	5.0 이상	0.04 이하	500 이하	100 이하
약간 좋음	II		6.5~8.5	3 이하	5 이하	4 이하	25 이하	5.0 이상	0.1 이하	1,000 이하	200 이하
보통	III		6.5~8.5	5 이하	7 이하	5 이하	25 이하	5.0 이상	0.2 이하	5,000 이하	1,000 이하
약간 나쁨	IV		6.0~8.5	8 이하	9 이하	6 이하	100 이하	2.0 이상	0.3 이하		
나쁨	V		6.0~8.5	10 이하	11 이하	8 이하	쓰레기 등이 떠 있지 않을 것	2.0 이상	0.5 이하		
매우 나쁨	VI			10 초과	11 초과	8 초과		2.0 미만	0.5 초과		

비고

1. **등급별 수질 및 수생태계 상태**

    가. 매우 좋음 : 용존산소(溶存酸素)가 풍부하고 오염물질이 없는 청정상태의 생태계로 여과·살균 등 간단한 정수처리 후 생활용수로 사용할 수 있음

    나. 좋음 : 용존산소가 많은 편이고 오염물질이 거의 없는 청정상태에 근접한 생태계로 여과·침전·살균 등 일반적인 정수처리 후 생활용수로 사용할 수 있음

    다. 약간 좋음 : 약간의 오염물질은 있으나 용존산소가 많은 상태의 다소 좋은 생태계로 여과·침전·살균 등 일반적인 정수처리 후 생활용수 또는 수영용수로 사용할 수 있음

    라. 보통 : 보통의 오염물질로 인하여 용존산소가 소모되는 일반 생태계로 여과, 침전, 활성탄 투입, 살균 등 고도의 정수처리 후 생활용수로 이용하거나 일반적 정수처리 후 공업용수로 사용할 수 있음

    마. 약간 나쁨 : 상당량의 오염물질로 인하여 용존산소가 소모되는 생태계로 농업용수로 사용하거나 여과, 침전, 활성탄 투입, 살균 등 고도의 정수처리 후 공업용수로 사용할 수 있음

바. 나쁨 : 다량의 오염물질로 인하여 용존산소가 소모되는 생태계로 산책 등 국민의 일상생활에 불쾌감을 주지 않으며, 활성탄 투입, 역삼투압 공법 등 특수한 정수처리 후 공업용수로 사용할 수 있음
사. 매우 나쁨 : 용존산소가 거의 없는 오염된 물로 물고기가 살기 어려움
아. 용수는 해당 등급보다 낮은 등급의 용도로 사용할 수 있음
자. 수소이온농도(pH) 등 각 기준항목에 대한 오염도 현황, 용수처리방법 등을 종합적으로 검토하여 그에 맞는 처리방법에 따라 용수를 처리하는 경우에는 해당 등급보다 높은 등급의 용도로도 사용할 수 있음

2. 상태(캐릭터) 도안
  가. 모형 및 도안 요령

등급		도안 모형	도안 요령	색상		
				원	물방울	입
매우 좋음	Ia			검은색 (black, K) 15%	파란색(cyan, C) 100~90%, 빨간색(mazenta, M) 20~17%, 검은색(black, K) 5%	빨간색(mazenta, M) 60%, 노란색(yellow, Y) 100%
좋음	Ib				파란색(cyan, C) 85~80%, 노란색(yellow, Y) 43~40%, 빨간색(mazenta, M) 8%	빨간색(mazenta, M) 60%, 노란색(yellow, Y) 100%
약간 좋음	II				파란색(cyan, C) 57~45%, 노란색(yellow, Y) 96~85%, 검은색(black, K) 7%	
보통	III				파란색(cyan, C) 20%, 검은색(black, K) 42~30%	
약간 나쁨	IV				빨간색(mazenta, M) 35~30%, 노란색(yellow, Y) 100%, 검은색(black, K) 10%	
나쁨	V				빨간색(mazenta, M) 65~55%, 노란색(yellow, Y) 100%, 검은색(black, K) 10%	
매우 나쁨	VI				빨간색(mazenta, M) 100~90%, 노란색(yellow, Y) 100%, 검은색(black, K) 10%	

  나. 도안 모형은 상하 또는 좌우로 형태를 왜곡하여 사용해서는 안 된다.

3. 수질 및 수생태계 상태별 생물학적 특성 이해표

생물등급	생물 지표종		서식지 및 생물 특성
	저서생물(底棲生物)	어류	
매우좋음 ~ 좋음	옆새우, 가재, 뿔하루살이, 민하루살이, 강도래, 물날도래, 광택날도래, 띠무늬우묵날도래, 바수염날도래	산천어, 금강모치, 열목어, 버들치 등 서식	• 물이 매우 맑으며, 유속은 빠른 편임 • 바닥은 주로 바위와 자갈로 구성됨 • 부착 조류(藻類)가 매우 적음
좋음~ 보통	다슬기, 넓적거머리, 강하루살이, 동양하루살이, 등줄하루살이, 등딱지하루살이, 물삿갓벌레, 큰줄날도래	쉬리, 갈겨니, 은어, 쏘가리 등 서식	• 물이 맑으며, 유속은 약간 빠르거나 보통임 • 바닥은 주로 자갈과 모래로 구성됨 • 부착 조류가 약간 있음
보통~ 약간나쁨	물달팽이, 턱거머리, 물벌레, 밀잠자리	피라미, 끄리, 모래무지, 참붕어 등 서식	• 물이 약간 혼탁하며, 유속은 약간 느린 편임 • 바닥은 주로 잔자갈과 모래로 구성됨 • 부착 조류가 녹색을 띠며 많음
약간나쁨 ~ 매우나쁨	왼돌이물달팽이, 실지렁이, 붉은깔따구, 나방파리, 꽃등에	붕어, 잉어, 미꾸라지, 메기 등 서식	• 물이 매우 혼탁하며, 유속은 느린 편임 • 바닥은 주로 모래와 실트로 구성되며, 대체로 검은색을 띰 • 부착 조류가 갈색 혹은 회색을 띠며 매우 많음

4. 화학적 산소요구량(COD) 기준은 2015년 12월 31일까지 적용한다.

나. 호소

1) 사람의 건강보호 기준 : 가목 1)과 같다.
2) 생활환경 기준

등급		상태(캐릭터)	기준									
			수소이온농도(pH)	화학적산소요구량(COD)(mg/L)	총유기탄소량(TOC)(mg/L)	부유물질량(SS)(mg/L)	용존산소량(DO)(mg/L)	총인(mg/L)	총질소(total nitrogen)(mg/L)	클로로필-a(Chl-a)(mg/m³)	대장균군(군수/100mL)	
											총대장균군	분원성대장균군
매우좋음	Ia		6.5~8.5	2 이하	2 이하	1 이하	7.5 이상	0.01 이하	0.2 이하	5 이하	50 이하	10 이하
좋음	Ib		6.5~8.5	3 이하	3 이하	5 이하	5.0 이상	0.02 이하	0.3 이하	9 이하	500 이하	100 이하
약간좋음	II		6.5~8.5	4 이하	4 이하	5 이하	5.0 이상	0.03 이하	0.4 이하	14 이하	1,000 이하	200 이하
보통	III		6.5~8.5	5 이하	5 이하	15 이하	5.0 이상	0.05 이하	0.6 이하	20 이하	5,000 이하	1,000 이하
약간나쁨	IV		6.0~8.5	8 이하	6 이하	15 이하	2.0 이상	0.10 이하	1.0 이하	35 이하		
나쁨	V		6.0~8.5	10 이하	8 이하	쓰레기 등이 떠 있지 않을 것	2.0 이상	0.15 이하	1.5 이하	70 이하		
매우나쁨	VI			10 초과	8 초과		2.0 미만	0.15 초과	1.5 초과	70 초과		

비고
1. 총인, 총질소의 경우 총인에 대한 총질소의 농도비율이 7 미만일 경우에는 총인의 기준을 적용하지 않으며, 그 비율이 16 이상일 경우에는 총질소의 기준을 적용하지 않는다.
2. 등급별 수질 및 수생태계 상태는 가목 2) 비고 제1호와 같다.
3. 상태(캐릭터) 도안 모형 및 도안 요령은 가목 2) 비고 제2호와 같다.
4. 화학적 산소요구량(COD) 기준은 2015년 12월 31일까지 적용한다.

다. 지하수

지하수 환경기준 항목 및 수질기준은 「먹는물관리법」 제5조 및 「수도법」 제26조에 따라 환경부령으로 정하는 수질기준을 적용한다. 다만, 환경부장관이 고시하는 지역 및 항목은 적용하지 않는다.

라. 해역

1) 생활환경

항목	수소이온농도 (pH)	총대장균군 (총대장균군수/100mL)	용매 추출유분 (mg/L)
기준	6.5 ~ 8.5	1,000 이하	0.01 이하

2) 생태기반 해수수질 기준

등급	수질평가 지수값(Water Quality Index)
Ⅰ(매우 좋음)	23 이하
Ⅱ(좋음)	24 ~ 33
Ⅲ(보통)	34 ~ 46
Ⅳ(나쁨)	47 ~ 59
Ⅴ(아주 나쁨)	60 이상

3) 해양생태계 보호기준

(단위 : μg/L)

중금속류	구리	납	아연	비소	카드뮴	6가크로뮴(Cr^{6+})
단기 기준*	3.0	7.6	34	9.4	19	200
장기 기준**	1.2	1.6	11	3.4	2.2	2.8

* 단기 기준 : 1회성 관측값과 비교 적용
** 장기 기준 : 연간 평균값(최소 사계절 동안 조사한 자료)과 비교 적용

4) 사람의 건강보호

등급	항목	기준(mg/L)
모든 수역	6가크로뮴(Cr^{6+})	0.05
	비소(As)	0.05
	카드뮴(Cd)	0.01
	납(Pb)	0.05
	아연(Zn)	0.1
	구리(Cu)	0.02
	시안(CN)	0.01
	수은(Hg)	0.0005
	폴리클로리네이티드비페닐(PCB)	0.0005
	다이아지논	0.02
	파라티온	0.06
	말라티온	0.25
	1.1.1-트리클로로에탄	0.1
	테트라클로로에틸렌	0.01
	트리클로로에틸렌	0.03
	디클로로메탄	0.02
	벤젠	0.01
	페놀	0.005
	음이온 계면활성제(ABS)	0.5

05 지정악취물질

[별표 1] 악취방지법 시행규칙 제2조 관련

종류	적용시기
1. 암모니아 2. 메틸메르캅탄 3. 황화수소 4. 다이메틸설파이드 5. 다이메틸다이설파이드 6. 트라이메틸아민 7. 아세트알데하이드 8. 스타이렌 9. 프로피온알데하이드 10. 뷰틸알데하이드 11. n-발레르알데하이드 12. i-발레르알데하이드	2005년 2월 10일부터
13. 톨루엔 14. 자일렌 15. 메틸에틸케톤 16. 메틸아이소뷰틸케톤 17. 뷰틸아세테이트	2008년 1월 1일부터
18. 프로피온산 19. n-뷰틸산 20. n-발레르산 21. i-발레르산 22. i-뷰틸알코올	2010년 1월 1일부터

06 배출허용기준 및 엄격한 배출허용기준의 설정 범위

[별표 3] 악취방지법 시행규칙 제8조 제1항 관련

1 복합악취

구분	배출허용기준 (희석배수)		엄격한 배출허용기준의 범위 (희석배수)	
	공업지역	기타 지역	공업지역	기타 지역
배출구	1000 이하	500 이하	500 ~ 1000	300 ~ 500
부지경계선	20 이하	15 이하	15 ~ 20	10 ~ 15

2 지정악취물질

구분	배출허용기준 (ppm)		엄격한 배출허용 기준의 범위(ppm)	적용시기
	공업지역	기타 지역	공업지역	
암모니아	2 이하	1 이하	1 ~ 2	2005년 2월 10일부터
메틸메르캅탄	0.004 이하	0.002 이하	0.002 ~ 0.004	
황화수소	0.06 이하	0.02 이하	0.02 ~ 0.06	
다이메틸설파이드	0.05 이하	0.01 이하	0.01 ~ 0.05	
다이메틸다이설파이드	0.03 이하	0.009 이하	0.009 ~ 0.03	
트라이메틸아민	0.02 이하	0.005 이하	0.005 ~ 0.02	
아세트알데하이드	0.1 이하	0.05 이하	0.05 ~ 0.1	
스타이렌	0.8 이하	0.4 이하	0.4 ~ 0.8	
프로피온알데하이드	0.1 이하	0.05 이하	0.05 ~ 0.1	
뷰틸알데하이드	0.1 이하	0.029 이하	0.029 ~ 0.1	
n-발레르알데하이드	0.02 이하	0.009 이하	0.009 ~ 0.02	
i-발레르알데하이드	0.006 이하	0.003 이하	0.003 ~ 0.006	

톨루엔	30 이하	10 이하	10 ~ 30	2008년 1월 1일부터
자일렌	2 이하	1 이하	1 ~ 2	
메틸에틸케톤	35 이하	13 이하	13 ~ 35	
메틸아이소뷰틸케톤	3 이하	1 이하	1 ~ 3	
뷰틸아세테이트	4 이하	1 이하	1 ~ 4	
프로피온산	0.07 이하	0.03 이하	0.03 ~ 0.07	2010년 1월 1일부터
n-뷰틸산	0.002 이하	0.001 이하	0.001 ~ 0.002	
n-발레르산	0.002 이하	0.0009 이하	0.0009 ~ 0.002	
i-발레르산	0.004 이하	0.001 이하	0.001 ~ 0.004	
i-뷰틸알코올	4.0 이하	0.9 이하	0.9 ~ 4.0	

비고
1. 배출허용기준의 측정은 복합악취를 측정하는 것을 원칙으로 한다. 다만, 사업자의 악취물질 배출 여부를 확인할 필요가 있는 경우에는 지정악취물질을 측정할 수 있다. 이 경우 어느 하나의 측정방법에 따라 측정한 결과 기준을 초과하였을 때에는 배출허용기준을 초과한 것으로 본다.
2. 복합악취는 「환경분야 시험·검사 등에 관한 법률」 제6조 제1항 제4호에 따른 환경오염공정시험기준의 공기희석관능법(空氣稀釋官能法)을 적용하여 측정하고, 지정악취물질은 기기분석법(機器分析法)을 적용하여 측정한다.
3. 복합악취의 시료는 다음과 같이 구분하여 채취한다.
   가. 사업장 안에 지면으로부터 높이 5m 이상의 일정한 악취배출구와 다른 악취발생원이 섞여 있는 경우에는 부지경계선 및 배출구에서 각각 채취한다.
   나. 사업장 안에 지면으로부터 높이 5m 이상의 일정한 악취배출구 외에 다른 악취발생원이 없는 경우에는 일정한 배출구에서 채취한다.
   다. 가목 및 나목 외의 경우에는 부지경계선에서 채취한다.
4. 지정악취물질의 시료는 부지경계선에서 채취한다.
5. "희석배수"란 채취한 시료를 냄새가 없는 공기로 단계적으로 희석시켜 냄새를 느낄 수 없을 때까지 최대로 희석한 배수를 말한다.
6. "배출구"란 악취를 송풍기 등 기계장치 등을 통하여 강제로 배출하는 통로(자연 환기가 되는 창문·통기관 등은 제외한다)를 말한다.
7. "공업지역"이란 다음 각 호의 어느 하나에 해당하는 지역을 말한다.
   가. 「산업입지 및 개발에 관한 법률」 제6조·제7조·제7조의2 및 제8조에 따른 국가산업단지·일반산업단지·도시첨단산업단지 및 농공단지
   나. 「국토의 계획 및 이용에 관한 법률 시행령」 제30조 제3호 가목에 따른 전용공업지역
   다. 「국토의 계획 및 이용에 관한 법률 시행령」 제30조 제3호 나목에 따른 일반공업지역(「자유무역지역의 지정 및 운영에 관한 법률」 제4조에 따른 자유무역지역만 해당한다)

07 오염물질

[**별표 1**] 실내공기질 관리법 시행규칙 제2조 관련

1. 미세먼지(PM-10)
2. 이산화탄소(CO_2 ; Carbon Dioxide)
3. 폼알데하이드(Formaldehyde)
4. 총부유세균(TAB ; Total Airborne Bacteria)
5. 일산화탄소(CO ; Carbon Monoxide)
6. 이산화질소(NO_2 ; Nitrogen dioxide)
7. 라돈(Rn ; Radon)
8. 휘발성유기화합물(VOCs ; Volatile Organic Compounds)
9. 석면(Asbestos)
10. 오존(O_3 ; Ozone)
11. 초미세먼지(PM-2.5)
12. 곰팡이(Mold)
13. 벤젠(Benzene)
14. 톨루엔(Toluene)
15. 에틸벤젠(Ethylbenzene)
16. 자일렌(Xylene)
17. 스티렌(Styrene)

08 실내공기질 유지기준

[별표 2] 실내공기질 관리법 시행규칙 제3조 관련

다중이용시설 \ 오염물질 항목	미세먼지 (PM-10) ($\mu g/m^3$)	미세먼지 (PM-2.5) ($\mu g/m$)	이산화탄소 (ppm)	폼알데하이드 ($\mu g/m^3$)	총부유세균 (CFU/m^3)	일산화탄소 (ppm)
가. 지하역사, 지하도상가, 철도역사의 대합실, 여객자동차터미널의 대합실, 항만시설 중 대합실, 공항시설 중 여객터미널, 도서관·박물관 및 미술관, 대규모 점포, 장례식장, 영화상영관, 학원, 전시시설, 인터넷컴퓨터게임시설제공업의 영업시설, 목욕장업의 영업시설	100 이하	50 이하	1,000 이하	100 이하	—	10 이하
나. 의료기관, 산후조리원, 노인요양시설, 어린이집, 실내 어린이놀이시설	75 이하	35 이하		80 이하	800 이하	
다. 실내주차장	200 이하	—		100 이하	—	25 이하
라. 실내 체육시설, 실내 공연장, 업무시설, 둘 이상의 용도에 사용되는 건축물	200 이하	—	—	—	—	—

비고
1. 도서관, 영화상영관, 학원, 인터넷컴퓨터게임시설제공업 영업시설 중 자연환기가 불가능하여 자연환기설비 또는 기계환기설비를 이용하는 경우에는 이산화탄소의 기준을 1,500ppm 이하로 한다.
2. 실내 체육시설, 실내 공연장, 업무시설 또는 둘 이상의 용도에 사용되는 건축물로서 실내 미세먼지(PM-10)의 양이 200$\mu g/m^3$에 근접하여 기준을 초과할 우려가 있는 경우에는 실내공기질의 유지를 위하여 다음 각 목의 실내공기정화시설(덕트) 및 설비를 교체 또는 청소하여야 한다.
    가. 공기정화기와 이에 연결된 급·배기관(급·배기구를 포함한다)
    나. 중앙집중식 냉·난방시설의 급·배기구
    다. 실내공기의 단순배기관
    라. 화장실용 배기관
    마. 조리용 배기관

09 실내공기질 권고기준

[별표 3] 실내공기질 관리법 시행규칙 제4조 관련

다중이용시설 \ 오염물질 항목	이산화질소 (ppm)	라돈 (Bq/m³)	총휘발성 유기화합물 (μg/m³)	곰팡이 (CFU/m³)
가. 지하역사, 지하도상가, 철도역사의 대합실, 여객자동차터미널의 대합실, 항만시설 중 대합실, 공항시설 중 여객터미널, 도서관·박물관 및 미술관, 대규모 점포, 장례식장, 영화상영관, 학원, 전시시설, 인터넷컴퓨터게임시설제공업의 영업시설, 목욕장업의 영업시설	0.1 이하	148 이하	500 이하	—
나. 의료기관, 산후조리원, 노인요양시설, 어린이집, 실내어린이놀이시설	0.05 이하		400 이하	500 이하
다. 실내주차장	0.30 이하		1,000 이하	—

10 신축 공동주택의 실내공기질 권고기준

[**별표 4의2**] 실내공기질 관리법 시행규칙 제7조의2 관련

1. 폼알데하이드 $210\mu g/m^3$ 이하
2. 벤젠 $30\mu g/m^3$ 이하
3. 톨루엔 $1,000\mu g/m^3$ 이하
4. 에틸벤젠 $360\mu g/m^3$ 이하
5. 자일렌 $700\mu g/m^3$ 이하
6. 스티렌 $300\mu g/m^3$ 이하
7. 라돈 $148Bq/m^3$ 이하

MEMO

---- 수험서의 NO.1 ----
서울고시각

편|저|자|약|력

이철한

- 서울시립대학교 환경공학 석사
  서울과학기술대학교 환경담당 교수
  동남 보건대학교 환경담당 교수
  서일대학교 생명화학공학과 겸임교수
  직업능력개발 훈련교사
  주경야독 직업전문학교 환경분야 대표강사

- 저서 : 대기환경(산업)기사 필기(예문사)
  대기환경(산업)기사 실기(예문사)
  수질환경(산업)기사 필기(예문사)
  수질환경(산업)기사 실기(예문사)
  환경기능사 필기(예문사)
  EASY TECH 환경공학(개론)(서울고시각)

환경직 공무원

환경공학(개론) 기출문제집

인쇄일 2025년 4월 5일
발행일 2025년 4월 10일

편저자 이철한
발행인 김용관
발행처 ㈜서울고시각
주　소 서울시 마포구 양화로7길 83 2층(데이비드 빌딩)
대표전화 02.706.2261
상담전화 02.706.2262~6 ｜ FAX 02.711.9921
인터넷서점·동영상강의 www.edu-market.co.kr
E-mail gosigak@gosigak.co.kr
표지디자인 이세정
편집디자인 김수진, 황인숙
편집·교정 김소정

ISBN 978-89-526-5023-8
정 가 20,000원

• 이 책에 실린 내용에 대한 저작권은 ㈜서울고시각에 있으므로 무단으로 전재하거나 복제, 배포할 수 없습니다.